여행상품 기획·판매실무

정찬종·신석호 공저

planning & sales

TRAVEL

백산출판사

머 리 말

이 책은 여행사 또는 여행관련회사에서 일할 사람들을 위해 집필한 실무서이다. 저자는 그간 「여행사경영론」을 비롯하여 「여행사경영실무」, 「여행사경영연구」, 「여행사 실무연습」 등 여행사관련 서적을 출판하여 여행사 분야 전문서적 개발에 선두적 역할을 수행하고 있다.

이제까지 발간한 서적들이 총론적 서적이었다면 이 책은 여행사실무 중 상품기획과 판매에 중점을 둔 각론적 성격을 띠고 있다고 할 수 있다.

여행업무에는 여러 분야가 있으나 그 가운데에서도 핵심 분야는 여행상품의 기획과 판매업무에 있다고 해도 과언이 아니다. 히트상품을 만들고 이를 잘 파는 것은 여행사 생존과 직결되기 때문이다.

최근 수년간 여행업계는 급격한 변화의 소용돌이를 겪고 있는 중이다. 이와 같은 변화를 주도하고 있는 것은 말할 필요도 없이 정보기술(IT)의 급속한 진전이다. 그러므로 21세기의 여행산업은 「SOHO」시대가 될 것이다. 지금까지 구태의연한 방식으로 꾸려나가는 여행사는 점차 도태의 길로 접어들고, 여행상품을 숙지하여 새로운 기획을 하고 고객의 요구를 정확하게 파악한 새로운 「SOHO」형의 소규모이면서도 어드바이스 기능을 충실하게 해주는 여행사가 각광받게 될 것이다.

이 책의 구성은 크게 3부문으로 되어 있다. 1부에서는 상품일반론으로서 상품학의 일반이론과 여행상품에 관한 이론이 소개되고 있다. 2부에서는 여행상품 기획과 관련된 내용을, 3부에서는 여행상품의 판매와 관련된 내용을 소개하고 있다. 그러므로 이 책은 여행상품의 기획·판매와 관련하여 예상할 수 있는 모든 내용을 종합적으로 기술한 여행상품기획·판매의 매뉴얼(manual)로 손색이 없을 것으로 생각한다.

그러나 이 책에도 저자의 천학비재(淺學非才)와 미흡한 통찰력으로 내용과 체제에 다소의 미흡함은 있을 것으로 생각하며, 이 점에 대해서는 선배 · 동학제위(同學諸位)의 지도편달에 힘입어 계속해서 보완할 것임을 약속드린다.

끝으로 이 책을 출판할 수 있도록 허락해 주신 백산출판사 진욱상 사장님을 비롯하여 편집부 직원들의 호의에 깊은 감사를 드리는 바이다.

비슬산이 내다보이는 연구실에서
공동저자 드림

C·O·N·T·E·N·T·S

CHAPTER 01 상품의 기초이론

CHAPTER 02 여행사마케팅의 이해

CHAPTER 03 여행상품의 기획

CHAPTER 07 여행상품의 판매촉진

01 상품의 기초이론

01 상품의 기초이론

1.1 상품학의 체계와 접근방법

상품학이란 상품이 가지는 특질(特質)이나 상품으로서 지녀야 할 자질(資質)을 국민경제적 관점에서 연구하는 학문이다. 생산 · 유통 · 소비 등 서로 다른 면에서 상품이라는 동일대상에 대한 연구를 하는 데는, 근본적으로 상품이라는 물질이 지니는 물성(物性)과, 유통 · 소비가 이루어지는 데에 적합한 상품으로서의 성실 · 기호성(嗜好性)이라는 두 측면에서의 접근이 필요하다.

이 때문에 상품학은 자연과학적 측면과 사회과학적 측면이 병존하는 학제적 과학이다. 다만 상품학은 어디까지나 사회과학의 한 분과이므로, 자연과학적 측면과 관련된 연구는 사회적 생산물인 상품의 시장적 적격성을 판정하기 위한 보조적 수단에 불과하며, 생산수단으로서의 생산공학(生産工學)과는 명백히 구분된다.

그러므로 상품학이란 인류가 보다 향상된 경제생활을 영위하기 위하여 활용하는 재화를 대상으로 연구하는 자연과학과 사회과학의 종합과학이라고 할 수 있다. 이렇게 볼 때 상품학을 역사적인 발전 단계에 따라 파악해 보면 자연과학적 상품학과 사회과학적 상품학으로 대별할 수 있으나 현대 상품학의 주류는 사회과학적 상품학 즉 상업경영학적 상품학으로 진전되고 있다.

이를 구체적으로 살펴보면 다음과 같이 서술론적 상품학, 기술론적 상품학, 경제학적 상품학, 마케팅론적 상품학, 혼합론적 상품학 등 5가지로 구분된다.

▌표 1-1 ▌ 상품학의 종류

종 류	내 용
서술론적 상품학	일명 기술적 · 서술적 상품학이라고 하며, 주로 기술적 방법을 원용하여 개별상품에 관한 사실의 서술에 중점을 두게 되는 조류
기술론적 상품학	상품을 물질이라는 관점에서 자연과학적으로만 파악하게 되며, 연구방법으로는 품질을 중시하는 바탕 위에서 상품의 기본적 특성, 구조적 특질, 성분적 요인 등이 자연과학의 원리와 방법에 따라 감정(鑑定)적으로 구사되며, 그러한 품질을 지닌 물질의 가공기술면을 추구하는 조류
경제학적 상품학	상품을 경제사회의 소산물이라는 관점을 가지며, 사용가치의 현상형태로서의 품질과 교환가치의 현상형태로서의 가격을 양대 축으로 하여 상품을 특질을 경제학적으로 추구하는 조류
마케팅론적 상품학	상품을 판매면과 소비면에서 파악하여 적당한 상품을 어떻게 합리적으로 판매 · 소비시킬 수 있는지를 구명(究明)하려는 조류
혼합론적 상품학	서술론적 상품학+기술론적 상품학, 경제학적 상품학+기술론적 상품학, 경제학적 상품학+마케팅론적 상품학(독 · 미식혼합형), 자연과학적 상품학+사회과학적 상품학 등의 조류

자료 : 한희영, 상품학총론, 삼영사, 1984.에 의거 재구성.

1. 기본영역적 체계

현대 상품학의 연구대상이 '상품의 경영학적 측면'이라는 인식대상과 '경영성원칙에 입각한 선택원리'로서의 경험대상으로 집약될 때, 그것은 곧 상품학의 연구대상적 체계를 가리키기는 하되, 그것으로서 전체적인 학문적 체계의 문제가 다 거론된 것은 아니다.

왜냐하면 하나의 학문 체계란 연구대상적 체계와 아울러 반드시 연구영역적 체계도 확립되어야 하기 때문이다. 더구나 일반적으로 체계란 「인식적으로는 몇 가지 원리에 의해서 조직된 지식의 통일적인 전체」라고 한다면, 결국 연구대상과 연구영역이라는 두 개의 원리에 의해서 조직된 지식의 통일적인 체계가 바로 현대상품학의 학문적 체계나 다름없기 때문이다.

그런데 현대상품학에 포괄되는 연구영역으로는 이른바 기본적인 영역과 그러한 기본적 영역을 다시 세분하게 되는 종속적인 영역이 있게 된다. 전자는 학문 자체의 양대분(兩大分)을 뜻하며, 후자의 경우는 그러한 양대분에 따른, 보다 세분화된 포괄영역을 의미하게 된다.

이 때 학문 자체의 양대분이란 이론과 실제라는 현대상품학의 양생적인 성격을 뚜렷이 나타나게 되는 체계화를 말하며, 이럴 때 그것은 이론과학으로서의 일반상품학과 실천과학으로서의 특수상품학이라는 현대상품학에 있어서의 양대체계화를 뜻하기도 한다.

이 경우 일반상품학은 흔히 상품학총론으로, 그리고 특수상품학은 상품학 각론이라 불리기도 한다. 따라서 일반상품학은 주로 이론면을, 그리고 특수상품학은 주로 실제면을 추구하고 있는 것과도 같다.

그러나 이 모든 것은 일반상품학이 어디까지나 순수한 이론만을 다루며, 또 특수상품학이 어디까지나 순수하게 실제만을 다루게 된다는 의미는 결코 아니다. 다만 전자에 있어서는 그 비중이 이론면에 있고, 후자에 있어서는 그 비중이 실제면, 따라서 적용과학적인 면에 있다는 뜻일 따름이다.

그러므로 일반상품학이라 하더라도 응용과학적인 측면이, 그리고 특수상품학에 있어서도 이론과학적인 측면이 보다 넓게 다루어져야 할 때와 경우도 있게 되며, 따라서 거기에는 그 어떤 취급비중 면에서의 한계라는 것은 없다.

결국 일반상품학 또는 상품학총론은 모든 상품에 공통되는 총체적인 이론을 주로 경영학적인 관점에서 그야말로 총론적으로 추구하며, 그 추구된 이론을 특수상품학 또는 상품학각론에서 응용적으로 적용, 주로 그 실제 면은 그야말로 각론적으로 서술하게 되며, 또한 그 어떤 특수한 상품에만 적용되는 실제가 추구되기도 하는 데에 상품학 전체로서의 기본영역적 체계의 진의가 있게 된다.

그러나 여기서 일반상품학, 즉 상품학총론이 한낱 「각론의 서술을 위한 일반기준」으로만 끝나서는 잘못이다. 일반상품학(상품학총론)은 이론연구를 주로 하되, 역사적 연구와 정책적 연구도 병행되는 데에 그 의의가 있으며, 특히 정책과학적인 의미에서의 문제의식을 소홀히 해서는 안 되는 것이다. 왜냐하면 종래의 전통적이며 고전적인 상품학에 있어서는 주로 개별상품에 관한 각론적이며 서술적인 연구에만 치중되어 왔을 뿐, 그나마 상품의 정책적인 연구는 거의 행해져 온 바도 없었기 때문이다.

그렇지 않아도 일반상품학이 엄밀한 의미에서는 이론적 연구를 주축으로 해서 역사적 연구와 정책적 연구가 병행되어야 하는 것은 「이론적 연구는 곧 역사적 연구를 자극하며, 또 역사적 연구의 성과는 이론적 연구를 촉진할 수 있기 때문」이다.

더 나아가서 이론적 연구의 결실은 정책적 연구의 지주가 되며, 그것은 바로 특수상품학에 있어서의 실천면에서의 검증으로 나타날 수도 있기 때문이다. 이러한 점에서는 역사와 이론, 그리고 정책이란 삼위일체적인 관계에 있다고도 할 수 있으며, 그것이 일반상품학이자 상품학총론에 있어서의 독자적인 연구영역이라 할 수 있다.

그런데 여기서 착각하지 말아야 할 것은 일반상품학이 이론적 연구를 주로 한다고 해서 그 자체가 곧 이른바 이론상품학이라는 식으로 파악하게 되는 일이다. 왜냐하면 일반상품학은 비단 이론적 연구뿐만 아니라 그 외에도 역사적 연구와 정책적 연구도 그 연구영역으로 포괄하고 있기 때문이다. 따라서 이론상품학이란 일반상품학의 핵심적인 연구영역을 지칭하는 별칭이긴 하되, 결코 그것이 일반상품학의 전체를 대변하는 별칭은 아니다.

또 특수상품학에 있어서는 그것이 곧잘 개별상품학이라고도 불리는 것처럼, 무엇보다도 개별상품에 관한 개별적인 기술이 문제가 되기 마련이다. 다시 말해서 개별상품의 실제적인 서술면에 비중이 놓여지기 때문에 특수상품학이 왕왕 '서술적 · 백과사전적 · 실용학적' 상품학이라고도 일컬어져온 이유도 있게 된다.

2. 종속영역적 체계

현대상품학이 대략 일반상품학과 특수상품학이라는 기본적 체계로 양대별되기가 일반적이라 할 때, 그러한 제각각 기본적 체계가 포괄한다고 믿어지는 연구영역이 바로 상품학에 있어서의 종속적 연구영역이다. 우선 일반상품학에 있어서는 그 포괄영역으로서 오늘날 '역사 · 이론 · 정책'의 3국면이 거론되는 것이 일반적이다.

즉, 상품의 이론적 연구를 주축으로 해서 그 전후에 역사적 연구와 정책적 연구가 가미되고 있다는 것이 현대상품학의 일반적인 종속영역이 되고 있다.

그런데 일반상품학의 포괄영역으로서 이러한 '역사 · 이론 · 정책'이라는 3부문편성의 근거는 19세기 후반 독일경제학자인 멩거로부터 이어진다. 즉, 그가 1883년에 펴낸 「사회과학, 특히 정치경제학의 방법에 관한 연구」에서 이러한 3부문을 경제과학의 바람직한 연구영역으로 간주하고 나서부터이다. 그 후 경제학과 함께 경제과학의 양 날개를 이루는 경영학에 있어서도 일반경영학의 연구영역으로서 널리 받아들여지기 시작하면서, 그 일부과학으로서의 상품학 역시 그 총론(일반상품학)에서 그러한 3부문편성이 일반화되어 오늘에 이르고 있다.

다만 일반경영학에 있어서도 그렇듯이 역사분야와 이론분야는 그런 대로 체계화가 이룩되어 왔다고 하더라도, 정책분야만은 아직도 그렇지 못하다는 견해가 지배적이다. 이는 정책분야가 주로 응용면이 중시되기 때문에 상품학총론에서의 그것은 극히 기초적인 부분이 그 대상이 되어 왔을 뿐, 보다 상세한 부분은 응용과학으로서의 특수상품학에서 다루어지는 것이 보편적이기 때문이다. 다시 말해서 일반상품학에서의 정책분야는 결국 응용과학으로서의 특수상품학에 연결되며 복합되어 왔다고 할 수 있다.

1.2 상품학의 연구대상 및 방법

상품학의 연구대상은 광범위하나 대개 다음과 같은 것들을 그 연구 대상으로 하고 있다.

① 상품의 연혁, ② 원료의 특성, 산출형태, 수급관계, ③ 제조공정, ④ 품위와 감정방법(鑑定方法), ⑤ 시장에서의 명칭, 분류, 품위, 등급과 표준품, ⑥ 매매의 적기, 거래방법과 시장관습, ⑦ 포장법, 취급법, 보존법, ⑧ 유사상품의 집산형태, 무역사정 및 소비사정, ⑨ 소비시장에 미치는 정책 및 각종 규칙, ⑩ 상품판매에 영향을 미치는 시장의 경제정세 등이다(김찬호, 1994).

그러나 거래시장이 확대되고 인터넷 등의 보급에 따라 연구대상 또한 세분화 · 전문화되고 있는 추세이다. 또한 연구목적에 따라 상품에 밀착된 연구를 할 때는 생산 · 유통 · 소비에 관하여 필요한 학문적 수단을 이용하지만 상품의 동적 현상에만 주목하고 있는 소비시장 측의 경제관료에게는 자국산업의 보호나 조세징수 대상으로서 상품을 연구하게 될 것이다.

그림 1-1 상품학의 연구체계도

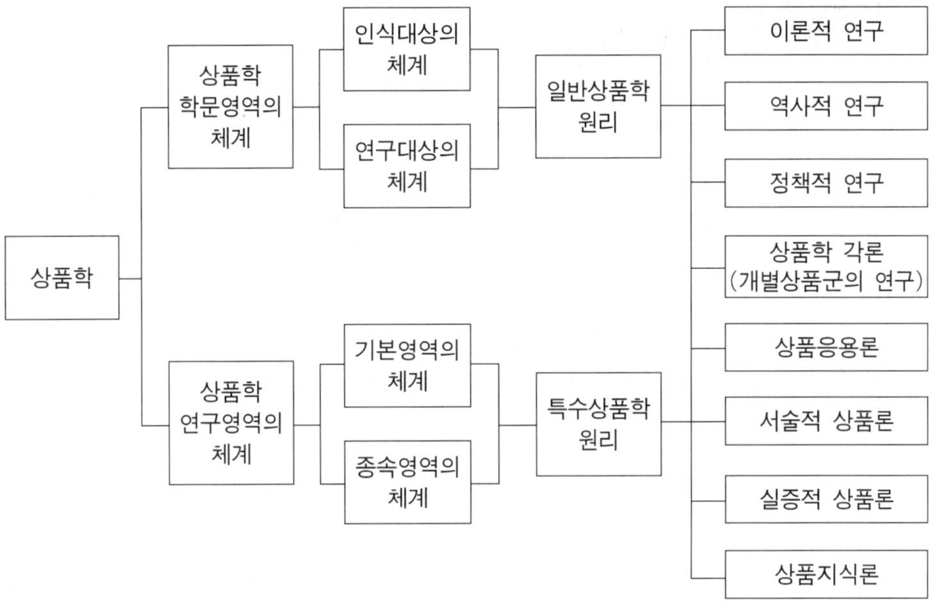

자료 : 김시종, 현대상품학, 형설출판사, 2000.

이처럼 상품학의 연구대상은 다면적인 특수성을 지니고 있기 때문에 위에 열거한 사항만이 상품학의 연구 대상일 수는 없으며, 또한 어느 분과학문의 연구만으로 학문적인 성과를 거두기 어렵다. 그러므로 종합 과학적 입장을 취하게 마련이다.

연구방법 또한 다양하다. 즉 상품의 원료연구는 천연자원에 주목하여 동·식물학 및 광물학에서 출발하며, 입지조건과 발생경로를 고려할 때 경제지리에 의존하게 된다.

상품을 구성하고 있는 물질의 성질을 발견하고자 한다면 농학, 수산학, 물리학, 화학 등의 지식이 필요하다. 또한 상품의 생산과 관련하여 생각하면 품질과 관련 있는 공정(工程)연구와 품질의 감정을 위하여 물리학, 화학 등 기초과학을 필요로 하게 된다. 더욱이 상품의 유통과 관련할 때는 매우 복잡성을 띠고 있기 때문에 운반성, 보존성 등 운송환경과 경비, 상품의 변질 및 운송편의 등이 중점적으로 고려되기도 한다.

이렇게 보면 상품학의 연구방법은 생산자의 의도대로 생산한 상품과 서비스에 대해 본래의 특성을 그대로 유지하면서 소비자들에게 소비시키는데 필요한 모든 학문이 그 도구가 된다고 할 수 있다.

1.3 상품의 개념

상품이란 각종 산업의 생산물이 인간에게 욕망을 충족시켜 줄 수 있는 가치를 지닌 시장이 교환매개체로서 유상으로 이동되어 최종 소비자의 손에 들어갈 때까지의 과정에 있는 모든 재화를 뜻한다.

그러므로 이러한 모든 재화가 일단 최종 소비자의 손에 들어가게 되면 그것은 이미 상품이 아니다. 따라서 오늘날 상품이란 시장의 교환을 목적으로 생산하고 그 생산된 재화가 배급기구를 통하여 최종 소비자의 손에 들어갈 때까지의 과정상에 놓여 있는 모든 재화를 상품이라고 한다(김천중, 2002).

그러므로 상품이란 매매의 대상이 될 수 있는 유형 · 무형의 모든 재산을 말한다. 상업학의 입장에서 보면, 상품은 인간의 물질적 욕망을 만족시킬 수 있는 실질적 가치를 지니고 있다. 또 매매를 위해 이동이 가능한 유체재산(有體財産)을 가리키는 것으로, 유가증권 · 부동산 · 상표권 등은 제외된다.

경제학의 입장에서 보면 상품은 한편으로는 가치를 지니고, 다른 한편으로는 사용가치나 효용(效用)을 지닌 노동생산물이다. 어느 재화가 아무리 인간의 생활에 유용하고 사용가치를 지니고 있다 하더라도, 공기나 천연의 물과 같이 노동의 생산물로서의 가치를 가진 것이 아니면 상품이라고 할 수 없다.

또 반대로 사용가치가 없는 무용의 것이라면, 노동생산물이라 하더라도 상품이 될 수 없다. 즉 상품이 사용가치나 효용을 지닌다고 해도, 이것은 상품생산자의 물질적 욕망을 만족시키는 사용가치가 아니라 타인을 위한 사회적 사용가치이어야 한다.

노동생산물이 상품으로 불리게 되는 데는, 그것이 교환되어 타인의 물질적 욕망을 만족시켜야만 한다는 것이기 때문이다.

그림 1-2 상품의 개념체계도

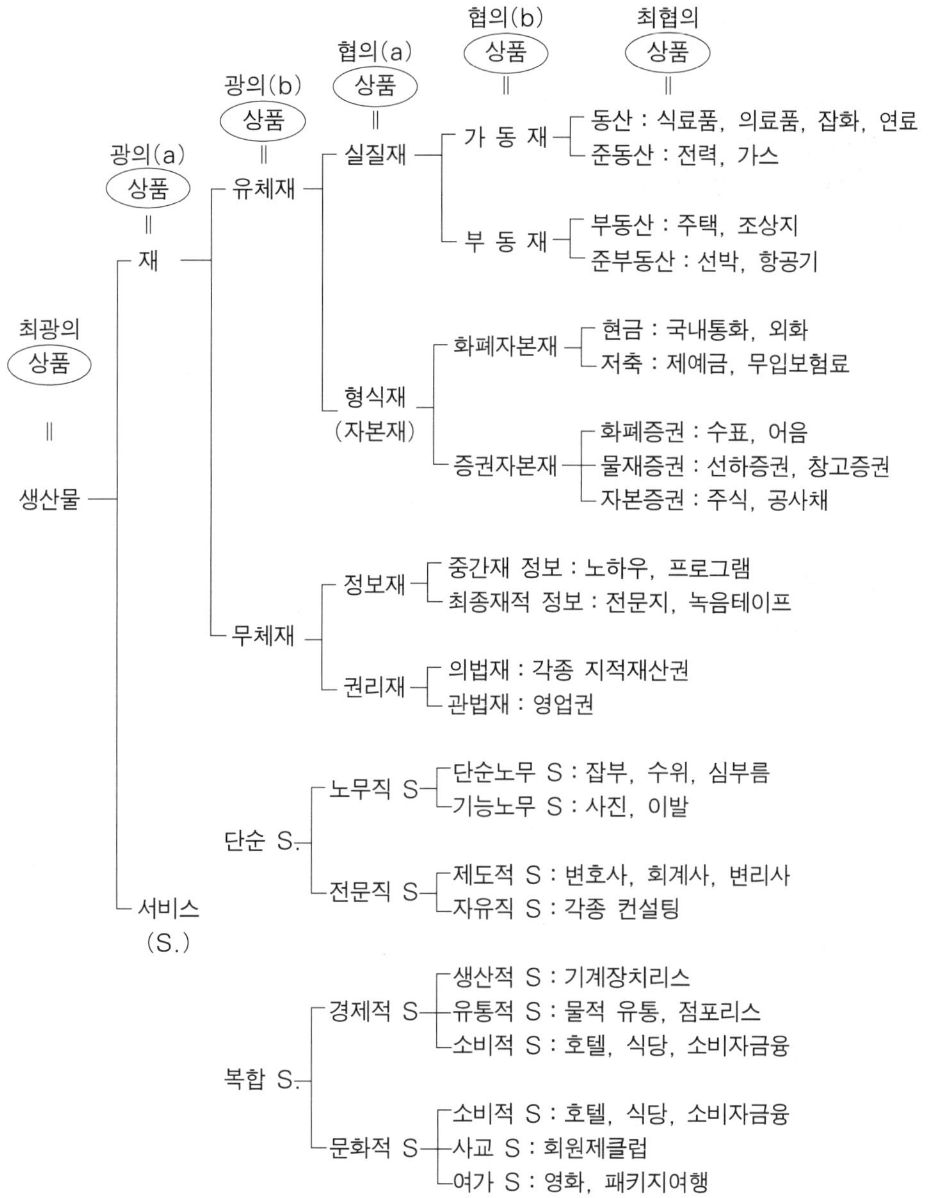

자료 : 김천중, 현대관광상품론, 백산출판사, 2002.

그러나 상품의 개념도 유형재만을 상품으로 보아오던 전통적 상품에서 무형재인 서비스에 이르기까지 상품영역이 확대되고 있으며, 이를 그림으로 체계화하면 [그림

1-2]와 같다.

1.4 상품의 분류

상품은 다종다양하므로 일정한 기준에 의해 분류 · 정리해야 한다. 분류기준 자체에도 여러 가지가 있는데, ① 물리적 또는 화학적 성질에 의한 분류, ② 생산양식 또는 출처에 의한 분류, ③ 소비양식 또는 용도에 의한 분류, ④ 유통양식에 의한 분류 등이 있으며, 이를 표로 정리하면 다음과 같다.

▌표 1-2 ▌ 상품의 분류

상품의 분류	내 용
물리적 · 화학적 성질	부패손상성의 유무에 의한 내구성 상품 · 신선(新鮮)상품, 가치집중의 정도에 의한 종량품(從量品) · 종가품(從價品), 단위형태에 의한 액체상품 · 기체상품 · 고체상품 · 분말상품 등으로 나뉜다.
생산양식 · 출처	생산장소에 따라 농산품 · 임산품 · 수산품 · 광산품 · 공산품 등으로, 생산동력에 따라 천연생산품 · 수공생산품 · 기계생산품 등으로, 가공도에 따라 자연품 · 반제품 · 완제품 등으로 나뉜다.
소비양식 · 용도	상품이 최종적 소비에 충당되는지, 생산적 소비에 충당되는지에 의한 구분이다. 전자를 소비재, 후자를 생산재라고 한다. 소비재는 다시 필수품과 편의품, 일용품과 임시품, 소비품과 설비품, 식료품 · 의료품 · 주거용품 등으로 분류된다. 생산재는 원료품 · 재료품 · 부분품 · 보조품 · 설비품 등으로 나뉜다.
유통양식	편의품(便宜品 : 가장 가까운 곳에서 구입하는 상품) · 선매품(選買品 : 여러 상점을 돌면서 품질 · 가격 · 의장 등을 비교 선택하여 구입하는 상품) · 전문품 · 규격품 · 특별의장품, 일반품 · 계절품, 상표품 · 무상표품 등으로 나뉜다.

1.5 상품의 성질 및 특성

상품이 가지고 있는 기본적 속성은 대체로 다음과 같다.

첫째, 인간의 정신적·물질적 욕망을 충족시킬 수 있는 가치를 가져야 한다는 것이다. 여기에는 유형재 무형재 모두를 포함하는 개념이다. 따라서 여행상품과 같은 무형재도 사용가치가 있다면 상품으로서의 성질을 충족하고 있는 셈이 된다.

둘째, 쉽게 유상적(有償的)으로 전환할 수 있는 자유로운 이전성(移轉性)을 가질 수 있어야 한다는 것이다. 이러한 점에서 보면 토지나 건물 등 부동산과 선박이나 항공기 같은 준부동산은 매매의 목적물은 될 수 있지만 자유로운 이전성은 없기 때문에 상품으로 보기가 어려워진다.

셋째, 직접적으로 상적(商的) 환경에 있어야 한다는 것이다. 상적 환경이란 매매의 대상이 되는 환경으로서 예컨대 가구가 가구점의 판매대에 있을 때는 상품이 되지만 회사의 집기로 사용되고 있는 경우에는 상품이 될 수 없는 것이다.

▌표 1-3 ▌ 상품의 특성

특 성	내 용
우질성	실용적 측면의 품질과 사회적 측면의 시장성이 모두 좋은 상품
내구성	상품이 사용과정에서 오래 견디는 성질
쾌적성	상품이 지니고 있는 특성이 일반 소비대중에게 쾌감을 일으키는 요소
보존성	상품수요의 시간적 수요관계를 상품보관을 통하여 적합시켜서 그 상품의 가치를 증진시키는 성질
운반성	상품의 존재장소를 변화시킴으로써 그 상품의 가치를 증가시키는 성질
저가성	시장에서 잘 팔리기 위하여 소비자에게 적당한 가격을 유지시키는 성질
대체성	매매계약시 동종(同種), 동량(同量)의 물품을 가지고 교체할 수 있는 성질
독점성	상품이 공급제한으로 인하여 시장에서 나타내는 상품독점력
공지성	상품선전을 위하여 일반소비대중에게 그 상품에 대한 품질, 성능, 가격 및 판로 등이 알려진 상태
회소성	상품의 수량이 적고 구하기 힘든 사정
무공해성	매연, 소음, 폐수, 오물, 오염 등을 유발하지 않는 친환경적인 상품

자료 : 김시종, 현대상품학, 형설출판사, 2000.에 의거 재구성.

상품은 본래의 성격상 수요유발과 밀접한 관계에 있다. 왜냐하면 소비수요의 발생이 시간과 공간의 지배를 받고 있어서 필연적으로 지녀야 할 몇 가지 특성을 가질 수밖에 없기 때문이다.

상품이 다른 상품과 경쟁적인 입장이라고 생각할 때 그 상품이 선택되기 위해 갖추어야 할 특성을 요약하여 제시하면 다음 표와 같이 정리할 수 있다.

1.6 서비스 상품

일반적으로 상품(product)은 크게 재화와 용역, 즉 일반 유형상품과 서비스상품으로 구분된다는 것을 앞에서 설명한 바와 같다. 이 중 서비스는 판매목적으로 제공되거나 상품판매와 연계하여 제공되는 모든 행위, 편익 및 효용이라고 할 수 있다. 따라서 일반상품과 서비스상품은 다음과 같은 점에서 차이가 발생한다.

▌표 1-4 ▌ 일반상품과 서비스상품의 차이

구 분	일반상품	서비스상품
형 태	유 형	무 형
분리여부	생산과 소비 사이에 시차 존재	생산과 동시에 소비
	재고로 수요·공급 조절 및 완충	저장불가능
고객참여	한정적·간접적 참여, 비인적(非人的) 생산	적극적·직접적 참여, 생산의 속인(屬人)화
이질성	품질관리로 동질성 유지가능	투입과 변형 과정의 변동으로 결과의 이질화

여행과 관련해서 우리는 상품과 서비스를 결합해서 판매하지만 서비스에 더 초점을 둔다. 즉 서비스는 무형적 성격을 띠는 일련의 활동으로서 고객과 서비스제공자의 상호작용에서 발생하며, 고객의 문제를 해결해주는 것을 뜻하는 것이다. 여기서 고객과 서비스제공자의 상호작용이란 말의 의미는 고객이 서비스제공자와 상호 협동을 하여 비로소 자신이 원하는 서비스가 창출되도록 한다는 것을 뜻한다.

1.7 여행상품

1. 여행상품의 정의

여행상품의 정의를 논하기 앞서서 여행업이란 무엇인가를 알 필요가 있다. 여행업이 환경의 변화에 따라 기업의 사회적 역할이나 책임이 변화하는 것은 당연하다. 또한 여행사 업무는 개인여행, 단체여행, 기타여행으로 분류된다.

그림 1-3 여행의 종류

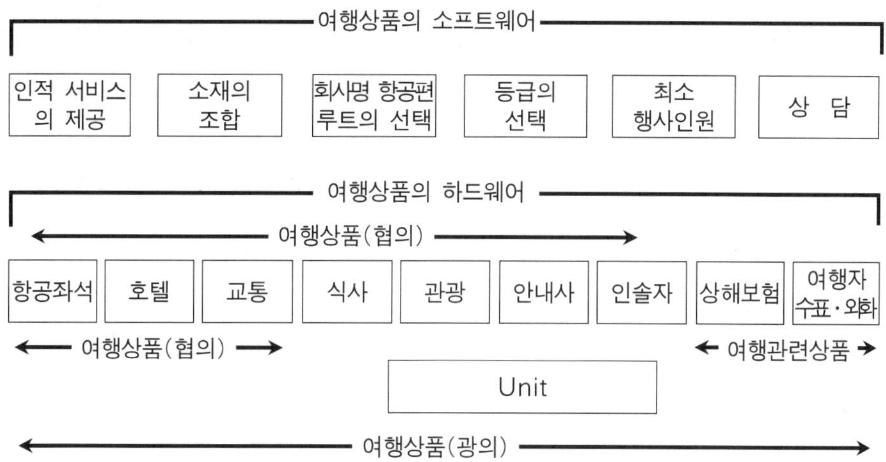

여행시장의 확대에 따라 주체여행 즉, 여행상품을 기획·판매하는 것이 영업의 중심이 되었다. 따라서 여행상품의 정의가 한 사람 한 사람의 경영자에 따라서 다른 것도 당연하다.

에어온리(air only·항공권만 사는 사람)를 여행상품이라고 해도 되고, 모든 것을 포함하는 패키지투어만을 여행상품이라고 정의하는 것도 틀린 것은 아니다.

즉, 세상에는 경영자 수만큼의 여행상품의 정의가 있다고 해도 과언이 아니다. 중요한 것은 경영자가 "우리 여행상품의 정의는 이것이다."라는 신념을 가지고 결정하여 그것을 모든 사원, 모든 고객, 모든 거래처 및 사회에 대하여 공언하는 것이다.

왜냐하면 어떠한 정의라도 그것이 없으면 방향성을 잃게 되기 때문에 조직으로서 일체감 있는 성장은 기대할 수 없기 때문이다.

그림 1-4 여행상품의 정의

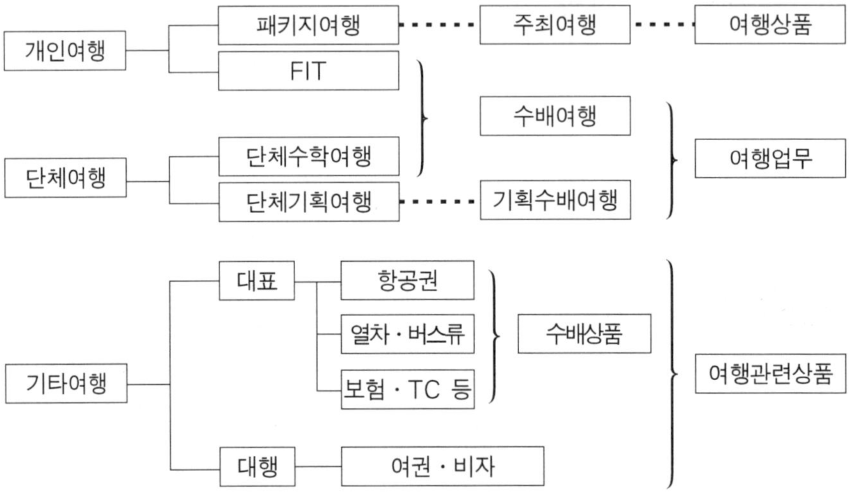

여행상품에는 하드웨어(hardware)와 소프트웨어(software)가 있다. 이 가운데 정의가 문제가 되는 것은 항상 하드웨어이다. 일반적으로 여러 하드웨어의 정의를 정리하면 「광의의 여행상품」과 「협의의 여행상품」으로 파악할 수 있다([그림 1-3]).

앞서 자세히 설명 했지만 한 장의 항공권으로도 여행보험증만으로도 여행상품임에는 틀림없다. 물론 그러한 "표(ticket)만으로는 여행상품은 아니다"라고 주장하는 여행사 사장도 있으나 그것은 그것으로 틀리다고 말할 수는 없다.

■ 표 1-5 ■ 여행상품의 하드와 소프트

하드(hard)	소프트(soft)
교통기관 그 자체	기내, 차내, 선내에서의 서비스, 교통과 교통간의 연결시스템, 조화 있는 일정 등
숙박시설 그 자체	자기 집처럼 편안한 안식처로서 기능
관광시설 그 자체	놀 기분을 만족시키는 기능, 사전학습, 수긍이 가는 해설, 해설용 이어폰 제공, 여유있는 일정, 가격, 분위기 등

자료 : 정찬종, 여행사경영론, 2004.

그러나 이 책에서는 협의의 여행상품만을 여행상품으로 인정하는 것을 전제로 논의 하고자 한다. 즉 ① 항공좌석, ② 호텔, ③ 교통, ④ 식사, ⑤ 관광, ⑥ 안내원(guide), ⑦ 인솔자(tour conductor) 등 7가지 요소를 모두 표현한 것이다.

2. 여행상품의 구성요소

관광관계 논문이나 교재에서는 여행상품기획에 즈음하여 「우선 행선지를 정하지 않으면 안 된다.」라고 쓰여 있다. 그러나 오늘날과 같이 시장에 여행상품이 범람하고 있는 시점에서는 어디를 간다고 하더라도 여행상품이 얼마든지 있기 때문에 이러한 사고방식은 통용되지 않는다.

상품기획에서 맨 처음 할 일은 고객의 욕구에 맞는 상품을 생각하는 것이다. 이것을 고객지향적(customer oriented) 발상이라는 것만으로는 치열한 경쟁에서 승리하기란 매우 어렵다. 즉 자신이 가지고 있는 특징을 살리면서 타사와의 차별화를 충분히 꾀하는 기획을 하지 않으면 안 된다. 그것은 한편으로는 상품지향적(product oriented)인 사고방식이 빠져 있다는 것을 의미한다.

같은 하와이 상품을 팔고 있는 패키지투어는 수백 개가 있다. 그 가운데서 도대체 어떤 상품을 소비자가 원하고 있느냐를 발견해내는 것이 중요하다.

그림 1-5 여행사의 사업구성

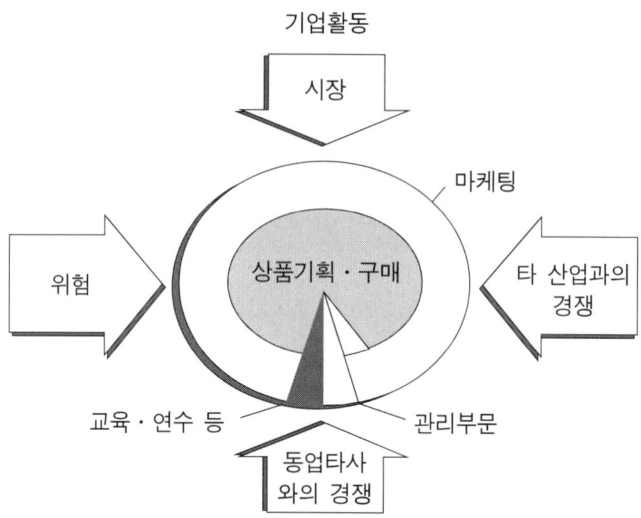

상품기획을 구체화하기 전에 여행사의 업무가 어떻게 구성되어 있는지 간단하게 파악해둘 필요가 있다. 여행사의 사업 90%를 마케팅이 점유하고 있다([그림 1-5]).

또한 그 마케팅의 90%를 상품기획 및 구매가 점유하고 있다. 즉 여행사의 업무는 상품기획이 전체의 약 80%이다. 사원수가 10명 이하라도 어떻게든 경영이 성립하고 있는 현상이 무엇보다도 이를 증명해주고 있다. 대형 여행사라도 그것은 작은 집단의 집합이다.

[그림 1-6]에서처럼 상품기획 · 구매는 10가지 요소로 구성되어 있다. 그 가운데 테마, 정보, 소재, 조립방법, 인솔자가 상품을 구성하고 가격, 명명, 선전 · PR이 마케팅 활동으로 분류된다. 유통, 상표는 상품기획과 독립되어 있다. 그리하여 마케팅은 경영자의 구상력, 기발한 아이디어, 비전, 경영철학에 따라 지지되고 있다고 해도 과언이 아니다. 그 요점을 정리하면 다음과 같다.

첫째, 절대 가치 "비전"이다. 그것은 우리들은 무엇 때문에 존재하는가라는 가장 근원적인 물음이다. 전략의 근간을 이루는 것이다.

둘째, "대화"이다. 대화는 논쟁과는 본질적으로 다르다. 대립항(對立項)을 허용하며 양자의 장점을 가능한 한 살려 새로운 시점을 만들어 내고 차원 높은 명제를 만들어가는 창조적 대화의 방법론이 중시된다.

셋째, "실천"이다. 비전과 마찬가지로 실행도 외주(outsourcing)로[1] 주어서는 안 된다. 이 실행과정 가운데 방대한 노하우, 흉내를 낼 수 없는 암묵지(暗默知)가 숨겨져 있는 것이다.

마지막으로 "장(場)"이다. 지식은 구체적인 콘텍스트(context) 가운데에서만 보이는 것은 아니다. 콘텍스트란 특정 시간과 공간과 타자와의 관계성이며 그 역동적인 관계성을 공유하는 것이 장(場)이다.

그림 1-6 상품의 기획 · 구매요소

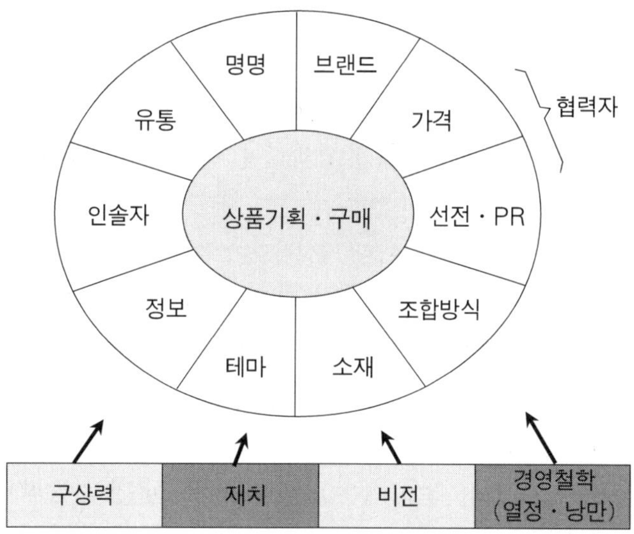

자료 : 太田久雄, 賣れる旅行商品の作り方, 同友館, 2003.28쪽.

여행 산업은 틀림없이 지식기반 산업이며 그러한 구조 가운데 여행상품을 구성하는 소재 하나하나를 상세하게 파악해보자.

1) 항공좌석(seat)

통상 항공편은 목적지의 직행편이 선발된다. 예를 들면 서울에서 런던에 갈 경우 한국의 항공사와 영국의 항공사가 직행 논스톱 편을 운항하고 있다. 그러나 핀란드의 헬싱키나 독일의 프랑크푸르트를 경유해서 가는 편도 있다.

1) 기업은 중심업무에만 집중하면서 중요도가 떨어지는 업무는 외부에 위탁하는 것. 애초에는 컴퓨터 관련업무가 그 대상이 되었지만 현재는 거의 모든 업무분야에 이르고 있다.

고객에게는 비행시간이 가장 짧은 직행편이 최적이지만 패키지투어의 경우 항공사의 선택은 구매요금에 따라서 결정되는 수가 많고, 경쟁상 판매가격을 한 푼이라도 싸게 하기 위해서는 부득이 선택을 하지 않을 수 없다.

같은 노선에 매일 몇 편씩이 있는 경우 출발 시간이라든지 도착시간에 따라 요금이 다르다. 예를 들면 하와이행의 경우 21시 출발보다 22시30분발을 선택하면 호놀룰루 도착시간이 손님에게 있어서는 편리하다. 국내선에도 이와 같은 경우가 적용될 수 있다. 아침 첫 편으로 들어가 저녁 마지막 편으로 나오면 1박을 더하는 효과가 발생하는 것이다

또한 대형 회사와 중소형 회사에서는 항공좌석 구매규모가 다르기 때문에 구매 단가도 다르다. 대형 여행사는 규모의 경제(scale merit)를 추구할 수 있기 때문에 중소형 여행사가 공동구매 컨소시엄을 조직하여 가능한 한 유리한 요금을 획득하려고 하고 있다.

또한 대형여행사는 자신이 구매한 좌석을 중소여행사에게 되파는 것만으로 구매량을 더욱 증가 시킬 수 있기 때문에, 이 분야의 전업(專業)자회사(distributor)를 설립하고 있다. 또한 구매를 유리하게 하기 위해서 가능한 한 특정 항공사를 이용하거나 그 항공사의 있어서 중요한 여행사(예를 들면 연간 거래액으로 상위 10위 이내)가 된다는 구매전략을 취하는 경우도 있다.

게다가 신문모집에 힘을 쏟고 있는 여행사에 대하여 잔석(殘席)을 싸게 팔아주는 항공사도 적지 않다. 여행 도매업자와 비교하여 이들의 직판회사에서는 출발직전에도 좌석을 팔아줄 기회가 많기 때문이다.

이와 같이 항공사의 선택 방법, 좌석의 구매 전략 등은 꽤 복잡하며, 최근에는 자사의 컴퓨터 네트워크로 각 지점의 구매가격을 체크를 하고 전사적으로 구매가격을 낮추는 공급체인 경영(SCM : Supply Chain Management)에 힘을 기울이는 여행사가 늘고 있다.

많은 도시에 진출하고 있는 항공사의 경우 각 지점에 매출목표를 설정해두고 목표를 달성하지 못할 때 자신의 판매영역 이외의 도시에 싸게 파는 경우 등도 이에 속한다.

2) 숙박시설(accommodation facility)

일반적으로는 도시의 중심에 있는 객실수가 많은 호텔을 선택하지만 소그룹의 경

우는 고급호텔이나 농촌의 작은 귀족 부부가 경영하고 있는 매너하우스(이탈리아의 경우) 등을 선택하는 경우도 있다. 각국의 호텔안내책자는 대개 별의 숫자로 랭크를 붙이고 있고, 체인호텔은 등급을 분류하고 있기 때문에 등급 선택은 간단히 할 수 있다.

호텔선택에는 ① 시설, ② 서비스, ③ 요금, ④ 위치의 4가지가 중요하다. 또한 시설에서는 같은 2인용 객실이라도 더블 룸과 트윈 룸이 있고, 객실에 머리건조기가 있는지 없는지, 휠체어로 욕조에 들어 갈수 있는지 여부를 사전에 알 수 있기 때문에 조건에 따라 섬세한 대응이 가능하다.

리조트 호텔에 경우에는 바다에 면해 있는 오션 프론트(ocean front), 바다가 보이는 오션 뷰(ocean view), 산 쪽의 마운틴 뷰(mountain view)가 있고 상층이라든지 하층의 지정도 필요하다. 서비스에서는 한국인을 위한 지배인이 그 호텔에 있는지 없는지도 중요한 요소이다.

호텔의 검색에는 인터넷이 편리하지만 예약은 아직 한국에 있는 예약사무소 또는 지상수배업자에게 의존하고 있는 여행사가 보통이다. 인터넷으로 예약을 하고 OK를 받아두었다고 해도 현지에 가보면 방이 없다고 하는 경우도 생기므로 예약의 확인을 통해 실수를 줄이는 것이 중요하다.

여행목적에 따라 호텔의 위치를 가장 중시하는 경우도 있다. 쇼핑이 목적이라면 도심호텔, 휴양이 목적이라면 비치 프론트(beach front), 문화지향이라면 박물관 미술관에 가까운 지역을 선택하는 것이 좋을 것이다.

3) 식사(meal)

최근의 호텔조식엔 뷔페식이 늘고 있다. 독일의 호텔 등에서는 그 외 추가요금 없이 샴페인을 자유롭게 먹을 수 있게 된 곳도 있다. 미국의 휴양지 등에서는 일요일 아침을 "샴페인 브랙퍼스트"를 내걸어 지역주민을 유치하고 있는 호텔도 있다.

또한 지역의 명물요리라는 것도 있다. 이것도 한 두 번은 꼭 여행상품에 포함해야 할 것이다. 또한 석식에 쇼가 있는 레스토랑을 선택할 경우도 있다. 더욱이 비엔나 등에서는 특별히 궁전에서 클래식음악을 들으면서 석식을 먹을 수 있다든지, 파리에서는 식사 후에 물랭루즈라든지 리도쇼와 같은 나이트클럽을 찾는다든지 혹은 패션쇼를 감상하는 것 등도 타사와의 차별화를 꾀하는 소재활용법이다.

4) 관광 · 이벤트(tour & event)

어디를 관광할지 그것은 그 투어의 성격과 목적을 명확하게 한다. 특히 최근에는 빈번하게 해외여행을 하는 반복여행자가 늘고 있고 여행 목적이 명확하다.

소비자는 항상 어떤 형태의 여행동기를 가지고 있기 때문에 그 욕구를 채워주는 투어가 자신에게 적합한 때에 행사가 있다면 곧바로 예약해 버린다. 예를 들면 라스베이거스처럼 100가지 가까운 테마나 호텔이 있는 경우 최근에 어떠한 상품을 만들

그림 1-7 라스베이거스 카지노시설분석

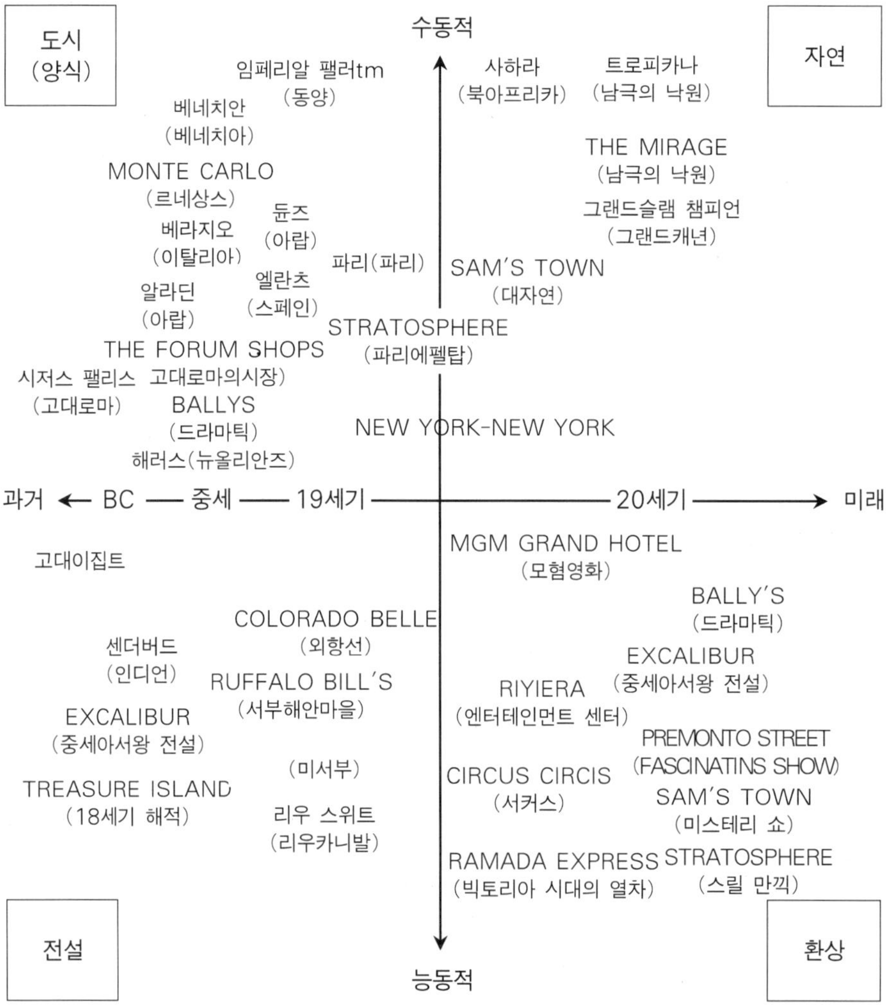

지를 구상하고 있지 않으면 아이디어가 정리 되지 않는다. [그림 1-7]에서와 같이 테마의 분류가 신상품 개발의 발상에 도움이 된다.

관광이 목적이라면 유네스코가 선정한 세계유산에 지구상에 800여개가 있으나 이러한 곳은 텔레비전이나 비디오로 비교적 소상하게 소개되고 있을 것이다. 그러나 거기에 어떻게 가는 것이 좋은지, 시기는 언제가 좋은지, 비용은 얼마나 드는지는 거의 알려져 있지 않다. 그러므로 여행사가 그것을 상품화함으로써 비로소 소비자가 여행을 결단할 수가 있는 것이다. 만약 여행사가 그렇게 하지 않으면 그것은 소비자의 일생의 원망의 대상이 되어버릴 것이다.

스포츠 관전이나 유명한 자연이나 건축물을 견학하는 관광과는 달리 국제회의에 출석하거나 견본시에 참가하거나 박람회장을 찾는 특수한 목적에서의 여행도 결코 적지 않다. 특히 수학여행은 최근 급격히 증가하는 추세이다.

업무도항을 한 다음 관광을 예정하고 있는 사람에게는 사전 스케줄을 조정하는 것이 매우 중요하므로 고객이 여행사의 베테랑사원과 상담하지 않으면 안 된다. 혹은 섬세한 협의를 필요로 하는 업무는 생각하는 것보다도 꽤 많다. 그 능력을 여하히 제공할 수 있는가가 고객이 상용고객으로 변하는 열쇠를 쥐고 있는 것이다.

5) 교통(transportation)

일반적으로 교통은 공항과 호텔 간의 이동수단을 말하는데, 최근에는 자택과 공항 사이의 수배와 관계되는 경우도 있다. 특히 업무 출장객의 획득에 열심인 항공사는 상용고객을 대상으로 한 사무소-공항, 자택-공항 간에 교통을 무료로 제공하는 경우나 도착지 공항에서 호텔까지 교통부문을 수배하고 있는 경우가 있다. 또한 여행상해보험의 시작을 자택을 출발하기 전으로 들어두면 자택 출발한 때로부터 보상의 대상이 된다.

해외여행중의 교통에는 주로 버스가 사용되며 공항에서 호텔까지 사이에 안내원으로부터 간단한 안내가 있다. 이 안내도 최근에는 한국어로 하는 경우가 많고, 인솔자는 인원의 점검, 하물수의 확인이 필요하다. 만약 미도착한 화물이 발견되면 현지 지상수배업자의 담당자나 공항의 담당자에게 사후의 처치를 의뢰하고 나서 고객과 함께 호텔로 향한다.

유럽에서는 각도시간 이동에 대형버스를 사용하는 경우가 많고 그 경우 공항과 호텔의 이동에 사용했던 버스를 쓴다. 대개의 경우 인원수 16명이라든지 24명으로 제한하고 있는 것은 26인승 40인승 버스를 수배해두어 가능한 한 여유 있는 좌석배치를 하려고 하기 때문이다. 수하물이 있는 경우 옆의 좌석을 자유롭게 쓸 수 있느냐 없느냐는 쾌적성에 큰 차이가 생긴다.

6) 인솔자(escort)

인솔자는 투어 콘닥터(tour conductoor), 투어 디렉터(tour director), 투어 리더(tour leader) 일본에서는 텐조인(添昇員) 등으로 불리며, 그 업무의 중요성이 재인식되고 있다. 그 여행의 성패(成敗)는 인솔자에 의해 좌우되기 때문이다.

일반적으로 인솔자는 여정관리자라고 불리며 여행이 일정표대로 실시되도록 관리하는 것이 주된 임무이다. 외국에서는 한국어가 통하지 않고 불안하기도 하기 때문에 여행자는 조금 더 돈이 들더라도 현지사정에 밝은 베테랑인솔자와 같이 가는 투어를 선호한다. 그러나 최근엔 인솔자가 없는 단체를 여행상품으로 내놓는 여행사도 있다.

인솔자를 파견하는 비용은 적지 않은 금액이기 때문에 최근에는 16명이상 단체가 아니면 인솔자를 붙이지 않는 투어도 많다. 예를 들면 동남아, 하와이, 괌, 홍콩, 일본 등에는 인솔자가 없는 대신 현지 공항에서 담당자가 마중 나오면 그것으로 충분하다는 반복여행자(repeater)가 늘고 있다. 또한 가족 여행의 경우 누군가가 이전에 그곳을 방문하고 있어서 일부러 인솔자를 동행하지 않아도 안심이라고 하는 경우도 적지 않다.

그러나 참가하는 고객의 수가 20명 이상 되면, 참가자가 각각 자기주장을 펼치게 되어 단체행동이 원활하게 되지 않기 때문에 요금이 다소 들더라도 인솔자를 동행시킬 필요가 생긴다. 즉 고객들도 인솔자와 함께 여행을 하여 그의 지시에 따르는 것이 안전한 여행을 위해 본인에게도 결과적으로는 이익이 된다는 것을 알게 되는 것이다.

인솔자는 도와주는 사람임에는 틀림없으나 그렇다고 해서 결코 심부름꾼은 아니다. 물론 일부에서는 인솔자가 토산품점을 안내하여 수수료를 챙기고 있다는 비판도 있다. 그러나 한정된 시간에서의 체재 중에 많은 사람을 위해서 토산품을 구입하지 않으면 고객에 있어서는 한국인 사원이 있는 혹은 한국어를 할 수 있는 한국인의 구매습관에 정통하고 있는 가게에 안내하여 달라는 사람들도 있으므로 마냥 비판만 할 수 있을 처지는 아니다.

인솔자에게도 여러 가지 종류가 있다. 하나는 패키지투어를 인솔하는 사람 다른 하나는 독자적인 업계시찰 단체라든지 수학여행 등을 인솔하는 사람이다. 이 경우 인솔자의 업무 목적은 크게 달라진다. 전자는 여정 관리자의 역할이 높고(열차를 중심으로 한 투어에서는 인솔자가 절대적으로 필요하다. 열차를 승강할 때 무거운 짐 가방을 단기간에 자신이 들어 올리고 내릴 수 없는 고객이 많기 때문이다.), 후자는 코디네이터 역할이 강하다고 할 수 있다. 업무방문으로 불리는 상공회의소, 사업소, 공장의 견학 등에는 현지와의 밀접한 연락이 중요하며 요인(要人)에의 인사방문 등도 빼놓을 수 없다.

또한 현지 사정에 대해서 공부하는 방법도 전혀 다르다. 관광 목적이라면 보통 안내책자의 지식 정도로 충분하지만 특별 목적을 띤 업무 방문이라면 그와 관련한 한국과 방문상대국의 전문지식을 미리 공부해두지 않으면 곤란이 생기게 된다. 인솔자는 1~2주간의 여행에 동행하기 때문에 그 사람 됨됨이가 가장 중요시 된다. 참가자 전원에게 불편부당하게 신경을 쓰는 것은 물론이거니와 누가 한사람을 독점한다는 인상을 주게 되면 마이너스가 된다. 또한 인솔자에게 요구되는 자질 중 최대한도로 타의 추종을 불허하는 체력이다. 인솔자에게 필요한 자질이 30이라고 하면 그 1~10번까지는 체력이라고 해도 과언이 아니다. 왜냐하면 체력이 없으면 미소를 비롯한 체력 이외의 필요한 자질은 생기지 않기 때문이다.

인솔자의 근무 시간은 대체로 오전 8시부터 오후 8시까지로 되어 있으나 실제로는 서비스 잔업이 많다. 따라서 인솔자에게 요구되는 것은 ① 고객의 부탁을 잘 들어주는 성격, ② 업무를 어중간하게 처리하지 않는 기질, ③ 어릴 때부터 잘 교육받은 가정교육, ④ 섬세한 배려 등이다. 올바른 경어를 사용하는 것은 당연하며 복장도 청결하고 너무 화려하지 않아야 한다. 여하튼 인솔자는 고객을 무대로 주연 배우가 되는 것이 최우선적인 업무인 것이다.

7) 관광안내사(guide)

관광안내사는 그 선택에서 어느 수준의 사람을 뽑을 것인가 그 타협점을 어디에 맞추는가가 중요하다. 도시관광에 흥미가 있는 사람에게는 철저하게 그 도시의 역사로부터 국내의 위치설정(경제중심인지, 정치중심인지) 발전상, 혹은 정치 정세까지 한 번에 설명하지 않으면 안 되지만 휴양지 등에서는 실제로 편리한 식당 나이트클럽, 상점가, 스프츠 시설 등 상세한 소개를 하지 않으면 안 될 것이다.

학원도시, 의료도시, 계획도시 혹은 유명한 방문지에서는 가능한 한 많이 주위의 정보를 모으고 더욱이 그것을 한국인에게 알기 쉽게 번역(높이, 위도, 경도, 계절, 넓이 등) 한국의 어느 시대에 해당한다든지 서울과 같은 위도이지만 표고가 높기 때문에 건조하여 살기 쉽다든지 등의 설명이 필요하다.

남성관광안내사? 여성관광안내사?

일반적으로 현지 여성 관광안내사는 그 대다수가 현지사람과 결혼하고 있어서 확실한 가정을 가지고 자녀양육을 끝내고 있던지, 이미 독립하고 있어서 그녀들은 정신적으로나 경제적으로 독립하고 있다. 따라서 현지사정에도 밝고 시사문제에도 정통하고 있으며 더구나 한국인에게 알기 쉬운 설명을 할 수 있는 사람이 많다.

일반적으로 남성 관광안내사는 대게 학생 아르바이트 학생이거나 젊을 때 예술, 음악, 회화, 연극, 요리 등 유학 또는 공부에 실패하여 좌절감을 가지고 있지만 귀국을 하지 못하는 사정이 있어서 생활을 위해서 부득이하게 관광안내사가 된 어정쩡한 사람이 많다. 이러한 체험을 가지고 있는 까닭에 한국인 관광객을 지적으로 자기 자신보다 낮다고 보고 때로는 이쪽의 질문을 못들은 체 하거나 질문을 무시하는 것 같은 일도 흔치않다.

관광안내사에는 당연하지만 경험이나 가치관에 따라 그 능력에는 우열이 있기 마련이다. 또한 남자와 여자는 생활환경의 차이에 따라 큰 차이가 있다. 개인으로 여행하는 경우에는 현지의 지상수배업자에게 부탁하지만 유명한 패키지투어의 경우에는 각지에서 미리 우수한 전속 관광안내사와 장기계약을 체결하고 있기 때문에 안심이다.

또한 인솔자와 잘 알고 있는 관광안내사라면 일일이 하나하나 확인할 필요도 없이 행사는 매끄럽게 처리할 수 있다. 또한 여성 쪽이 남성보다 관광안내사로는 적합한 경우가 많다. 그 이유는 여러 가지가 있으나 이에 반하여 한국의 반복여행자가 늘어나면 우수한 가이드는 독립하여 투어에서 알게 된 고객으로부터 직접 일을 받아, 더욱이 인터넷을 활용하여 정기적으로 거래처에 보내는 등 일을 하고 있는 사람도 있다. 현지 관광안내사 경험자가 이러한 정보 기술을 활용하여 이윽고 지상수배업자로 성장해가는 것이 현재의 큰 흐름이다.

그러나 관광입국을 표방하고 있는 나라에서도 실업자를 증가시키지 않을 목적으로 자국민에게 조차 관광안내사 자격증을 교부하고 있지 않은 나라도 적지 않다. 그러한 나라에서는 현지인 가이드에게 한국인 가이드가 통역을 한다는 명목으로 따라다니는 것이 현실이다. 즉 현지가이드는 아무것도 하지 않고 버스만 타고 다닌다 하여 일명 시팅가이드(sitting guide)라고 불린다.

3. 여행소재(旅行素材)의 조립방법

1) 중점을 어디에 둘 것인가?

항공기 좌석이나, 호텔 객실은 어떤 여행사가 사용해도 같은 항공좌석, 같은 호텔 객실이다. 따라서 타사에 없는 여행 상품을 만들려고 생각하면 그 조립 방법이 중요하다. 또한 여행자가 상품평가를 할 때도 이 조립 방법에 크게 영향을 받는다. 예를 들면 딜럭스 투어(deluxe tour)를 기획하는 경우 "모든 것이 호화롭지 않으면 안 되는 것인지"라는 질문이 있다. 예컨대 다음과 같은 조건의 투어를 실시한다고 하자.

- 항공사 : 최소한 우등석
- 숙박시설 : 5성급, 이그제큐티브 플로워(executive floor)
- 교통 : 자사 보유의 딜럭스 버스 이용
- 관광 : 가능한 한 많은 명소를 견학 함

이러한 프로그램은 화려하고 비용도 올라간다. 그러나 모든 고객이 이와 같은 선택을 하고 싶다고 해서는 안 된다. 반복 방문자에게는 항공 좌석은 에어 온리(air only)로 호텔은 3성급 더블룸으로 충분하지만, 식사는 모두 그 지역의 3성급 식당에서 명물요리, 교통은 지하철, 시내버스 혹은 택시, 목적과 비용에 중점을 두는 방법이 다른 고객도 있기 때문에 어느 것이 고객의 욕구에 맞느냐가 상품기획의 중요한 포인트이다.

식사 하나만 해도 한국에는 세계최고 수준의 프랑스 요리, 중국요리가 있으며, 호텔 객실에 있어서도 넓이는 차치하고 인테리어, 어메니티(amenity), 설비 등 거주 환경은 세계수준에 비교하여도 손색이 없기 때문에 5성급 객실을 선택하거나, 중급호텔에 최고급 객실을 선택하느냐는 현장을 잘보고 판단하지 않으면 안 된다.

2) 여행소재의 장점을 살린다

크루즈투어의 경우 항공사와의 연계조립이 중심이지만 유람선에는 계층이 많고 상층일수록 객실이 고급스러우며 이용하는 식당도 객실의 등급에 따라 정해지기 때문에 조립에 그만큼 고생할 필요는 없다.

그러나 창이 있는 외측의 객실과 창이 없는 내측의 객실에서는 장기 항해에 있어서 그 생활환경에 상당한 차이가 생기는 것은 당연하다. 그러나 크루즈는 일반적으로 고액 상품이기 때문에 약간 가격을 끌어내린다고 해도 수요는 그다지 증가하지 않기 때문에 가격을 끌어 내리는 것 보다 소비자가 보다 가치가 있다는 느끼는 소비자 가치를 제공하는 것에 지혜를 모으는 것이 긴요하다.

예를 들면 새로운 10만 톤급 여객선의 처녀항해에 참가한다든지, 선상에서 자기들만의 특별이벤트를 개최한다든지, 각지의 기항지에서는 다른 단체에는 없는 장소를 견학하는 상품을 조립할 필요가 있다.

선박의 크기를 선택하는 데에도 고객의 욕구가 취향을 충분히 고려하지 않으면 안 된다. 수용인원이 100정도의 소형선박이라면 대체로 5성급이다. 선객(船客)은 모두 세계의 갑부들이나 그 부인들이 대종을 이루고 있다. 이에 반해 카리브 등지에서 운항하고 있는 십만 톤급의 초대형 선박은 주로 일인당 10만 원 정도의 비교적 저렴한 허니문 중심의 고객이 주를 이루고 있다. 어느 쪽을 선택할건지는 고객의 의사를 따르되 그 차이를 잘 설명할 의무는 있다.

또한 크루즈의 장점으로 규칙대로 기상하고 취침하여 몸을 움직일 수 있기 때문에 고령자의 건강에 좋다는 사실도 있고, 단순이 여행이라고 생각하기보다 고령자가 몸을 쉬게 하거나 건강 유지를 목적으로 하는 것이 좋다는 사고방식이 강하다. 선내에는 사우나를 비롯하여 각종 운동기구가 갖추어져 있기 때문에 체력을 단련하는 환경은 완벽하다. 밤에는 디너쇼나 카지노가 개장되어있기 때문에 고령자도 원기를 회복하는 기회가 된다.

이와 같이 여행상품 기획에는 하드 중심이 아니라 소프트 중심으로 소재의 선택과 조합을 생각하지 않으면 안 된다. 그리고 그 원점에는 "고객에게 어떠한 여행을 만들어 주는 것이 좋을까"라는 여행에 대한 철학을 빼 놓을 수 없다.

3) 선택관광(optional tour)

여행의 팸플릿을 보면 자유행동 시간이 있는 것과, 꽉 짜여진 일정으로 채워져 있는 것이 있다. 이 자유시간에 여행상품의 일부로 행해지는 것 가운데 선택관광이 있다. 이에 참가하는 것은 고객의 자유이다.

같은 도시, 지방 지역을 몇 번이나 방문하고 있는 반복여행자에게는 재방문으로 꼭 장시간 방문하고 싶다는 장소가 있거나, 그러한 것을 목적으로 그 여행에 참가한 사람도 있다. 선택관광은 그와 같이 고객에 의해 고안된 것이다. 그 국가의 브랜드 홀세일(wholesale) 상품에서는 대개 방문하는 대도시에서의 선택관광 일람표가 팸플릿의 권말(卷末)에 게재되어 있다.

4) 공급자와의 공생공존

여행상품을 구성하는 대다수의 요소는 자사에서 보유하는 것은 아니다. 어느 것도 공급자(또는 원매업자·元賣業者)라고 불리는 독립된 기업에서 제공된 것이다. 즉 여행사는 이들의 시설이나 서비스를 그 업자로부터 이용권을 빌린 것에 지나지 않는다. 물건이라면 구매하면서 소유권이 이전되지만 여행업무는 대개의 경우 이용권을 사용하는 셈이 된다. 따라서 여행사는 공급자와 공생공존하지 않으면 안 된다.

항상 하청(下請)으로 생각하는 것이 아니라, 공동사업자로 생각하고 협력하지 않으면 안 되는 것이다. 특히 현지 수배를 한 번에 위탁하는 지상수배업자의 역할은 중요하다. 만약 당신이 기획한 투어가 해외에서 버스사고를 당했다면 어떻게 할까? 도와주는 것은 지상수배업자나 동업자이며 보험사이다. 혹은 자질구레한 고객의 고충을 현지에서 들어주는 것은 이러한 지상수배업자이다.

유통의 전문분야에서 SCM(Supply Chain Management)이 빈번하게 연구되고 있다. 여행상품의 중요한 소재는 거의 다른 사람이 가지고 있고, 여행사는 그 이용권을 활용하고 있음에 지나지 않는다고 설명하고 있으나, 거기서 가장 중요한 것은 예약의 확인이다. 항공사나 호텔에는 세계 각국에서 여러 루트를 통하여 예약이 들어오기 때문에 공급자의 긴밀한 연락을 빼 놓을 수 없다.

최근에는 여행사에 들어온 예약정보가 그대로 온라인으로 관계하는 지상수배업자에게도 자동으로 전송되어 두세 번 입력에 의한 실수를 줄이는 시스템을 도입할 움직임이 나오고 있다. SCM의 최첨단을 걷고 있는 곳은 제조업이지만, 승용차나 전기제품은 작은 부품이 하나만 빠져도 제조라인 전체가 정지되기 때문에 부품이 예정된 시간에 확실하게 도착하는 것은 매우 중요하다.

여행상품 기획에 있어서도 16명의 단체에 15명분의 방밖에 확보되어 있지 않다면 큰 문제가 된다. 이와 같이 여행을 주체하는 여행사의 구매담당자와 부품 소재를 공급하는 공급자가 항상 정보를 공유하고 있는 것이 이상적이다. 정보기술의 진전으로 상당히 실수는 줄고 있으나, 인간이 하는 일이기 때문에 신경을 써서 확인 작업을 병행하지 않으면 안 된다.

1.8 여행상품의 특성

1. 수요의 환기

여행상품 기획에 즈음하여 고객의 욕구를 알고 고객이 사고 싶은 상품을 만드는 고객지향적 발상을 빼 놓을 수 없다고 하는 것은 대다수 마케팅 교과서에도 쓰여 있다. 그러나 그것으로는 누구나 같은 상품을 만들어버리는 것이 된다. 고객지향적 발상은 매우 중요하지만 타사에 없는 상품을 만들려고 하면 자사의 특징을 살리는 것도 중요하다. 즉 상품지향적인 발상도 빼 놓을 수 없다.

인도에 정통하고 있다면 혹은 하와이를 숙지하고 있다면 역시 그것을 강점으로 한 다음 소비자의 욕구에 맞춘 상품을 만들어내는 절차가 필요하다. 소비자는 항상 "이 상품을 갖고 싶다."라고 생각하고 있는 것은 아니다. 새로운 상품이 발표될 때 그것이 "자기가 가지고 싶은 상품이다." 라고 발견하는 것이다. 역시 양쪽의 균형이나 접점이 중요하다.

여행상품을 만든다는 것의 의미에는 수요환기라는 중요한 의미가 있다. 예를 들면 신상품을 발견하면 그 목적지에 아직 가보지 못했던 고객의 구매의욕을 자극하고 그것이 구매로 연결되면 수요를 환기한 것이 된다. 타사에서 잘 팔리고 있는 상품을 자사에서 발표한 경우 대개 판매 가격을 경쟁상대 보다도 싸게 하여 시장에 내 놓게 된다. 그리하면 결과적으로 타사로부터 고객을 뺏는 것이 된다.

전술한 바와 같이 고객의 로열티는 매우 낮은 가격으로 구매하는 고객은 보다 싼 가격의 상품이 나타나면 그쪽으로 옮기기 때문에 자사의 상품이 신뢰가 없는 경우 가격경쟁이 일어나 상호간 체력을 소모하는 경우가 된다.

여행산업이 큰 위기로 수요가 격감하면 얼토당토않은 싸구려 경쟁이 일어난다. 그러나 극단적인 가격인하가 과연 수요를 환기할 수 있을 것인가 많은 예에서는 그렇지 않다는 결과를 보이고 있다.

2. 여행동기 · 욕구 · 욕망

여행이 다른 서비스와 가장 다른 점은 가고 싶은 목적지가 명확해도 그 여행을 실현하기 까지 기간이 정해져있지 않다는 것이다. 나의 개인적인 경험으로 비하면 40년 전에 알게 된 유럽의 유명 궁전등도 아직 방문하지 못하고 있고, 아프리카나 태평양상의 섬에는 아직까지 못가 본 곳이 꽤 많이 있다. 그러한 경험은 누구라도 가지고 있지 않을까?

유럽에 가고 싶지만 예산이나 일수(日數) 관계로 동남아나 하와이로 돌리는 경우가 자주 있다. 또한 여행 동기는 사람에 따라서 천차만별이다. 그런 만큼 여행사의 카운터에서는 우선 고객이 어떠한 목적으로 어디에 가고 싶은 지를 들을 필요가 있고, 게다가 적절한 상품을 골라주는 일을 하지 않으면 안 된다.

대다수 사람들이 행동을 할 때에는 거기에는 그 사람의 욕구(쾌적한 생활을 보낸 다음 최저 필요한 것을 채우려고 하는 부족으로부터의 이탈욕구)와 욕망(머리로 생각한 원망·願望을 충족시키고 싶다는 결핍으로 부터의 이탈욕구)이 있다.

욕구는 일상생활에 없어서는 안 되는 것이고 기본적인 필요성이 있는 것이기 때문에 여행에 비유하면 여름휴가철에 러시아에 간다든지, 고향의 부모나 친척을 방문하는 것과 같은 것이다. 또한 젊은 여성이 업무스트레스를 발산하기 위해서 친구와 제주도에서 여유롭게 휴일을 보내고 싶은 것도 욕구의 하나이다.

욕망은 그것보다 훨씬 더 강한 욕구에 가까운 것이다. 예를 들면 월드컵경기를 보고 싶다, 파리의 에어쇼를 보고 싶다, 밀라노의 "스카라좌에서 연극을 보고 싶다"라는 강한 희망을 가진 것이다.

그림 1-8 욕구와 욕망의 변화

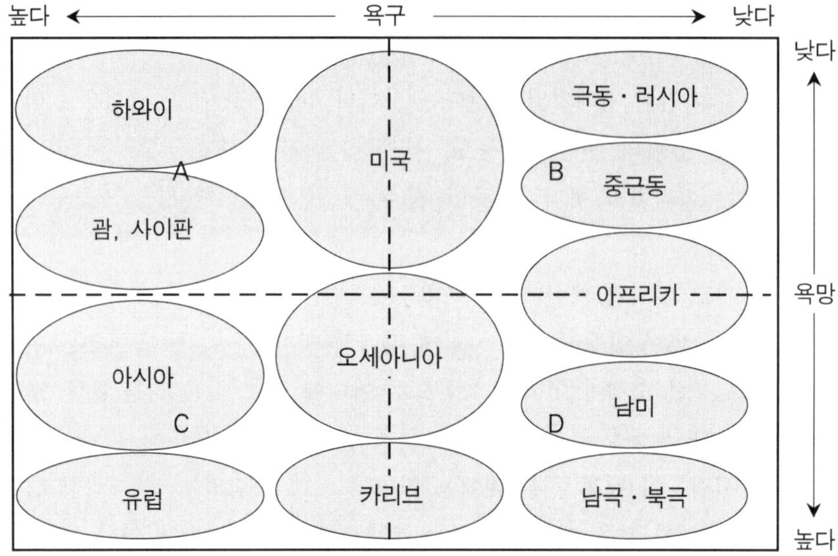

거기서 욕구의 경우 만약 발리섬에서 희망하는 호텔에 투숙하지 못하면 간단히 목적지를 변경하지만 욕망에 경우에는 간단히 목적지를 변경할 수가 없다. 또한 사람들의 여행욕구나 욕망은 동행하는 사람에 따라서 달라진다. 연인과의 여행이라든지 부부가 은혼(銀婚)기념으로 하는 여행은 호텔선택이나 목적지 선택도 다르다. 그만큼 고객과의 상담에서는 미리 예측하여 얘기를 진행시켜서는 안 된다. 여행사의 베테랑이라면 이런 부문에 많은 신경을 쓸 것이다.

고객의 관찰은 장시간의 경험이 필요하다. 물론 소비자는 욕구와 욕망의 관계를 확실하게 인식하고 있지는 않다. [그림 1-8]에서와 같이 그 강약이 일체가 되어 뒤섞여 있기도 하고, 때와 장소에 따라 A에서B로 혹은 D에서C로 간단히 옮겨버리고 만다. 그런 만큼 그 패키지투어가 얼마만큼 그 고객의 그때의 욕구와 욕망을 충족시킬 수 있는지의 여부를 잘 이해하는 것은 매우 중요하다.

3. 중심고객의 육성

여행시장에 한정되지는 않으나 어떠한 영업에도 중심고객(core customer)이 있다.

몇몇 상품 가운데에서 가장 많이 팔리는 것, 매출액이 높은 것이다. 물론 기업에는 큰 이익을 가져다준다. 간단히 말하면 상품에는 그 상표 또는 회사명을 높이는 프레스티지 브랜드(prestige brand)와 실제의 업무에서 많이 팔리는 볼륨 존(volume zone)이 있다.

자사의 고객도 이와 같이 세분화하면 도대체 어느 분야에서 돈을 벌고 있는지가 확실해 지지만, 각각의 중심이 되는 상층(上層)고객을 육성하지 않으면 안 된다.

에어 온리 전문여행사라면 우선 학생 다음으로는 OL임에 틀림없다. 유럽을 중심으로 여유 있는 중고년(中高年)을 중심으로 한 여행사라면 60세 이상의 고령자가 중심고객이 될 것이다. 클럽 메드(Club Med)에서는 스포츠를 좋아하는 가족들이 중심고객이다.

이러한 경쟁에 이기기 위해서는 어딘가의 시장에 집중할 필요가 있다. 그렇지 않으면 자원이 분산되어 두 마리 토끼를 잡으려다 한 마리도 못 잡는 결과를 초래한다. 또한 확실한 중심고객을 가지고 있으면 자기의 친구들도 자연적으로 중심고객으로 끌어들여 여행상품 기획에도 그 기업다운 일관성이 생겨나게 된다.

4. 성수기와 비수기 전략

여행에는 반드시 성수기와 비수기가 있다. 한국에서는 연말연시, 황금연휴, 여름휴가, 겨울방학시즌 등이 성수기이다. 그러나 한국에서 6월은 장마철이지만 유럽의 6월은 성수기이며 미국사람에게 있어서 하와이는 피한목적의 휴향지이기 때문에 여름철 하와이의 호텔은 상당수 비어있다.

비수기의 수요환기책의 예로는 기본적으로는 현지에서의 기후의 마이너스를 별도의 장점을 살려 상쇄하는 것이지만, 12월의 유럽은 일반적으로 관광이 뜸하기 때문에 궁전을 대절하여 호화스러운 파티를 개최하거나, 보통 때에는 입장할 수 없는 야간에 특별허가를 받아 루브르박물관을 견학하거나, 크리스마스 전 바겐세일 기간 중에 쇼핑 여행 등을 기획하여 수요를 환기하는 것이다.

인간에게는 누구나 충동구매 습관이 있고, 특히 겨울철의 항공운임은 여름에 비하여 싸기 때문에 가격에 매력을 느껴 유럽여행을 하는 사람이 늘어나고 있다. 또한 국제회의는 이 시기에 맞추어 개최되는 경우가 많기 때문에 비수기 대책이라도 보다 적극적으로 어떻게 혼잡을 피하는지를 생각하는 긍정적 사고가 필요하다.

5. 위험(risk)

어떠한 사업도 위험을 수반하지만 여행에서도 작은 위험이나, 큰 여행사의 존재마저 흔들리는 큰 위험이 있다. 우선적으로 작은 위험에는 출발 전에 생기는 것, 투어가 출발하고 나서 생기는 것이 있다. 또한 돌발사고나 전쟁과 같이 위험 그 자체를 자신이 방지할 수 없기 때문에 사건이 일어나기도 한다.

여행산업은 평화산업이라고 알려지고 있는 것처럼 전쟁, 분쟁, 교통사고나 질병이 만연하면 누구나 여행을 중지하거나 연기한다. 그러나 여행 현장에서는 항상 작은 위험이 도사리고 있다. 작은 위험에는 다음의 세 가지가 있다.

첫째, 자신이 처리 할 수 있는 것 : 예를 들면 예약을 분명히 했음에도 불구하고 호텔에 도착하고 나니 예약이 되어있지 않다든지, 공항에 도착하고 나니 좌석이 부족하다든지 하는 사례는 종종 있다.

둘째, 자신이 방어할 수 없는 것 : 예를 들면 버스가 납치된다거나, 교통사고를 당한다거나 하는 것이다. 또한 외국의 지하철에서 지갑을 도난당했다든지, 소매치기를 당했다든지 하는 것도 종종 있는 일이다. 게다가 호텔 앞의 비치에서 익사사고를 당한다든지, 산에서 전복사고를 당하거나 고산병에 걸리는 것도 이와 같은 예이다.

셋째, 사전에 주의하고 있으면 방어 할 수 있는 것 : 예를 들면 예정한 인원을 모을 수 없었기(최소출발인원에 미달하였기 때문에 행사자체가 중지되었다. 때문에 급거 다른 여행상품을 찾지 않으면 안 되는 경우 등이 그러한 예로 이 때는 수고가 두 배가 되어 여행사의 수익도 줄어버리고 만다.

신문모집으로 500명의 집객을 예정하고 있었는데 300명밖에 모이지 않아서 적자가 된다, 견학을 예정하고 있던 박물관이나 미술관이 휴관일이었다, 이러한 작은 분쟁에 대해서 한국의 여행업계는 소비자 보호차원에서 이를 극복하려고 하지만 실제로는 잘 이행되지 않고 있다.

사례 ① : 집객이 되지 않은 경우

팸플릿이나 광고에는 최소 출발인원이 명기되어 있다. 그 숫자까지 고객이 모이지 않으면 그 투어는 중지된다고 정해져 있다. 그러나 대개의 투어에서는 2명부터 출발이라고 명기되어 있기 때문에 투어 그 자체가 중지되는 일은 거의 없다. 두 사람을 단체라고 부를 수 있을지 없을지는 의문이지만 이것은 허니문 상품 등이 출발일을 변경할 수 없다고 하는 경우를 대비하여 만들어진 것이다.

또한 유럽행 등의 패키지투어에서는 현지에서 대형버스를 이용하는 관계로 최소 출발인원을 16명이라든지 또는 20명 등인 경우가 보통이다. 따라서 투어광고에는 출발일에 출발결정이라든지, 곧 만석이라든지, 잔여석이 얼마 남지 않았다는 등의 문구가 기재되어 있어서 그 단체가 출발될지 어떨지를 소비자가 판단하기 쉽게 되어있다.

만약 고객이 예약한 투어가 중지된 경우 여행사로서는 그날에 출발하는 비슷한 패키지여행을 찾지 않으면 안 된다. 이런 경우에는 한 번의 투어에 대해 두 번의 수고를 하는 셈이다. 따라서 취소가 많은 패키지투어는 팔기 어렵다고 여행소매업자들은 기피하는 것이다. 그것은 브랜드의 신뢰성에도 문제가 된다. 즉 가격은 싸지만 취소가 많아 급기야 소매업자의 신뢰를 잃어버려 곧바로 도산과 직결된 도매업자도 있었다.

사례 ②: 원가의 상승

현재의 여행업 약관에서는 한번 발표된 가격은 특별한 사정이 없는 한 변경할 수 없다고 되어 있다. 그러나 미리 설정한 가격이 변경되는 원인은 많이 있다. 예를 들면 환율변동이나 유가변동이 그것이다.

사례 ③: 전세기의 취소

지방에서 정기편의 직행편이 운항 되고 있지 않은 경우, 여행사는 목적지의 항공사를 전세기로 이용하는 경우가 있다. 예를 들면 헝가리, 벨로루시, 크로아티아 등에는 한국에서의 정기편이 없다. 그러나 이국간(二國間) 항공협정이 없어도 특별허가를 받아 임시편을 운항하는 것은 가능하다. 국내여행사들이 사할린에 있는 동포의 모국 방문 여행을 주선한 것이 이러한 좋은 예이다.

사례 ④: 돌발사건 · 사고

안전은 여행의 가장 중요한 조건이다. 그것을 잃으면 사람들은 여행을 중지하거나 연기한다. 따라서 여행업약관에서도 "전쟁이나 분쟁으로 여행을 중지하는 일이 발생돼도 여행사의 책임은 아니다"라고 되어 있다. 즉 여행사는 면책된다. 그러나 한국에서는 여행상품을 구매할 때에도 상품의 구매계약을 체결했다는 의식이 없다. 즉 계약개념이 없기 때문에 거기서 무엇인가 일어나면 고객은 자신의 책임이라고는 생각하지 않는다. 또한 여행업약관에서는 취소료를 소비자가 지불하지 않으면 안 된다고 규정되어 있다. 그러나 여행사마다 그 대응이 천차만별이고 결국 떼를 쓰는 고객만이 이득을 보는 경우가 허다하다.

사례 ⑤ : 월드컵 티켓 사건

월드컵을 상품으로 하여 모 여행사가 추진했던 여행 상품이 입장권을 구입하지 못하여 사회문제가 된 사건이 있었다. 출발 일주일전에도 입장권을 보내오지 않기 때문에 여행사의 관계자는 밤잠을 설치는 날이 계속되었다. 결과적으로는 유럽의 악질 사기꾼에게 속았던 셈인데 그 당시 한국의 대형 여행사의 대응 방법은 서로 달랐다.

현지에서의 보고로는 입장권의 입수가 거의 절망적이라고 알았던 단계에서 투어를 중지, 여행비용을 전액 소비자에게 반환한 여행사가 있었다. 거기까지 여러 가지와 문제해결을 위한 비용, 인건비, 교육비, 시간도 많이 필요했지만 또한 현지에 가면 입장권은 어떻게 되겠지, 조금 비싸도 암표상으로부터 몇 장은 구할 수 있겠지 라고 추측하여 몇 십 명의 서포터를 데리고 간 여행사도 있었는데 그 여행사는 몇 억 원이라는 큰 적자를 내고 말았던 것이다.

사례 ⑥ : 과도한 집중(시장 · 목적지 등)

성수기는 수요가 공급을 초과하는 시기를 말한다. 유급휴가의 소화율이 적은 한국은 언제나 사람들의 휴가가 일시에 집중한다. 거기서 공급자는 수요의 평준화를 꾀하기 때문에 성수기에 요금을 높게 설정한다. 또한 시기만이 아니라 목적지의 수요가 집중하는 일도 종종 발생한다. 그러한 때 고객은 조금 비싸도 비용을 부담한다.

세계적으로 유명한 축제, 예를 들면 리우카니발, 삿포로 눈 축제 등 꽤 이전부터 준비하지 않으면 고객을 모아도 항공좌석이나 호텔객실을 확보할 수 없다는 최악의 사태에 직면할 수 있는 상품도 있다. 팸플릿이나 광고의 가격표시에는 비수기부터 성수기까지의 가격이 20종류 가까이 나와 있다. 가격이 싼 시기는 비수기라는 것을 배우는 것에 소비자는 많은 수업료를 지불하고 있는 것이다. 그것이 결과적으로 여행상품 불신으로 연결되고 있다.

나열되어 있는 요금이 왜 싼지 그 이유를 소비자가 납득할 수 있도록 자세한 설명을 할 필요가 있다. 그렇지 않으면 여행사가 아니라 목적지의 이미지가 저하되어 지속가능한 관광은 꿈과 함께 사라질 것이다.

지속가능한 관광은 관광자원을 보호할 뿐만 아니라 비수기에는 비수기의 판매방법이 있고 성수기 상품을 비수기에 그대로 팔기란 불가능 하다는 것을 충분히 이해하는 것이다.

사례 ⑦ : 가격경쟁의 격화

대형여객기의 출현, 항공자유화 정책 및 규제완화 정책으로 항공좌석의 확대와 더불어 항공요금의 자율화로 인해 여행상품의 가격이 한층 낮아지고 있다. 항공사도 항공권의 직매를 시작했지만 항공권의 직매는 이전부터 존재했기 때문에 항공회사로서는 여행사를 통하여 판매하는(즉 유통에 의존하는)쪽이 합리적이며 효율적이기 때문에 여행사에 CRS(단말기)를 제공하여 판매를 전개하고 있었으나 정보기술의 진보로 e-티켓, 편의점에서의 판매, 인터넷에서의 판매, 옥션 등이 발생하고 항공사와 여행사의 밀월은 끝난 것처럼 보인다.

그러나 전술한 바와 같이 간단히 항공좌석을 팔수 있다면 그럴 것이다. 여행자도 유통기관 없이 간단히 항공권을 살수 있다면 그쪽을 선택한다. 결과적으로 직판화가 진전되는 것이 시대의 흐름이다. 우리도 직판화(直販化) 가능한 부분은 직판화해 나간다. 그러나 여행사의 힘없이 항공사는 살 수 없게 되어 있다. 함께하지 않으면 안되는 것은 수요의 창조에 있는 것이다.

6. 여행상품의 평가기준

여행은 눈에 보이지 않은 상품이다. 그것만으로 예상고객이 그 여행 상품에 기대하는 비율에는 개인차가 있을 뿐만 아니라 때와 장소와 목적에 따라 동일인의 기대감도 달라지기 때문에, 같은 투어에 참가한 사람이라도 만족한 사람과 불만족한 사람이 나오기 마련이다. 더욱이 평가 기준은 천차만별이다. 최근에는 일본, 동남아, 중국, 홍콩 등 가까운 나라나 태평양상의 섬을 몇 번씩이나 방문하고 있는 반복여행자도 급증하고 있다. 그러한 수요를 환기하는 그 나름의 예를 들면 뉴스성이라든지 화제성을 빼놓을 수 없다.

1) 신선함, 뉴스성

새로운 대형 휴양지가 개업했다는 것은 반복여행자에게 있어서도 꽤 강한 기대를 갖게 할 것이다. 라스베이거스에 새로운 테마 호텔이 탄생하면 지금까지 체재한 적이 있는 MGM그랜드호텔이나 미라주호텔과 비교하는 것은 당연한 감정일 것이다.

새로운 크루즈선이 대서양 횡단의 처녀항해에 나선다든지 우크라이나에 처음으로 전세기 직항편이 운항된다는 것은 완전히 뉴스다. 유명한 초음속 여객기 콩코드의 퇴역항공기를 타보는 것은 두 번 다시 할 수 없기 때문에 여행매니어들에게는 놓칠 수 없는 기회인 것이다.

2) 의외성

최근에는 헬리콥터에 의한 시내관광 등은 특별하게 진귀한 것도 아니다. 그러나 그랜드캐년의 콜로라도 강 밑에까지 내려가서 샴페인으로 건배하는 기획이라면 의외성이 있다. 두바이 사막에서의 한밤중 샴페인 파티 등도 비슷한 발상으로 생겨난 것이다.

영화나 텔레비전에서 한국어로 변환되거나 자막이 나오는 것은 당연하지만, 프랑스 오페라 극장에서 이탈리아 오페라 자막이 프랑스어로 표시되어 나오는 데에는 놀랄만한 경험을 한 적이 있다. 여행지에서의 추억이라는 것은 이와 같이 의외성이 많은 것인데, 그것을 사전에 기획하고 고객에게는 현장에서 그러한 연출이 있다는 것을 알리지 않는 것도 연구할 만한 대목이 아닌가 생각한다.

3) 적정규모(최소행사인원)

여행은 동반자라고 한다. 좋은 친구를 만나거나 함께 여행을 계속하는 것은 일생의 추억으로 남을 것이다. 그러나 그 반대도 존재한다. 전혀 성격이 다른 사람과의 여행은 정신적으로 피곤하게 하며 도대체 무엇을 위한 여행인지를 되묻지 않을 수 없다.

그래서 패키지투어의 기획에서는 한 단체에 몇 사람을 집객(集客)하는가에 지혜를 모으고 있다. 유럽처럼 버스사용을 많이 하는 곳에서는 버스의 수용좌석수로 결정할 수 있으나 리무진이나 중형버스를 이용하는 경우라면 인솔자와 가이드 각각 한사람씩의 비용을 포함하여 고객 일인당 비용을 할당하여 최소여행 인원을 계산할 것이다.

한사람의 인솔자가 고객 전원에게 평등하게 대하는 것을 배려한다면, 최소 여행인원수는 16명 정도가 되지 않을까? 그것은 고객에게 있어서도 여행 중 처음으로 만나는 참가자 전원의 이름을 기억하는 데에도 충분한 인원이라고 생각한다.

4) 적정가격

세계적으로 보아 한국인의 생활수준은 상당한 위치에 있기 때문에 최근의 고객가치(customer value)를 충족시키는 것은 용이한 일이 아니다. 그러나 서비스업에서는 이 고객가치야 말로 타사와의 차별화를 결정적으로 하는 것이다.

이라크 전쟁이 끝나고 일제히 전세기를 이용한 패키지투어가 발매된 것은 이 전쟁으로 승객이 격감하고 항공사의 대폭적인 감편으로 인하여 기재(機材)가 남아돌았기 때문이다. 정기편이 통상적으로 운용되고 있으면 항공사는 전세편으로 돌리는 잉여기재가 없기 때문에, 일반적으로 직행할 수 없는 목적지에도 단기간에 갈 수 있게 된 것은 행운이었다. 또한 이것은 처음 방문하는 장소 및 국가에의 반복방문자가 될 기회를 준 셈이다.

5) 적절한 발표시기

최근의 여행예약은 출발직전에 집중하는 경향이 있다. 예약의 피크(peak)는 출발 10일전에서 일주일 전이 보통이다. 여행 도매업자의 팸플릿은 통상적으로 1년에 4번 만들어지며, 소매업자의 점포에 배포된다. 그러니까 기획이 끝나고 실제로 투어가 실시될 때까지의 사이에는 2개월 길어봐야 6개월이다. 그런데 신문 모집이라면 2주간 정도의 상품이 많이 있다. 공사다망한 소비자가 늘어나고 있기 때문에 경쟁상대의 동향을 주시 하면서 적절한 발표시기의 검토에는 충분한 배려가 필요하다.

6) 상품의 가치

지불한 금액에 상당하는 가치를, 혹은 그 이상의 가치를 얻었다고 생각한다면 그 고객은 틀림없이 반복여행자가 될 것이다. 중요한 것은 무엇이 고객에 있어서 그러한 고객가치였는지를 확실히 파악하는 것이다. 그러므로 지금까지의 성공경험이 모두 성공이라는 보장은 없다. 성공 예를 참고로 새로운 아이디어를 참고로 조합하여 생각하지 않으면 안 된다. 해외여행의 여명기에 여행수요의 환기에 가장 힘을 쏟았던 것은 대한항공과 그 자회사인 한진관광의 칼월드(KAL world)투어였다.

1.9 여행상품의 4대지주

1. 정통상품

한국인에게 가장 인기 있는 여행 목적지로 말하면 중국, 일본, 동남아 등일 것이다. 그러나 이러한 인기가 높은 여행목적지에서는 상품이 너무 많아 개성을 발휘할 수 없다. 물론 그 후 태국여행상품은 네트 가격(net price)이하로 판매 되거나, 해외예식처럼 상세한 협의를 필요로 하는 여행만이 여행사의 카운터에서 담당자와 상담하면서 결정되게 되었다. 또한 여행 중의 여행 시리즈에는 인솔하는 사원의 사진이 소개되거나 매일 각지에서의 메뉴까지 해설되고 있다. 여행세계의 팸플릿에는 그 투어가 이제까지 몇 번 실시되어 왔는지가 명기되거나 이 회사의 사원이 상품을 숙지하고 있는 안심감을 부여하고 있다.

일본 아사히 선투어즈의 야나기사와(柳澤保雄)사장은 자사의 여행인솔자가 그 나라의 역사 · 문화, 종교, 미술 · 건축사, 신화 등에 정통하고 있지 않으면 투어 그 자체를 실시하지 않는다고 단언하고 있다. 이러한 부산물이 일본교공사(jtb)에서 기획한 "유라시아대륙횡단 55일간의 버스여행" 상품이다.

2. 발상의 전환

어느 업계에도 자연적으로 만들어진 규칙(rule)이 있다. 연필의 단위는 1다스, 즉 12자루로 세는 것이 표준이고, 그것은 누군가 그 업계의 리더가 만들어낸 것이다.

1) 어린이 반액요금

여행업계에서는 어린이요금은 성인요금의 반액이 규칙이다. 이것은 1988년에 당시 여행도매업자가 호주 상품으로 판매촉진을 하기위해 신설한 요금체계였었다. 그 후 이 개념은 다른 방면의 상품에도 출현하게 되어 업계의 기준이 되었다.

이 아이디어는 여행사가 중개하지 않고, 항공사나 호텔만의 공급자(supplier)뿐이었다면 탄생이 불가능 했을 것이다. 왜냐하면 원래 정규 단체항공운임에는 어린이 반액요금제도는 존재하지 않았으며, 대충 어른의 70～100%가 일반적이었다. 다른 한편으로 호텔방값은 어린이에 대해 할인가격이란 없었다. 당해회사에서는 어린이 동반시장을 선점하여 항공사나 호텔에 50%할인 교섭을 시작하여 성공을 거둔 것이다. 이것이 기획전략으로 여행사가 주도권을 쥔 경우이다.

2) 고객맞춤식 서비스제공

최소 여행인원, 수화물의 택배 서비스, 출입국 수속의 대행, 여행 중 음료수의 제공, 한국어 신문 서비스, 박물관 등에서의 이어폰 서비스, 우등석의 이용요금 추가 등은 여행의 품질을 보증하는 표준이 되어 있다. 한국인 여행자에게 있어서 하와이 여행의 문제점은 아침 일찍 호놀룰루에 도착하는 것이다.

일반적으로 호텔의 체크인은 정오부터 3경까지이니까 공항에 도착하고 나서 어떻게 하면 시간을 유용하게 사용하는 지가 문제였다. 실은 이것은 시차에 적응하지 못하는 대책에서 생긴 아이디어이기도 하였다. 한국과 하와이간의 시차는 5시간이기 때문에 기내에서 자는 시간은 불과 2시간 정도로 도착 후 대다수 사람이 수면부족이 생기게 된다. 이 때 여행사에서 생각해 낸 것이 고객 맞춤식 서비스였다. 즉 전날 밤부터 객실이 잡혀 있는 고객은 그대로 호텔로 보내고, 골프가 예약되어 있는 고객은 골프클럽으로 보내며, 잠깐 휴식을 취한 후 시내관광을 희망하는 사람에게는 전용버스에서 점심식사까지의 반일 시내관광이 수배된다.

3) 하드(hard)상품의 소유

항공사나 숙박시설을 자사에서 소유하는 것도 타사와의 차별화를 꾀하는 요소이다. 예를 들면 클럽 메드는 전 세계의 시설을 자사에서 소유하고 있기 때문에 여러가지 프로그램을 실현할 수 있다. 숙박 중에 비용이 일체 요금에 포함되어 있다는 "올 인클루시브 시스템 · All Inclusive System"의 채용 등은 타사에서는 흉내 낼 수 없다는 점이다. 올 인클루시브 시스템은 카리브해의 슈퍼클럽 등에서도 실시되고 있으나 기본적으로는 식사는 3끼 모두, 와인, 각종 마린 스포츠 장비의 대여도 모두 요금에 포함되어 있다. 별도요금이 되는 것은 빌리지에서 출발하는 선택관광 정도이다.

4) 호텔·콘도미니엄의 소유

하와이 등 미국의 많은 휴양지에서는 콘도미니엄이 발달하여 장기체재에 이상적인 곳에서 타임 셰어(time share) 등의 시스템도 생겨났다. 이러한 콘도미니엄을 소유하고 그것을 자사의 투어로 활용하는 여행사도 있다. 호텔 요금이 무료라기보다 자사 주체 투어의 숙박요금이 그대로 방세로서 입금되기 때문에 투자 효율도 높다. 단지 콘도미니엄의 소유는 부동산 가격의 변동도 있어서 비전문가에게는 꽤 어려운 문제이다.

콘도미니엄은 호텔과 달리 조식을 스스로 만들어먹지 않으면 안 되는 경우도 있기 때문에 가정주부가 저항감을 나타내는 일도 적지 않게 발견된다. 휴가지에서도 가족의 식사준비를 하지 않으면 안 되는 것은 여행의 취지와 맞지 않는다고 생각하는 주부가 늘어나고 있다.

표 1-6 타임쉐어링의 분류

구 분		내 용
소유제	일반차용제	구입자가 완전한 이익을 차지하며 독립계약에 의해 특정한 주나 또는 몇 주 동안 독점사용권을 보장받는다.
	인터벌소유제	구입자는 대개 20년 내지 40년 동안 1년에 특정한 주나 몇 주 동안 소유하게 된다. 만기연도에 구입자는 다른 구입자들과 함께 공동거주권을 갖는다.
사용권제	휴가권제	구입자는 10년 내지 40년 이내에 매년 사용하기를 원하는 한 주 또는 몇 주 동안 사용권을 구입하며, 매년 구입자가 원하는 기간을 바꾸어 사용할 수 있다. 이 제도는 구입자이 이익을 위한 판매를 제한하고 있으며 임대를 불허한다.
	휴가권대여제	휴가권제와 유사하나 구입자는 대개 자신의 유니트(unit)를 임대할 수도 있고 권리의 양도도 가능하다.
	회원제	구입자가 클럽회원들의 이익을 위해 운영되는 비영리협회의 회원권을 구입하는 것을 말한다. 구입자는 특정한 기간을 구입하거나 매년 자기가 원하는 기간을 바꾸어 사용할 수 있으나 회원권을 팔거나 임대는 불가능하다.

5) 전세기(charter flight)

항공기나 숙박시설을 소유하는 것 다음으로 위험이 높은 것이 전세기의 대절(charter)이다. 이들 전세는 여객·화물·우편을 대상으로 한다. 차터의 주를 이루는 것이 여객차터로 다양한 형식으로 분류된다. 여객차터의 형식에는 ① 어피니티 차터(affinity charter), ② 인클루시브투어 차터(Inclusive Tour Charter : IT 차터), ③ ABC 차터(advance booking charter), ④ 오운 유스 차터(own-use Charter)등이 있다. 어피니티 차터는 학술·종교·스포츠 등 여행 이외의 목적을 가진 단체·협회 등이 그 조직구성원을 위해 실시하는 것으로 차터 요금은 참가자 개인이 할당·부담한다. 남용방지를 위해 까다로운 조건이 붙는데 이를테면 참가자의 회원자격·조직활동상황 등 소정의 자료제출이 필요하다. 오운 뉴스(Own Use)차터는 어느 여행사가 여객기 한대를 통째로 대절하는 것이다. ITC 차터는 일정기간 특정 도시간에 운항하는 전세는 지역에서 출발하여 지역으로 귀국한다는 큰 편리성이 있다.

6) 강사 동행 관광

고학력, 고연령의 반복여행자가 증가함에 따라 문화지향의 여행자가 늘어나고 있다. 이들은 각각의 전문가로 여행사의 사원보다도 더 많이 방문지 문화, 문명에 상세한 지식을 가지고 있다. 그래서 대학 교수 등이 강사로서 동행하는 여행이, 고산지대의 여행에는 등산전문가나 의사·간호사 등이 동행하는 여행이 생겨나게 된 것이다.

7) 모니터 관광

모니터에는 감시한다는 의미가 있지만, 모니터투어는 격심한 IATA(국제항공운송협회)의 규칙에 위배됨이 없이 저렴한 투어를 하려고 여행사가 지혜를 모은 결과이다. 1970년대 후반 당시 IATA규칙에 최저판매가격(MTP·Minimum Tour Price)이 있었다.

예를 들면 20명이 단체여행을 할 경우 항공요금은 정규요금의 40%로 정해져 있었다. 그러나 힘이 센 여행사는 힘이 없는 약한 항공사로부터 훨씬 싼 요금으로 좌석을 구매할 수 있었기 때문에 실제로는 MTP가격 이하로 판매해도 돈 버는데 아무런 문제가 없었다.

그러나 신문사에서 MTP이하로 판매하는 상품은 광고를 해줄 수 없다는 사태에 이르게 되었다. 아무리 가치가 있는 저렴한 상품이 있어도 그 존재를 널리 일반인에게 알릴 수 없다면 그 상품은 존재하지 않는 것과 마찬가지이다. 여기서 누가 어떤 이유로 MTP와 실제의 판매가격과의 격차를 부담하는 것을 광고 가운데 명기한다면 문제가 없을 것이라는 점에 착안하여 각국 정부 관광국이 그 차액을 부담할 것을 약속함에 따라 투어 참가자로부터 귀국 후 여행감상문을 제출하도록 조건을 붙인 투어가 탄생하게 되었다.

3. 수량(수익성의 중시)

여행업도 비즈니스인 한 사업을 계속하기 위해서는 이익을 창출하지 않으면 안 된다. 돈 버는 방법에는 3가지가 있다. 첫째, 상품이 팔리고 이익이 신장되는 것. 둘째, 가격을 낮추는 것, 셋째, 이 두 가지를 한 번에 실현하는 것이다.

어떠한 여행상품이라도 직접원가는 판매 가격의 1/3 혹은 그 이하이지 않으면 영업비용을 염출할 수 없을 뿐만 아니라 필요 경비도 나오지 않는다. 팸플릿에 최소 행사인원이 적혀있는 것은 그만큼의 고객수를 모으지 않으면 여행이 적자가 된다는 메시지이다. 물론 정책적으로 적자를 각오하고 투어를 실시하는 수도 있다. 그러나 일반적으로는 1회 1회 투어로 이익을 낼 수 있는 가격설정으로 되어있다.

이익을 올리는 가장 기본적인 사고방식은 버스 한대로 수용할 수 있는 고객수를 모으는 것이다. 40명의 버스를 사용하는 구간이 많으면 25명 정도일 것이다. 그것보다 많으면 고객의 쾌적함에 불편함이 생긴다. 특히 지금부터 고령자가 늘어나는 시대에는 이 여유가 중요한 요소가 된다. 그러나 16명을 모을 생각으로 발매한 여행에서 23명이나 모았다면 1인당 비용은 급속하게 더구나 대폭적으로 인하되기 때문에 어느 정도 규모의 이익은 확보되지 않으면 안 된다.

이제부터 여행에는 인적 서비스가 보다 많이 요구되고 그 비용도 충분하게 계산하지 않으면 안 된다. 특히 지금부터 베테랑 인솔자가 부족하고 그 면에서의 비용상승을 배려하여 가격설정을 하지 않으면 질 좋은 서비스를 제공할 수 없기 때문에 경쟁력이 떨어지게 된다.

한편 비용을 인하하는 노력은 항상 계속돼야 하지만 정보의 활용, SCM, 고객정보의 공유 등 아직 합리화 여지가 남아있다. 팸플릿의 제작비, 배포비용, 인솔자의 아웃

트소싱 등은 지금부터 검토할 과제이다.

경영자에 있어서 자사주식의 공개 등의 사회적 신용의 향상, 사원의 높은 이직률의 시정 등도 큰 숙제이다. 여하튼 이익의 확보가 없으면 성장도 확대도 사원의 생활향상도 없다. 여행사는 경영기반이 약한 사업으로 참입(參入)도 퇴출도 간단하다. 한 사람으로도 경영할 수 있는 사업이다. 그러나 그것으로는 젊은 사원에게 희망을 줄 수 없을 것이다.

4. 차별화 전략

타사와는 다른 상품화의 성공사례를 많이 보아 왔다. 그러나 그를 위해서는 당초부터 자사의 상품차별화 전략이 없어서는 안 된다. 그것이 누락되어 있으면 불필요한 경비지출이 많고 이익도 계상(計上) 할 수 없다. 자사의 강점을 사원 전체가 파악하고 공유하고 있으면 대형여행업자에게 설움을 받는다 해도 고객은 지지해줄 것이다. 리더에게 필요한 것은 틀려도 좋다, 여하튼 차별화 전략이다. 잘못된 것을 알아차리면 곧바로 변경하면 좋은 것이다.

차별화 전략은 자사상품이 경쟁사 여행상품과 구별되도록 가격 이외의 특이성을 부여하여 고객에게 자사상품의 우월성을 인식시킴으로써 구매를 유도하여 경쟁상의 우위를 획득하려는 마케팅전략의 하나로서 비가격경쟁(非價格競爭)의 대표적 전략이라고 할 수 있다(山上撤, 1987).

이 전략은 여행사가 복수의 세분시장에서 사업을 할 것을 결정하고 각 세분시장에 맞는 마케팅 믹스를 개발하여 활용하는 전략이다. 이 전략을 쓰면 전체적인 수요자의 만족도가 올라가므로 매출액도 비차별화마케팅 전략을 쓸 때보다 많다. 그러나 기존의 마케팅믹스를 운용하므로 제품 생산비, 관리비, 재고비, 광고비 등이 더 많이 들것이다. 그러므로 이 전략은 비용의 상승보다 매출액의 상승이 훨씬 더 커서 전체적인 이익률이 향상될 것으로 예상될 때 적합한 전략이라고 할 수 있다.

02 여행사마케팅의 이해

02 여행사마케팅의 이해

우리들이 살고 있는 사회의 경제활동에서는 생산하는(만드는) 사람이 소비하는(쓰는) 사람에게 상품을 판매하여 대금을 받는다는 유통과 판매기능이 성립되어 있다. 이 상품거래를 다른 말로 가치교환이라고 한다. 이 교환이야말로 마케팅의 어원이 되는 셈이다.

판매는 어떻게 하면 상품을 보다 많이 파는가에 초점이 맞추어져 있지만 마케팅은 어떻게 하면 소비자들이 원하는 상품을 만드는가에 초점이 맞추어져 있다는 점이 다르다

〈마케팅적 관점〉

시장조사	⇒	상품	⇒	판매	⇒	기업이익	⇒	고객만족
(소비자의 욕구)				광고 · 선전 · 상품유통 · 판매기술				(상품 · 서비스의 개선)

〈판매적 관점〉

상품이란 물품과 서비스 및 그에 따른 아이디어이며, 구체적으로 눈에 보이는 것만 아니라 눈에 보이지 않는 요소도 포함되어 있다. 예를 들면 소금이나 설탕은 눈에 보이는 상품이지만 교육이나 컨설턴트 및 여행 등은 눈에 보이지 않는 요소가 주된 상품이다. 이 중간에 맥도널드와 같은 즉석식품은 햄버거 자체(눈에 보이는)와 그 서비스의 빠르기로 상품이 위치하고 있다.

그림 2-1 상품을 구성하는 요소

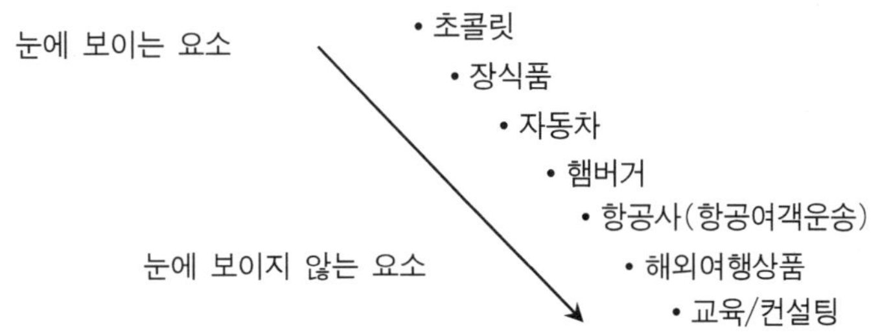

이와 같이 마케팅이란 생산자가 상품 또는 서비스를 소비자에게 유통시키는 데 관련된 모든 체계적 경영활동으로서 ① 고객이 추구하고 있는 상품(상품의 개념), ② 상품을 구매할 수 있는 편리한 유통시스템 · 점포(유통), ③ 판매방식의 연구(판매촉진), ④ 팔기 쉽고 사기 쉬운 가격(가격설정)을 창출하여 고객도 만족하고 기업도 그에 대한 이익을 얻는 것을 의미한다.

즉 마케팅의 시대도 점차 생산시대 → 판매시대 → 마케팅시대로 전환되고 있음을 알 수 있다.

▌표 2-1 ▌ 시대별 사고의 중심과 마케팅과제

시 대	사고의 중심	마케팅의 과제
생산지향	품질만 좋으면 판매됨 (product out)	상품선택의 폭이 좁다
판매지향	어떻게 팔까? (판매중시)	인적판매, 유통정책, 판매촉진
마케팅지향	팔리는 물건을 만듦 (관리차원의 마케팅)	시장조사, 광고, 판촉, 상품 등을 별도로 조합
종합마케팅지향	마케팅은 전사적 과제 (경영차원의 마케팅)	각 기능의 통합전략 (마케팅 믹스)
사회적 마케팅지향	사회적 책임의 중시 (사회적 차원의 마케팅)	무공해, 안전, 에너지 절약 등 사회성 협조
전략적 마케팅지향	시장환경에의 적합 (전략차원의 마케팅)	전략사업영역의 명확화,
생태적 마케팅지향	지구환경에의 적합 (환경보전의 마케팅)	자연보호, 리사이클(재활용)

자료 : 妹尾晶夫, 目で見て進める新商品・新事業開拓, 日刊工業新聞社, 1992.

따라서 여행상품의 마케팅 요점은 ① 어떻게 하여 타 여행사보다 우수한 상품을 기획하는가, ② 어떤 소비자층을 목표로 하는가, ③ 눈에 안 보이는 상품을 취급하는 여행사의 서비스 개선을 어떻게 해 나가는가, ④ 경쟁여행사와 어떻게 경쟁하여 시장을 개발해나가는가 등의 과제에 도전하는 것이다.

그림 2-2 마케팅활동의 흐름

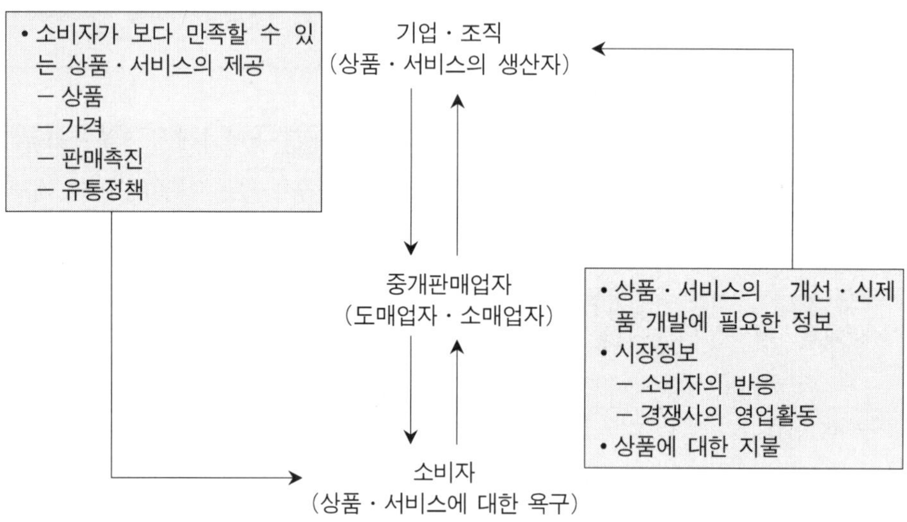

문 제

포드(Ford)사의 히트상품이었던 검은색 T자형 포드자동차는 발매 당시에는 싸고 실용적이라는 점에서 잘 팔렸으나 그 후 제너럴 모터스(GM)사에게 자동차업계 1위 자리를 빼앗기고 말았다. 그 이유는 무엇인지 생각해보시오.

문 제

항공사의 기종(機種)을 보면 장거리 국제선은 보잉 747기나 DC-10기종을, 중거리 노선은 보잉-767이나 에어버스를, 단거리 노선은 MD81이나 보잉-737기종을 투입하여 사용하고 있다. 회사는 서로 달라도 노선마다 거의 비슷한 기종을 취항시키고 있다. 즉 항공여객수송이라는 상품도 「물재 · 物材」로서의 요소는 각사가 거의 같다. 그러면 비즈니스 고객과 관광객은 어떠한 기준으로 항공사를 선택할까? 서비스나 아이디어라는 측면에서 상이점을 생각해보시오.

2.1 여행자 지향의 필요성

고객으로부터 지지되는 우량기업에 공통적으로 나타나는 「고객본위」자세는 다음과 같은 슬로건을 발견할 수 있다.

- 고객에게 성심성의를 다한다.
- 우리들은 고객을, 개인을 귀중히 여긴다.
- 점포는 매장(賣場)이 아니라 구입처로 생각한다.
- 고객의 생활에 도움이 되는 회사로 남고 싶다 .
- 고객이 욕구변화에 발 빠르게 대응하여 얼마간의 만족을 제공할 수 있는지를 계속해서 생각하고, 창조해 나간다.
- 고객입장에서 과연 1등 여행사라고 불릴 수 있는 가치 있는 상품 · 서비스 · 정보의 제공

문 제

이상 열거한 것 이외에 여러분의 주위에 「고객본위」자세를 슬로건으로 하여 표방하고 있는 기업의 사례를 조사해 보시오. 또한 왜 고객을 귀하게 여기지 않으면 안 되는지 그 이유를 생각해 보시오.

이와 같이 대다수 기업들이 신상품을 개발할 때 소비자들의 욕구를 파악한 후 신상품을 개발하던 방법에서 프로슈머(생산자 · producer와 소비자 · consumer를 합성한 말)마케팅을 통해 상품개발을 해나가고 있다. 즉, 고객만족 경영전략으로 소비자가 직접 상품개발을 요구하며 아이디어를 제안할 때 기업이 이를 받아들여 신상품을 개발하는 것이다.

국내에서도 고객만족경영에 대한 중요성이 커지면서 컴퓨터 · 가구 · 의류와 관련된 기업에서 공모작품을 통해 적극적으로 소비자의 아이디어를 수용하고 있으며, 또한 소비자의 취향을 살린 자가조립방식의 DIY(do it yourself) 상품도 나오고 있다. 여행상품에서도 완전 자유여행상품이나 숙박과 항공 등 여행의 기본적인 것들만 제공하고 나머지 것들은 여행자 스스로 해결하도록 하는 상품도 DIY상품의 예라 하겠다.

2.2 여행상품 판매의 4가지 요점

우리들은 필요한 상품을 돈을 지불하고 생산자로부터 상품을 사지만 생산자들이 우리들(소비자)에게 상품을 팔기 위해서는 다음에 열거하는 4가지 활동이 필요하다. 이것을 보통 마케팅믹스(marketing mix)의 구성요소라고 하며, 마케팅 목표의 효과적인 달성을 위하여 마케팅 활동에서 사용되는 여러 가지 방법을 전체적으로 균형이 잡히도록 조정 · 구성하여 마케팅 전략을 구사하게 된다.

이렇게 마케팅 믹스를 보다 효과적으로 구성함으로써 소비자의 욕구나 필요를 충족시키며, 이익 · 매출 · 이미지 · 사회적 명성 · ROI(return on investment : 사용자본이익률)와 같은 기업목표를 달성할 수 있게 된다.

상품 : 소비자들이 추구하는 상품이나 서비스를 생산하는 것.
가격 : 소비자들이 받아들일 수 있는 가격으로 판매하는 것.
판매촉진 : 광고 · 선전 등의 판매촉진활동을 통해서 상품의 존재를 소비자에게 알리는 것.
판매의 장(場) : 상품을 구입할 수 있는 장소나 방법을 소비자에게 제공하는 것.

즉 이 4가지 활동이 수행되면 우리들 소비자는 생산자로부터 상품을 살 수 없게 된다. 이 4가지 활동이 마케팅활동을 구성하는 중요한 요소이다. 다른 사람을 위해서 생산되는 물재나 서비스는 소비자에게 이용됨으로써 의미가 추가된다. 그러한 의미에서 마케팅활동이 있고 비로소 물재(物財)나 서비스는 상품이 된다고 할 있다. 이를 그림으로 나타내면 다음과 같다.

우리들이 일상생활에서 자주 듣는 것들 중 대다수는 마케팅활동과 관계되어 있으며, 결국 위에서 말한 4가지활동 중 어느 것에 해당된다.

그림 2-3 여행상품판매의 4가지 요점

시 장						
• 시장조사	• PR	• 품질	• 캠페인	• 외판(外販)	➡	상품
• 정보발신	• 고객만족	• 고급브랜드	• 시장점유율	• 고객관리		가격
• 직접우편(DM)		• 할인	• 가격경쟁	• 상품발표회		판촉
• 루트세일즈	• 수수료	• 광고 · 선전 · 미디어		• 주력상품		유통

2.3 여행시장의 구성요인

시장이란 재화 · 서비스(용역)가 거래되어 가격이 결정되는 장소 또는 기구를 말하나, 상품을 판매하는 경우 판매선(販賣先 · target)으로 하는 시장이란 무엇일까? 한마디로 말하면 시장이란 고객들의 집합체라고 할 수 있다. 그런데 고객은 다음의 2가지 유형 중 어느 것에 해당된다. ① 개인 소비자, ② 회사나 관공서 등의 법인 조직이 그것이다. 그리고 고객이란 다음의 조건을 갖추고 있어야 한다.

- 특정상품에 대한 구입희망 및 욕구를 가지고 있을 것.
- 특정 상품을 구입할 능력과 결정권을 가지고 있을 것.

1. 여행시장과 여행자행동

소비자 행동이란 「소비자가 자신들의 요구를 충족시켜 줄 것으로 기대하고 있는 상품이나 서비스 또는 아이디어를 찾아 구입하고 사용하여 평가시 나타내는 행동」이라고 정의된다.

1) 여행자욕구의 이해

여행상품의 시장으로서 소비자를 바라볼 때에 소비자가 어떤 욕구를 가지고 있는가를 이해하고, 그 욕구를 광고 · 선전이나 여행 팸플릿을 이용하여 자극하며, 실제로 판매로 이어지게 하는 것은 여행사에 있어서는 매우 중요한 의미를 갖는다.

왜 그 때 소비자가 그 상품을 선택했는지?

-------- 소비자의 심리와 행동에 대해서 기본적 이해가 필요

▌표 2-2 ▌ 여행자욕구의 단계별 특성

구 분	인간과 연령	상품성격	산업성격	산업특징
1단계	소년기	견고성	농 · 수 · 임 · 광업	수공업
	체력	튼튼	가지다	기초
2단계	청년기	실용성	공업	가내공업
	창의성, 투자	기능	만들다	생산재
3단계	장년기	합리성	상업	대량생산
	계획성, 종합	가격	팔다	소비재
4단계	고령기	신뢰성	정보	지식집약
	관리 · 지도	정보	알다	공익
5단계	노령기	심미성	예술 · 문화	예술 · 문화
	철학	여유 · 즐거움	뛰어나다	개인사회

2) 여행자행동의 과정

소비자가 여행상품을 사고 싶다는 욕구를 가지고 각각의 상품 내용에 대해 정보를 수집하여 최종적으로 구입하기까지 소비자심리는 몇 개의 과정을 거치게 된다.

그림 2-4 소비자의 심리과정

① 문제인식 → ② 정보수집 → ③ 선택지의 평가 → ④ 구매 → ⑤ 구매후 평가

① 문제인식 : 소비자가 필요한 것이 있음에도 불구하고 현실적으로 그것을 가지고 있지 않은 것. 즉 하고 싶은 것이 있으나 아직 그것을 하고 있지 않은 단계)를 인식하는 과정을 말한다.

② 정보수집 : 소비자가 자신의 욕구나 문제를 자각하여 욕구를 충족시키며, 문제를 해결해줄 상품에 대해서 정보를 탐색하는 과정을 말한다. 정보의 원천은 대개 소비자 개인의 기억이나 지식, 신뢰할만한 친구나 회사동료, 광고・선전, 판매점에 놓여 있는 팸플릿이나 세일즈맨에게 들은 정보 등이다.

③ 선택지의 평가 : 몇 개의 상품(브랜드)군이 있으면 소비자는 그것을 비교 검토하게 된다. 이 단계에서는 소비자는 구입하려고 하는 상품 후보를 몇 가지로 압축한다.

④ 구입 : 상품을 구입하는 단계에 들어가면 소비자는 구체적인 상품을 구입한다. 그러나 제1희망의 상품이 품절되었다든지, 좌석이 만석이 되어 예약이 불가능한 경우에는 부득이 제2희망의 상품을 구입하게 된다. 이 단계에서는 소비자는 상품뿐만 아니라 그 판매조건, 응대 등의 관점에서 어느 여행사에서 구입하는 것이 좋을 지에 대해 검토하게 된다.

⑤ 구입 후 평가 : 구입 후 소비자는 그 상품이 자신의 기대를 충족시켰는지 어떤지를 검증하게 된다. 평가의 전달(그 상품에 대한 만족감, 불만감)을 통해 다음번 상품 구입시 혹은 입소문에 의해 친구, 지인 기타 잠재적 구매자들에게 영향을 미친다.

3) 아이드마(AIDMA)법칙

소비자가 어느 상품광고를 접하게 되면 단계인 과정을 밟으면서 상품을 구매한다는 소비자의 상품구매 심리와 행동을 보여주는 'AIDMA 법칙'이 있다. 이 과정은

1단계 : 상품에 주의를 기울이게 되고(Attention)

2단계 : 상품에 관심을 갖게 되며(Interest)

3단계 : 상품의 구매 욕구를 느낀 다음(Demand)

4단계 : 상품의 이름을 기억한 후(Memory)

5단계 : 상품을 구매한다(Action) 는 것이다.

AIDMA 법칙에서 우리는 2가지를 생각할 수 있다. 하나는 소비자가 상품을 접하는 순간에 곧바로 구매를 결정하지 않는다는 것이며, 다른 하나는 소비자가 상품을

구매하기까지 여러 심리적 단계를 거치기 때문에 각 단계를 넘기지 못하면 여행사는 최종적으로 상품판매를 기대하기 어렵다는 것을 보여준다. 이런 이유로 여행사들은 소비자들이 각 단계를 밟는 과정에서 자사의 여행상품을 잊지 않도록 같은 상품광고를 수십 차례 대중매체를 통해 내 보내는 것이다.

그러면 어느 소비자가 어떤 여행상품의 존재를 알게 되어 최종적으로 그 여행상품을 구입하기까지의 심리적 과정을 판매정책적 측면에서 살펴보기로 하자.

그림 2-5 아이드마법칙과 여행상품판매와의 관련성

단계		내용
상품에의 주의환기 (Attention)	➡	• 미디어 이용에 의한 광고 · 선전 • 전문정보지, 신문 등에서의 광고 • TV에서의 이미지 선전
상품에 대한 흥미 (Interest)	➡	• 세일즈맨, 판매담당자의 설명 • POP광고(구체적인 상품 팸플릿 등)
구입에의 욕구 (Desire)	➡	상품을 구입한 경우 얻을 수 있는 효용에 대해서 설득에 의해 구입자의 관심과 흥미를 만족시킴
기억 (Memory)	➡	• 계속적인 세일즈 • 별도 각도에서 광고나 DM실시 • 신상품의 안내
구매행동 (Action)	➡	• 상품의 구색겸비 • 소비자 욕구에 부응한 대응

4) 욕구단계설

매슬로우(Maslow)의 욕구 단계설이란 인간의 욕구는 타고난 것이며 이들은 강도와 중요성에 따라 계층적으로 배열되어 있다고 가정한 설로서 인간의 욕구는 하위 단계에서 상위 단계를 향해 계층적으로 배열되어 하위단계의 욕구가 충족되어야 그 다음 단계의 욕구가 발생한다는 이론이다. 여기서 말하는 욕구 단계란 ① 생리적 욕구 → ② 안전 욕구 → ③ 애정과 소속의 욕구 → ④ 자기 존중의 욕구 → ⑤ 자아실현의

욕구를 말한다.

첫째, 생리적 욕구는 가장 하위 단계의 욕구로서, 인간의 육체적 · 생리적 유지와 관련된 욕구(예 : 허기, 갈증, 수면, 섹스 등)이다.

둘째, 안전 욕구는 어떤 위험이나 위협으로부터 자신을 보호해서 안전하게 하려는 욕구이다.

셋째, 애정과 소속의 욕구는 다른 사람을 사랑하고 그 사람의 사랑을 받음으로써 애정적 관계를 형성하고 소속감을 느끼며, 자신의 위치를 집단 속에서 확보하려는 욕구이다.

넷째, 자기 존중의 욕구는 다른 사람으로부터 인정과 존경을 받고 명예를 추구하려는 욕구이다.

다섯째, 자아실현의 욕구는 자신의 재능, 능력, 잠재력 등을 충분히 발휘해서 자기가 이룰 수 있는 모든 것을 성취하려는 최고 수준의 욕구이다. 이를 그림으로 나타내면 다음과 같다.

그림 2-6 매슬로우의 욕구 계층모형

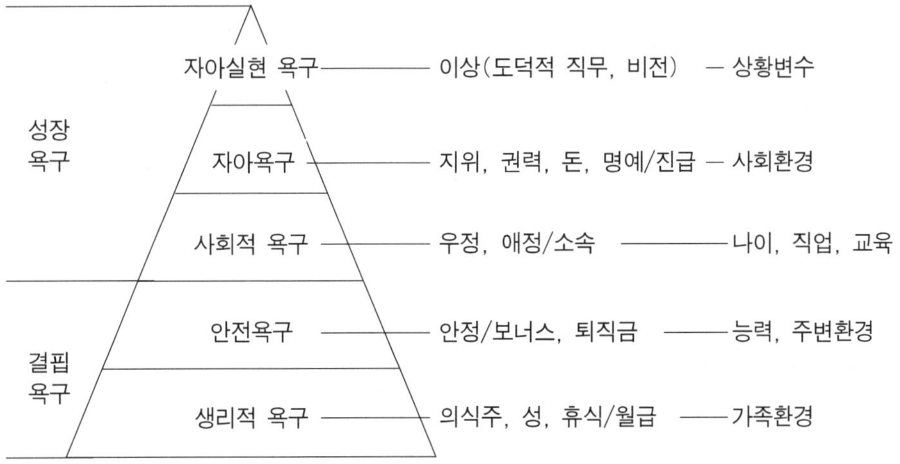

이 욕구단계설을 요약하면 하위 단계의 욕구가 충족되면 그 다음의 욕구가 발생하며 물질이나 명예를 통해서 얻는 행복은 일시적인 것에 지나지 않으므로 결국 자신의 최선을 다해 자신의 잠재력을 발휘할 때 진정한 행복감을 획득할 수 있다는 것을 알 수 있다(Mill, 1985).

5) 여행의 동기적 분류

전술한 매슬로의 이론에서 이끌어 낼 수 있는 하나의 시사는 여행자가 여행을 떠나는 동기나 목적이 "5개의 기본적 욕구"와 관련된다는 것이다.

여행목적별로 분류해 보면 다음과 같은 여행유형이 있다.

① 관광여행
② 휴양 · 레크레이션 여행
③ 업무도항, 견본시, 상담여행
④ 친구 · 친척방문 여행
⑤ 종교 · 순례여행
⑥ 쇼핑여행
⑦ 연수 · 수학 · 학술조사 여행
⑧ 스포츠관전 · 체험여행

즉 이들 여행은 각각 매슬로우의 5가지 기본적 욕구(육체적 · 물리적 · 문화적 · 사회활동 · 사회적 지위 · 자기실현욕구)의 어떤 형태로 관련되어 있다고 할 수 있다.

문 제

매슬로우의 5가지 욕구와 관련을 가지고 있는 여행형태(요소)의 예를 각각의 단계별로 들어보시오.

2. 여행상품의 수명주기와 소비자분류

여기서 지금까지와는 다른 소비자 행동을 알아보자. 일반적으로 말해 상품에는 그것이 개발 · 판매되어 세월이 흐르고 난 뒤 생산이 중단되기까지의 기간이 있다.

▌표 2-3▐ 여행상품의 수명주기와 내용

수명주기명	내 용	특 징
도입기	새로운 상품이 시장에 도입되는 단계. 그 상품의 가치가 일반적으로 인정되지 않고 시장성이 낮아서 이익을 실현할 정도의 매출을 기대하기 어려움	• 상품개발비나 선전비 등의 경비 쪽이 매출액보다 큼 • 호기심이 강한 사람, 마니아(mania) 등 이 분야 상품을 기다리는 사람들이 구입,
성장기	상품의 가치가 인정되고 산업수요가 급속히 신장되는 단계. 조업도도 높아지고 이익률도 상승함. 후반기가 되면 이익률 감소경향을 보이고 시장에서 한계에 이른 제조업체는 경쟁에서 점차 탈락	• 히트상품을 알 수 있음 • 이 시기의 소비자는 경제적, 지식수준이 높은 층임
성숙기	산업수요가 거의 포화상태가 되어 신규수요 대신 대체매입수요가 대부분을 차지하게 됨. 일반적으로 조업도는 여전히 높으나 이익률의 감소경향은 여전하고 원가절감의 중요성이 커짐	• 유사상품 범람으로 덤핑횡행 • 1사당 이익감소 • 상품에 서비스 개량 붐 • 여러 판매촉진으로 일반소비자들은 이때 구입
쇠퇴기	주력상품의 자리는 이미 다른 상품에 내주고 당해 상품을 중심으로 경쟁은 완화됨. 따라서 조업도는 점차 저하되고 타산이 맞지 않는 시점에 이르면 상품라인에서 제외됨.	• 상품보급율이 높아 매출감소 • 상품가격이 떨어짐 • 최후까지 망설이던 고객들이 구입 • 다음 신상품의 매출확대를 꾀함 • 신시장, 판로, 이용법의 발견이나 상품개량에 따라 재성장모색

자료 : http : //100.empas.com/dicsearch/psearch.html에 의거 재구성

즉 하나의 상품이 시장에 도입되어 폐기되기까지의 과정을 우리는 상품수명주기(product life cycle)이라고 한다. 이 수명의 장단(長短)은 상품의 성격에 따라 다르지만 대체로 도입기 · 성장기 · 성숙기 · 쇠퇴기의 과정으로 나눌 수 있다.

이 가운데 특히 기업이 노력을 전개하는 것은 도입기와 성장기이며 기업은 성장을 위해서 언제나 성장기에 있을 만한 상품을 라인에 끼워 두고 신상품 개발이나 경영의 다각화를 시도하여야 한다. 한편 이러한 상품수명주기에 의해 국제무역의 흐름을 설명한 것이 상품수명주기설이다.

코틀러(P. Kotler)는 이러한 상품주기설에 입각하여 소비자를 구분하고 있는데 도입기에 구매하는 ① 선구자적 소비자(innovator), 성장기에 구매하는 ② 초기구입자(early adopter), 성숙기에 구매하는 ③ 중기 다수파(middle majority), 쇠퇴기에 구매하는 ④ 후발주자(laters) 등이 그것이다.

문 제

우리나라의 여행사 중 성숙기 내지 쇠퇴기에 들어간 상품 중 개량을 하여 다시 성장기로 전환한 경우가 있는지 찾아보자.

2.4 여행시장세분화

현대처럼 상품에 대한 소비자의 가치관이 다양화하고 있는 상황에서는 시장을 객층(客層)에 따라 세분화하여 그 세분화한 시장에 적합한 상품을 판매해 나가야만 큰 성과를 거둘 수 있다. 이 큰 시장을 비교적 닮은 성격과 특징을 가진, 작은 하위시장으로 세분화하는 것을 시장세분화(market segmentation)라고 한다.

그림 2-7 신발시장의 세분화 예

연령 · 크기에 의한 세분화 (3개의 구분)	성별에 의한 세분화	목적에 의한 세분화
유아용시장	남성용	스포츠용 시장
청소년시장		비즈니스용 시장
어른 시장	여성용	캐주얼용 시장

가치관의 다양화, 소비의 다양화라는 현대의 마케팅 환경에 적응하기 위하여 수요의 이질성을 존중하고 소비자 · 수요자의 필요와 욕구를 정확하게 충족시킴으로써 경쟁상의 우위를 획득 · 유지하려는 경쟁전략. 상품차별화전략이 대량생산이나 대량판매라는 생산자측 논리에 지배되고 있는 데 대하여, 시장세분화전략은 고객의 필요나 욕구를 중심으로 생각하는 고객지향적인 전략이다. 먼저 다양한 욕구를 가진 고객층을 어느 정도 유사한 욕구를 가진 고객층으로 분류하는 방법이 취해진다. 특정의 상품에 대한 시장을 구성하는 고객을 어떤 기준에 의해 유형별로 나눈다. 시장의 세분화를 통하여 고객의 욕구를 보다 정확하게 만족시키는 상품을 개발하고, 세분화된 고

객의 욕구를 보다 정확하게 충족시키는 광고, 그 밖의 마케팅 전략을 전개함에 있어서 경쟁상의 우위에 서려는 것이 시장세분화전략의 기본적인 접근방법이다.

1. 시장세분화전략

시장은 제품의 실제적 및 잠재적인 모든 구매자의 집합을 말한다(서울대학교, 1983). 그 본래의 의미에서의 시장은 판매자와 구매자가 재화나 서비스를 교환하기 위해 모이는 물리적 장소였다. 따라서 즉석식품시장의 경우에는 버거킹, 맥도널드, 켄터키 프라이드치킨 등의 많은 판매자와 그 즉석식품을 구매하는 모든 소비자로 구성되어 있으며, 여행시장은 여행상품을 이미 구입한 사람이거나 장차 구입하려고 하는 사람들을 포함한 집합체라고 할 수 있다(トラベルジャ-ナル, 1991). 즉 마케터에 있어 시장이란 어느 제품의 현재적(顯在的) 구매자와 잠재적 구매자 모두로 구성된 집합을 말한다.

시장세분화란 ① 시장을 단일·균질적인 것이 아니라 이질적 부문으로 구성되어 있다고 생각하고, ② 대상 분할마다 욕구를 파악하여, ③ 대상 분할에 적합시킨 상품을 개발하여 마케팅 활동을 전개하는 것이다(宇野政雄, 1985).

시장세분화전략에는 다음과 같이 서로 다른 마케팅전략이 있다.

1) 시장집중전략

시장세분화에 의한 각 세분시장의 수요의 크기, 성장성·수익성을 예측하고 그 중에서 가장 유리한 세분시장을 선택하여 시장표적(市場標的)으로 하고, 그것에 대해 상품전략에서 촉진적 전략에 이르는 마케팅전략을 집중해 나간다. 이 전략은 자원이 한정되어 있는 중소기업에서 채택되는 경우가 많다.

2) 종합주의전략

대기업에서 채택되는 일이 많으며, 각 세분시장을 각기 시장표적으로 하여 각 시장표적의 고객이 정확하게 만족할 상품을 설계·개발하고, 다시 각 시장표적을 향한 촉진적 전략을 전개해 나간다.

그림 2-8 시장세분화의 구도

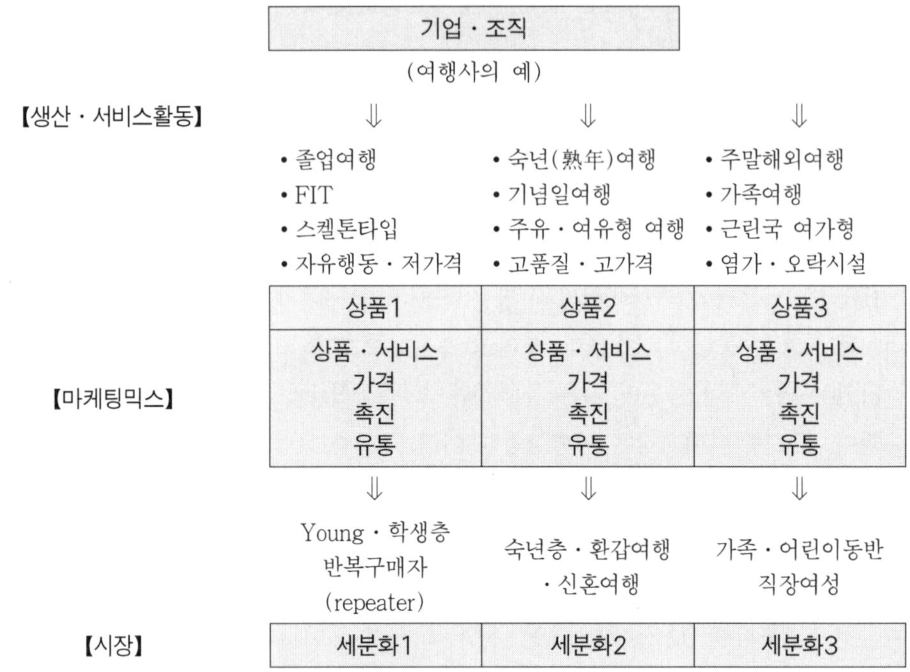

자료 : 小田毅, 旅行マケ-ティング入門, 1994.

2. 시장세분화 방법

그런데 여기서 구체적세분화 방법 즉

① 대상이 되는 소비자를 어떤 기준으로 나누는가?(semeting)

② 어느 객층(客層)에 초점을 맞추는가?(targeting)

③ 그리고 자사상품의 시장에 있어서의 위치설정(positioning)

에 대해서 설명해 보자.

시장세분화의 기준으로는, ① 사회경제적 변수(연령 · 성별 · 소득별 · 가족수별 · 가족의 라이프 사이클별 · 직업별 · 사회계층별 등) ② 지리적 변수(국내 각 지역, 도시와 지방, 해외의 각 시장지역) ③ 심리적 욕구변수(자기현시욕 · 기호) ④ 구매동기 변수(경제성 · 품질 · 안전성 · 편리성) 등을 들 수 있는데, 문제는 시장세분화의 기준에 대해 혁신적 아이디어를 적용하여 잠재적으로 큰 세분시장을 탐구 · 발견하는

데 있다. 각종 세분화기준 중에서 풍요한 사회일수록 포착하기 힘든 심리적 욕구변수가 중요하다.

여행업계에서는 휴가를 보내는 방법, 가치관, 여행요금의 지불능력 등의 관점에서 라이프스타일, 수입수준, 직업, 성별 등의 요인이 이용된다.

잘 이용되고 있는 분류방법으로서 상품에 대해, 소비자가 어떻게 반응하는지, 그 특성에 따라 분류하는 방법이 있다.

▌표 2-4 ▌ 소비자 반응에 의한 시장세분화 방법

구입행동 (브랜드지향 · 신앙정도)	상품구입의 기준 : 특정 브랜드 상품, 그 시기의 가격, 또는 다른 조건의 상품 자체에도 영향을 받음(내구소비재, 일용품 등)
구입기회	비상시의 구입 예 : 차의 고장, 가족 · 친족의 장례, 친지의 병 발생에 따른 여행
상품에 요구하는 효용의 차이	치약의 예 : 구취방지를 위한 요소(효용), 이를 희게 보이게 하는 요소(효용), 잇몸질환을 예방하는 요소(효용) 등 소비자가 구입시 가장 중요한 요소(효용)의 차이
소비패턴 (상품사용률)	같은 상품을 구입하는 소비자들 사이에서도 각자에 따라 사용빈도의 차이

여행업계에서도 고빈도 이용자(repeater)의 확보는 중요한 재산이 되므로 반복구매자를 위한 여러 가지 고객서비스를 실시하고 있다. 예를 들면 항공사의 마일리지 프로그램(Frequent Flier Program), 호텔의 상용숙박객 계획(Frequent Stayer Program), 여행사의 여행대금할인 서비스나 각종 여행회원특전 등이 이러한 예에 속한다.

문 제

시장세분화방법에서 다음 분류에 해당되는 구체적인 요소를 생각해 보시오.

- 인구통계학적 요소
- 사회경제적 요소
- 지리적 요소
- 행동분석적 요소

3. 공격목표설정(targeting)

여행시장의 분류 · 분석이 끝나면 다음 단계로서 자사상품을 어떻게 고객들에게 침투시켜야하는가가 과제가 된다. 예를 들면 각 여행사가 판매노력을 집중하고 있는 목표시장(객층)을 추구하는 시장도 조금씩 달라지고 있다.

A여행사 : 대형회사로 패키지상품을 판매하고 있으며, 업계 제1의 매출액.

B여행사 : 준 대형회사로 역시 패키지상품을 대량으로 판매하여 A사를 추격.

C여행사 : 중견 여행사로 문화지향의 고품질 상품에 일정한 실적을 보유.

D여행사 : 중소형 회사이지만 종업원의 풍부한 지식을 살려, 대형여행사가 그다지 취급하지 않는 비경여행(秘境旅行) 등에서 정평을 얻고 있음.

이와 관련하여 D사가 활동하고 있는 시장처럼 대형회사나 중견회사가 취급하고 있지 않은 시장을 틈새시장(niche market)이라고 한다.

- 다분할전략(multi segment) : 많은 시장분할 중 각각의 객층에 맞는 상품을 판매하는 것. 예를 들면 현대자동차가 승용차, 픽업, 레저용 차량 등을 각각 생산하여 동시에 수요자에게 판매하는 경우
- 집중전략 : 특정시장을 향한 상품만 집중적으로 판매하는 경우로서 예를 들면 (독일의 포르쉐 → 스포츠카, 영국의 롤스로이스 → 고급차시장)

문 제

집중전략과 다분할 전략을 여행사업분야에서 찾아보자.

2.5 해외여행마케팅 환경

해외여행자수는 여행목적국의 정치변동이나 사회적 사건 혹은 천재지변 등에 의해서 크게 영향을 받는다. 어떤 나라에서 전쟁이 발발하면 그 나라의 여행자수는 급감하며, 또

한 올림픽이나 만국박람회 등 대형 이벤트가 있으면 그 나라의 여행자수는 급증한다.

우리들은 여행산업을 둘러싼 국제관계에 끊임없이 주의하면서 시대에 부응하는 마케팅활동을 할 필요가 있다. 여기서는 우선 여행산업에 있어서의 기업이나 조직의 활동에 영향을 미치는 외부요인이나 압력에 어떤 것이 있는지를 알아보자.

그림 2-9 여행사의 마케팅활동을 둘러싼 외적 환경

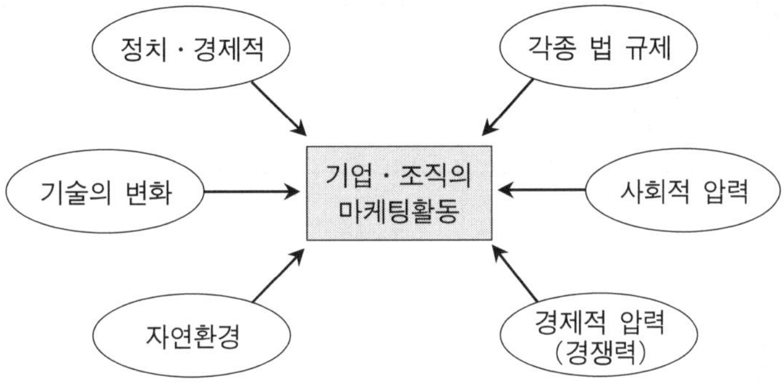

자료 : 小田毅, 旅行マケ-ティング入門, 1994.에 의거 재구성

종 류	대분류		소분류
각종 법규제	• 헌법		• 관광진흥법 · 여권법 · 자연보호법 등
사회적 압력	• 기업활동의 사회성, 윤리성		• 소비자운동
	• 환경이나 문화재의 보호		• 내셔널 트러스트운동(national trust)운동
	• 환경에 어울리는 상품		• 지구보호를 위한 환경선언
경제적 압력	• 경제일반의 경기동향	▶호황	• 저실업율, 고소득, 구매력 왕성 → 인센티브 여행의 증가
		▶경기후퇴	• 고실업율, 수입감소, 구매력 저하 → 고가상품의 판매부진
		▶불황	• 소득수준의 실질적 감소, 보너스 중단, 임금인상 보류, 가처분소득 감소, 생활방위 → 여행업계의 동면
	• 각 여행사의 경쟁		• 가격경쟁 • 상품 및 서비스의 차별화 경쟁
기술의 변화	• 해외여행산업의 신기술 도입 사례		• 대형여객기 취항 • 잉여좌석을 이용한 패키지 여행상품의 대량생산/판매 • 예약시스템의 발달(CRS)

		• 정보화시대 도래에 따른 고객관리, 선전 미디어, 통신시스템의 발달
	• 소매업계의 사례	• POS(Point of Sales)시스템 도입
자연환경	• 자연재해	• 2002. SARS(급성호흡기증후군) • 2004. 조류독감 및 동남아시아 쓰나미(지진해일)

문 제

근년 일어난 정치적 사건을 신문 등을 참고하여 조사해 보자. 또한 금후 정치적 변화가 예상되는 지역을 생각해보자.

2.6 해외여행시장의 분류

한 마디로 말해서 해외여행시장이라고 해도 그 내용은 여러 가지로 여행업계에서는 대체적으로 다음과 같이 분류하고 있는 것이 일반적이다.

첫째로 여행목적에 따른 분류 방법으로서 여기에는 ① 관광여행시장, ② 업무도항시장, ③ 시찰여행시장, ④ 연수여행시장, ⑤ 문화 · 스포츠 여행시장, ⑥ 국제회의 시장 등으로 나누어진다.

2003년 관광동향에 관한 연차보고서에 의하면 우리나라 국외여행자의 여행목적별 여행동향은 관광여행(48.2%)이 제일 많았으며, 그 다음으로 , 상용(23.2%), 기타여행(18.0%), 방문여행(9.2%), 회의참가(0.9%), 공용여행(0.4%) 순이었다.

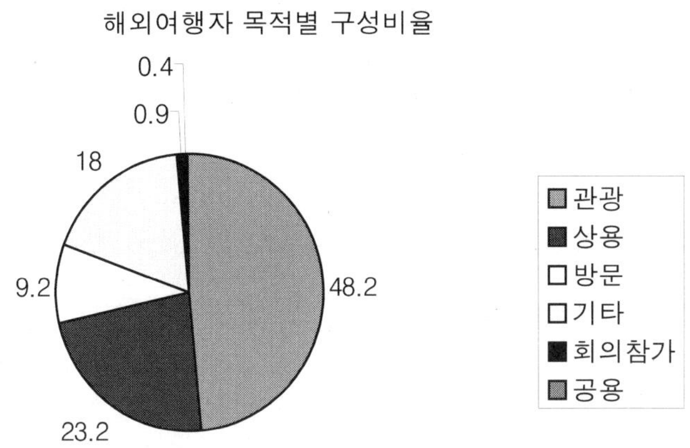

자료 : 관광동향에 관한 연차보고서, 문화관광부, 2004.에 의거 재구성

▌표 2-5 ▌ 여행목적에 따른 여행시장의 분류

여행목적에 따른 분류	내 용
관광여행시장	가장 일반적인 여행형태로서 역사나 자연, 문화를 찾거나 취미, 휴양, 쇼핑 등을 목적으로 한 여행시장
업무도항시장	외국과의 상담, 기술지도 등을 위한 해외출장여행 시장
시찰여행시장	주로 기업 간부가 선진적인 브랜드나, 생산시스템을 시찰하거나, 정부, 지자체의 직원이 해외의 복지정책, 교통시스템 등을 벤치마킹하는 것을 목적으로 하는 여행
연수여행시장	주로 단기 어학연수 등이나, 외국계 기업의 사원이 본사에서 훈련이나 연수를 받는 등의 목적으로 실시되는 여행시장
문화 · 스포츠시장	주로 정부나 지자체 및 각종 단체가 외국에 자국의 전통공예, 문화, 스포츠 등을 소개하기 위해 대표단을 파견하거나 외국의 극단이나 오케스트라를 초청하거나 하여 문화 · 스포츠교류를 촉진할 것을 목적으로 실시하는 여행시장
국제회의 시장	주로 정치 · 경제분야의 제 문제 토의, 그에 따른 학술문화교류 국제회의에 참가하기 위한 여행시장

문 제

업무도항은 항공기나 호텔의 이용 혹은 요금수준 등 일반 관광여행과 비교하여 그 차이점이 무엇인지 생각해보자.

둘째로 조직목적에 따른 분류 방법으로서 여기에는 ① 단체기획여행시장, ② 패키지(package)여행시장, ③ 개인여행(FIT)시장 등 3가지가 있다.

▌표 2-6 ▌ 여행조직형태에 따른 여행시장의 분류

조직형태에 따른 분류	내 용
단체기획여행시장	여행사 이외의 기업, 각종단체, 자치체, 학교 등이 중심이 되어 참가자를 조직하는 단체시장. 통상적으로 오거나이즈드 투어(organized tour)라고 부른다.
패키지여행시장	여행사가 불특정 다수의 소비자를 대상으로, 일반모집으로 집객(集客)하는 여행시장. 이 패키지 투어를 기획 · 실시하는 여행사를 여행도매상(travel wholesaler)이라 한다.
개인여행(FIT)시장	Foreign Independent Travel로 불린다. 적은 인원으로 마음이 맞는 친구나 가족, 또는 개인으로 떠나는 자유행동형 여행시장

셋째로 참가자층에 따른 분류 방법으로서 여기에는 ① 신혼여행시장, ② 수학여행시장, ③ 숙년(熟年)여행시장, ④ 연금여행시장 ⑤ 노인(silver)여행시장 등이 있다.

▌표 2-7 ▌ 참가자 층에 따른 여행시장의 분류

참가자층에 따른 분류	내 용
신혼여행시장	국내외 신혼여행
수학여행시장	국제화, 상호이해, 문하교류 등의 견지에서 국내외 관광지를 체험하는 학교여행
숙년(熟年)여행시장	자녀의 성장과 독립, 혹은 바쁜 업무나 가사노동에서 해방된 숙년층의 여행
연금여행시장	장기간 근무한 회사를 퇴직하고 연금을 가지고 생활을 하고 있는 사람들을 대상으로 한 여행시장
노인(silver)여행시장	풍부한 여가, 노후생활을 보내려는 사람들을 위한 여행시장

문 제

여행사의 부로우셔(brochure)를 모아서 특징 있는 상품을 분류해 보자.

2.7 여행상품의 분류 및 가격 · 브랜드정책

1. 생산재와 소비재

상품에는 물건뿐만 아니라 서비스나 아이디어 등 상거래 대상이 되는 모든 것을 포함하고 있다. 더욱이 상품은 이용자나 그 목적에 따라 생산재나 소비재 등 2개의 범주로 나눌 수 있다.

상 품 →
- 생산재 : 기업에 의해 구입되어 최종상품이나 새로운 서비스를 창출하기 위해 이용되는 상품
  원료나 부품, 생산활동에 사용되는 도구나 설비 포함
- 소비재 : 최종 이용자로서의 소비자가 자기 자신을 위해 이용되는 상품

2. 소비재의 구분과 판매정책

여기서는 소비재를 3개의 유형으로 분류하여 각각의 판매정책을 검토하기로 한다.

	상품의 종류	가 격	판매촉진	유 통
소모 소비재 ↑	일용품	저가격	광고 · 선전(반복선전) 셀프서비스 판매방식 상품패키지 디자인의 중요성	판매점포망의 충실 위치의 중요성 상품종류 구비, (할인점, 슈퍼마켓, 편의점)
	전문품 · 기호품	비교적 고가격	광고 · 선전(상품기능) 판매원에 의한 대면(對面)판매방식	비교적 소수의 판매대리점망 (전문점)
↓ 내구 소비재	고급소비재	고가격	광고 · 선전(이미지, 기호의 차이) 세일즈맨에 의한 영업 (인적판매)	한정 · 선별된 판매대리점망 (특약점)

소비자가 구입을 결정하기 위한 정보수집 노력은 대상이 되는 상품에 따라 상이하다. 일반적으로 고가격 상품일수록 자료나 정보의 수집량이 증가한다. 한편 판매담당자나 영업사원의 충고, 설득활동 등 요소가 큰 역할을 하게 된다.

3. 상품 아이템 · 상품라인 · 상품믹스

여기서는 상품구성에 대해서의 마케팅 용어를 설명하기로 한다.

① 상품아이템 : 개개의 여행상품을 지칭. (예 : 중국 계림 · 장가계 투어)

② 상품라인(product line) : 여행사마다 비교적 가까운 관련성을 가진 상품군. 상품라인 중 각각의 특정상품은 상이한 객층(客層)의 욕구(목적지, 가격, 품질 등)에 부응하여 선택 된다. 상품믹스란 하나의 여행사가 소비자들에게 제공하고 있는 모든 상품군을 말한다.

③ 상품믹스의 깊이 : 각각의 상품라인에 속한 상품 아이템 수의 많음을 의미. 각각의 객층에 어울리는 품질, 가격대의 상품이 설정된다. 이 경우는 목적지, 내용에 따라 상품 이 다양화(심화)되어 있다.

④ 상품믹스의 폭 : 상품라인의 수를 말한다. 상품라인수가 많을수록 많은 세분시장을 목표로 하고 있다고 할 수 있다.

4. 여행상품의 가격정책

1) 가격을 나타내는 제 용어

가격(price)이란 본래상품이 교환되는 시점에 평가가치를 나타내는 것이다. 가격단위는 각국의 통화단위로 표시되지만 업계에 따라서 가격을 의미하는 용어는 상이하다.

2) 가격결정방법

(가) 원가를 기준으로 한 가격결정

상품을 구성하는 소재나 부품의 가격, 인건비 등의 직접비용을 합계하여 원가를 산출하고, 여기에 이익이나 간접비용, 영업비용을 가산하여 가격을 결정하는 방식이다. 예컨대 식음료가격의 결정에 있어 재료비에 + α로 가격을 설정하고 재료비의 고저에 따라 탄력적으로 판매가격을 결정하는 것이 그러한 예라 할 수 있다(.大野和雄, 1986).

이 방법은 매가결정의 중요한 요인인 공급과 수요 가운데 공급에 중점을 둔 것으로, 이 방식이 타당한 것은 경쟁가격의 경우라고 할 수 있다. 또한 수요예측이 어려운 경우 등에 적정이익을 확보하는 방법으로서는 유리한 가격결정은 아닐지라도 안전한 방법으로서 활용되고 있다.

여행상품의 가격구성

조수익 (이익 · 영업비용)
원가 (숙박 · 교통 · 지상비 등)

(나) 수요를 기준으로 한 가격결정

이 경우의 수요는 소비자들이 받아들일 수 있는 가격수준 하에서의 수요를 의미한다. 즉 소비자들이 부담 없이 받아들일 수 있는 가격을 의미한다. 즉 소비자의 구매행동(구매동기, 구매관습, 기호, 생활양식, 집단행위, 수요탄력성, 소득, 대체품, 생활환경, 경쟁력, 서비스, 상품이미지, 여행사이미지 등)을 파악하면서 고객지향형, 레저유형 지향형에 가격을 결정해 나가는 방식이다.

(다) 경쟁을 기준으로 한 가격결정

경쟁기업과의 가격경쟁결과 상품마다의 시장가격 수준이 형성된다. 따라서 이를 전술적 가격결정이라고도 하며 대체로 저가격으로 제공하는 것이 일반적이다. 예를 들면 해외여행상품 중 미끼상품이나 특매상품(loss leader)으로 불리는 특별기획 등이 이러한 예이다.

(라) 종합적 가격결정

오늘날과 같은 복잡한 시장환경 하에서는 이상과 같은 원가, 수요수준, 경쟁조건 등 기본적 요소뿐만 아니라 품질, 유통정책이나 법규제 등의 요소도 가격수준결정에 영향을 미친다.

그림 2-10 가격결정에 영향을 미치는 요인

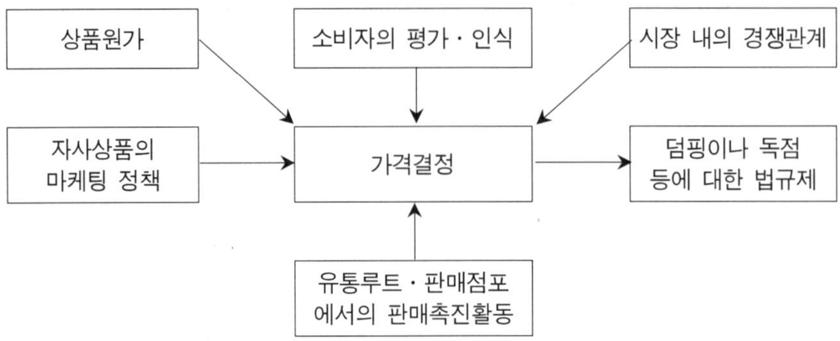

문 제

서비스산업에서의 가격용어로서 이하의 요금은 어떤 말로 표현되고 있습니까?

① 법률, 등록이나 여행수속대행요금
② 항공, 철도, 선박요금
③ 아파트 등 임대물건의 요금
④ 패키지여행상품이나 부동산의 판매수속에 따라 얻어지는 이익
⑤ 여행상품 자체의 가격
⑥ 호텔의 숙박비용(1인당)

2.8 가격경쟁과 비가격경쟁

시장에서의 상품판매경쟁은 가격경쟁과 비가격경쟁이 있다. 즉 독점적 · 과점적 경쟁시장에 있어서 같은 상품을 공급하는 여행사 사이에 시장확대를 위해 일반적으로 가격인하 경쟁을 하는 것을 가격경쟁이라 한다. 그러나 이러한 가격인하 경쟁은 여행사에 이익이 되지 않는 것이 명백하고, 더욱이 가격선도의 기능으로 말미암아 가격이 경직성을 띠게 된다.

그러나 비가격경쟁은 여행사가 가격 이외의 광고 · 품질 · 거래조건 등의 수단을 가지고 경쟁하는 것이다. 즉, 가격만으로 하던 경쟁을 지양하고 가격 이외의 수단으로

경쟁하는 것이다. 예를 들면 광고경쟁 · 품질다양화 · 월부 지불기간 연장 등으로 구매욕을 자극하는 것이다. 그러나 가격경쟁이 없어져 비가격경쟁만이 이루어지는 것이 아니라 도리어 비가격경쟁에 수반하여 가격경쟁이 이루어져야 한다. 상품차별화와 동시에 가격을 올린다든지, 신형자동차를 판매할 때 구형 자동차의 인수 가격을 높이는 것 등이 그 하나의 예이다.

▌표 2-8 ▌ 가격경쟁과 비가격경쟁의 비교

종 류	조 건	방 법	효 과	문 제
가격경쟁	시장에서 같은 종류, 같은 정도의 품질의 상품판매 경쟁	경쟁상대에 따라 저가격으로 판매	보다 큰 매출과 시장점유율을 확보할 수 있으며, 타사보다 싼 비용으로 상품생산, 판매활동을 할 수 있는 기업이 살아남는다.	경쟁상대 기업과의 가격경쟁
비가격경쟁	상품의 비가격면에 초점	상품, 서비스 품질의 장점(상품의 차별화), 선전,·패키지 디자인 연구	자사 상품이나 서비스 질의 우위성이 소비자에게 인식됨, 자사의 상품 브랜드에 대한 신앙 및 신뢰성이 높아짐	유사상품의 등장

2.9 여행상품브랜드 전략

상품의 브랜드란 어느 상품이나 서비스를 다른 것과 명확하게 구별하기 위한 명칭이나 심벌 및 디자인을 말한다. 브랜드에는 다음과 같이 2개로 구분한다.

① 생산자 브랜드(maker brand) : 생산자인 기업, 생산자가 붙은 브랜드명으로 판매업자를 불문하고 상품브랜드명과 같이 쓰임.

② 프라이비트 브랜드(private brand) : 도매업자나 소매업자 등 판매대리점에 따라 붙여진 브랜드명으로 스토어 브랜드(store brand) 또는 딜러 브랜드(dealer brand)라고도 한다. 이 브랜드명으로는 생산자를 알 수 없다.

▌표 2-9 ▌ 브랜드 선택에 관계되는 요인

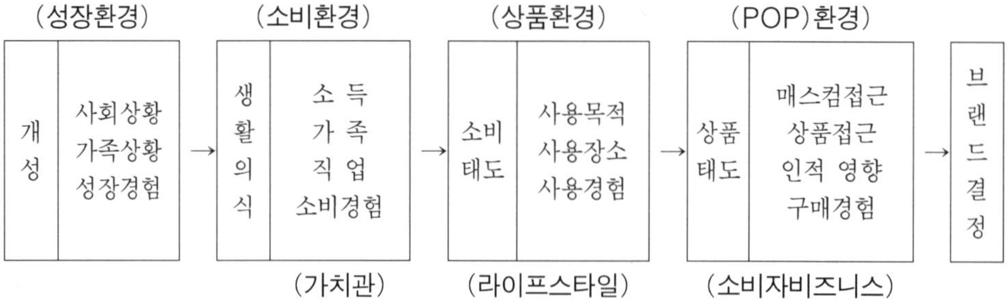

브랜드 전략이란 마케팅전략의 하나로서 상표를 광고 · 선전함으로써 경쟁사와 자사의 상품을 차별화하여 경쟁상 유리한 입장에 서려는 전략이다. 이 전략의 최대목적은 차별화(differentiation)에 의한 브랜드이미지 형성이다. 차별화란 기능이나 품질에 거의 차이가 없는 상품에 마치 차이가 있는 것처럼 인상을 주어, 그 결과 특정 브랜드 상품을 선호하게 하는 것이다. 한편 브랜드 선택에 관계되는 요인으로는 성장환경, 소비환경, 상품환경, 구매시점환경 등 4가지 환경을 들고 있다.

▌표 2-10 ▌ 국내 여행사의 대표적 브랜드

여행사명	브랜드명
하나투어	하나투어
자유여행사	자유투어
국일여행사	Mode Tour
한진관광	KAL World Tour
세중여행사	Happy Tour
세방여행사	Arirang Highlight Tour
동서여행사	Big Tour
범한여행사	Red Cap
대한여행사	Jumbo Tour
코오롱여행사	코오롱세계일주

한편 여행사의 이름으로는 ① 서울, 한국, 아시아, 세계 등 지리와 관련된 것, ② 여행, 관광, 드래블, 투어 홀리데이, 바캉스, 레저, 항공 등 여행을 이미지화한 것, ③ 한진, 코오롱, 롯테 등 대기업의 계열사임을 강조한 것, ④ 단골로 하는 지역이나 전문

점이라는 인상을 주는 예컨대 중국, 일본, 알파인, 트래킹 등의 이름으로 분류할 수 있다.

2.10 명명(naming)과 패키지

상품에는 생산자브랜드명 이외에 그 상품만의 애칭이 붙어 있는 것을 종종 볼 수 있다. 예를 들면 보잉747기종(機種)은 그 기종 이름에 애칭 점보(jumbo)기로 널리 알려져 있다. 보잉사는 당초 이 기체(機體)에 슈퍼 제트(super jet)라는 이름을 붙이려고 했으나 미국의 매스컴에서 붙인 점보라는 이름이 일반인들에게 친숙해짐에 따라 이를 받아들였다.

네이밍은 그 상품의 특징, 콘셉트를 잘 나타내어 알기 쉬운 말로 표현된다. 패키지는 일반적으로 포장이라는 의미이지만 마케팅 상에서는 외관의 디자인이나 색상(color)을 말하는 것으로 직접 눈에 보이는 형태로 소비자들에게 어필(appeal)하여 타 상품과 구별하는 효과가 있다.

특히 브랜드명은 고객과 상품의 첫인상을 결정짓는 중요한 요소이므로 여행사들도 브랜드 네이밍에 높은 관심을 보이고 있으므로 뛰어난 언어감각, 풍부한 호기심, 다양하고 폭넓은 지식을 갖고 있으면서 예리한 시각으로 사물의 특성을 잘 짚어낼 수 있는 사람이라면 더욱 좋다.

문 제

왜 상품의 브랜드명을 붙이는 것일까? 그 이유를 몇 가지 들어보시오.

03 여행상품의 기획

3.1 상품기획의 의의
3.2 상품의 영역
3.3 여행상품기획의 수립
3.4 여행상품전략의 책정

03 여행상품의 기획

3.1 상품기획의 의의

상품기획이란 상품의 발전추세를 기반으로 상품의 개발방향을 설정하고 고객의 욕구(needs)를 반영한 신상품을 제안하는 것으로 고객의 욕구와 여행사 내부자원(seeds)[1)]을 기본으로 하여 일관된 기획의 입안을 통한 상품개발로 차별적 우위(differential Advantage)를 확보하여 시장선점을 목표로 하는 데 그 의의가 있다(남서울대학교, 2002).

즉 상품기획은 타사의 상품과 차별화를 모색하여 고객으로 하여금 구매의욕을 자극함으로써 보다 선택기회가 많은 고부가가치상품을 창조하는 것으로 다음과 같은 다섯 가지 요건에 의해 행해진다.

① 고객은 누구인가

② 어떤 요구(needs)에 부응하는 상품인가

③ 어떤 기술 및 재료(내용)로 만들 것인가

④ 적절한 시기에 생산 및 판매가 가능한가

⑤ 투자의 채산성은 있는가

한편 초기의 상품기획은 기획부문의 담당자들에 의해 시장의 상황, 고객의 동향 등

1) 시즈(seeds)는 기술력 · 영업력 등 기업의 내부자원을 말하며, 그 밑바닥에는 기업의 가치관과 문화(culture)가 있다.

을 면밀히 조사하여 사용목적에 대한 기능, 성능, 가격 등을 어느 시기에 제공한다는 기초적 방향이 제시되어야 하며 상품화검증의 단계에서는 설계부문, 제조부문, 생산부문, 마케팅부문의 관련 담당자들을 참가시켜 공동으로 검토케 함으로써 종합적으로 추진되어야 한다는 점을 인식하는 것이 중요하다.

1. 여행소재(旅行素材)의 종합상품화

교통기관이나 숙박시설 등의 소재를 선택하여 그에 부가가치를 추가하여 고객들의 만족을 얻을 수 있는 종합상품으로 완성하는 "여정작성 · 旅程作成"은 여행업무와 관련한 것으로서는 매우 보람 있는 업무이다. 즉 안이한 여정이나 날림 여정, 무지에서 오는 배려가 결여된 여정은 고객을 실망시키는 동시에 회사의 신용을 떨어뜨리는 결과를 가져온다. 따라서 풍부한 지식과 풍부한 경험이 요구되는 업무라는 것을 명심하지 않으면 안 된다.

2. 고객의 욕구에 맞는 상품조성

고객의 여행예산과 여행내용에 대한 희망을 조화시키기 위해서 예산범위 내에서 짜 맞추는 여행대금의 견적과 욕구에 맞는 여정을 작성하는 것이 무엇보다 중요하다. 그를 위해서는 고객의 희망을 받아들이는 것은 물론 여행의 전문가로서 적극적인 충고나 제안을 하는 것도 중요하다. 즉 타 여행사를 모방한다거나 자신의 취미나 기호를 가지고 밀어붙이는 것은 더욱 위험한 일이다.

3. 상품조성을 위한 비결이 생명

여행상품은 운송기관, 숙박시설, 관광버스 등을 종합적으로 조합한 상품이다. 각각의 기능이나 쾌적성, 고객만족도 등을 고려하면서 가치 있는 상품으로 만들어 나가는 경험이나 지식이 필요하다. 특히 새롭게 등장하는 여행지의 정보를 이용하여 부가가치를 높이는 것이 중요하다. 이를 위해서는 항상 공부나 연구를 게을리 해서는 안 된다.

4. 단체용 상품기획과 개인용 상품기획

단체용 상품기획과 개인용 상품기획이란 기본적으로 같다. 단지 단체의 경우에는 전용버스가 수배되기 때문에 버스에 의한 관광, 이동, 공항~호텔간 송영(送迎 · 보내기와 맞이하기) 등을 여정에 용이하게 포함시킬 수 있다는 이점이 있다. 그에 대해 개인여행의 경우에는 관광, 이동, 송영에 관해서 기존의 운송기관에 맞추어 여정을 짜지 않으면 안 된다는 불편함이 있다. 또한 그들 교통기관을 이용한다 해도 여행사의 수입과 직결되지 않는 국가가 많다는 것도 단점이다.

5. 주최여행기획과 수배여행기획

주최여행은 모든 작업을 여행사가 하며, 고객의 희망을 받아들일 여지가 없으며, 고객이 그것을 단순히 선택한다는 기성상품(ready made)인데 반하여 수배여행은 고객의 희망대로 여정을 작성하여 수배를 하는 것이므로 주문상품(order made)이라고 할 수 있다. 최근에는 이들 양자의 중간적 상품이 증가하고 있다. 거기서 생겨난 것이 반제품(half made)이다. 즉 여행일정 중 교통, 숙박, 아침 등 핵심사항을 제외하고 여행자 자신이 기획하는 상품이다.

여행계약별 여행형태별 각종 기획상품의 구체적 내용은 다음 표와 같이 정리할 수 있다.

각종 기획상품의 구성과 수배내용

여행계약별	주최여행		
여행형태별	패키지여행		단체여행
상품구분	기성상품	반제품	
여행일수	• 출발일, 귀착일 모두 지정됨 • 일부 코스에서는 출발 전에 여 행일수를 연장할 수 있음	• 매일출발 코스로 되어 있음 • 기본일정이 되어 있음 • 일부 코스에서는 출발전에 여행일수를 연장할 수 있음	• 출발일이 고정되어 있음 • 일부 코스에서는 출발 전에 여행일수를 연장 할 수 있음
도시의 체재	• 체재하는 도시와 일수는 고정되어 있음	• 체재하는 도시와 일수는 선택할 수 있음	• 체재하는 도시와 일수는 선택할 수 있음
항공기	• 전일정 고정되어 있음 • 여행일수를 연장할 경우 변경가능함	• 항공사를 선택할 수 있음 (추가요금이 가산됨)	• 전일정 고정되어 있음 • 여행일수를 연장할 경우 변경가능함
이동버스 · 철도 · 선박	• 일정에 기재되어 있는 것은 포함되어 있음	• 일정에 기재되어 있는 것은 포함되어 있음	• 일정에 기재되어 있는 것은 포함되어 있음
송영버스	• 일정에 포함되어 있음	• 일정에 포함되어 있음	• 일정에 포함되어 있음
호텔	• 숙박하는 호텔과 일수가 고정되어 있음 • 일부의 코스에서는 최종 호텔에서 연박(延泊)이 가능함	• 숙박하는 호텔과 일수를 선택할 수 있음	• 숙박하는 호텔과 일수를 선택할 수 있음
식사	• 일정에 기재되어 있는 것은 포함되어 있음 • 도시에 따라 희망에 따라 식사 쿠폰을 발행할 수 있음(별도요금)	• 식사를 포함시킬지 불포함시킬지를 선택할 수 있으며, 등급도 선택가능함 • 식당과 식사내용을 선택할 수 있음	• 일정에 기재되어 있는 것은 포함되어 있음
관광	• 일정에 기재되어 있는 것은 포함되어 있음	• 일정에 기재되어 있는 기본적인 것은 포함되어 있음 • 일부 코스에서는 관광이 포함되지 않을 수도 있음	• 일정에 기재되어 있는 기본적인 것은 포함되어 있음 • 희망에 따라 추가수배 할 수 있음
선택관광	• 자유행동 중에 참가할 수 있도록 되어 있음(별도요금)	• 자유행동 중에 참가할 수 있도록 되어 있음(별도요금)	–
여행비용	• 출발일 별로 고정되어 있음 • 체재일수의 연장을 희망하는 경우 호텔의 연박 등에 수반된 추가요금이 가산됨	• 기본일정분은 출발일별로 고정되어 있음 • 체재일수의 연장, 항공사의 지정, 호텔객실의 등급조정, 식사선택 등에 따라 추가요금이 가산됨	• 기본일정분은 출발일별로 고정되어 있음 • 희망에 따라 추가수배를 한 경우 추가요금이 가산됨

자료 : 勝岡只, 旅行業入門④, 中央書院, 1997.

여행계약별	주 최 여 행		수배여행
여행형태별	개 인 여 행		단체 · 개인여행
상품구분	반제품	세트여행형 상품	주문상품
여행일수	• 매일출발 코스로 되어 있음 • 기본일정이 되어 있음 • 일부 코스에서는 출발전에 여행일수를 연장할 수 있음 • 일수연장 가능함	• 매일출발 코스로 되어 있음	• 출발일, 귀착일 모두 고객의 희망에 따라 여행일정 조성
도시의 체재	• 기본일정 내에 체재하는 도시만이 고정되어 있음	• 선택한 이용항공사에 따라 도중하기도시, 목적도시, 출발도시가 한정되어 있음	• 체재하는 도시와 일수는 고객이 자유롭게 선택할 수 있음
항공기	• 항공사(왕복 동일) 선택가능 • 항공사에 따라 임의로 별도구간 항공권 구입가능(별도요금)	• 항공사(왕복 동일) 선택가능 • 항공사에 따라 임의로 별도구간 항공권 구입가능(별도요금)	• 항공사(왕복 동일) 선택가능(항공사가 다를 경우도 가능) • 등급선택가능
이동버스 · 철도 · 선박	• 기본일정에 기재되어 있는 것은 포함되어 있음 • 희망에 따라 추가수배 가능(별도요금)	• 불포함 • 희망에 따라 추가수배 가능(별도요금)	• 희망에 따라 수배가능
송영버스	• 기본일정에 기재되어 있는 것은 포함되어 있음 • 희망에 따라 추가수배 가능(별도요금)	• 원칙적으로 불포함 • 희망에 따라 추가수배 가능(별도요금)	• 희망에 따라 수배가능
호텔	• 기본일정에 기재되어 있는 것은 포함되어 있음 • 희망에 따라 추가수배 가능(별도요금)	• 항공과 세트되어 도시의 호텔은 포함되어 있음 • 희망에 따라 추가수배 가능(별도요금)	• 희망에 따라 호텔수배가능
식사	• 원칙적으로 호텔요금에 불포함 • 도시에 따라 희망에 따라 식사쿠폰 발행가능(별도요금)	• 원칙적으로 호텔요금에 불포함 • 도시에 따라 희망에 따라 식사쿠폰 발행가능(별도요금)	• 희망에 따라 호텔, 식당, 식사 등 수배가능
관광	• 기본일정에 기재되어 있는 것은 포함되어 있음 • 희망에 따라 추가수배 가능(별도요금)	• 원칙적으로 불포함 • 희망에 따라 추가수배 가능(별도요금)	• 희망에 따라 수배가능
여행비용	• 기본일정 부분은 출발일별로 고정되어 있음 • 기본일정 이외의 운송기관, 호텔, 관광은 추가요금이 가산됨	• 기본세트부분은 출발일별로 고정되어 있음 • 기본일정 이외의 운송기관, 호텔, 관광은 추가요금이 가산됨	• 고객의 희망에 따라 수배하여 여행비용 계산

주 : ① 주최여행 가운데 추가수배분에 대해서는 여행계약형태가 고객과 판매점간의 수배여행계약이 된다.
② 세트여행상품이란 여행의 기본이 되는 항공과 숙박만이 포함되어 있는 상품을 말함.

6. 해외여행을 견인해 온 기획사례

패지지여행의 2대 특징은 「여행비용의 저렴화」와 「여행형태의 다양화」로 요약할 수 있다. 종래의 여행은 주로 직장여행, 초대여행, 의사회, 노인회 등 소위 일반단체여행으로 불리는 형태가 주였으나 근년에는 불특정다수의 소비자를 대상으로 판매되는 패키지여행이 주류를 이루고 있다. 이는 여행사에서 상품개발능력이 발휘되는 경우인 동시에 새로운 여행상품을 지향하여 시장을 개척해 왔다. 여기에 대표적인 기획여행에 대한 사례를 소개한다(鈴木勝, 2002).

1) 선택지다양화 기획

소지자의 다양성 욕구에 대해서 현저하게 선택의 여지가 확대되고 있다. 이 선택성 확대는 여행기획 전략의 관심항목(key point)이 되었다.

(가) 항공편수의 확대

항공사나 여행사의 오퍼레이션(operation)상의 비효율이 원인으로 정형패턴에 의한 패키지투어의 항공편이 장기간 계속되어 왔지만 근년에 갑자기 선택지가 증가되고 있다.

(나) 호텔수의 확대

각종 선택 폭이 확대된 가운데에서도 호텔의 선택지 확대가 가장 주목할 만하다. 수량적인 면과 질적인 면(딜럭스 · deluxe급에서 스탠더드 · standard급까지 등) 등 양자가 존재한다.

(다) 관광수의 확대

각 여행목적지에서의 복수에 의한 관광이 등장하여 재방문자(repeater)참가에도 편리성이 증대되고 있다.

(라) 체재일수의 선택

고객의 희망에 따라 일수(日數)선택이나 연박(延泊)을 가능케 해 주고 있다.

2) 복수가격(多數價格)대 기획

365일을 통해 성수기(peak season), 평수기(shoulder season), 비수기(off season) 등으로 호칭되고, 이들의 범주에 따라 가격설정을 하고나서 수요환기와 수익을 모색하는 것이다. 더불어 타사상품과의 차별화를 꾀한다. 해외패키지투어가 탄생한 무렵에는 단일가격이었던 것이 현재에는 10여 가지 가격이 당해 시리즈투어에 붙여져 있다. 이는 예컨대 최성수기(golden week)나 연말연시 등 성수기(peak)에도 일률적인 가격을 설정하지 않고 더욱이 세분화한 수법인 동시에 섬세한 기획전략이 실시되고 있음을 반증한다. 하계휴가 전후의 비수기에는 수요환기를 하기 위해 과감한 가격설정을 하게 된다. 그러나 항공사나 호텔에서의 구매가격(사입가격 · 仕入價格)에서는 고객이 요망하는 가격, 소위 적당한 가격과는 동떨어져 판매증진은 어려워지는 수가 많다.

3) 소재의 단순조립에서 탈피한 공격기획

여행부품의 조립뿐 아니라 "신공격"의 기획을 구상한다. 사례로서 관광지에서의 셔틀버스 운행이나 지역에서의 쇼(show)나 이벤트를 만드는 상품기획이 행동의 다양화를 열망하는 시장에 수용되어 여행자를 확대시켰다. 현지에서의 서비스시스템 확충은 여행을 보다 즐겁게 할 수 있는 시도로서 세계 각국의 셔틀버스 투어기획을 시행하였다. 이것은 단체여행을 어떻게 개인감각으로 여행할 수 있을지를 추구하는 기획이다. 이는 "양을 추구하면서도 질을 추구하는 상품"으로 불리고 있다.

4) 공동행사 기획

패키지투어에서의 1명 또는 2명 출발보장상품은 "365일 출발보증"의 실시인 셈이다. 서로 다른 출발지(서울, 부산, 대구, 광주 등) 이나 서로 다른 출발일, 여행사 상호간에서 가능한 한 공동 행사를 하는 조인트 오퍼레이션(joint operation)은 여행기획 담당자의 능력을 발휘 할 수 있는 기획이다. 365일 출발 보증의 기획 상품 출현에 따라 해외여행자의 증가를 가속시킨 것은 틀림없다. 지금부터는 시장의 변화를 빨리, 개인의 욕구도 더욱 다양화 하고, 고령화 시대가 진전되어 환경 문제 등이 점점 중시되어 오는 경향이다. 더욱더 여행기획이 시험대에 오를 기회가 많아지는데 어떠한 분야에서 요구될지를 고찰해보자.

5) 숙고년(熟高年)대상 여행기획

각 여행사 모두 시간적 경제적으로 여유가 있는 숙고년[2]층을 목표로 하여 숙고년층 지향의 욕구를 확대하거나 별도의 팸플릿을 작성하는 등 적극적인 상품 전개를 해왔다. 숙고년층을 대상으로 한 상품의 특징으로서는 「자연」, 「교양」, 「취미」 등 요소를 삽입하여 숙고년층의 지적 호기심을 불러일으키도록 하는 것이 증가하고 있고(日本交通公社, 2001), 해설자나 가이드 동행으로 자연탐방이나 등산, 하이킹을 하는 투어나, 사적이나 문화유산을 방문하는 여행이 인기를 모으고 있다.

또한 서비스 면에서도 공항에서 자택으로 하물을 배달하거나, 경험이 적은 참가자들에게 여행 설명회를 개최하거나 해외에서의 식사에 미네랄워터를 제공하는 등의 상품이 증가하고 있다. 근년 숙고년 대상의 여행기획이 증가한 결과 "생각하는 기획"을 추구하는 쪽으로 개발하고 있는 것으로 생각된다. 많은 여행도매업자(wholesaler)가 숙고년대를 위한 전용 팸플릿을 작성하거나, 전 산업계가 노리는 성장시장에 어필하고 있지만 숙고년 세대의 증가에 따라 이러한 경향은 금후에도 더욱 가속될 것이다.

호텔 등 소재(素材)는 구애되지만 그 이외는 무관심 내지 아랑곳 하지 않는 OL(Office Lady)층 등과는 달리, 여행일정을 가능한 한 충실하게 하고 싶은 숙고년층에게는 여행사가 "여행을 만들어 판매"할 여지가 남아있으며 소위 기획제안이 필요한 숙고년시장이라고 해도 좋다. 그런데 숙고년시장이 신장으로 인해 이 시장을 중시하는 여행사가 경영적으로 어려운 가운데에서도 건실한 경영을 하고 있다.

6) 전세기나 크루즈를 이용한 여행계획

이 계획은 새로운 목적지 개발에 연결되는 여행 목적지를 계획할 때 이용하는 방법이다. 특히 이 기획은 가격적인 장점 즉 저렴성이 있어서 좋다. 대외 미개방 공항으로 국제선 직항 운항이 불가능했던 중국 최대 명산인 황산(黃山)코스를 개발한 것은 좋은 예라 할 수 있다.

오늘날 1회의 여행일수가 점점 짧아지고 여행목적지도 대개는 정해져 있는 추세에

2) 일본식 단어인 '숙년'은 '인생의 경험을 쌓은 원숙한 연령층'을 말한다.

서 전세기를 이용한 세계일주여행상품은 아직까지 우리나라에서 나타나고 있는 상품은 아니나 구미 각국을 비롯하여 일본 등 선진국에서는 1960년대에 이미 5대륙 투어를 기획하여 성공을 거두고 있다. 대중적인 상품은 아니라고 해도 분명 수요자는 있을 것이다.

호화여객선에 의한 세계일주여행도 외국의 객선(客船)에 의한 크루즈에 전 구간 혹은 일부구간만 참가하는 한국인 여행자도 점점 증가하고 있고, 각 여행사에도 이들 여행자들을 대상으로 한 기획상품을 선뵈고 있다. 선진국에서는 최근에 호화객선을 임차하여 70일간의 남극대륙 일주 크루즈를 이용한 여행기획을 비롯하여 남극 반주(半周 · 반만 도는 것), 남극반도 여행 등 남극만의 크루즈를 집중적으로 모집하고 있다.

7) 인터넷 여행계획

인터넷으로 판매 가능한 여행상품은 인터넷의 특성을 살린 소비자에게 매력적인 것이지 않으면 안 된다. 통상적인 팸플릿 게재 상품을 그대로 인터넷을 도구로 하여 사용하는 것으로는 효과적지 못하다. 인터넷에 대응한 상품기획이 필요하다. 그러면 어떠한 상품기획을 생각하여야만 할까

(가) 저렴성 상품

현행의 팸플릿이나 신문, 여행잡지의 광고 선전과 비교하여 극단적으로 저렴한 요금으로 상품이 완성된다.

(나) 출발직전 상품

인터넷의 실시간성(real time)에 주목한 여행기획 전략이 가능하다. 현행의 팸플릿 작성에는 3주간~1개월이 걸린다. 두터운 것이라면 이 이상의 기간을 필요로 할 것이다.

(다) SIT상품

새로운 여행상품을 만들기 위해서는 여행상품이 내용에 특별한 주제를 삽입하지 않으면 안 된다. 소위 "부가가치가 높은 여행" 기획전략을 인터넷으로 이용하는 경우가 있다.

(라) 현지 착지형(着地型) 상품

예컨대 해외의 여행사 홈페이지에 접속하면 현지 투어의 신청이 가능하다. 따라서 해외지점이나 영업지점에 의한 현지 착지형 여행이 기획 가능하다.

8) 개인여행(FIT)기획

개인여행지향이 급격하게 많아지고 있다. 즉 해외여행의 재방문자가 증가함에 따라 단체로 행동하기보다도 개인의 자유를 존중하는 여행이다. FIT형 여행자란 해외출장자, 가족이나 지인(知人)방문, 장·단기 유학 등을 들 수 있다.

FIT형 여행자의 시장 성격은 첫째, 행동은 소인원, 둘째, 개별 여행 목적을 가지며, 셋째, 정형적 관광을 싫어하고, 넷째, 여행일정은 부정형인 것으로 집약된다.

바꾸어 말하면 기획여행 상품에 가장 흡수되기 쉬운 시장이라고 해도 좋다. 그러면서도 개인으로 자유롭게 여행하는 층 모두가 싸구려 항공권이나 사전구입제 항공권을 구입하는 등의 개인수배 여행 시장은 아니다. 패키지 투어의 자유행동형에 참가하는 경우도 꽤 많다. 따라서 FIT여행 기획 전략에 관해서는 이것을 구분한 기획 수법이 중요시 된다.

9) 환경보호 여행기획

관광의 활성화와 더불어 관광개발이나 방문자의 급증에 기인하여 아름다운 자연이나 문화유산이 피해를 받고 있다. 이들 피해에 대해서 자연환경의 보전을 중시한 관광형태 내지는 행동, 소위 "환경에 익숙한 여행"의 기획이 중시되고 있다. 즉 지속 가능한 관광(Sustainable tourism)에 기반을 둔 여행기획이 요구되고 있다. 이러한 유형으로서 생태 관광, 모험관광, 민족관광, 문화유산관광 등이 있다. 그중에서도 지속 가능한 유형의 하나로서, 생태관광에 관해서 최근 논의와 연구가 진행되고 있고 여행사에서는 여러 종류의 기획이 시도되고 있다. 구체적으로는 중국의 황허강이나 만리장성에서의 식수(植樹·나무심기)투어, 발리섬에서의 「Save the Mangrove」투어, 캄보디아의 앙코르와트 유적 보존투어 등이 있다.

10) 대형 낭만형 기획

개인으로는 갈 수 없는 실현 불가능한 목적지나 여행방법, 예를 들면 버스에 의한 대륙횡단, 세계일주, 이벤트 기획 등은 장차 수요가 기대되고 있으며 기획 능력이 발휘되는 분야이다.

올해의 투어(Tour of the Year)에서 그랑프리를 받은 일본교통공사의 중국 여행에서는 「유라시아대륙횡단 12,000km, 50일간의 버스여행」, 「중국 장강유역을 탐사하는 버스+선박의 여행 5,300km, 30일간의 여행」을 발표하고 있다. 항공기나 철도라는 교통수단보다도 훨씬 시간이 걸리는 버스를 이용하여 실크로드 사막지대를 중국의 시안(西安)에서 터키의 이스탄불까지 돌파하는 50일간의 투어를 기획이다.

버스에 의한 1주일 정도의 관광여행은 자주 눈에 띄지만, 한 달반 이상 걸리는 여행을 버스를 이용한다는 발상은 종래의 상식을 뛰어넘는 것이다. 이것도 실크로드 횡단이라는 종래의 통상루트를 하늘이 아니라 육로로 간다는 여행 마니아(mania)들의 로맨스를 느끼게 한다. 그와 같은 매니어가 많이 있기도 하고 신규수요도 증가하여 착실하게 성공을 거두고 있다. 또한 「5대륙 전용기 세계일주」, 「극채색의 지구를 조망하는 32일간의 여행」등을 출시하고 있다. 앞으로는 「우주여행」도 이 대열에 참가할 것이다.

7. 여행상품 기획상의 과제

1) 여행기획과 위기관리

주체 및 수배하는 여행상품에 대해서는 기획 · 현지 · 판매개소는 각종 정보를 수집하여 기획이나 실제 수배를 하지 않으면 안 된다. 기타 각종 “안전정보의 제공”이나 “긴급 사태시의 대응”이 있다. 근년의 저가격화 등의 영향으로 각종 문제제기가 되어 있다. 예를 들면 싼 요금으로 계약한 해외의 버스회사나 보트회사가 일으킨 사고, 또는 정규의 영업 허가가 없는 토산품점 소유의 버스로 시내관광이나 송영(送迎) 중의 사고 등이다.

한편 최근의 여행형태의 경향으로서는 사막이나 비경(秘鏡) 등을 방문하는 여행상품이 많아지면서 안전면에서 문제가 되는 여행기획도 늘어나고 있다. 한편 젊은 층에서는 여행비용을 절약하려는 나머지 치안상황이 나쁜 숙박시설에 투숙하여 범죄에 노출되는 경우도 빈번하다. 이들 여행에 관해서는 신중한 여행기획이 필요하다.

2) 여행기획과 환율변동

여행사는 고객으로부터 수수한 여행대금 중 외국에서의 체재비, 교통비, 식대, 기타 경비에 해당하는 소위 지상비(land fee)를 원칙적으로 현지통화 또는 미화 또는 유로화 및 엔화로 송금한다. 그때 적용 환율이 중요하다.

환율변동에 따라 가격결정 시점에서의 적용환율과 여행 실행시점에서의 결제환율의 차이에 따라 환차익(換差益)이나 환차손(換差損)이 생기게 된다. 송금액은 상당히 큰 금액이 되기 때문에 여행대금 견적시점에서의 적용환율의 결정은 여행사의 수지에 결정적인 영향을 미치게 된다. 환차손이 커지면 당해 여행사는 대폭적인 적자로 이어질 만큼 기업 경영에 큰 영향을 미치게 된다.

그 때문에 환율 결정에 관해서는 환율동향에 대해서의 내외의 정보를 수집하여 신중하게 예측한 다음, 최고 경영자에 의한 최종적인 경영판단을 맡겨야 하는 것이다. 이 상품가격 결정시에 위험을 예상하여 안전하게 환율을 예측하면 그만큼의 비용이 가산되기 때문에 경쟁상 불리하게 되어 판매부진으로 빠져들게 되는 것이다. 그런데 환율 변동에 크게 관여하는 일반적인 지상비의 비율은 다음과 같다.

① 55% ~ 75% 항공운임

② 30% ~ 20% 지상비

③ 15% ~ 5% 수익

최근의 격화하는 가격경쟁 하에서는 상기의 조건에 들지 않는 경우도 많이 발견되어 있고, 또한 딜럭스(deluxe)범주와 본질형(skeleton)투어에서는 지상비가 점하는 비율도 크게 다르지만 게시된 수치는 표준적이라고 말할 수 있다.

3) 여행기획과 고객만족(CS : Customer Satisfaction)

고객만족도란 고객의 기대치를 웃도는 상품·서비스를 계속적으로 적용할 수 있는 관리 시스템을 가동함으로써 고객의 지지를 받아 신규고객 창조와 재방문 비율이 유지·향상되는 형태라고 할 수 있다.

여행상품의 고객 만족도는 여행기획시에 중요한 유의사항 중 하나이다. 가격경쟁만이 횡행하고 있는 현재 이 문제가 소홀하게 취급되고 있어서 걱정이다. 고객에의 만족도를 추구하는 기획사고나 행동이 경쟁에서 이기는 최대의 요건이라는 점은 두말할 필요가 없다.

4) 여행기획과 인재(人材)

사람들이 여행을 하는 동기에는 여러 가지가 있다. 여행상품을 기획할 때는 이러한 소비자의 욕구를 정확하게 파악할 필요가 있다. 여행기획전략을 지금까지 여러 부문에 걸쳐 설명해 왔지만 가장 중요한 요소는 뭐니 뭐니 해도 「인재확보」라고 생각한다. 상품 기획 담당자가 가장 마음을 써야할 부분은 항상 ① 감수성을 연마하고, ② 창조적인 감각을 가지며 ③ 고객과 밀접하게 연락을 취하며, ④ 실패를 두려워하지 않는 혁신적인 정신이 불가결하다. 여행기획이라는 것은 기본적으로 쉽게 성공할 수 없는 것이다. 10개의 기획이 있다고 한다면 그 가운데 80%정도는 우선 실패한다. 히트하는 기획은 20~30%정도라는 것을 항상 명심할 필요가 있다.

3.2 상품의 영역

고객욕구(needs)와 여행사 내부자원(seeds)은 상호간에 요구되는 관계로서 아무리 훌륭한 여행사 내부자원이라고 해도 그것이 고객욕구와 일치되지 않으면 무용지물이 되어 여행사 내부자원은 빛을 보지 못하게 된다. 반대로 고객욕구가 강하다고 해도 그것이 여행사 내부자원에 의해 만족되지 않으면 욕구불만의 상태가 된다.

그러므로 여행사 내부자원은 고객욕구와 합치될 때 비로소 소생되며 고객욕구는 여행사 내부자원에 의해 만족되는데 이와 같은 상호보완적인 관계의 강화가 고객입장이나 여행사입장에서도 바람직한 일이며 성공적인 여행상품개발에 이르는 길이다.

여행상품의 영역은 이와 같이 고객욕구와 여행사 내부자원의 상관관계에 의해 구분될 수 있으며 이에 의해 여행상품영역과 잠재시장을 파악할 수 있다. 즉 고객욕구를 현재 존재하고 있는 현존욕구와 미래에 나타날 수 있는 잠재욕구로 나누고, 여행사 내부자원을 난이도에 따라 신기술이 필요한 부분과 기존기술로 대응할 수 있는 부분으로 나누게 되면 〈표 3-1〉과 같이, A, B, C, D의 네 가지 영역으로 구분된다.

A영역은 고객요구가 현존하고 있으며 여행사 내부자원에 있어서 기존기술로 대응가능한 부분으로서 여행사는 소비자의 요구를 정확히 파악할 수 있고 이에 대응할 기술개발도 용이하므로 여행상품이 계속 개발되어 여행시장으로 나오게 된다. 따라서 여행시장은 포화상태의 경우가 대부분이며 히트되는 여행상품은 종래의 여행상품에서 일부기능이 추가되거나 기존기능이 강화된 여행상품으로서 예를 들면 순수 배낭여행상품에서 일부기능이 추가된 헤쳐모여여행상품 등이 여기에 속한다.

B영역은 고객욕구가 현존하고 있으나 여행사 내부자원에 있어서 신기술개발이 필요한 부분으로서 고객의 요구는 보이나 이에 대응할 기술이 어려워 여행상품화된 것이 극소수이다. 따라서 기술개발에 의해 서서히 확대되고 있는 시장으로서 차세대를 유지할 수 있는 여행상품군(商品群)이 필요한데 주로 혁신적인 새로운 기능이나 편리성이 돋보이는 여행상품으로 시장을 개척하게 된다. 예를 들면 각종 문화관련 여행상품이나 음악회, 전시회, 스포츠 등 이벤트 상품이 여기에 속한다.

▌표 3-1 ▌ 상품의 영역

		기술 시즈(seeds)의 난이도	
		어려움(신기술개발이 필요)	쉬움(기존기술로 대응가능)
고객의 현재도	현존	고객의 욕구(needs)는 보이나, 이에 대응할 기술이 어려우며 욕구에 대응하여 상품화된 것도 극소수임, 현재 서서히 확대하고 있는 시장으로서 차세대를 유지할 수 있는 상품군. B영역	기업은 소비자(고객)의 욕구를 정확히 파악하며, 또한 이에 대응할 기술도 용이하므로 상품이 끊임없이 개발되어 출시됨. 그 결과 주 욕구는 거의 충족된 상태이므로 포화상태의 시장이 많음. A영역
	잠재	고객의 욕구가 보이지 않고 또한 기술도 개발되어 있지 않음(기술개발의 동기부여를 기업이 적극적으로 추진치 않음)보통 욕구가 존재하지 않는 것처럼 생각하고 있는 가장 미개척시장 C영역	기술력은 있으나 고객의 욕구가 보이지 않고, 또한 기업이 개발의 동기를 주지 않고 있음. 보통 욕구가 존재하지 않는 것처럼 생각되고 있는 거의 미개척 시장. D영역

C영역은 고객욕구가 잠재하고 있으며 여행사 내부자원에 있어서 신기술개발이 필요한 부분으로서 고객욕구가 보이지 않고 또한 기술도 개발되어 있지 않기 때문에 보

통 고객욕구가 존재하지 않는 것처럼 생각하는 가장 미 개척된 시장이며 혁신적이고 의외성이 강한 여행상품으로 시장을 개척하게 된다. 예를 들면 수중탐사, 고산지대 트래킹, 북극탐사, 남극탐사, 달 탐사 여행상품 등이 여기에 속한다.

D영역은 고객욕구가 잠재하고 있으나 여행사 내부자원에 있어서 기존기술로 대응 가능한 부분으로서 기술력은 있으나 고객요구가 보이지 않아 실제로 수요가 존재하지 않는 것처럼 생각되는 거의 미 개척된 시장이며 의외성이 강한 여행상품으로 시장을 개척하게 된다. 예를 들면 각종 업무방문(Technical Visit) 투어 등이 여기에 속한다.

이상과 같은 네 가지 여행상품영역 중 여행사에 있어서 현재수준의 유지는 주로 A영역의 여행상품에 의존하고 있으나, 차세대를 주도하기 위해서는 B영역의 여행상품 개발을 강화함과 동시에 D영역의 잠재수요를 효율적으로 개척하는 데 여행상품기획의 중점을 두고 추진해야 할 것이다.

3.3 여행상품기획의 수립

여행상품기획의 수립은 각 여행사와 여행상품에 따라 여러 가지 방법이 있을 수 있으나 여기서는 일반적인 수립절차를 예시하고자 한다.

1. 여행상품화기간 및 도입시기

여행상품화기간(개발기간)과 시장도입시기를 명확히 하여 공동의 달성목표를 설정하도록 한다. 도입시기는 여행사들의 양산(量產)시점과 여행상품개발 후 시장출시(出市)시점을 엄격히 구분하여야 한다.

2. 기획배경 및 필요성

환경변화, 시장동향, 소비자욕구의 종합적인 분석을 통해 자사의 위치설정 및 대응방안을 설득력 있게 기술하여 최고경영자의 의사결정을 도울 수 있도록 한다.

환경변화의 분석대상은 시장동향(규모, 성장률, Segment, 여행상품가격, 주기변동, 고객 등), 경쟁동향(경쟁대상, 경쟁여행상품, 기능, 점유율 등), 경제동향(수익성, 가동률, 각종 경제지표 등), 기술동향(성숙도, 진보가능성, 복잡성, 제조필요기술 등), 사회동향(법률, 행정규제, 인구, 지역 등)을 고려하여 검토하여야 한다.

특히 시장동향의 분석은 ① 여행상품시장의 전체를 파악하고 대상시장은 어떠한 요소로 세분될 수 있는가, ② 각 요소별 여행시장규모와 성장성은 어떤지, ③ 각 요소별 욕구의 차이(현상의 실태와 문제점)은 무엇이며 고객은 무엇을 곤란해 하는가 등 세 가지 요소를 잘 검토하여야 한다.

3. 선진여행사 동향의 파악

선진 여행사의 여행상품이나 기술동향을 주 대상으로 한 여행상품동향의 분석에 있어서는 ① 참여여행사와 여행상품·여행시장의 관계는 어떤지(여행시장 요소별 점유율구성), ② 여행사특성과 여행상품·여행시장과의 관계는 어떤지, ③ 과점도(寡占度)와 혼잡도는 어떤지, ④ 비교적 경쟁이 적은 요소는 어디인지, ⑤ 여행사별 가격 및 품질은 어떤지 등 다섯 가지 요소를 검토하여야 한다.

또한 기술동향의 분석에 있어서는 ① 여행상품의 대상기술 분야와 전체기술구성은 어떤지, ② 구성부분의 각각 핵심기술은 무엇인지, ③ 그 기술의 성숙도는 어떤지, ④ 여행상품의 무엇을 개량하기 위해 어떻게 기술개발이 진행되고 있는지, ⑤ 이들 기술개발의 전문가는 누구인가, ⑥ 자사기술과의 관련성은 어떤지 등 여섯 가지 요소를 검토하여야 한다.

4. 경쟁여행상품의 분석

경쟁이 되는 특정여행상품(없을 때는 예상)의 내용을 검토하여 경쟁여행사의 여행상품력을 비교 · 분석한다. 즉 경쟁여행사 여행상품의 기능, 성능, 디자인 등의 품질경쟁력과 재료비, 생산비 등의 가격경쟁력을 철저히 비교하여 분석하여야 한다.

5. 단계별 책임부서의 할당

여행상품화의 각 단계별 책임 부서를 기획단계로부터 명확히 제시하여야 하며 구체적인 추진항목별로 책임한계와 책임자를 분명히 하고 어느 단계와 어느 시점에서 차기단계의 책임부서로 이관할 것인지를 결정한다.

6. 여행상품특징(SPEC)의 결정

여행상품의 특징을 규정지을 수 있는 주요한 기능, 판매시 소비자들이 이득이 될 수 있는 내용 그리고 새롭게 추가되는 기술 등을 함축적으로 정리하고 상세한 SPEC과 경쟁 모델 또는 기존모델과의 비교표를 작성한다.

7. 기대효과

여행상품을 도입함에 따른 매출액, 기업이미지, 대경쟁사 우위 등 기대되는 효과를 예측하여야 한다.

8. 여행상품개념의 설정

여행상품의 최초 탄생은 개념설정부터라고 할 수 있는데 이러한 개념설정이 잘못된 여행상품은 소비자에게 어필할 수 없다. 여행상품개념은 최종적으로 단순한 몇 개의 언어로 소비자에게 전해지지만(예 : 아프리카 환상체험 블루트레인--) 기업내부에서의 관리에는 매우 큰 중요성과 의미를 가진다. 여행상품개념의 3대 요건은 ① 중요성(important), ② 독특성(unique), ③ 명확성(specific)으로 구성된다.

9. 대상목표의 설정

현대에는 소비자의 욕구가 매우 이질화되어 있으므로 소비자를 세분하여 표적이 되는 소비자층을 설정해야 한다. 대상목표의 설정시 우선적으로 검토해야 할 점으로는 ① 수요가 크거나 앞으로 보다 많은 수요가 예상되는 곳, ② 규모의 이익(scale merit)이 있는 곳, ③ 시장침투의 여지가 남아 있는 곳, ④ 채산성이 좋은 곳, ⑤ 관련제품의 매출확대도 기대되는 곳, ⑥ 경쟁사의 관리가 공백상태에 있는 곳 등을 대상으로 해야 한다.

10. 여행상품수명주기의 검토

여행상품기획단계에서는 시장에 나와 있는 관련 여행상품을 여행 상품군(商品群)별로 여행상품수명주기상의 위치를 분석하여 자사의 사업현황 및 여행상품배열의 취약점을 파악한 다음 기획하고 있는 여행상품의 수명주기를 명확히 분석하고 단종(斷種)시기를 제시함으로써 생산 및 마케팅활동을 미리 예측하여 시행토록 해야 한다.

11. 여행상품가격의 결정

가격을 결정할 때는 가격결정의 목표와 가격에 미치는 요인을 분석하여 확정하게 되는데 가격결정시 주요요인은 ① 원가, ② 수요, ③ 경쟁 등 세 가지를 들 수 있다. 그리고 일반적으로 독창성이 높고 차별적 유익성이 있을수록, 타사의 추종이 늦을수록, 수요가 증가할수록, 가격경쟁력이 있을수록, 통제가능한 유통채널을 이용할수록,

자사의 기업이미지가 높을수록 고가격전략을 택하게 된다. 한편, 여행상품수명주기의 단계별 가격전략은 〈표 3-2〉와 같다.

▌표 3-2 ▌ 상품수명주기의 단계별 가격전략

수명주기단계	가격전략
도 입 기	• 고가격전략 : 가격탄력성이 적기 때문에 고소득층을 대상으로 고가격 정책사용 • 저가격전략 : 대상목표가 가격에 민감하거나 경쟁기업의 진출 가능성이 높을 경우
성 장 기	• 성장기 상품에는 많은 경쟁자가 출현하고 수요층도 가격에 민감한 중류계층까지 확대 • 가격이 하락(자연적 하락)
성 숙 기	• 판매량 증대가 한계, 상품차별화도 불가능해짐 • 가격인하나 가격할인 등 가격경쟁에 돌입 • 지역 세분화전략이 요구됨
쇠 퇴 기	• 판매나 이익이 급락 • 가격인하나 마케팅 비용절감 등으로 유지가 곤란 • 과감하게 상품을 단종

제품의 성숙도는 생명 주기(technology-oriented)에 따라, 기술→시장→생활→문화로 진화된다. 이러한 사실은 충분히 증명되고 있고, 어느 위치(position)에 중점을 두는가에 따라 제품의 특성은 아래와 같은 4가지의 형태로 분류된다.

① 기술 지향적 형태 : 신기술의 채택에 의해 새로 태어난 여행상품군으로, 기존의 여행상품에 대한 대체성도 있지만, 본질적으로는 여행상품시장 자체가 개척되지 않는 경우가 대부분이다.

② 시장 지형적 형태 : 기술의 세련화 및 새로운 유통 체제의 등장에 힘입어 아직 미성숙한 시장을 개척하여 새롭게 만들어 가는 것이다.

③ 생활 지향적 형태 : 생활의 새로운 의식 및 행동을 일깨워 그것을 현실화시키며 소비자의 잠재적인 생활욕구를 찾아내 히트제품을 만드는 것이다.

④ 문화 지향적 형태 : 여행상품 속에 문화적 가치를 부여하는 것으로서, 미래의 새로운 소비 문화를 겨냥한 여행상품을 만드는 것이다. 이렇듯 성숙도에 따라서 기술→시장→생활→문화 체제로 진행되어 가고 있는 신여행상품 개발에 있어서 시즈(seeds)와 니즈(needs)의 작용은 무시할 수 없는 기본 요소이다.

3.4 여행상품전략의 책정

1. 여행상품전략의 개요

여행상품전략의 기반이 되는 것은 여행상품개발전략(〈표 3-3〉)와 여행상품시장전략(〈표 3-4〉)에 개념을 구분할 수 있도록 나타냈다. 즉 여행상품과 시장을 각각 「현 · 現」과 「신 · 新」으로 구분하여 보면 여행상품시장매트릭스는 4가지 전략영역이 있다.

여행상품전략이란 여행상품개발을 중심으로 시장침투와 다각화를 한다는 것이며, 시장전략이란 시장개발을 중심으로 시장침투와 다각화를 한다는 의미를 가진다.

신제품 개발 전략에 있어서 기본적인 전략의 의사 결정(basic strategic decision making)은 크게 보아 대응 전략(reactive strategy)과 선제전략(proactive strategy)으로 구분할 수 있다.

1) 대응 전략

대응 전략은 방어전략, 모방 전략, 더 좋은 2위 전략, 반응 전략 등으로 구분할 수 있다.

① 방어 전략은 기존 제품의 변화를 통한 성공 후에 경쟁적인 신제품을 막아내는 것이다.

② 모방 전략은 메이커가 성공의 확신이 있기 전에 신제품을 재빠르게 복사(copy)하는 것이다.

③ 더 좋은 2위 전략은 경쟁에 대응하기 위한 보다 기교적이고도 세련된 전략으로 경쟁자들의 제품이 나타날 때까지 기다리다가 제품이 나오면 그것을 모방하고, 나아가 그것을 더욱더 개량시키는 전략이다.

④ 반응 전략은 소비자의 요구에 목적 있는 대응적 의미를 가진 전략으로, 소비자의 욕구에 맞게 움직이는 것이다.

2) 선제 전략

선제전략은 연구 개발 전략, 마케팅 전략, 기업가 전략, 매입 전략 등으로 구분할 수 있다.

① 연구 개발 전략은 기술적으로 보다 우월한 제품을 개발하기 위해 항상 노력하는 것을 말한다.

② 마케팅 전략은 소비자 욕구를 발견하고, 그것에 맞는 제품을 개발하여, 시장을 먼저 구축하는 것이다.

③ 기업가 전략은 특별한 사람(창업주, 기업가)들의 형태(mode)속에서 아이디어를 내거나, 기업 내부의 자원을 끌어내거나, 모험심의 열광(venture enthusiasm)을 구축하는 전략이다.

④ 매입 전략은 신제품을 가지고 있는 회사나 제품을 그대로 사버리는 것으로 여기에는 기업 매수, 특허 매수, 자격증(license)의 매입 등이 있다.

일반적으로 여행상품시장전략은 우선 시장침투를 충분히 하고 다음에 여행상품개발이나 시장개발을 겨냥하며 최종적으로 다각화로 간다고 할 수 있는데, 이 매트릭스

▌표 3-3 ▌ 대응 전략과 선제 전략의 비교

여행사가 기존 여행상품을 관리할 때의 최선의 시기.	▸여행사가 기존 여행상품을 관리하는데 있어서 그것의 강점을 이해하고 있을 때, ▸여행시장이 너무 작아서 개발 비용을 회수할 수 없을 때, ▸여행시장 속에서 혁신을 활용하는데 적잖은 방어벽이 있을 때, ▸여행사가 개발에 필요한 자원을 불충분하게 보유하고 있을 때
선제 전략에 어울리는 여행사	▸성장을 향한 적극적인 정책을 펴는 여행사, ▸신시장 진출이나 신여행상품의 시장 출하에 기꺼이 호응하는 여행사, ▸시장 포지셔닝으로 혁신에 대항하는 여행사, ▸많은 물량이나 높은 이익을 얻을 수 있는 시장 표적을 개척하는 여행사, ▸재정적인 자원, 스태프(staff) 및 시기성에 적절히 대응코자 하는 여행사, ▸경쟁사에 의해서 위축되지 않고 벗어나 혁신을 이루고자 하는 여행사

(matrix)상에서 조합의 균형을 검토하고 현시점에서 평가와 장래의 전개방향을 검토하게 된다.

그러므로 여행상품전략이라고 하는 것은 여행상품시장전략을 여행상품측면에서 본 개념으로 여행상품개발이 중심으로 되며, 따라서 시장전략은 여행상품시장전략을 시장측면에서 본 개념으로 시장개발이 중심이 된다.

이와 같은 여행상품전략의 개념 하에서 여행상품개발을 추진하는 데 있어서는 ① 현시장에서 시장점유율 향상을 위해 현여행상품의 개량・개선, ② 현시장에서 시장확대를 위해 신여행상품의 개발, ③ 신시장의 개척을 위해 신여행상품의 개발 등 세 가지 방법이 검토될 수 있다.

▌표 3-4 ▌ 여행상품시장전략의 구분

시장 \ 상품	현상품	신상품
현시장	현 사업 강화 현 상품・현 시장에서 강화	상품개발 신상품으로 현 시장을 활성화
신시장	시장개발 현 상품으로 신 시장을 개발	사업다각화 신상품으로 신 시장에 진출

이와 같이 신여행상품 개발의 목적은 신여행상품을 수익원으로 한 여행사의 이윤을 확보하고 여행상품의 진부화나 시장 변화에 대응하여 기술적 낙후를 방지하고 기술적 자산을 유지하여 여행사의 성장, 장래의 보장을 위함이다.

새로운 여행상품개발을 위해서는 여행상품기획력이 강화될 필요가 있다. 즉 신여행상품을 개발하기 위해서는 시장의 수요를 파악하는 힘, 그 수요를 상품개념(concept)에 반영하는 힘 그리고 그 상품개념을 상품에 구체화하는 힘 등 세 가지 능력이 필요하다. 그렇다면 새로움이란 무엇인가?

(가) 신기술(고기능성, 간편성)

신기술은 바로 하이테크(high tech) 그 자체를 의미하며, 이제까지 없었던 여행상품이 시장에 나오게 되면 소비자는 쉽게 흥분할 것이다. 신기술에 대해 고성능(high-power), 고기능화가 추구되는 한편, 사용이 간편하고, 누구든지 익숙하게 다룰 수 있어 친근감도 높게 형성된다. 치열한 기술 혁신 경쟁, 원가 절감, '즐거운 것이 좋다.'는 생각에 의해 하이데크 제품의 대중화가 급속도로 진척됨으로써 생겨나는 '새로움'이다.

(나) 신기성(신체험, 의외성)

신기성(新奇性)은 새롭고, 진기한 것이라고 해도 좋다. 미지의 것에 대한 호기심, 거기에서 일어나는 새로운 체험, 그리고 이전에는 생각지 못했던 의외성, 상식을 벗어난 형태, 색(色), 감각(sense), 기존 제품에 부가적인 배합으로 얻은 예상 밖의 신선함, 이것이 하이브리드(hybrid · 이종 혼합)에 의해서 태어나는 '새로움'이다. 미스테리(mystery)투어 등이 좋은 예이다.

(다) 신감성(新感性)

신감성은 가벼운(light) 감각, 여유 감각으로 볼 수 있다. 신체나 생활에서나 금전적으로나 부담이 없고, 한편으로는 놀이 감각이 있고, 즐거움도 있고, 인간미가 있는 여유 감각의 하이 터치(high touch)한 제품 속에서 구현되는 '새로움'이다.

(라) 신생활(new life)

신생활의 기준은 상품을 고르고, 사고, 생활하는 것이 자기표현 그 자체이고, 자기실현임을 알게 된 소비자들의 감각 속에서 탄생한다. 즉, 현대 생활에서 '자기를 어떻게 표현하고, 어떻게 실현해 갈 것인가 하는 새로운 성취(new performance)에 도움이 되는 상품, 바로 자기 나름의 것에 대한 '새로움'이다.

(마) 신경제(new economic)

소비자는 싸고 좋은 것이 아니라 좋은 것을 싸게 사려는 가치 지향적(value—oriented)인 감각 속에서 좋아하는 것, 가지고 싶은 것, 자기를 표현하는 것이라면 높은 가격에 구애 받지 않는다. 하지만 합리적인 생활이야말로 신경제 감각이며, 금전게임(money game), 생활을 최대로 즐기는 소비생활, 이것이 바로 신경제 감각의 '새로움'이다. 제품이 팔리는 가장 큰 이유는 '새로움'에 있으나, 그것은 소비자가 새롭다고 느껴야만 가능하며 그에 대한 평가는 기술에 의한 진보보다 제품의 독특함, 새로움이 어떠냐에 의해 내려진다. 초 딜럭스 투어가 이러한 예에 속한다.

2. 여행상품전략의 절차

여행상품전략을 세우기 위해서는 우선 중장기적 시점에 입각하여 경영목표 및 사업목표를 달성하기 위해서 현재와 미래의 여행상품군들을 어느 시장에 어느 여행상품을 출하할 것인가를 명확히 하고 자사의 여행상품배열을 최적화할 수 있는 전제하에서 수행하여야 한다.

그림 3-1 여행상품전략의 절차

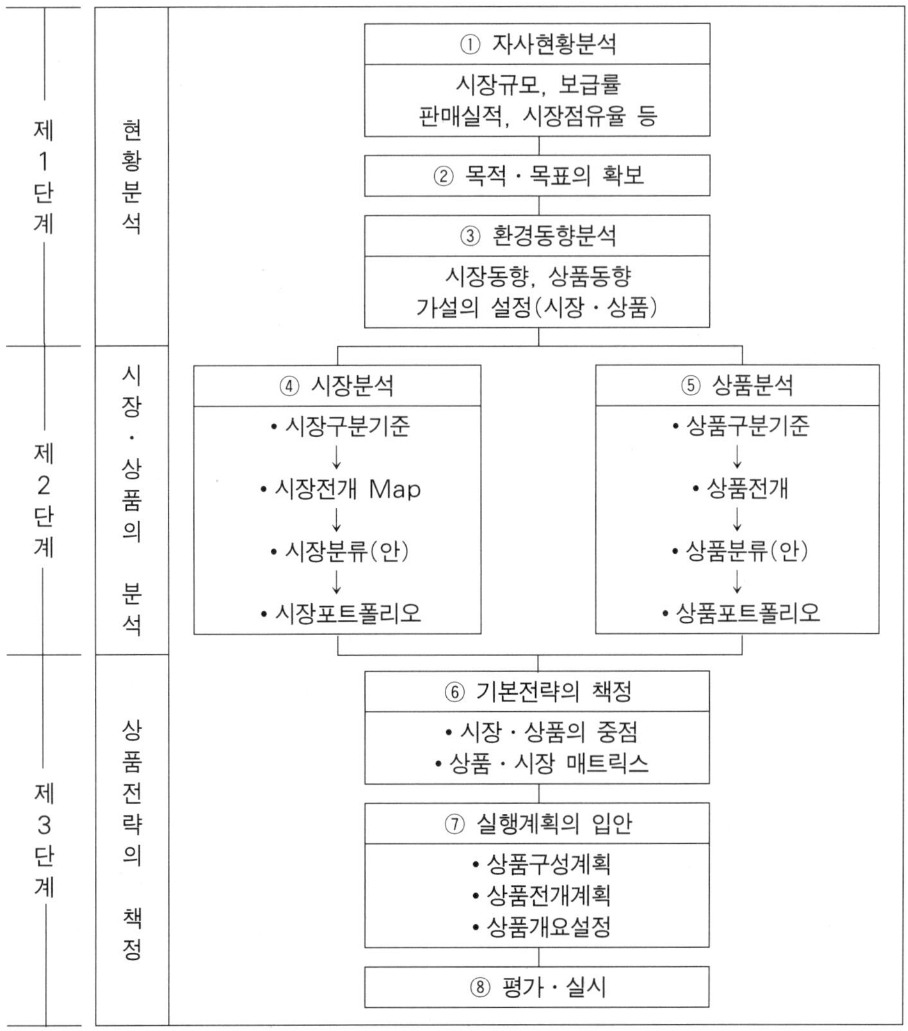

資料 : 安田雅人, 新商品開發戰略策定マニュアル, 1990.

여행상품전략의 주요 포인트는 다음과 같다.

① 사업전략에 있어서 여행상품전략의 역할을 명확히 해야 한다.

② 여행상품전략을 책정하기 위해서는 환경동향으로서 여행상품/ 기술/ 시장/ 고객 / 경쟁 등의 분석이 우선되어야 한다.

③ 자사의 현황과 환경분석을 위해서는 일상적인 정보수집이 중요하다.

④ 시장구분의 개념과 여행상품구분의 개념을 나누어 생각하고 여행상품과 시장의 매트릭스를 작성하여 전체의 전개를 명확히 하면 기본전략의 방향결정이 쉽게 된다.

⑤ 여행상품개발의 기본전략은 상품과 시장의 매트릭스 상품전략의 구체적인 절차는 [그림 3-1]과 같이 제1단계의 현황분석은 일상의 정보활동을 통해 수집된 자료를 바탕으로 첫째, 자사의 현황분석을 행한다.

여기에서는 시장전체규모, 보급률, 판매실적, 시장점유율 등을 분석한다. 둘째, 여행상품전략을 책정하기 위한 목적 · 목표의 확인을 행한다. 예를 들면 매출액 10% 증대라든가 시장점유율 5% 증대라든가 하는 구체적인 것이어야 한다. 셋째, 업계 전체의 환경동향을 분석하게 되는데 여기에서는 시장 및 여행상품동향의 분석과 아울러 현재 어느 시장에 어떤 여행상품이 나오고 있는가에 대한 가설을 여행상품시장매트릭스로 파악하여 설정한다.

이와 같은 현황분석을 통해 제2단계인 시장 및 여행상품분석을 추진한다.

첫째, 시장분석을 하게 되는데 시장을 구분하는 기준을 설정하고 그 구분개념으로 몇 개인가의 축을 만들어 그것에 기초를 두고 시장전개의 지도(map)를 작성한다. 그리고 시장분류를 생각해 가면서 최종적으로는 시장분류마다의 포트폴리오(portfolio)를 작성해 간다. 다음으로 이와 병행하여 여행상품분석을 하게 되는데 이는 시장분석의 추진방향과 같이 여행상품을 구분하는 기준을 설정하고 그 구분개념에 의해 몇 개의 축을 만들어 그것에 기초를 두고 여행상품전개 지도를 작성한다. 그리고 여행상품분류를 생각하면서 여행상품분류마다 포트폴리오를 작성해 간다.

마지막 제3단계에서는 구체적인 여행상품전략을 책정하게 된다. 제1단계와 제2단계에서는 현상의 정보수집과 그 분석가공이 대부분이지만 이번 단계에서는 구체적으로 어느 시장에 어느 여행상품을 출하할 것인가를 여행상품구성계획과 전개계획으로서 입안하게 된다. 따라서 첫째, 여행상품 · 시장매트릭스를 작성하여 시장 및 여행상품에 있어서 중점을 두어야 할 부분을 선정하고 기본적인 전략의 방향을 결정해 간다. 둘째, 기본전략에 기초를 둔 여행상품구성을 생각하여 그 전개를 시계열적으로 배치하고 실행계획을 작성한다. 작성 후 몇 개의 계획안을 평가하여 결정된 계획에 따라 실제 행동으로 옮긴다.

이상과 같은 절차를 밟으면서 여행상품전략을 매기(每期) 또는 매년마다 수정해 나간다.

3. 여행상품전략의 책정

1) 자사의 현황분석

여행상품전략을 책정하기 위해서는 기본이 되는 정보로서 갖추어지지 않으면 안 되는 것이 자사의 현황분석이다.

현황분석과 관련된 각종 데이터는 일상의 업무 중에 정보로서 확실하게 파악해 두어야 하는데 매년 발표되는 ① 업계규모와 전망, ② 보급률, ③ 판매실적, ④ 시장점유율 등이 월별 또는 기별마다 정리되어야 한다. 이러한 정보와 데이터에 기초를 두고 자사의 현황분석으로서 업적의 평가, 자사의 강점・약점, 기회・위협(SWOT : Strength, Weakness, Opportunity, Threat) 및 자사자원의 평가 등을 행한다.

〈표 3-5〉는 자사의 자원분석을 하기 위해 자원을 기업력, 기술력, 판매력, 생산력, 관리능력 등 다섯 가지로 구분한 것이다. 각각의 세부항목으로서는 기술력의 경우를 예로 들면 기술정보・조사력, 기술개발력, 연구개발자구성, 기술특허・라이센스의 수, 연구개발((R&D) 투자의 설비보유 등의 내용으로 나타내고 있다.

자원분석의 평가방법으로서는 목표를 결정해서 그 달성도를 점검하든가 경쟁사와의 상대적인 정량적, 정성적 비교를 하든가 어느 쪽이라도 수행되어야 하는 것이 통상적이다.

▌표 3-5▐ 자사자원분석의 주요항목

① 기업력	• 사업영역 • 기업이미지, 브랜드이미지 • 상품특성 • 사업의 성공요인 • 상품의 공급력
② 기술력	• 기술정보력 · 조사력 • 기술개발력(테마개발, 핵심기술, 노하우) • 연구개발자의 구성 • 기술특허, 라이센스 수 • 연구개발비 · 설비
③ 판매력	• 시장조정력(고객, 시장분할) • 마케팅의 효과(판매액, 판매량, 시장점유율, 영업이익) • 마케팅의 비용 • 광고, 프로모션력 • 유통채널(채널수, 업태, 규모) • 구매능력(거점수, 판매촉진, 자사의 포지션, 브랜드경쟁력)
④ 생산력	• 재료조달(질적 · 양적코스트, 납기, 구입처의 능력) • 생산설비 · 시스템의 가동상황 개선 · 개발력 • 품질관리력, 생산관리력
⑤ 관리능력	• 기획력 • 재무력 • 자금활용력 • 조직력(인재활용력)

2) 환경동향분석

자사현황분석에서는 기업내부를 분석하는 것이지만 환경동향분석에서는 기업을 둘러 싼 주위환경의 움직임을 분석하게 된다. 이러한 환경동향분석을 하는 대상으로서는 정치 · 사회 · 경제라는 거시적(macro) 차원의 것과 시장 · 고객 · 기술 · 여행상품이라는 직접 관련 있는 미시적(micro) 차원의 것이 있다.

거시적 환경동향에는 여행상품을 시장에 출하하는 배경 및 정치 · 사회 · 경제의 큰 흐름을 확실히 포착해 두지 않으면 안 된다. 예를 들면 환율변동, 공산국가 개방화, 원유가격 움직임 등은 여행사들이 서로 다른 입장에서 사업기회를 발견하거나 위험을 회피할 수 있는 기초자료가 될 수 있다.

이러한 거시적 환경동향을 염두에 두면서 대상이 되는 여행상품에 관해서 시장·고객·기술·여행상품에 이르는 항목의 각각에 대한 동향을 살펴본다.

이 중에서 예를 들어 시장동향이라면 시장규모, 금후예측, 실적치 등으로 표시해 나가게 되어 있다. 이와 같이 자사현황분석과 환경동향분석을 수행함으로써 현황실태를 파악하고 다음은 자사가 어떻게 대응해 나가지 않으면 안 되는가를 검토하게 된다.

3) 여행시장분석

현황분석의 결과를 파악하고 난 다음단계로서 여행시장과 여행상품분석을 해야 한다. 순서로는 여행시장수요에 대응한다는 의미에서 시장분석을 먼저 수행하는 것이 일반적이지만 신규성이 높고 시장파악이 어려운 여행상품, 기술개발이 주체로 된 여행상품, 용도개발을 하지 않으면 안 되는 여행상품 등은 이해를 돕기 위해 여행상품분석을 먼저 수행해 보고 그 결과로서 시장분석을 행하여 이를 참조로 여행상품에 반영하는 방법을 취하는 것이 좋다.

〈표 3-6〉와 [그림 3-2]에서 예시한 바와 같이 가정용전화기의 사례를 들어 시장분석의 방법을 살펴보기로 한다.

시장분석은 우선 시장구분의 기준을 발견하는 것부터 시작해야 한다. 대상여행상품의 시장세분화를 구분하는 개념으로서 생각할 수 있는 모든 것을 도출하여 어느 구분이 유효한가를 평가하는 방법이 좋다. 구분개념이란 예시된 바와 같이 연령, 세대구분, 이용목적, 라이프스타일 등으로 표시된 부분이다.

구분개념을 결정한 후에 각각의 수준을 수치화하여 몇 개로 분류한다. 시장구분의 개념과 수준분석이 완료되면 어느 것이 유효한지를 평가하고 2~3개의 구분개념을 선택하여 그것을 축으로 표를 작성한 후 현재의 대상이 되는 고객을 구획화하여 시장전체의 전개도를 작성한다.

이 전개도를 기초로 시장분류를 검토해 가면 [그림 3-2]와 같은 형태의 시장분석 전개도가 작성된다. 이러한 시장분석표의 작성결과를 바탕으로 하여 시장의 중점순위를 매기고 여행상품분석을 함으로써 기본전략을 결정해 나가게 된다.

▌표 3-6 ▌ 시장구분과 수준분석표의 작성사례

시장구분 \ 수준	1	2	3	4	5	6
연령(대)	10~	20~	30~	40~	50~	
이용목적	잡담	근황보고	연락	인사	예약, 약속	주문
세대연수(만원)	~4000	4000~8000	8000~			
가족구성	독신	부부	부부+자녀	세대가족		
방수	1~3	4~5	6이상			
라이프스타일	선행적 신가치권	전통적 보수	뉴스타일 순응파	생활충실 소망파	소극 체념	
구입목적	신설	증설	기분전환			

그림 3-2 시장분석의 사례

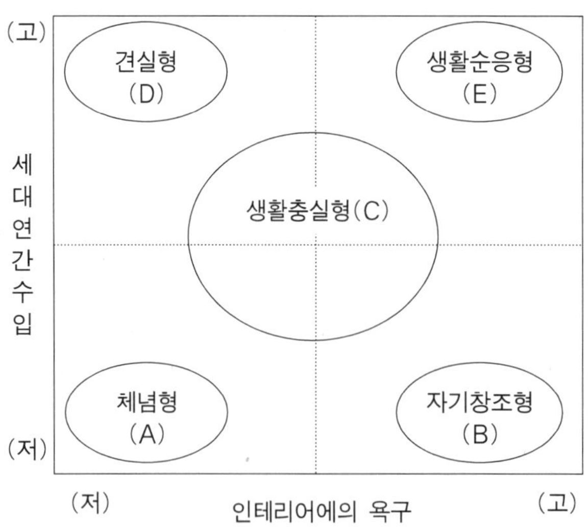

4) 여행상품분석

시장분석에서 설명한 바와 같이 여행상품분석도 우선 여행상품구분의 개념을 거론하는 작업부터 시작해야 한다. 여행상품구분의 개념은 여행상품속성과 행사지시서 등 대표적인 몇 개 단어로 표시해 가는 경우가 많다. 크게는 기능적 개념, 경제적 개념, 취미・기호적 개념으로 나눌 수 있는데 가정용전화기를 사례로 나타낸 〈표 3-8〉에서는 가격, 조작성, 기능, 디자인 등으로 표시된 부분이다.

이러한 상품구분의 개념에 기초를 두고 각각의 수준을 결정해 나가서 이 중에서 시장분석의 경우와 같이 2~3개의 축을 선택하여 표를 작성한다. 이어서 현재의 여행상품(경쟁사도 포함) 및 금후 예상되는 여행상품을 구획화하여 여행상품군 전체의 전개도를 작성할 수 있을 것이다 .

전개도를 기초로 상품의 분류를 생각해서 구분하면 [그림 3-3]에 나타난 바와 같은 상품분석표가 만들어지고 이를 바탕으로 상품의 중점순위를 명확히 하여 기본전략을 결정하게 된다.

▌표 3-8 ▌ 상품구분과 수준분석표의 작성사례

수준 상품구분	1	2	3	4
가격 (천원)	~10	10~20	20~40	40~
색변종	단색	2~3	4~5	6~
기능레벨	단기능	다기능	복합기능	
단축 다이얼수	0	10	11~20	21~
발신시의 조작성	다이얼	Push	무선	
디자인	흑	컬러	캐릭터 인테리어	
중량	~500g	~700g	~800g	800g~
기능수	1	2~4	5~7	8~

그림 3-3 상품분석의 사례

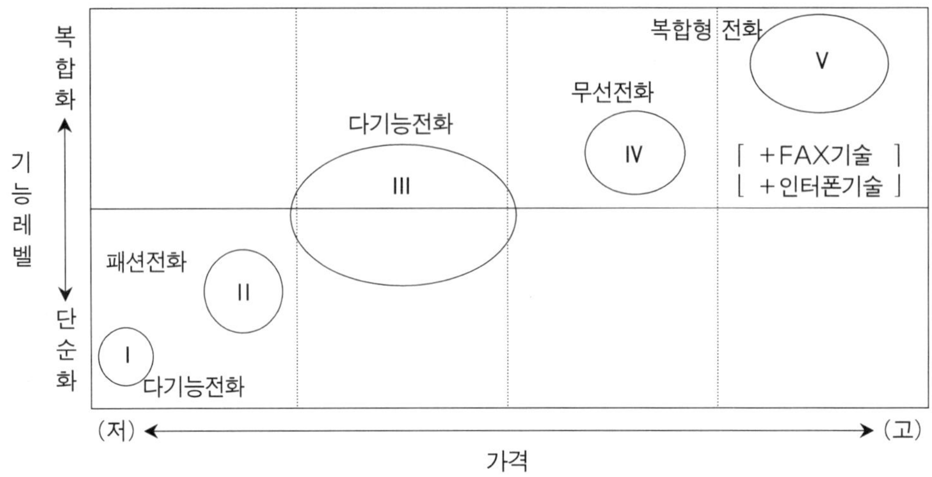

5) 기본전략의 책정

시장과 여행상품분석이 끝난 시점에서 이제 기본전략을 책정하게 된다. 여기서는 어떠한 시장에 어떠한 여행상품이 나오고 있는가를 명확히 하고 금후의 여행상품이 나올 방향을 정확히 예측하는 것이 중요하다.

기본전략의 책정단계에서는 우선 앞에서 설명한 시장분석과 상품분석의 결과를 바탕으로 상품 · 시장분석을 행하게 되는데 작성용 포맷으로서는 일반적으로 〈표 3-9〉와 같은 매트릭스 표를 사용한다.

이러한 상품 · 시장의 방법은 가로축에 시장구분을 하고 세로축에 상품구분을 하여 내용을 작성한다. 이어서 시장동향으로서 성장성 · 시장규모 등 주요동향을 기입하고 상품동향으로서 성숙도 · 시장규모 · 성장성을 기입해 간다. 여기서 성장성과 시장규모 등은 가능한 한 정량적으로 나타내는 것이 분석결과로서 보다 확실한 정보가 된다.

▌표 3-9▐ 전화기상품 · 시장매트릭스의 작성사례

상품구분 / 시장구분		I	II	III	IV	V	시장동향	
		표준전화	패션전화	다기능전화	무선전화	복합형전화	성장성	규모
A	체념형	○	△	△			→	312 (만세대)
B	자기창조형		◎	◎	○		↗	729
C	생활순응형		◎	◎	○		→	1,839
D	견실형	△	△	△	△		↘	173
E	생활충실형				○	△	↗	416
상품동향	성숙도	大	中	中	小	—	※ ○,△,◎은 시장크기의 표시 임.	
	규모(억원)	153	520	446	73	?		
	성장성	↘	↘	→	↗	↗		

매트릭스표의 축을 작성한 후 매트릭스 상에서 교점이 되는 부분, 하나하나에 대해서 자사상품의 강점 / 성장성, 시장크기 / 성장성을 표시해 간다. 사례에서는 정성적으로 시장의 크기를 나타내고 있지만 본래는 4개의 항목에서 나오는 편이 보다 확실한 것이 된다.

상품 · 시장분석표가 완성된 시점에서 최종적으로 상품과 시장의 매트릭스 중에서 중점부문을 결정하고 어느 시장에 어떠한 상품을 공급할 것인가에 대한 기본적인 전략의 가이드라인을 책정해 간다. 이러한 기본전략이 결정되면 이어서 상품전개계획을 구체적으로 책정해 나가게 된다.

4. 여행상품전략의 실행계획

1) 여행상품구성계획

상품 · 시장분석에서 작성된 매트릭스 표를 기본으로 해서 실행계획의 입안에까지 이르는 방법은 다음과 같다.

우선 상품과 시장구분의 매트릭스에서 자사의 상품구성계획을 현재상황과 3년 후에 관해서 작성한다. 상품과 시장구분의 축은 앞서의 상품 · 시장분석과 동일한 것을 사용하는데 이 매트릭스를 응용해서 현재 상황 속에 상품의 위치를 파악해 간다.

〈표 3-10〉은 가정용전화기의 사례로서 현상의 상품구성과 위치부여를 하고 매출액의 크기를 영역범위로 표시하고 있다. 다음으로 3년 후의 경영목표에 따른 구체적 목표를 설정한다. 예를 들면 매출액 10억 이라든지 시장점유율 5%증대라든지 구체적인 수치를 설정하는 것이 좋다. 3년 후의 목표가 결정된 시점에서 상품 · 시장분석에서 검토한 기본전략의 가이드라인에 기초하여 3년 후의 상품구성을 책정해 간다.

▌표 3-10 ▌ 상품구성(현상)의 사례

상품구분 / 시장구분		I	II	III	IV	V
		표준전화	패션전화	다기능전화	무선전화	복합형전화
A	체 념 형	○	○	○		
B	자기창조형		○	○	○	○
C	생활순응형		○	○	○	○
D	견 실 형		○	○	○	
E	생활충실형				○	○

〈표 3-11〉은 3년 후 상품구성계획으로서 상품 · 시장 매트릭스의 각 영역에서 어떠한 매출구성을 이루어야 하는가를 작성한 것이다. 이러한 매출규모와 상품구성을 명확히 하고 이어서 상품전개계획을 책정한다.

▌표 3-11 ▌ 상품구성(3년 후)의 사례

시장구분 \ 상품구분		I 표준전화	II 패션전화	III 다기능전화	IV 무선전화	V 복합형전화
A	체념형	○	○	○		
B	자기창조형		○	○		○
C	생활순응형		○	○	○	○
D	견실형		○	○	○	
E	활충실형				○	○

2) 여행상품전개계획

현재의 여행상품구성과 3년 후의 여행상품구성을 계획한 후에는 여행상품전개계획을 책정해 간다. 3년 후의 여행상품구성을 생각하는 경우 현재의 여행상품구성과 차이가 있게 된다. 이것을 첫째, 현재의 연장선에 있는 것 둘째, 신규의 것 셋째, 폐기할 것 등 세 가지 여행상품전개패턴으로 나누어 연도별의 구성을 검토한다. 그리고 이 구성을 여행상품전개계획 속에 반영시켜 매출액이나 시장점유율과 같은 목표를 연도별로 계획하면서 여행상품전개를 점차 계획해 간다.

〈표 3-12〉의 사례에서는 세로축에 상품구분별로 배열하고 가로축에 연도를 기재하여 3년 후까지 어떠한 상품을 출시하고 또 폐기할 것인가에 대한 내용을 계획표에 반영시킨다.

이러한 여행상품전개계획을 작성하고 이것을 기초로 하여 여행상품개요를 설정하고 판매계획과 개발계획으로 전개해 나가게 된다. 특히 상품전략과 양축을 이루고 있는 연구개발 전략과의 관계를 보면 상품의 배열이 결정되는 시점에서 그것을 달성하려면 당연히 연구개발 활동이 요망되어 여행상품전개계획을 개발계획에 반영해 나가게 된다.

▌표 3-12▐ 상품전개계획의 사례

상품전개계획시트

상품구분 \ 연도		2006	2007	2008	2009	비고
표준전화	A					
	B					
패션전화	a					
	b					
	c					
	d					
	e					
	f					
	g					
다기능전화	I					
	II					
	III					
	IV					
	V					
	VI					
무선전화	1					
	2					
	3					
	4					
	5					
	6					
복합형전화	α					
	β					
	γ					
	δ					
기종류		12	15	20	25	
매출액계 (억원)		115	150	190	240	
시장점유율 목표(%)		10	11	14	15	

5. 여행상품개발의 절차

여행상품개발의 절차를 명확히 하게 되면 개발계획이 보다 상세히 검토될 수 있고 기간관리가 정확해지며 또한 각 단계에서의 산출물이 명확해지므로 필요한 작업에서 요구되는 것이 보다 구체화된다. 그리고 절차를 체계화하고 세분하게 되면 여행상품 개발활동에 대한 불안이 제거되고 관심을 집중시킬 수 있어 작업을 효율화할 수 있다.

여행상품개발의 진행과정에 따라 그 단계를 나누어 보면 일반적으로 다음과 같이 구분할 수 있다.

① 여행상품구상의 확립
② 개발테마의 구성
③ 기본특성의 보증
④ 여행상품제원의 결정
⑤ 기획요소의 종합화
⑥ 여행상품공급체제의 확립
⑦ 여행상품의 생산 · 공급
⑧ 기획의 평가 · 대책 · 수정

그림 3-4 여행상품의 개발절차

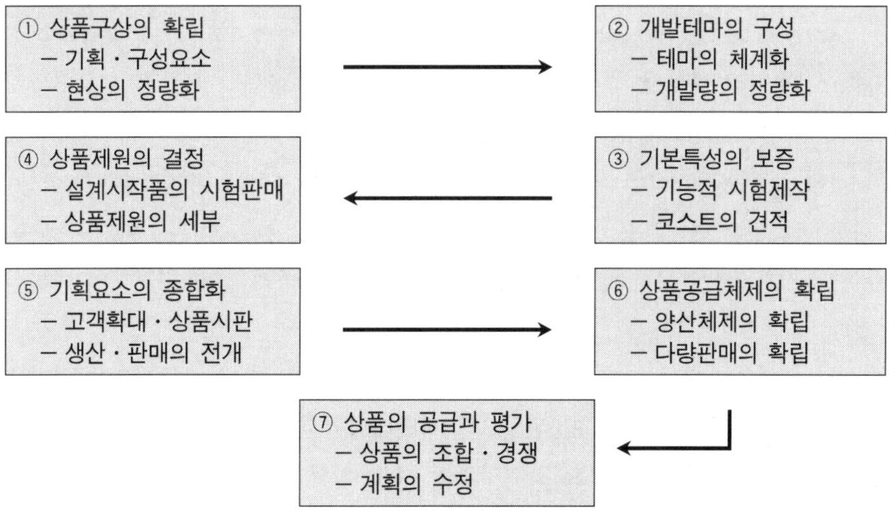

이러한 여행상품개발의 진행과정에서 여행상품구상의 확립, 개발테마의 구성, 기본특성의 보증까지는 개발(development)이 중심이 되고 여행상품제원의 결정, 기획요소의 종합화는 상업화(commercialization)가 중심이 된다.

1) 여행상품구상의 확립

여행상품개발의 가장 첫 단계가 여행상품구상의 확립이며 그 내용은 개발하는 여행상품의 구상을 명확히 하여 여행상품의 이미지를 확립하는 것이다.

여행상품구상의 확립단계에서는 여행상품을 구성하는 기능, 즉 요구되는 여행상품의 수준과 반드시 가져야 할 여행상품기능의 구성 등 모든 여건을 검토해서 그 내용을 명확히 해야 한다. 이 단계는 여행상품개발의 절차 중에서 가장 대상건수가 많이 요구되는 단계이며 이러한 여행상품구상의 내용은 다음단계의 성과에 직접적으로 관계되므로 극히 중요하다고 할 수 있다.

여행상품구상의 확립단계에 있어서 초기에는 대상시장이나 고객을 명확히 하기 어려우므로 그 범위정도로 만족할 수 있지만 최종으로는 대상시장과 수요자인 고객을 명확히 해야 한다. 그리고 여행상품기능은 대개 아이디어 수준에 그치고 전체적인 검토는 다음 단계인 개발테마의 구성과 기본특성의 보증에서 행하게 된다.

2) 여행상품개발테마의 구성

여행상품구상의 확립단계에서 검토된 여행상품구상의 이미지를 구체적으로 전개하고 실현하기 위한 특성 · 조건 · 목표를 정량화하기 위해서 현황을 분석하고 수행하여야 할 여행상품개발테마를 명확히 하는 단계이다.

여행상품구상의 이미지를 실현하기 위해서는 수행하여야 할 일(목표 · 이상)과 수행할 수 있는 일(현실 · 실상)을 시장 · 고객 · 여행상품 · 기능 · 가격 · 생산 · 판매 등 모든 분야에서 서로 대비해 보고 개발포인트를 명확히 하여 구체적인 테마를 구성한다.

여행상품개발테마는 단순히 항목적인 것이어서는 안 되며 기능적인 것에다 정량적인 것이 가미되지 않으면 안 된다. 즉 개발테마마다에 목표와 이상으로서의 가치와 현실로서의 가치를 수량적으로 파악하여 그 가치의 차이를 해결하기 위해서는 무엇을 어느 정도 수행하고 어떠한 방법을 채택해야 하는가를 검토해야 한다.

다음단계인 기본특성의 보증에서는 이 단계에서 명확히 결정된 테마에 관하여 정량화하는 가운데 여행상품구성으로서 기본적인 것에 대해서 그 가능성을 보증하는 것이므로 기본특성의 보증을 폭넓고 깊이 있게 수행하기 위해서는 개발테마의 구성이 보다 세밀하고 확실하게 수행되어야 한다.

여행상품개발테마로서 이상과 현실의 상태를 정량화하는 작업이 용이하지는 않으나 이 정량화하는 작업자체가 여행상품개발테마의 구성단계로서 인식되어야 한다.

3) 기본특성의 보증

기본특성의 보증단계에서는 개발테마의 구성에서 수행한 체계화되고 정량화된 테마를 다음단계에 검토하는 여행상품제원의 수치와 연관 짓는 작업을 수행하게 된다.

이 단계에서는 주로 숫자로서 확실하게 나타내어야 하는 작업이 많은데 즉 고객에 대한 특성파악, 여행상품이 보유해야 할 성능의 정량화, 아이디어의 구체적 확인 등 숫자로서 나타내어야 할 측정방법을 마련하고 그 결과를 판정해야 한다. 따라서 숫자에 대한 확실성, 정밀성이 요구되고 있으며 보증하는 여행상품의 상태까지 파악되어야 한다.

여행상품기능의 전개는 처음 여행상품구상의 단계에서부터 순차적으로 검토되는 일이 많지만 비용의 경우는 그냥 넘어오는 경우가 많으므로 이 단계에서는 반드시 비용 면을 검토하여야 하며 또한 기본적으로 실제 작업량이 적지 않은 단계이므로 획득할 수 있고 효과가 있다고 판단되는 부분의 검토에 보다 중점을 두어 수행하는 편이 효율적이다.

4) 여행상품 제원(諸元)의 결정

앞 단계인 기본특성의 보증에서 수행한 제 특성들을 취합해서 하나의 여행상품으로 구성하는 단계이다. 그러므로 여행상품을 구성하는 모든 요소와 여행상품 제원(여행소재)의 관계를 명확히 하고 고객을 만족시키기 위한 여행상품제원을 결정하게 된다.

이 단계에서는 한 사람의 고객을 대상으로 매출을 기록하고 이익을 실현할 수 있는 개념 하에서 추진하게 되는데, 물론 다수의 고객을 대상으로 하는 것이 더욱 바람직한 일이나 여기서는 반드시 다수의 고객을 대상으로 추진해야 할 필요성은 없다.

따라서 대상고객은 한 사람이라도 좋으니까 여행상품을 확실하게 고객에게 판매하고 대금을 회수한다는 개념 하에서 여행상품을 구성하는 고객, 판매가격, 기능, 원가 등의 요소를 명확히 설정하지 않으면 안 된다. 그리고 기능과 판매가격, 기능과 방식, 방식과 생산방법, 생산방법과 원가 등의 관계도 가정이 아닌 사실로서 검토하여야 한다.

여행상품제원의 결정단계에서는 처음으로 개발한 사실을 남기게 된다. 고객과 판매량이 많을수록 좋겠지만 오히려 최소의 단위인 한 사람의 고객과 하나의 영업소에서 개발한 여행상품을 판매하고 사실을 남기는 것이 가치가 있다.

이러한 과정을 거쳐서 보다 많은 고객에게 보다 많은 여행상품을 공급하는 체계의 전개가 요망된다.

5) 기획요소의 종합화

여행상품을 개발하는 관점에서 보면 기획요소의 종합화는 개발한 여행상품의 평가와 감사를 하는 단계이며 여행상품을 기업화하는 관점에서 보면 기업화하는 여행상품제원을 검토하는 최초의 단계라고 할 수 있다.

한 사람의 고객을 대상으로 검토되어 왔던 여행상품제원의 전체적인 시장, 여행상품, 생산, 조달에 있어서 어떠한 위치에 있는가를 검토함으로써 다수의 고객을 대상으로 그 범위를 넓히는 작업도 이 단계에서 검토된다. 즉 최대한의 판매량, 고객수, 판매경로, 판매가격 등의 정량화를 하기까지 각종 조사업무를 수행한다.

여행상품의 구체적 내용을 결정하는 것과 함께 생산 · 판매의 모든 각도에서 검토하여 가장 좋은 여행상품구성의 범위를 결정하게 되며, 특히 양산체제를 이행하는 여행상품제원을 검토하는 기획요소를 종합화하여 정량적으로 결정한다.

이 단계는 여행상품을 기업화하는 관점에서 매우 중요한 단계로 개발한 여행상품의 구성은 물론 공급체제에 관해서도 모든 각도로부터 검토하고 주어진 조건하에서 가장 유리한 것을 발견해야 한다. 따라서 고객 · 시장 · 판매경로 · 여행상품구성 · 생산체제 등에 관해서 전체적인 관점에서 이들의 연계를 명확히 해야 한다.

6) 여행상품공급체제의 확립

여행상품공급체제의 확립단계는 여행상품개발의 관점에서 직접적인 것이 아무것도 없으나 이전의 단계에서 수행되어 온 여행상품기획에 대해 그것을 구체화하고 실행하기 위한 단계이다. 기획한 여행상품공급체제를 실현하기 위한 준비로서 여행소재의 구입에서 시작하여 고객의 폐기까지가 그 대상이 되는데 서비스를 제공하는 경우라면 여행상품의 존재를 통지하는 것으로부터 서비스종료 후의 애프터서비스까지가 그 대상이 된다.

이 단계에서는 여행상품을 실제로 공급하기로 결정한 일정에 맞추어 여행상품구성에 따른 여행상품제원을 만들기 위한 공급체제를 갖추고 비용의 범위를 검토하여야 한다.

여행상품공급체제의 확립은 각종 기획요소를 실제로 수행하기 위해 구체화하는 것이며 변경범위도 적기 때문에 이 과정에서의 결정은 신중하고 세심하게 내려져야 하며 끊임없는 변화에 대응할 수 있도록 공급체제를 정비해야 한다.

7) 여행상품의 공급과 평가

여행상품은 수요와 공급이라는 양측면을 일치하도록 하는데 그 가치를 찾을 수 있으므로 여행상품공급자는 우선 고객의 욕구를 파악하고 이러한 욕구를 제공하는 여행상품구성을 결정하여 그 여행상품을 공급하는 것이 바람직하다.

이와 같은 의미에서 수요와 공급측은 쌍방 간에 정보교환을 계속해야 하며 이에 따른 의사결정도 필요하므로 이 과정에 있어서 기획면의 수치와 실적면의 수치를 비교하여 여행상품의 수요·공급 상의 차이를 확인하면 그 원인을 해석해야 하는데 여행상품구성요소는 각각 독립되어 있는 경우가 적고 대개의 경우 상호간에 연관되어 있기 때문에 계획과 실적의 오차를 다면적으로 검토하여 성공적인 여행상품개발이라는 소기의 목표를 달성하기 위해 새로운 대책을 세워나가야 한다.

04 여행상품기획의 법적요건

04 여행상품기획의 법적요건

4.1 여행의 개념전환

종래의 해외여행은 그 여행비용의 대부분은 항공운임의 적용규칙에 따라 여행상품 기획이 이루어져 왔다. 단체요금이 없었던 시대, 대형단체밖에 만들 수 없었던 시대를 거쳐 오늘날에도 왕복 장거리구간에 항공기를 사용한다는 패턴이 대부분이다. 그러나 그와 같은 기성개념에 머무르지 않고 우선 통상의 교통수단으로부터 발상을 전환한 계약이 성공을 거두고 있다. 또한 IT기술의 발전은 새로운 여행상품개발을 요구하고 있으며, 판매방법 또한 직접 판매화되고 있다.

그림 4-1 여행사의 상환경(商環境)

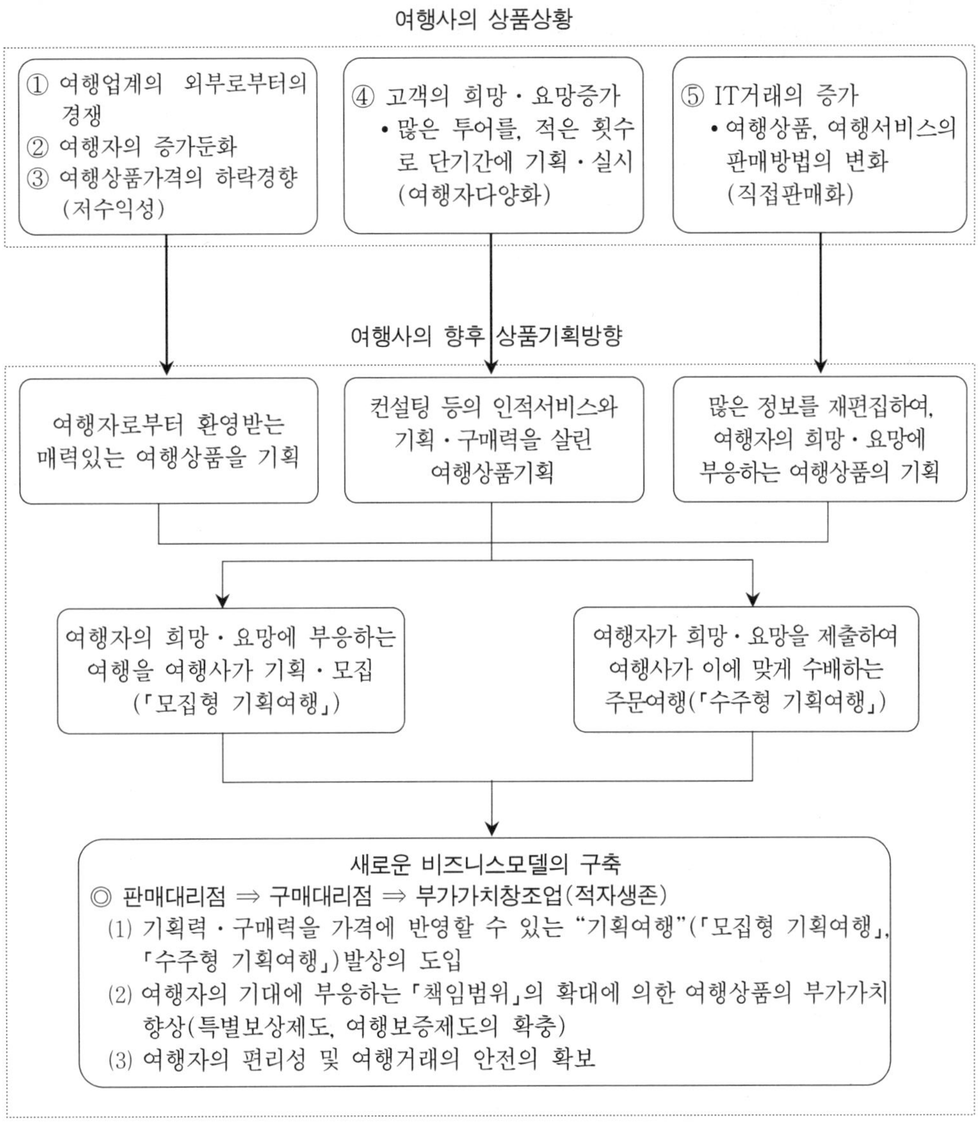

4.2 기획여행상품의 법률적 정의

기획여행이라 함은 "여행업을 경영하는 자가 국외여행을 하고자 하는 여행자를 위하여 여행의 목적지 · 일정, 여행자가 제공받을 운송 또는 숙박 등의 서비스 내용과 그 요금 등에 관한 사항을 미리 정하고 이에 참가하는 여행자를 모집하여 실시하는 여행"으로 규정되어 있다(관광진흥법 제2조 제3항).

한편 문화관광부의 「기획여행 실시지침」(국관 91700-437, 2001.4.14)에 의하면 특정여행업체에서 여행일정, 가격, 교통편, 호텔 등급 등을 미리 정하여 직접 개발 · 판매하는 여행상품은 모두 기획여행에 해당되며, 정의에 규정된 내용 일부를 누락시켜도 사실상 여행업체가 주체가 되어 상품을 개발 · 모객하는 소위 패키지여행 등은 원칙적으로 기획여행으로 정의하고 있다(한국소비자보호원, 2003).

이 같은 기획여행제도는 여행상품의 구체적 내용을 고지케 하고 기획능력이 있는 업체로 하여금 상품을 개발, 광고, 판매할 수 있도록 함으로써 소비자 피해를 방지하고 허위 · 과장광고 억제를 통한 시장질서 유지 도모 등 소비자 피해보상과 여행업의 유통구조개선 차원에서 도입된 제도로 이해된다.

기획여행은 「모집형 기획여행상품」과 「수주형 기획여행상품」의 2종류가 있다. 일본에서는 여행업자가 여행소재를 구매하여 대금을 정하여 판매하는 것이 법률로 규정되었다. 즉

① 여행계획을 여행자의 모집을 위하여 사전에 작성한다.

② 여행계획을 여행자의 의뢰에 의해 작성한다.

(여행계획) 이란

㉠ 여행목적지 및 여행일정

㉡ 여행자에 대해 제공하는 운송 및 숙박에 관한 서비스의 내용

㉢ 여행자가 지불하는 여행대금

③ 운송, 숙박 등의 서비스에 관한 계약을, (자기의 계산)에 근거하여 체결한다.

- 자기의 계산 : 자기(여행업자)의 경제적인 위험(risk), 즉 자기 비용부담으로.

모집형 기획여행 계약은 여행업자가 여행자를 모집하기 위하여 사전에 여행계획을 작성하는 것을 말하며(상기 ① + ③), 수주형 기획여행 계약이란 여행업자가 여행자

의뢰에 의해 여행의 계획을 작성하는 것을 말한다(상기 ② + ③).

1. 기획여행상품의 거래조건설명과 정보제공

1) 모집형 기획여행상품의 거래조건 설명서면(팸플릿)의 기재사항

(가) 법 또는 약관에서 의무하는 새로운 설명항목

① 여행참가에 필요한 자격
② 여행목적지에 관한 안전과 위생정보의 입수방법

(나) 기타 지시, 가이드라인 등에서 규정하는 기재항목

- 지시 : 문화관광부가 기관, 단체 【여행업협회(KATA)】 에 보내는 명령
- 가이드라인 : 여행업협회의 지침

① 해외여행 보험의 주된 보상항목
② 고충이 있을 경우에는 즉시 신고하도록 할 것
③ 특별보상금의 지불한도액
④ 공항 제세(諸稅)에 관한 사항

(다) 신청서의 조정

개인정보의 제삼자 제공에 관한 동의사항(개인정보 보호법으로부터의 필요성)

2) 수주형 기획여행상품에 관한 거래조건 설명서면의 작성기준

광고로 모집할 수 없는 것일 것, 또한 「수주형 기획여행」으로서의 계약수순을 명확히 함.

3) 수배여행계약에 관한 거래조건설명서면의 작성기준

① 운송, 숙박기관 등에 지불해야하는 비용과 여행업무 취급요금을 명확하게 구분하여 청구한다.
② 취소에 있어서는 운송, 숙박기관 등이 정한 취소요금과 취소수속요금을 수수한다.

4) 여행사의 책임사항과 여행자의 책임사항

그림 4-2 여행사와 여행자의 책임사항에 대한 흐름도

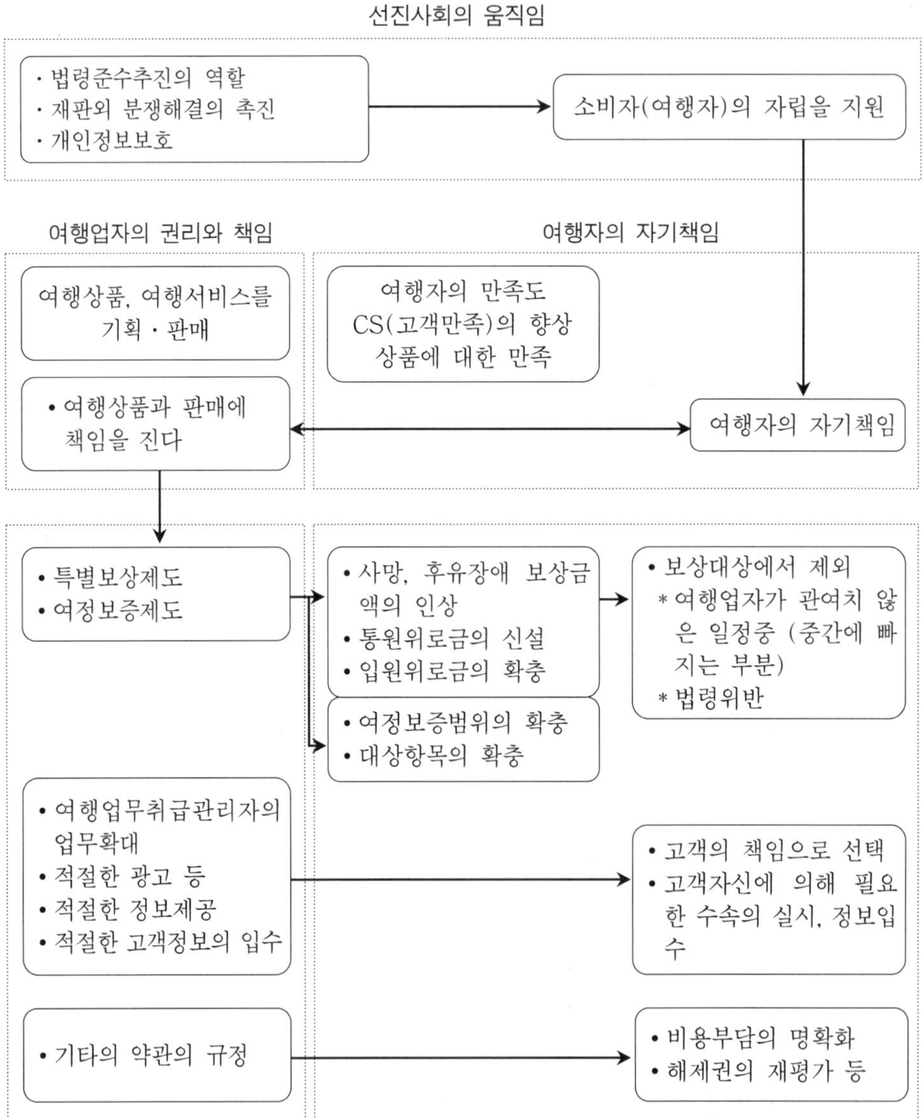

2. 기획여행상품의 실시요건

관광진흥법 제12조에 의하면 여행업자가 문화관광부령이 정하는 요건을 갖추어 문화관광부 령이 정하는 바에 따라 기획여행을 실시할 수 있다고 규정하고 있다. 또한 기획여행업자는 5억 원 이상의 보증보험 등에 가입하거나 영업보증금을 예치하고 이를 유지하도록 규정하고 있다(동법 시행규칙 제18조 3항). 또한 동법 시행규칙 제22조에서는 광고표시 등에 대해 언급하고 있는데 그 내용은 다음과 같다.

기획여행을 실시하는 자가 광고를 하고자 하는 때에는 다음 각 호의 사항을 표시할 수 있다.

- 여행업의 등록번호 · 상호 및 소재지
- 기획여행명 · 여행일정 및 주요 여행지
- 여행경비
- 교통 · 숙박 및 식사 등 여행자가 제공받을 구체적인 서비스의 내용
- 최저 여행인원

1) 기획여행업체 상품의 대리 광고

- 기획여행업체 상품을 대리 광고하는 여행업체는 「기획여행 실시지침」에 의거, 반드시 광고표시(시행규칙 제22조) 사항을 준수해야 함.
- 기획여행 업체명의 글자 크기는 대리광고 업체명과 같거나 커야 함.
- 기획여행업체(주관업체)의 여행상품을 대리 광고하는 업체(참여업체)로서 광고내용에 참 여업체임을 밝히지 않는 경우 이는 허위광고로 「표시 · 광고의 공정화에 관한 법률」등 관 련법에 따라 처벌

2) 기획여행상품 제외 대상

- 관광이 포함되지 않는 상품(어학연수, 교육연수, 배낭여행, 에어텔 및 박람회 상품 등)
- 공공기관 연수프로그램, 시찰, 국제회의, 국제대회 참관 상품
  ※ 다만, 동상품에 출발일정과 현지 여행일정이 포함되지 않아야 함(박람회, 국제회의 · 대회의 개최기간 표시는 무방).

– 여행객(단체 등)으로부터 의뢰받은 희망관광
– 업체 이미지 광고상품(요금과 출발일을 표시하지 않은 홍보상품)

3. 기획여행상품의 국내유통구조

일반적으로 여행상품의 유통구조는 여행수요의 증가와 여행산업의 성장에 따라 점점 복잡한 과정을 거치게 되며, 공급자와 소비자 사이에 다양한 조직과 기관 등이 개입하여 알선 · 중개 · 판매하는 양상을 나타내고 있다.

즉 기획여행상품이 출현하기 전부터 이루어지던 '공급자(소재 제공자) → 소비자의 가장 기초적인 단계에서 공급자 → 여행업자 → 소비자 또는 공급자 → 지상수배업자 → 여행 도매업자 → 여행 소매업자 → 소비자에 이르기까지 여행상품의 양적인 증가와 아울러 종류 역시 매우 다양해지면서 여행업자간에 생산과 판매를 서로 분담하거나 도소매업으로 서로의 역할이 분화되기도 하였다.

최근에는 인터넷 발달 등으로 인하여 신문광고 등을 통하지 않고 소비자와 거래하는 온라인여행사가 등장하였으며, 소비자가 직접 생산자와 거래하는 유통과정으로 회귀하는 양상도 보이고 있다.

이러한 다양한 여행상품의 유통구조로 인하여 소비자는 계약당사자가 아닌 다른 여행업자로부터 실제적인 여행상품을 제공받게 되며, 이로 인하여 계약내용의 불이행 및 불완전이행, 팁 · 옵션 · 쇼핑 강요, 추가요금 요구 등의 소비자문제가 발생하기도 한다.

그림 4-3 해외여행상품의 국내 유통 구조도

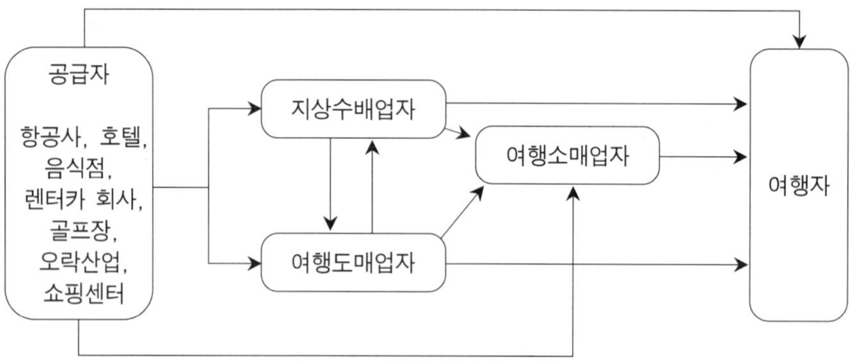

자료 : 한국관광연구원, 여행 수배업의 제도권 편입에 대한 타당성 검토, 2000.

4. 기획여행실시와 관련된 자율 결의사항

1) 기획여행상품광고시 준수하여야 할 크기

- 광고화수의 제한 없이 일간지 신문에 해외여행상품광고시 8단{세로 8단(27Cm) × 가로 12칼럼(37cm), 총 999cm^2) 이하의 크기로 광고
- 해외여행상품광고 8단{세로 8단(27cm) × 가로 12칼럼(37cm), 총 999cm^2)} + 국내여행 상품광고 1단을 추가할 경우에만 총 9단까지 광고 가능

2) 기획여행상품광고시 표기해야 할 중요내용

- 추가경비 기재사항 중 안내사수수료를 다음과 같이 정의함.
• 안내사수수료는 관광안내업무를 수행하는 국외여행인솔자 · 관광통역안내사 · 문화관광해설사 등이 여행사로부터 위탁받은 업무를 수행하기 위해 소요되는 일체의 경비로 여행자 자의에 의하여 지불되는 팁은 제외된 경비를 뜻함.
• 여행업체의 강요나 일방적으로 책정하여 모두에 부과하는 금액은 팁으로 보기 어려우며, 이는 안내사수수료에 포함되는 것으로 함. 다만, 여행편의를 위해 업계의 관례와 현지의 관습 등을 정보로 제공하여 여행자가 자의로 지불하는 금전(tip)은 제외함.

3) 추가경비의 표기방식

- 추가경비 있음(○○원), 또는 추가경비 ○○원
- 추가경비 없음(단, 개별적인 팁, 선택관광, 각국 비자비용 별도)

4) 추가경비의 한도

여행상품에 추가되는 최고금액은 여행상품가의 50%이하로 업계가 자율적으로 지키도록 하였으며, 여행자에 상세한 정보를 제공하기 위한 표기 (예. 소요항목을 밝힌 최고 · 최저 금액의 표기)등을 권장키로 하였음.

국외여행표준약관 제11조 (여행요금) - 다음 사항은 여행요금에 포함됨.	관광진흥법 시행규칙 제20조의 2 (기획여행의 광고) - 다음 사항을 광고에 표시하여야 함
1. 항공기, 선박, 철도 등 이용운송기관의 운임 2. 공항, 역, 부두와 호텔사이 등 송영버스요금 3. 숙박요금 및 식사요금 4. 안내사경비 5. 여행 중 필요한 각종 세금 6. 국내외 공항 · 항만세 7. 관광진흥개발기금 8. 일정표내 관광지 입장료 9. 기타 개별계약에 따른 비용	1. 여행업의 등록번호 · 상호 및 소재지 2. 기획여행명 · 여행일정 및 주요여행지 3. 여행경비 4. 교통 · 숙박 및 식사 등 여행자가 제공받을 구체적인 서비스의 내용 5. 최저 여행인원

5) 공정거래위원회 여행업종 관련 「중요한 표시·광고사항 고시」

– '기획여행'을 실시하는 사업자가 광고에 표시해야 하는 중요정보.

① 광고상 제시한 가격 이외의 추가경비 유무 (공항이용료, 보험료, 관광진흥기금, 필수관광경비, 안내사수수료 등 일체 경비포함. 단, 광고되는 다수의 여행상품에 공통적으로 적용되는 추가경비는 이를 1개의 공통항목으로 기재가능).

② 관광진흥법 시행규칙 제18조제3항의 규정에 의한 보증보험 가입여부 또는 영업보증금 예치여부.

【광고예시】 – 중요 정보항목들을 구체적으로 다음과 같이 명시.

△ 추가경비 있음(추가경비가 있는 경우에는 소비자가 해당 기획여행을 하기 위해 실제로 지불해야할 경비에서 광고상 가격을 제외한 금액을 명시).

△ 추가경비 없음(소비자가 광고상 제시된 가격만 지불하면 해당 기획여행을 할 수 있는 경우).

△ "보증보험 ○○원 가입" "영업보증금 ○○원 예치"

5. 기획여행실시와 관련된 벌칙규정

기획여행실시와 관련된 위반사항별 행정처분 및 과징금부과 내용은 다음 표와 같다.

▌표 4-1 ▌ 기획여행관련 벌칙규정

구 분	위반 사항	근거법령 (관광진흥법)	
		행정처분(제33조)	과징금(제35조)
관광진흥법 관련	- 기획여행의 실시요건 또는 실시방법에 위반하여 기획여행을 실시한 때	1차 위반 : 사업정지 15일 2차 위반 : 사업정지 1월 3차 위반 : 사업정지 3월 4차 위반 : 취 소	일반여행업 : 200만원 국외여행업 : 200만원
	- 고의로 계약 또는 약관을 위반 한 때(여행업자에 한한다)	1차 위반 : 경 고 2차 위반 : 사업정지 10일 3차 위반 : 사업정지 20일 4차 위반 : 취 소	일반여행업 : 200만원 국외여행업 : 100만원
「중요한 표시 · 광고사항」고시관련		근 거(공정거래위원회고시 제2002-3호)	
	- 추가경비사항 및 보증보험 가입여부를 광고내용에 포함하지 아니할 때	- 1억 원 이하의 과태료(사업자) - 1천만 원 이하의 과태료(법인 또는 사업자단체의 임원 또는 종업원 기타 이해관계인)	

▌표 4-2 ▌ 소비자 피해보상규정

품 종	피해유형	보상기준
국외여행	1) 여행취소로 인한 피해	- 여행자가 입은 손해배상
	- 여행사의 귀책사유로 여행사가 취소하는 경우	
	• 여행개시 20일전까지(~20) 통보시	- 계약금 환급
	• 여행개시 10일전까지(19~10) 통보시	- 여행요금의 5% 배상
	• 여행개시 8일전까지(9~ 8) 통보시	- 여행요금의 10% 배상
	• 여행개시 1일전까지(7~ 1) 통보시	- 여행요금의 20% 배상
	• 여행 당일 통보시	- 여행요금의 50% 배상
	- 여행자의 여행계약 해제 요청이 있는 경우	
	• 여행개시 20일전까지(~20) 통보시	- 계약금 환급
	• 여행개시 10일전까지(19~10) 통보시	- 여행요금의 5% 배상
	• 여행개시 8일전까지(9~ 8) 통보시	- 여행요금의 10% 배상
	• 여행개시 1일전까지(7~ 1) 통보시	- 여행요금의 20% 배상
	• 여행 당일 통보시	- 여행요금의 50% 배상
	- 여행참가자 수의 미달로 여행개시 7일전까지 여행계약 해제 통지시	- 계약금 환급
	- 여행참가자 수의 미달로 인한 여행계약 해제 통지기일 미준수	- 계약금 환급
	• 여행개시 1일전까지 통지시	- 여행요금의 20% 배상

	• 여행출발 당일 통지시	- 여행요금의 50% 배상
	2) 여행사의 계약조건 위반으로 인한 피해(여행후)	- 여행자가 입은 손해배상
	3) 여행계약의 이행에 있어 여행종사자의 고의 또는 과실로 여행자에게 손해를 끼쳤을 경우	- 여행자가 입은 손해배상

6. 기획여행상품의 문제점 및 개선방안

1) 보험 미가입

한국소비자보호원의 조사에 의하면 조사대상 업체 중에서 일반여행업체들은 주로 5억 원 보증보험에만 가입하고 인 · 허가보증보험은 가입하지 않는 것으로 나타나고 있다(한국소비자보호원, 2003).

현행 법규상으로는 기획여행을 실시하는 업체의 경우 인 · 허가보증보험 및 5억 원 보증보험 두 가지를 모두 가입하도록 규정되어 있기 때문에 관계 기관의 철저한 지도 감독이 요청된다.

또한 「여행업보증보험 · 공제 및 영업보증금 운영규정(문화관광부고시, 제2001-3호)」에 의하면 보험가입시 피보험자를 업종 · 지역별 협회장으로 하고 있기 때문에, 보험가입 및 유지에 관하여 효율적인 관리 및 소비자피해에 대한 적절한 조치가 이루어지기 위해서는 보험증권을 해당 협회에 제출하도록 하여야 할 것이다.

2) 기획여행 실시요건의 미준수

「관광진흥법」시행규칙 제22조 광고표시 조항에서는 "기획여행을 실시하고자 하는 자가 광고를 하고자 하는 때에는 • 여행업의 등록번호 · 상호 및 소재지, • 기획여행명(여행일정 및 주요 여행지), • 여행경비, • 교통 · 숙박 및 식사 등 여행자가 제공받을 구체적인 서비스의 내용, • 최저 여행인원을 표시할 수 있다."라고 규정되어 있으나 상당수 업체가 등록번호 · 상호 및 소재지와 교통 · 숙박 및 식사 등 여행자가 제공받을 구체적인 서비스 내용, 최저여행인원 등을 제대로 표시하지 않은 것으로 확인되고 있다.

이는 의무조항이 아닌 선택조항으로 제도의 실효성이 미흡한 실정이기 때문에, 문화관광부가 탈법 영업행위를 근절하고 여행자 피해보상의 실효성을 확보하기 위하여 광고시 중요 정보를 표시하도록 지방자치단체 및 관련 협회 등에 통보하여야 한다.

3) 가격표시

소비자는 여행사에서 광고한 가격으로 기본적인 여행을 할 수 있어야 하나, 실제 소비자가 부담해야 하는 경비가 광고상의 표시가격보다 많은 사례도 확인되고 있다. 그러므로 실제 여행자가 부담해야 하는 정확한 경비를 표시하도록 규정해야 할 필요성이 있다.

사례여행사의 광고에서 나타나듯이 '호주, 뉴질랜드 ,발리 10일 상품'의 신문광고상의 표시가격은 499,000원이나, 실제 여행사에 전화하여 상담하고 일정표를 받아 본바, 개정 표준약관에 포함하도록 규정하고 있는 필수 경비와 현지에서 반드시 부담해야 하는 선택관광 비용 등을 계산해 보면 이를 상회하는 것으로 나타나고 있다. 따라서 광고상의 여행경비 표시는 필수경비를 반드시 포함하고 있어야 한다.

▌표 4-3 ▌ 여행경비 광고표시사례

구 분	표시내용
신문광고	- 노마진 빅찬스 - 대한민국 최저가격 보장상품!!! - 호주, 뉴질랜드, 발리 10일 499,000원
일정표를 통해 확인한 경비내역	- 포함 내역 : 항공, 호텔, 식사, 관광 기본입장료 - 별도 추가경비 : 인천 · 호주 · 뉴질랜드 공항세, 전쟁보험료, 여행자보험(200,000원)입니다. - 불포함 내역 : 발리공항세(US$ 13), 팁(1인당 1일 US$ 10), 퀵실버(US$ 85), 관광진흥기금(10,000원) - 선택관광 : 뉴질랜드 타우포(최대 호수)관광+바다가재 석식(US$ 100) - 상기 일정 중 쇼핑센터 방문이 포함되어 있습니다.
비 고	- 이것은 여행의 신문광고상 표시된 상품가격은 타 여행사에서 광고한 할인항공권 요금보다 저렴한 것으로 나타남. • 시드니 : 679,000원~ • 오클랜드 : 795,000원~

7. 기획여행과 소비자의 단계별 대응방안

소비자들은 기획여행상품 구매시 다음과 같은 점에 착안하여 단계별 대응을 하는 것이 여행실시 후 발생할 수 있는 여러 가지 불만을 사전에 해소할 수 있다.

▌표 4-4 ▌ 여행단계별 소비자의 대응방안

단 계	대응방안
선택단계	• 상품명, 일정, 요금이 같다고 하더라도 이용 항공사, 호텔, 현지 이동 교통편, 출발/도착시간, 자유시간 포함 여부, 주요 관광지 포함 여부 등에 따라 상품이 다를 수 있다. 따라서 단순히 가격만 가지고 상품을 비교·선택하려는 태도를 지양해야 하며, 필수경비 포함 여부·선택관광 포함 여부·쇼핑횟수 등 세부 내용을 조목조목 점검해야 한다. • 등록도 하지 않은 채 불법으로 영업을 하는 여행사의 경우 소비자피해 발생시 책임 및 보상을 회피하는 경우가 많기 때문에 문화관광부 국제관광과나 시·군·구청에 여행사의 등록여부와 보험 가입 여부를 반드시 확인해 보아야 한다.
계약단계	• 계약서 항목을 꼼꼼히 살핀 후 서명해야 하며, 여행이 무사히 끝날 때까지 광고, 일정표, 계약서, 영수증 등은 잘 보관한다. • 여행사가 2003년 1월에 개정된 표준약관을 사용하는지 확인하는 것이 필요하다.
실시단계	• 피해에 대해 적절한 보상을 요구하려면 피해를 입증할 수 있는 자료(영수증, 사진, 변경된 호텔 등급 확인 자료 등)가 필요하므로 가능한 한 모든 객관적인 자료를 모아 두어야 한다. • 여행 중 불만·불편 사항이 발생하였을 때 현지에서 해결이 불가능하다면 계약한 여행사에 문제를 제기해야 한다. 만일 여행사와 원만한 합의가 이루어지지 않을 경우에는 한국소비자보호원, 한국관광협회중앙회, 한국일반여행업협회, 한국관광공사 등 중재기관을 이용하는 것이 바람직하다.

자료 : 한국소비자보호원 생활경제국 상품거래팀, 국외여행의 문제점과 개선방안, 2003.에 의거 재구성.

8. 기획여행상품 개발동향

2~3년 전부터 국내여행시장에 웰빙과 템플스테이와 같은 테마상품이 부각됨과 동시에 수도권 여행사들을 대상으로 지자체가 상품공모를 시작하게 됐다. 이에 각 해당 지자체는 인센티브제도 또는 상품 공모를 통한 인증제를 도입해 여행사를 통한 상품개발 및 관광객 유치·지역 홍보라는 효과를 누리고 있다. 주로 볼거리와 먹을거리

체험할 거리가 있는 지역인 전라남도・강원도・경북 지역 등은 관광인프라가 잘 갖춰져 있어 우수상품을 선정에 적극적인 것으로 알려졌다(이연실, 2006).

우수여행상품의 선정은 인바운드 상품의 경우 독창성(16%), 국가이미지 제고(15%), 시장성(18%), 만족도(22%), 가격 적절성(13%), 소비자 보호(16%)를 기준으로 상품을 선정하고 있고, 아웃바운드 상품은 독창성(14%), 시장성(12%), 만족도(22%), 가격 적절성(13%), 소비자 보호(16%), 건전성(14%), 교육성(8%), 환경보호(5%)를 중점적으로 다루고 있다. 그리고 국내 상품의 경우 독창성(15%), 가격 적절성(15%), 시장성(10%), 건전성(14%), 만족도(19%), 교육성(10%), 환경보호(5%), 소비자 보호(5%) 등이다.

이 같은 평가기준을 토대로 프로그램의 일정과 숙박・교통수단 등의 내용을 확인하고, 실질적인 만족은 아니지만 소비자의 입장에서 서비스 내용을 평가한다.

현재 진행되고 있는 국내우수여행 상품의 경우 인증이 되고 공모에 선정됐다고 해서 해당업체가 큰 이익을 본다든지 효과를 볼 수 있는 것은 아니다. 국내의 경우 우수상품으로 인정됐다고 하더라도 유통망이 확보되지 않고 모객이 되지 않아 사장(死藏)되는 상품이 많은 것으로 알려졌다. 따라서 상품 인증의 가장 근본적인 문제는 상품이 제대로 운영되는 것인가에 대한 것이다.

아웃바운드 상품의 경우에도 기존 상품에 제시돼 있던 항공사나 호텔이 변경될 경우 상품을 판매하지 않거나 아니면 다른 형태로 판매를 하고 있는 상황이다. 또한 계절상품일 경우 판매가 이루어지지 않는 경우도 허다하다. 따라서 우수 여행사에게 적극적인 지원과 혜택이 가면서 일반인에게 적극적으로 알릴 수 있는 홍보방안을 수립하여 여행사들이 상품을 사장시키지 않고 판매할 수 있는 기반을 마련해야 할 것이다.

또한 문제 발생 시 리콜제 등을 적극 활용해야 하며 해당 기관에서 이들 상품에 대한 전담요원을 별도로 구성하여 체계적인 관리감독이 있어야 할 것이다. 2005-2006 우수여행인증상품 현황은 다음과 같다.

내국인 국내여행상품

순위	업체명	대표자	상품명
1	(주)환타지여행사	우 숙	제주의 비경-신영주 10경
2	(주)솔항공여행사	김광순	KTX로 가는 예쁜 섬 보길도 혹은 청산도
3	(주)국제여행사	김완덕	제주색동투어
4	(주)제주하나투어	홍유식	제주도 웰빙투어-오름산책, 해수온천, 승마, 산해진미
5	(주)비타민여행사	황윤하	33가지 기암절경을 찾아서 서행의 보고 붉은 섬 홍도, 흑산도 기차여행
6	(주)한라산가자투어	정경미	노블레스 명품여행
7	(주)대아여행사	황인규	신비의 섬 울릉도/독도 P.KG
8	DMZ관광(주)	장승재	파주-연천 DMZ TOUR
9	탐라산업개발(주)	강석수	웰빙제주 테라피투어!!
10	(주)하나강산	박정기/이형주	신비의 섬,울릉도/독도2박3일
11	(주)도서여행사	김용운	테마가 있는 백령도 1박2일 PKG
12	(주)한라산가자투어	정경미	제주체험관광 올인(all-in)
13	(주)한라산가자투어	정경미	사도탐방(한라산, 비양도, 마라도, 우도)
14	롯데관광개발(주)	유동수	오미가 있는 울릉도
15	(주)환타지여행사	우 숙	영주10경
16	(주)도서여행사	김용운	테마가 있는 백령도, 대청도 2박3일 패키지
17	롯데관광개발(주)	유동수	"영화, 미술 & 자연과 함께하는 삼다도 투어"
18	(주)비타민여행사	황윤하	낭만속의 서해바다 변산반도, 충무공 이순신의 숨결을 찾아서
19	(주)비타민여행사	황윤하	KTX와 함께 떠나는 사랑의 남도일주 기차여행
20	(주)세일여행사	김진하	예향의 도시 전주, 남원, 섬진강에서의 강태공여행(1박2일)

■ 외국인 국내여행상품

순위	업체명	대표자	상품명
1	(주)자유투어개발	심양보	대장금TOUR 4日
2	(주)Jeju Eco	랴센세브 빅토르	Jeju Eco & Culture Tour
3	(주)한진관광	장관순	KTX로가자, !!! 신비의 전라도탐방 4일
4	한나라관광(주)	홍원의	아름다운 날들 촬영지 여행
5	DMZ관광㈜	장승재	파주-연천 DMZ TOUR
6	(주)한진관광	장관순	여성 다이어트와 웰빙투어
7	(주)한진관광	장관순	드라마 대장금 촬영지 탐방투어
8	(주)한진관광	장관순	한류드라마와 영화촬영지 투어 결정판
9	(유)대명해외관광	허성수	제주3박4일(체험관광)
10	(주)Co & C 한중여행사	김용진	한중 대장금 체험관광
11	(주)세일여행사	김진하	외국인의 DMZ와 군병영체험여행(1일)
12	한나라관광(주)	홍원의	겨울연가 4월의 눈 촬영지여행
13	Arum travel & Communication co.Ltd.	공 석	One fine day, Feel Korea?(한국전통복합 체험관광)
14	Lotte관광(주)	김재원	세계문화유산 한국주유(周遊) 5일간
15	(주)한진관광	장관순	"두근두근" 경기도 문화여행

■ 내국인 해외여행상품(지역별)

• 중국

순위	업체명	대표자	상품명
1	롯데관광개발(주)	유동수	노팁, 노옵션 북경/만리장성 4일
2	롯데관광개발(주)	유동수	[동화세계] 구채구/신선지/낙산대불/성도 5일
3	(주)하나투어	박상환	[패키지] 상해/항주/장가계/원가계 5일
4	(주)한진관광	장관순	실크로드 일주 9일
5	(주)하나투어	박상환	[패키지] 북경/만리장성/용경협 4일-부산

• 일본

순위	업체명	대표자	상품명
1	(주)자유투어개발	심양보	오사카, 나라, 교토, 고베, 아리마 주말온천 3일
2	롯데관광개발(주)	유동수	[웅대한 대지와 풍요로운 자연] 홋카이도 환상여행 4일

3	롯데관광개발(주)	유동수	[알프스에 버금가는 이국적 풍경] 도야마 알펜루트, 가나자와와 구로베 협곡 4일
4	(주)하나투어	박상환	[패키지] 화이트 일루미네이션 홋카이도 4일
5	(주)모두투어네트워크	우종웅	"온천과 테마파크의 만남" 큐슈 & 하우스텐보스여행 4일
6	(주)한진관광	장관순	홋카이도 대원시림 체험 및 온천여행 4일
7	(주)참좋은여행	윤대승	환상의 홋카이도/아오모리/태평양일출/해저터널 54Km (4박5일)

• 남태평양

순위	업체명	대표자	상품명
1	(주)가야여행사	이성훈	[허니문] '정원의 도시'멜버른 &그레이트 오션로드
2	(주)하나투어	박상환	[패키지] 호주/뉴질랜드 남북섬 10일
3	(주)하나투어	박상환	[허니문] 시드니/골드코스트 6일
4	(주)하나투어	박상환	[패키지] 호주/뉴질랜드 북섬 8일

• 동남아

순위	업체명	대표자	상품명
1	롯데관광개발(주)	유동수	[초특급]클락/수빅(요트호핑투어)/마닐라핵심(히든+빌라+팍상한)5일
2	(주)가야여행사	이성훈	[허니문]후아힌힐튼리조트&스파(Pacific Suite Room) 5일
3	롯데관광개발(주)	유동수	베트남(하노이, 하롱베이)캄보디아(앙코르왓)6일
4	(주)가야여행사	이성훈	[허니문]다바오 Pearl Farm Resort 5일
5	(주)디자유투어개발	심양보	뉴웰빙 스파 4일
6	(주)하나투어	박상환	[패키지]방콕/파타야/앙코르왓 6일
7	(주)한진관광	장관순	특선 베트남 북부 앙코르왓 6일(대한항공)
8	(주)하나투어	박상환	[패키지]푸껫/피피섬 4일-다이아몬드 클리프 리조트

• 유럽

순위	업체명	대표자	상품명
1	(주)한진관광	장관순	"유럽의 파라다이스" 발칸반도 7개국 12일
2	(주)모두투어네트워크	우종웅	NOTIP 왈츠체험[프라하의 연인과 사운드오브뮤직]동유럽5국 9일
3	(주)한진관광	장관순	지중해의 절경 산토리니섬 크루즈와 터키일주 9일
4	(주)고려여행사	김세형	출애굽 이집트, 고센, 이스라엘 10일

5	(주)모두투어네트워크	우종웅	OPTION 포함[지중해의 꽃]터키일주 8일
6	(주)고려여행사	김세형	정통 출애굽 이집트. 이스라엘. 요르단 10일
7	(주)하나투어	박상환	[패키지]마침표 베니스와 융프라우 4개국 9일
8	(주)포커스투어	김영규	몽골/바이칼+시베리아횡단열차 8일

• 미주

순위	업체명	대표자	상품명
1	(주)모두투어 네트워크	우종웅	잃어버린 문명을 찾아서-디럭스 브라질/페루12일
2	롯데관광개발(주)	유동수	〈우수상품〉 캐나다 항공 완전 일주 8일
3	(주)모두투어 네트워크	우종웅	앨버타 유네스코 트레일 7일

1) 우수여행상품 인증제도

우수여행상품인증제도는 우수여행상품에 대한 지원방안으로, 여행업 관련 전문가들이 모인 우수여행상품 인증기관이 신청이 들어온 여행상품들 각 해당 영역별 점수에 따라 상품을 평가하고, 우수 여행상품에 인증제를 부여하는 것이다.

우수여행상품 인증을 받게 되는 상품은 정부인증마크의 배타적 사용권을 갖게 되고, 다양한 홍보지원과 시장개척 및 개발 실비와 격려금을 받게 된다. 그러나 상품판매권의 독점은 유사상품의 피해가 발생할 수 있고, 원조 상품에 대한 선별의 어려움이 있어 배제된다.

2) 인증 받을 수 있는 여행상품

국내여행, 인바운드, 아웃바운드 등 모든 여행상품을 대상으로 인증제를 실시한다. 또한 기존의 판매되는 여행상품과 새로 개발되는 신상품이 모두 적용되면서 모든 여행상품이 적용된다고 할 수 있다. 인증 유효기간은 3년으로 고려중이나, 제도시행 후 인증제에 대한 업계의 반응과 인증취소율 등을 고려하여 인증기간을 조정할 예정이다.

3) 인증 기준

인증기관이 조사한 각 항목별 만족도에 따라 점수가 부여된다. 독창성, 국가이미지 제고, 시장성, 만족도, 가격 적정성, 소비자 보호 등 다양한 평가 항목을 적용하고, 인증기관의 업계 전문가들이 평가 서류를 바탕으로 세부적인 사항을 논의하여 우수여행상품을 선별하게 된다.

인증제도 기준이 상품성만이 아닌 시장성과 소비자 만족도 등을 골고루 포함하고 있어, 업계의 현실성을 고려됐다는 평가를 받고 있다. 그러나 인센티브여행과 개별여행이 늘어나는 상황에서 패키지를 포함하여 다양한 상품에 대한 인증제도 도입돼야 한다는 의견이 나오고 있다.

4) 인증기관과 위원회 선정

문화관광부에서는 조속한 시일 내에 각 단체에서 신청을 받아 수행능력을 평가한 후 인증기관을 선정한다. 인증기관이 선정되면 관계기관, 관련협회, 지자체 관계자, 언론계, 법조계 등 다양한 업계 전문가들로 이뤄진 우수여행상품평가위원회가 구성되어 심의에 들어가게 된다. 위원회에서는 신청여행상품의 평가 및 우수여행상품의 선정 등을 맡게 된다.

5) 인증시의 특전

- 문화관광부장관 명의의 우수여행상품 인증서 수여
- 상품당 일정금액의 홍보비 지원 및 한국일반여행업협회(KATA)홈페이지, KATA NEWS지 등에 인증상품 홍보
- 인증상품 모음집 등 홍보책자를 제작하여 관련기관(단체) 및 업계에 배포하여 홍보지원
- 인증받은 업체 중 최우수기업(인증상품)을 선정하여 정부 포상 추천

8) 인증기준 및 절차

인증기준은 여행상품별 평가항목을 체크하여 일정 점수를 획득해야 하며, 인증절

차는 인증신청접수(KATA)－인증심사(제3기관)－인증추천(KATA)－인증(문화관광부)－인증홍보 (KATA) 등으로 진행된다.

상품명	평가항목
외국인 국내여행	독창성, 국가이미지제고, 시장성, 내용・형식만족도, 가격적정성, 소비자보호, 기타
내국인 국내여행	독창성, 가격적정성, 시장성, 건전성, 내용・형식만족도, 교육성, 환경보호, 소비자보호, 기타
내국인 해외여행	독창성, 가격적정성, 시장성, 건전성, 내용・형식만족도, 교육성, 환경보호, 소비자보호, 기타

한편 인증된 여행상품 판매업체는 실제 판매된 실적보고를 해야 하며, 소비자만족도 조사를 위한 고객명단을 반드시 제출해야 한다.

9. 국내 기획여행상품의 개발사례분석

1) 템플스테이 연계상품

템플스테이는 자연환경과 불교문화가 어우러진 사찰에서 수행자의 일상을 체험하며 마음의 휴식과 전통문화를 체험하는 일이다. 최근에 인기를 끌고 있는 산사의 하루(temple stay) 상품이 좋은 예이다. 이 상품은 다도체험을 비롯하여 전통무예 시범 및 수련활동, 공양체험, 108배 체험, 참선, 예불 등으로 구성되어 있다. 체험기간 중 식사는 전통사찰음식을 먹도록 되어있다.

그러나 경주 골굴사 같은 사찰에서는 한국불교의 전통문화를 체험하기 위해 사찰을 찾는 사람들에게 선무도 수행 프로그램을 운용하고 있어서 마치 중국의 소림사와 같은 기능을 수행하고 있다.

▌표 4-5▐ 건봉사 템플스테이 일정표

	운영시간	프로그램명칭	세부적인 체험내용	비 고
1일째	13 : 00	도착	사찰 내 종무소	
	13 : 00~14 : 00	오리엔테이션	교재배부, 프로그램 안내	
	14 : 00~15 : 00	다도체험	다도란 무엇인가? 설명 다구의 종류소개, 차 종류 다도법(행다법)소개, 마시기 실습	
	15 : 00~15 : 50	사찰 둘러보기	산책 사진촬영, 주변 둘러보기	
	15 : 50~16 : 50	건봉사18기	건봉사 전통무예 시범 및 수련	
	17 : 00~18 : 00	습의(발우공양) 저녁공양	발우공양 연습(7인 이상) 저녁식사	
	18 : 50~20 : 00	소리체험 저녁예불 108배 체험	범종, 범고, 목어, 운판(30분) 범종치기 소리체험(저녁33번) 예불절차소개, 의의설명(10번) 108배 체험(30분) 기도체험(10분)	
	20 : 00~21 : 00	참선체험	참선의 설명과 자세교육(20분) 참선실습(20분), 참선과제 몸풀기, 토론회(20분)	
	21 : 00~03 : 00	취침	소등, 취침 산사의 하루 추억만들기(편지쓰기)	
2일째	04 : 00~06 : 00	새벽예불	도량석 소리에 기상하기, 세면 범종치기 소리체험(아침28번) 새벽예불(기도)	
	06 : 00~07 : 00	아침공양	아침식사	
	07 : 00~07 : 30	아침산책	건봉사 주변 및 건봉사 도량 화진포, 통일전망대 대진항, 거진항 화진포 해수욕장, 왕곡마을 등	
	11 : 30~12 : 30	점심공양	점심식사	
	12 : 30~	집으로 출발	건봉사 출발	

2) 교육관광 연계상품

(가) 테마마을 연계상품

① 영어마을 연계상품

영어를 배우는 환경은 크게 두가지로 나뉘는데 하나는 ESL(English as a Second Language)이고 다른 하나는 EFL(English as a Foreign Language)이다. 우리나라에서 영어를 배우는 환경은 외국어로서의 영어학습인데, 이런 환경을 ESL로 만드는 일종의 공간을 영어마을이라고 한다. 한편 영어마을에는 두 가지의 형태가 있는데, 그 하나는 연수원 형태의 영어마을이고 다른 하나는 다중 거주시설 내에 설치된 영어마을이다. 최근에는 리조트 형태의 영어마을이 생기고 있는 실정으로 자녀들의 외국어 학습열기에 부응하여 지방자치단체 혹은 대학에서도 이 사업에 뛰어 들고 있다. 국내의 영어마을들과 연계한 여행상품이 각광을 받고 있다.

② 기차마을 연계상품

전라남도 곡성에서 시작한 섬진강 기차마을은 기차를 주제로 한 테마마을이다. 이곳에는 지금은 사라진 증기기관차를 비롯하여 하늘자전거, 미니기차, 철로자전거 등 기차를 체험할 수 있는 곳이다. 또한 주위에 조성된 철도공원은 철도를 소재로 하는 각종 시설물과 휴식공간 등이 안락한 휴식과 체험의 장소로 제공하고 있다. 문경 또한 폐광산의 석탄 수송에 사용되던 철도가 사라지게 되면서 고안된 철로자전거 상품이 인기를 끄는 관광상품이 되었다.

③ 오지마을 상품

자연친화적 여행으로 각광을 받고 있는 산간오지는 일반인들의 발길이 뜸할뿐더러 대도시에서 생활하고 있는 현대인들과는 삶의 방식이 전혀 다르다. 이들의 때 묻지 않은 삶을 체험해보고 자연에 동화하는 여행을 기획하는 것이다. 강원도 화천군의 비수구미 마을을 비롯하여 대관령 차항마을, 삼척 중봉리 절골, 6.25도 비켜간 백두대간의 응봉산 절골마을, 정선군 내도전 마을 등이 있으며, 최근에는 오지를 찾는 동호인들도 상당수 있다.

④ 한학마을 연계상품

한학마을은 유소년 층을 위한 전통 문화 교육을 현대적 교육 방식과 접목하여 서당식 대안학교의 형성에 선도적 역할을 담당하고자 생겨난 마을이다. 원래 한학마을은 서당으로부터 출발하였다. 서당은 예로부터 내려오는 사설 한문교육기관. 사족(士族)과 일반사람들이 주체가 되어 향촌사회에 생활근거를 두고 면(面)·동(洞)·이

(里)를 기본 단위로 하여 설립한 초·중등 교육기관을 말한다. 이다. 소위 "버르장머리 없는"아이들을 많이 볼 수 있는데, 이들 한학마을에서는 기초예절을 비롯하여 인성, 효, 전통체험 등의 교육을 통해 전인교육을 실현하고자 한다.

(나) 체험마을 연계상품

체험마을에서는 자연체험, 농사체험, 문화체험 등 자신이 필요한 각종 체험을 할 수 있도록 꾸며져 있다. 종전의 여행이 주로 주마간산식 구경에 머물러 있었다고 한다면 금후의 여행은 무언가 기억에 남는 체험여행이 될 것이다. 이러한 기대에 부응하여 만든 각종 체험여행상품이다

① 밤 농장 체험의 예

농장에서 텃밭도 가꾸고 흑염소도 키우며 떡메치기, 두부 만들기, 알밤 줍기, 콩서리 등 농촌체험을 할 수 있다.

재미있는 당일체험 ^_^	
시 간	행사내용
10 : 30	풋밤송이로 팽이채 염색하기
11 : 00	맷돌 돌려 콩 갈기
11 : 15	볍씨 넣어 절구 찧기
11 : 30	지게지기
11 : 40	짚으로 새끼 꼬기
11 : 50	팽이 돌리기
12 : 00	준비해온 도시락 먹기
12 : 40	알밤 줍기
13 : 00	나무의 나이는?(나이테 관찰), 다다미 놀이
13 : 20	영차 영차 줄다리기
13 : 30	동물 먹이주기
13 : 50	떡 메쳐서 인절미 만들어 먹기
14 : 00	집으로

② 방앗간 체험의 예

벼가 쌀이 되는 과정을 듣고 예전에 우리 조상들이 사용한 여러 가지 방아를 구경

하면서 우리 조상의 지혜를 알아보는 과정이다.

기본일정표(1박2일)

<table>
<tr><th>시간</th><th>제1일</th><th>제2일</th></tr>
<tr><td>08 : 00-09 : 00</td><td rowspan="7">민박배정
마을소개
여장정리
(개별 도착한 순서대로)</td><td>민박집 조식</td></tr>
<tr><td>09 : 00-10 : 00</td><td>양녕대군 문화유적답사</td></tr>
<tr><td>10 : 00-11 : 00</td><td rowspan="2">방아마을 농사체험
자채 풍물, 농요</td></tr>
<tr><td>11 : 00-12 : 00</td></tr>
<tr><td>12 : 00-13 : 00</td><td>점심식사(새참)</td></tr>
<tr><td>13 : 00-14 : 00</td><td rowspan="9">공식행사종료

오후 3시까지 신청자에 한해
마을이나 하천을 청소하는
[농촌봉사활동] 행사진행
참가한 초중고 학생에게는
[봉사활동 확인서] 발급</td></tr>
<tr><td>14 : 00-15 : 00</td></tr>
<tr><td>15 : 00-16 : 00</td><td rowspan="3">참새와 방앗간
논바닥 미꾸라지
정치기/장치기
짚풀 공예(부리망 만들기)</td></tr>
<tr><td>16 : 00-17 : 00</td></tr>
<tr><td>17 : 00-18 : 00</td></tr>
<tr><td>18 : 00-19 : 00</td><td>석식(민박집)</td></tr>
<tr><td>19 : 00-20 : 00</td><td rowspan="2">방아마을 사랑방</td></tr>
<tr><td>20 : 00-21 : 00</td></tr>
<tr><td>21 : 00-</td><td>자유시간, 취침</td></tr>
</table>

③ 기타 체험교실 연계상품

체험교실은 이외에도 무수히 많다. 예컨대 가을 밤 하늘 별자리에 담긴 아름다운 전설과 천체관찰학습을 통하여 천문과학을 배우고 자연과 함께 무한한 꿈을 가질 수 있는 별자리 체험을 할 수도 있고, 박물관이나 미술관, 기념관, 과학관, 유적지, 동·식물원 등에서도 각종체험을 할 수 있다. 다음은 체험관련 학습업체이다. 이들의 교육프로그램을 파악하면 새로운 체험여행상품의 힌트를 얻을 수 있다.

체험학습 관련 업체		
씨앗들의 열린 나눔터 핵교	www.haekkyo.com	교과서 체험, 또래친구 체험 및 가족체험 등 다양한 캠프
체험나라	www.emworld.co.kr	학생과 성인을 위한 다양한 체험학습 프로그램 운영
모든 학교	www.schoolall.com	교과서 체험, 가족체험 등 다양한 학습프로그램
신나는 학교	www.sinnaschool.com	역사교육, 자연교육 등 학교 교과과정과 연계된 주말교실 운영
여행이야기	www.travelstory.co.kr	시대별 역사 프로그램 위주의 체험학습 진행
행복한 아이들	www.happyitour.com	초등 고학년 사회교과서에 맞춘 체험 프로그램 및 중고고교생 현장학습 운영
파랑새열린학교	www.openschool.co.kr	초등 교과과정 현장체험 등 다양한 프로그램 운영
한국역사문화학교	www.koreaschool.co.kr	역사, 과학, 자연 탐험대, 천문우주과학 분야 등 다양
코스가이드	www.cosguide.com	개인, 캠프, 학교 단체의 체험학습 진행
체험아이	www.chehumi.co.kr	갯벌 체험학습 전문, 안면도 제부도, 강화도 등 생태체험 코스

(다) 각종캠프 연계상품

캠프하면 도전정신, 승부근성, 조직력을 극대화 시킨다는 머니 뭐니 해도 해병대 전략캠프일 것이다. 흔히 캠프하면 과학체험이나 예절체험을 하고, 스키, 수영, 골프 등 운동 관련 캠프를 연상하지만 극기훈련을 기본으로 한 해병대 전략캠프는 역발상 전략으로 성공하여 국내는 물론 일본이나 대만 등 외국에서도 각광을 받고 있다.

일 차	시 간	내 용	비 고
1일차	10 : 00~13 : 00	훈련장 이동	용산-10 : 00출발 ⇒안산-11 : 30출발 ⇒훈련장-12 : 30분도착
	13 : 00~14 : 00	중식(도시락)	식당
	14 : 00~15 : 30	OT/입소식	강당
	16 : 00~18 : 00	제식훈련/PT체조	연병장
	18 : 00~19 : 00	석식	식당

	19 : 00~20 : 30	야간담력훈련	공동묘지
	20 : 30~22 : 30	친교의 시간/5분스피치(2020년의 꿈)	강당
	22 : 30~23 : 00	세면 및 순검준비	내무실
	23 : 00~24 : 00	순검/환자진료	내무실
	24 : 00~	취침	
2일차	~07 : 00	기상	
	07 : 00~08 : 00	조별과업	내무실/연병장
	08 : 00~09 : 00	조식	식당
	09 : 00~10 : 00	안전교육	장애물교장
	10 : 00~12 : 00	산악행군,장애물훈련	장애물교장
	12 : 00~13 : 00	중식	식당
	13 : 00~16 : 00	IBS(고무보트)육.해상훈련	연병장/해상
	16 : 00~18 : 00	설한지 극복훈련, 호신술	연병장/해상
	18 : 00~19 : 00	석식	식당
	19 : 00~20 : 30	야간기동훈련	수련원 내
	20 : 30~21 : 30	재난극복훈련	병사
	21 : 30~22 : 30	부모님전상서(간식제공)	내무실
	22 : 30~23 : 00	세면 및 순검준비	내무실
	23 : 00~24 : 00	순검/환자진료	내무실
	24 : 00~	취침	
3일차	~07 : 00	기상	
	07 : 00~08 : 00	조별과업	내무실/연병장
	08 : 00~09 : 00	조식	식당
	09 : 00~10 : 00	품성훈련	강당
	10 : 00~11 : 00	퇴소식	강당
	11 : 00~12 : 00	소감문작성/개인신변정리	내무실
	12 : 00~13 : 00	중식	식당
	13 : 00~	집으로 이동	훈련장-13 : 00출발 ⇒안산-14 : 00도착예정 ⇒용산-15 : 30도착예정

이 캠프에서는 추가 교육프로그램을 개발하여 "청소년 살과의 전쟁 비만캠프", "아빠와 함께하는 부자유친(父子有親) 캠프", "태극기 휘날리며 캠프", "새해맞이 가족캠프 "를 개발하였으며, 군에 가지 않은 청소년들을 대상으로 군에 미리 가보는

체험프로그램인 "군 미필자 캠프" 상품까지 선보임으로써 확실한 체험상품을 구축하고 있다.

(라) 생태관광 연계상품

생태관광은 ① 비교적 훼손되거나 오염되지 않은 자연지역에서 이루어지는 관광으로, ② 대상지의 자연자원 및 문화자원에 대한 깊은 이해를 위해 전문적인 교육과 해설을 추구하고, ③ 자연과의 융합을 경험하고자 하며, ④ 생태적으로 지속가능한 관광으로서, 관광지의 자연환경 및 지역문화에 대한 부정적 영향을 최소화하고, 자연보호지역을 유지, 발전시키기 위한 자금을 발생시키고 이를 지역사회에 환원함으로써 자연보전에 기여하는 관광을 말한다(임호, 1999).

따라서 여행사로서는 이와 같은 점에 착안하여 다음의 생태관광 관련 지역과 연계하는 여행상품을 기획해보면 좋을 것이다.

철새도래지

서산 천수만 / 당진 대호방조제 / 철원 천통리 / 순천만 갈대밭 / 강화도 · 볼음도 / 주남 저수지 / 금강 철새 도래지 / 낙동강 하구 을숙도 / 강릉 경포호 · 청초호 / 한강 밤섬 / 여주군 신접리 / 제주 성산포 / 거제도

갯 벌

곰소만 / 제부도 / 태안반도 / 강화도 / 기타 갯벌(무창포, 진도, 보령 벌교) 등

늪 지

우포늪 / 대암산 용늪 / 무제치 늪 / 왕등재 늪 등

동 굴

고수동굴 / 노동동굴 / 온달동굴 / 천동동굴 / 고씨동굴 / 환선굴 / 용연동굴 / 화암동굴 / 천곡천연동굴 / 성류굴 / 자수정 동굴 / 만장굴 / 쌍용굴 · 협재굴 / 산방굴사 등

생태축제

양양 남대천 연어축제 / 무주 반딧불 축제 / 영월 동강 뗏목축제 / 순천만 갈대제 등

생태체험

태백 금대봉 자연생태 보호지구 / 함평 천지, 백호 자연학습체험장 / 인제 점봉산 희귀꽃 체험 / 괴산 미선나무 서식지 / 봉화 청옥산 열목어 / 거제 "쏙"잡이 행사 / 진천 만승 메뚜기잡기 / 산청 메뚜기 잡기대회 / 장수 · 광양 고로쇠 채취 나들이 / 남제주 고사리 꺾기 대회 / 평창 봉평 산채채취 / 포천 명성산 억새풀밭 / 여수 만성리 검은 모래찜 / 제주 삼양 해수욕장 검은 모래찜 등

자연사 박물관

경희대 자연사 박물관 / 이화여대 자연사 박물관 / 광릉 수목원 산림 박물관 / 제주도 민속자연사 박물관 / 한남대학교 자연사 박물관 등

3) 재래시장 연계상품

재래시장은 다수의 수요자와 공급자가 상시 또는 계절적으로 집합하여 물건을 구매하는 일정 규모 이상의 건물 매장 또는 장터로서, 주로 근대적 유통시설이 본격적으로 개발되기 이전 즉 대략 1980년 이전에 개설된 상설시장 또는 정기시장을 의미한다.

재래시장탐방을 여행상품 개발로 쏠쏠한 재미를 보고 있는 여행사가 있다. 왜냐하면 중소기업청이 여행경비의 일부를 지원하고 있고, 정부기관이 선정한 대행업체라는 인식으로 소비자들의 신뢰를 얻고 있어 브랜드파워 강화에도 일조하고 있기 때문이다(여행신문, 2006).

재리시장탐방상품의 장점으로는 ① 가격이 저렴하다, ② 알뜰구매를 할 수 있다, ③ 인정이 넘치고 재미가 있다, ④ 상품의 종류가 다양하다, ⑤ 제품의 신선도가 뛰어나다는 점을 들 수 있다. 국내에서는 강경젓갈투어, 영월재래시장 탐방상품이 유명하다.

■ 강경젓갈투어 상품 기본일정표

일자	지역	교통	시간	세부일정	식사
제1일	서울		08 : 50	용산역 매표소 종합관광 안내센터 "지구투어"노란색 플랜카드 앞 집결	
		KTX	09 : 20	용산역 출발	
			10 : 35	두계역 도착	
		전용버스	10 : 50	대둔산 도립공원으로 이동	
			11 : 30	대둔산 계곡에서 단풍관광 및 자유중식 등산코스(수락리-군지계곡-220계단) (건강오솔길,220계단,대둔산계곡등)	자유식
	강경	전용버스	14 : 30	강경젓갈축제장으로 이동	
			16 : 00	강경젓갈축제장에서 자유관광 - 황산골 웰빙 선비밥상, 젓갈, 주먹밥 사먹기 - 황석어젓 만들기, 젓갈페이스 페인팅 - 천연염색 체험, 젓갈캐릭터와 포토한컷 - 전통다도체험, 뱀장어 잡기 체험 - 젓갈 전시관 운영, 퓨전 젓갈음식 전시 - 강경 옛모습 사진전, 젓갈 옹기전 - 경젓갈축제 사진콘테스트 입상작품전시 - 젓갈시장 장다리 퍼포먼스 - 황포돛배 재현,재래시장,어시장 재현 - 부모님께 젓갈선물보내기 코너 운영	
		전용버스	19 : 00	논산으로 이동	
		KTX	20 : 21	논산역 출발	
	서울		21 : 50	용산역 도착	

4) 영화 · 드라마 세트장, 촬영지 연계상품

드라마가 대박이면 촬영지는 대박 관광지. 각 지방 자치 단체들이 드라마나 영화 세트장 유치에 발 벗고 달려드는 이유다. 경북 문경이 대표적 모범 사례로 손꼽히고 있다. 2000년 문경새재 도립 공원 안에 유치한 '태조 왕건'의 촬영장 덕에 문경시는 폐광촌에서 역사 문화 관광 지역으로 거듭났다. 국내 대표적인 사례는 다음과 같다. 이들 지역과 연계한 여행상품출시도 본격화되고 있다.

<table>
<tr><th rowspan="2">영화 · 드라마명</th><th rowspan="2">지역</th><th rowspan="2">주연</th><th colspan="2">지역</th></tr>
<tr><th>세트장</th><th>촬영지</th></tr>
<tr><td>신돈</td><td>경기 용인</td><td>손창민, 정보석</td><td>○</td><td></td></tr>
<tr><td>장길산</td><td>충남 태안</td><td>유오성, 한고은</td><td>○</td><td></td></tr>
<tr><td>서동요</td><td>충남 부여, 전북 익산</td><td>조현재, 이보영</td><td>○</td><td></td></tr>
<tr><td>궁</td><td>경기 오산</td><td>윤은혜, 주지훈</td><td>○</td><td></td></tr>
<tr><td>태극기 휘날리며</td><td>경남 합천</td><td>장동건, 원빈</td><td></td><td></td></tr>
<tr><td>태조왕건</td><td>경북 문경</td><td>최수종, 김영철</td><td>○</td><td></td></tr>
<tr><td>겨울연가</td><td>경기 남이섬
강원 춘천</td><td>배용준, 최지우</td><td></td><td>○</td></tr>
<tr><td>서울 1945</td><td>경남 합천</td><td>김호진, 소유진</td><td>○</td><td></td></tr>
<tr><td>해신</td><td>전남 완도</td><td>최수종, 채시라</td><td>○</td><td></td></tr>
<tr><td>야인시대</td><td>인천 부평</td><td>안재모, 김영철</td><td>○</td><td></td></tr>
<tr><td>장화홍련</td><td>전남 보성</td><td>임수정, 문근영</td><td></td><td>○</td></tr>
<tr><td>대장금</td><td>경기 양주</td><td>이영애, 지진희</td><td>○</td><td></td></tr>
<tr><td>웰컴 투 동막골</td><td>강원 평창</td><td>김혜정, 신하균</td><td>○</td><td></td></tr>
<tr><td>봄 여름 가을 겨울 그리고 봄</td><td>경북 청송</td><td>오영수, 김종오</td><td></td><td>○</td></tr>
<tr><td>나의 결혼 원정기</td><td>경북 예천</td><td>정재영, 수애</td><td></td><td>○</td></tr>
<tr><td>JSA</td><td>경기 남양주</td><td>이병헌, 이영애</td><td>○</td><td></td></tr>
<tr><td>취화선</td><td>경기 남양주</td><td>최민식, 안성기</td><td>○</td><td></td></tr>
<tr><td>실미도</td><td>인천 무의도</td><td>안성기, 설경구,</td><td></td><td>○</td></tr>
<tr><td>풀 하우스</td><td>인천 옹진</td><td>송혜교, 비</td><td></td><td>○</td></tr>
<tr><td>내추럴시티</td><td>부산 다대포</td><td>유지태, 이재은</td><td></td><td>○</td></tr>
<tr><td>올인</td><td>제주 섭지코지</td><td>이병헌, 송혜교</td><td></td><td>○</td></tr>
<tr><td>인어공주</td><td>제주 우도</td><td>전도연, 고두심</td><td></td><td>○</td></tr>
<tr><td rowspan="2">천국의 계단</td><td>경기 고양</td><td rowspan="2">최지우, 권상우</td><td>○</td><td></td></tr>
<tr><td>인천 무의도</td><td>○</td><td></td></tr>
<tr><td>삼한지(三韓誌)</td><td>전남 나주</td><td>송일국, 한혜진</td><td>○</td><td></td></tr>
<tr><td>대망</td><td>충북 제천</td><td>한재억, 장혁</td><td>○</td><td></td></tr>
<tr><td>불멸의 이순신</td><td>전북 부안</td><td>김명민, 이재룡</td><td>○</td><td></td></tr>
<tr><td>슬픈 연가</td><td>인천 무의도</td><td>김희선, 권상우</td><td>○</td><td></td></tr>
<tr><td>춘향뎐</td><td>전북 남원</td><td>조승우, 이효정</td><td>○</td><td></td></tr>
<tr><td>혈의 누</td><td>전남 여수</td><td>차승원, 박용우</td><td>○</td><td></td></tr>
<tr><td>토지</td><td>강원 횡성</td><td>김현주, 유준상</td><td>○</td><td></td></tr>
<tr><td>사람과 야망</td><td>전남 순천</td><td>이훈, 한고은</td><td>○</td><td></td></tr>
<tr><td>왕의남자</td><td>전남 부안</td><td>이준기, 감우성</td><td>○</td><td></td></tr>
<tr><td>모래시계</td><td>강원 정동진</td><td>최민수, 고현정</td><td></td><td>○</td></tr>
</table>

자료 : 인터넷 검색에 의해 저자 재구성.

5) 각종 문화교실 연계상품

각종 교실에는 예를 들면 요리교실, 도자기 교실, 서예교실, 바둑교실, 요가교실, 스포츠 댄스 교실 등 취미생활 및 교양강좌 프로그램 등이 있다. 이들을 여행상품과 연계하여 기획상품을 개발하는 것이다.

우리나라에서 외국인들에게 한국예절을 가르치는 곳으로 대표적인 예지원이라는 곳이 있는데 이곳에서 실시하고 있는 예절프로그램은 다음과 같은 것이 있어서 여기에 소개한다.

교과목	내 용	준비물
생활예절	예의 정신과 역사 예의 기본 여자절의 종류와 방법 남자절의 종류와 방법	한복
가정의례	바람직한 혼례절차 상(喪)·제례절차와 예절	
서식예절	서식의 기본상식과 각종 단자쓰기	
식탁예절	각국의 식문화 특징과 테이블 매너	
가정 칵테일	칵테일 만드는 방법과 예절	
호감 받는 자기연출	표정관리, 워킹	
한국복식	우리옷의 특징과 바른 착장법	한복
양장예절	의상연출, 향수, 액세서리 이용	
언어예절	호출과 존대법 및 화법	
차 생활 예절	차 만들기와 마시기 한복	
삶의 지혜	가치 있는 삶의 실현을 위한 지혜	
정감 있는 여성	미래사회의 바람직한 여성상	

자료 : http : //yejiwon.or.kr/haldong/main.html

05 신여행상품의 기획

05 신여행상품의 기획

상품의 가치를 이해하지 못한 사람에게 상품을 팔았다면 그것은 상품으로서의 가치가 없다. 히트 상품을 만든다는 것은 상품 가치를 확실하게 아는 사람을 증가시켜 가는 행위이다. 계속 새로운 기술 요소, 재료 요소가 생겨나고 있다.

그림 5-1 히트상품의 비법

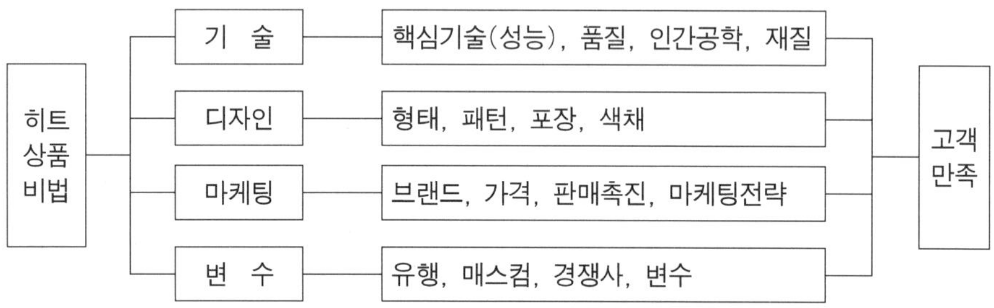

히트상품은 일반 소비자에게 폭넓게 수용되어 폭발적인 인기를 얻고, 매출이 급상승한다. 또 단기간 내 기업경영에도 크게 기여한다. 히트상품은 시장에 처음으로 등장, 소비자 인지도가 높음, 상품이 독특하여 화제가 됨, 판매신장 및 시장점유율이 높음 등의 특징을 갖고 있다.

이러한 히트상품 만들기의 지름길은 고객 욕구를 충실히 반영하는 것이다. 매일같이 쏟아지는 수많은 상품 중에서 소비자의 선택을 받기는 쉽지 않다. 많은 노력을 들여 만든 상품의 운명이 소비자의 선택에 따라 좌우되고, 품질이 우수한 상품도 소비자가 외면하면 수명이 짧아진다. 그러므로 히트상품 기획에는 다음 몇 가지를 고려해야 한다.

1. 소비자 잠재욕구의 충족

무한의 경쟁상황 속에서 히트상품을 탄생시키기 위해서는 끊임없이 소비자의 욕구를 정확히 파악하여 이를 상품에 반영하고, 경쟁사보다 먼저 시장에 출시함은 물론, 출시 후에도 질 높은 서비스를 제공하면서 소비자의 불만을 적시에 해소시켜 나가야 한다. 최근 히트상품으로 선정된 대부분의 상품들도 소비자 욕구를 정확히 반영한 상품 기능에 디자인이나 실용성을 강화한 상품들이 대부분이다.

2. 상품 외적인 히트조건의 구비

철저한 시장조사화 소비자의 잠재적인 욕구충족 외에도 가격, 기술력, 시대성, 모양이나 디자인 등도 히트상품을 위한 필수조건들이다. 가격적인 측면에서 히트상품의 조건은 소수의 고소득층만을 목표시장으로 하는 상품이 아니라, 일반대중을 목표시장으로 하는 합리적 가격대의 신상품이어야 한다.

합리적인 가격은 무조건 싼 상품이 아니라 상품의 기능과 가격을 비교하여 상대적으로 싸게 느껴지는 상품을 말한다. 즉 상품의 가치가 높은 상품이다. 상품의 가치는 지불하는 비용을 감안한 개념(Value= Benefit/Cost)으로 아무리 상품의 콘셉트가 좋고 기능이 우수해도 가격이 그 콘셉트나 기능에 비해 턱없이 비싸다면 소비자가 느끼는 그 상품의 가치는 떨어져, 구매가 이루어지지 않고 히트상품이 되기도 어렵다.

즉 히트상품은 소비자 욕구가 있으면서 첨단성, 고성능, 고기능성의 신기술 개발이 어우러져야 탄생할 수 있다.

3. 신 소비계층의 공략

경제가 어렵고 불황이 계속되면 소비자들의 소비행동은 움츠러들기 마련이고, 신상품 도입을 통한 시장공략도 쉽지 않다. 이럴 때일수록 변화욕구가 강하고 쉽게 신상품을 수용하는 신세대 층이나, 의식주보다 삶의 쾌적함을 누리려는 욕구가 강한 새로운 구매층을 목표로 한 신상품 도입이 히트상품 만들기에 유리하다. 이러한 소비계층으로는 신세대는 물론 맞벌이 여성, 어린이, 노인층을 들 수 있다.

첫째, 신세대 층은 호기심이 강하고 변화에 대한 욕구가 강해 특정 상품을 고집하지 않고, 호기심을 자극하는 신상품이 나오면 쉽게 구입하는 경향이 있다. 특히 신세대는 정보를 얻는데 돈을 아끼지 않고 씀씀이도 성인층보다 높아 충동구매경향이 강하다. 따라서 히트상품을 위해서는 이런 신세대의 취향에 맞는 상품도입과 마케팅 전개가 필요하다.

둘째, 맞벌이 여성 또한 신 소비계층으로 이들을 겨냥한 신상품 도입도 성공 가능성이 높다. 맞벌이 여성은 소득수준이 향상되고 정보화 사회가 진전됨에 따라 그 수적인 증가 추세와 함께 구매력도 더욱 강해지고 있다. 맞벌이 여성은 주로 주말 쇼핑을 하고, 한곳에서 여러 상품을 한꺼번에 구입하는 특징이 있으며 고급 의류나 전자제품의 보유율이 높다. 또 이들은 상품을 구입하는데 있어서 편리성, 간편성, 시간절약성 등을 중시하는 특징이 있어 이런 점을 고려한 신상품 도입이 히트할 가능성이 높다.

셋째, 어린이가 스스로 상품을 구입하거나 부모에게 구매영향력을 행사하는 경향이 갈수록 높아지고 있다. 특히, 외식 장소나 메뉴, 여행 등을 결정하는 데 어린이의 의사가 크게 반영되고 있으며, 자동차, 컴퓨터, 가전제품 등을 구입할 때도 어느 정도 영향을 미친다. 이와 같은 어린이의 영향력은 핵가족화의 진전, 자녀와의 잦은 대화, 수평적인 부모 · 자녀관계 등의 변화에 따른 자연스런 현상으로 신상품 도입 시의 마케팅 활동도 상품 구입자인 부모뿐 아니라 영향을 어린 자녀까지도 고려하여 전개해야 한다.

넷째, 60세 이상의 노인층은 경제적 여유가 생기면서 새로운 소비층으로 부상하고 있다. 최근에 실버산업이 번창하고, 실버 마케팅의 필요성이 강하게 대두되는 것도 노인층이 새로운 구매층으로 등장하고 있기 때문이다. 히트 상품은 이런 신 소비층의 욕구를 만족시키는 상품에서 탄생할 기회가 많아지고 있다.

5.1 신상품 기획의 성공 · 실패요인

1. 신상품의 성패와 관련변수

신상품의 성패와 관련된 변수에는 시장이나 소비자 변화와 같은 통제 불가능한 변수와 환경변화에 대응한 기업이 정보수집, 광고, 판촉, 유통, 판매의 마케팅활동과 같은 통제 가능변수가 있다. 통제 불가능한 변수는 기업의 외부에서 발생하는 변화이며, 어떤 기업도 독과점 상태가 아닌 한 그 변화를 받아들여야 한다.

통제 가능한 변수는 신상품 출시와 관련한 기업 내 상품기획, 마케팅, 연구개발(R&D), 판매부서 등의 활동 기능이다. 시장이나 소비자 변화와 같은 통제 불가능한 변수는 조사활동에 의하여 정확하게 파악된다면 위험이 감소될 수도 있고, 오히려 위협에서 기회로 전환될 수도 있다.

신상품 기획에 있어서 실패의 중요한 원인은 그 변화에 대응하지 못하는 기업에 있다. 즉 신상품과 관련된 상품기획, 마케팅, 판매부서 등의 마케팅활동 적합성과 양에 따라 신상품의 성공률은 달라 질 수 있다.

한편 우리나라 기업의 신상품 실패 원인을 조사한 결과에 의하면 다음과 같은 점을 들 수 있다.

① 시장조사의 정확성 결여

② 기술적 한계

③ 시장도입 시점 결정 문제

④ 기타

순으로 나타나, 일반적인 신상품의 실패가 정보수집, 상품기획과 시장도입, 마케팅 전략 수립 및 실행 등의 문제에 기인함을 알 수 있고, 특히 신상품의 성공여부는 사전 정보수집, 마케팅 조사활동이 크게 좌우하는 것으로 나타나고 있다.

2. 신상품 기획시의 문제점

상품 개발 담당자나 마케터가 개별 신상품을 기획하는 과정 중, 흔히 범하게 되는 문제점을 좀 더 구체적으로 종합 · 정리해 보면 다음과 같다.

1) 시장조사의 문제점

첫째, 담당자가 미리 선입견을 갖거나 마음속으로 이미 결론을 갖고서 하는 조사. 따라서 조사결과를 무시하게 되고, 조사결과를 자기의 결론에 가깝게 유추 해석한다.

특히 시장요구를 무시한 상품 개발이나 디자인 작업은 신상품이 실패하게 되는 가장 큰 이유 중의 하나이다. 둘째, 조사가 충분치 못한 경우, 즉 샘플 수가 너무 적거나 대표성을 갖지 못해 조사 신뢰도가 낮은 경우로, 전문조사기관을 통한 조사가 아닌 자체적으로 조사한 경우에 이런 문제점이 많이 드러난다.

2) 콘셉트방향 설정의 미흡

콘셉트는 조사를 통하여 결정되므로 정확한 소비자 조사가 선행되어야 하고, 올바른 방향설정을 위해 전략적인 사고로 접근할 필요가 있다. 특히 상품이 소비자에게 어떤 편익을 줄 수 있는지가 명확하지 않고, 단순히 담당자의 주관적인 판단에 추상적이고 구호적인 콘셉트는 소비자의 구매를 자극할 수 없어 결국 실패하게 된다.

3) 품질수준의 미흡

수준 이하의 기술개발, 또는 목표수준이 너무 높거나 자주 바뀌며 무리한 출시시기 조정 등으로 품질이 제대로 검증되지 않은 상태로 출시되는 경우, 특히 기술 담당자와 마케팅 담당자간에 협조가 원활하게 이루어지지 않을 경우에도 품질에 문제가 발생할 수 있다.

4) 출시시기의 부적절

상품의 성수기, 비수기 등을 고려하지 않고 출시하는 경우나 사회적인 환경과 분위기에 적절하지 않은 시점에 신상품을 내놓은 경우이다. 예를 들면 무역수지 적자가 심각하다고 사회분위기가 형성되고 있는 시점에 해외 골프여행상품을 출시하는 경우가 이에 속한다.

5) 관련부서와의 의사소통 미흡

대부분의 의사결정이 최고경영자 선에서 이루어지고, 실제 개발 실무담당자들의 의견이 무시되거나 신상품 계획이 시간상으로 너무 무리하게 짜여 있거나, 과도하게 많아 관련부서간의 의사소통에 여유가 없을 때, 또는 전략상 일부 구색상품으로 출시되는 상품의 경우, 광고나 판촉과 같은 마케팅 자원을 거의 투입하지 않고 POP(구매시점광고)물 활용정도의 단순한 판촉방법으로 판매를 하게 되는데, 이런 상품일수록 영업부서와의 협조체제가 무엇보다 중요하다.

6) 관련부서 간 업무 목표의 불일치

신상품에 대한 공동의 목표와 계획이 없거나 비현실적이고, 공동의 목표가 있어도 부서간의 목표가 다를 경우 각 부서는 자기 부서의 목표달성만을 중시하게 된다. 결과적으로 자기 부서의 목표가 달성되어도 공동의 목표가 제대로 달성되지 않아 회사 전체의 신상품 목표달성이 비효율적인 경우가 많다. 따라서 장기적인 비전을 명확히 해서 우선순위를 정해야만 부서간의 목표 갈등이 없어지고 오히려 부서간의 적극적인 협력으로 공동의 목표를 더 효율적으로 달성하게 하는 시너지 효과(synergy effect)를 가져 올 수 있다.

7) 신상품 평가 기준과 절차의 문제

흔히 신상품 개발에 있어서 참신하고 소비자요구 변화에 맞는 아이디어 발굴보다는 기존 시장에 이미 나와 있는 상품을 부분적으로 보완하는 미투(me too)상품 개발에만 열중하는 경우가 많다. 또 신상품 아이디어를 평가하는데 있어서도 기준이 불명확하고 단순히 매출액 기준으로 판단하는 경우가 많다.

특히 신상품 개발 시작단계에서 가장 중요한 소비자 조사나 소비자 의견을 듣지 않고, 담당자 몇 사람이 모여 신상품 방향을 정하는 경우가 많다. 일부 기업에서는

'신상품 개발 위원회'나 '신상품 아이디어 평가위원회' 같은 것을 구성하여 운용하기도 하지만, 여기에도 고객을 참여시키지 않고 기업 내 상품 개발 관련부서 인원중심으로 구성하는 경우가 대부분이다.

8) 상품개발 과정과 의사결정 지원

너무 많은 의사결정 단계와 관련부서로 인해 서로 이해 조정이 어렵고 신상품의 성공을 위한 전사적인 집중이 떨어진다. 또 기존 상품의 매출 비중이 높은 여행사의 경우, 신상품은 관심밖에 있는 경우가 많고, 특히 상품기획 기능과 광고, 판촉 기능 등이 분리된 회사의 경우에는 신상품 성공을 위한 마케팅 활동이 집중되지 못하는 경우가 많다.

이밖에도 가격결정의 잘못이나 의사결정의 오류, 판매예측의 오차, 시장정위화(市場定位化 · positioning)의 문제, 마케팅의 경험과 지식 부족에 의해서도 신상품이 실패하는 경우가 많다.

5.2 금후의 신상품개발방향

1. 이전의 상품기획과 금후의 상품기획

고도성장기의 우리들은 지혜를 짜내 상품을 만들어 왔으나 이제 와서 생각해보면 그들 중 대다수는 해외에서 힌트를 얻은 것이 대부분이었다. 해외의 새로운 잡지를 사거나, 전시회가 있으면 참석하고, 그것을 참고하여 그다지 위험을 지지 않는 범위에서, 수고도 덜 들이고, 해외의 기발한 물재(物財)을 안정적으로 싸게 상품화 해왔다. 그러나 해외의 힌트를 다 써먹은 지금 우리들 자신의 독창적인 기획을 세우지 않으면 안 되는 시기에 와있는 것이다.

국내뿐 아니라 해외시장에서도 상품은 포화상태이고, 세계적인 제로섬(zero sum) 게임은 이미 시작되었다. 제로섬이 되면 될 수록 개성적인 상품제조에 신중하게 접근

하지 않으면 안 되게 되었다

2. 욕구파악 후 단일상품의 기획

개성적인 상품제조는 오로지 하나를 만드는 것이다. 물론 다른 것과 다르면 좋다는 것은 아니다. 사용자 욕구, 공급자 욕구, 사회적 욕구 등 3가지 요구를 전제로 오로지 하나의 상품을 만들지 않으면 안 된다.

사용자 욕구는 소비자가 물재(物財)를 살 때 의 필연성 같은 것. 공급자 요구는 상품의 유통에 관련된 사람들이 사용하기 쉽다고 느끼는 요구. 사회화 욕구는 사회 전체가 필요로 하고 있는 것 . 예를 들면 공해나 생태 에너지 등 주의와 관련된 욕구이다.

지금까지 상품개발 가운데 여러 가지 요구를 파악한 키워드가 얘기되어왔다. 우선 경박단소(輕薄短小)였다. 이것은 지구상의 한정된 자원을 유효하게 사용하면서 이익을 올려나가는 토대로서, 금후에도 세계에서 주목될 것이다. 더욱이 즉이쾌완(即易快完)이라는 키워드에서 조작이 간단한 오토매틱의 상품이 많이 개발되었다. 다음으로 물재(物財)의 보급률이 100%에 다다르면 선락교감(選樂交感). 고르는 재미가 요구되어 상품은 다양화하였다.

금후의 상품 기획은 창유화미(創遊和美)라는 방향으로 옮겨가고 있는 중이다. 사용자 자신도 만들고, 즐기며, 알고, 최종적으로 사용자의 미학에 맞추는 것이다. 사용하는 사람과 만드는 사람의 양자가 창조해가는 시대인 것이다. 그리고 상품기획을 결정하는 것은 기업의 최고경영자도 기획담당자도 아닌 사용자인 것이다.

예를 들면 “어떠한 것이 필요한 것인가”라고 맨손으로 사용자에게 묻는 것이 아니라 구체적으로 상품기획 내용을 설명하여 고객에게 알기 쉽게 시뮬레이션(simulation)으로 보여주고 이러한 것을 만들려고 하는데 어떻겠습니까? 어디가 좋습니까? 어디가 나쁩니까? 어떻게 개량하면 좋을 것으로 생각합니까? 등 의견을 묻는다.

경우에 따라서는 시제품을 사용하게 한다. 사용자의 목소리를 반영시켜 상품 기획을 추진하거나 수정하거나 한다. 상품기획 개발에 요청되는 자세가 만드는 사람과 사용하는 사람이 교류하면서 해나가는 방향으로 이행되고 있다. 팔리는 상품의 실마리는 서로의 제안에 대하여 교류해 나가는 가운데 스스로 힌트가 생겨나는 것이다.

이렇게 하여 개발된 개성적인 상품은 자연적으로 시장을 침투해가기 때문에 상품의 둥지가 생겨나는 것이다. 북이탈리아의 토스카나 지방은 5명~100명이 안 되는 기업이 65%를 점하는 중소기업 지대이다. 여기는 패션이나 잡화 가구 메이커가 많고 매출액 자체는 낮지만 이익률이 높은 상품을 만들고 있는 곳으로 특색이 있다. 대기업에 없는 기동성을 무기로 자사의 단골손님을 중심으로 하는 분야에 초점을 맞추어 확실하게 고객을 팬으로 획득하고 있는 예로써 금후 배울 점이 많다.

자주 브랜드로 일컫는 상품이 있지만 진짜 브랜드라는 것은 본래 만드는 사람의 확실한 이념에 뒷받침되는 것이다. 그러므로 “정책 없는 상품은 브랜드라고는 부를 수 없는 것”이다.

3. 새로운 발상의 힌트

장래에는 하이테크기술 분야에 있어서도 독창적인 연구과제는 예술, 문화(관광), 철학이라는 인간정신이나 심리적 요소가운데서 창조되어 나온다는 것이 일반적이다. 그리고 인간을 중심으로 한 그러한 연구과제에 있어서는 분명한 기술이 뒷받침되어 독창적인 연구에 입각한 상품개발이 진척되어 갈 것이다.

그러나 어떠한 과제이든 우선 최초로 상품개발의 이미지를 만드는 것은 인간이다. 어떤 형태가 되든지 강한 자기원망(願望), 즉 제한이 없으면 상품기획을 할 수 없다.

「습(習) · 리(理) · 파(破)」라는 중국말이 있다. 이는 배워서 이치를 터득하여 깨트린다는 수법인데 지금까지 새로운 사물을 만들어내기 위한 기본적인 단계였다. 금후는 배우는 것(모방 · 참고)가 없는 셈이기 때문에 스스로 발상해 가는 수밖에 없다. 그렇다면 어떻게 할까?

한국은 21세기 전반에는 국민의 1/4이 65세 이상이라는 초고령화 사회를 맞이할 것으로 예측되고 있다. 그렇게 되면 사회는 어떻게 될까 어떤 것을 추구하게 되는 것인가를 생각하고 청사진을 그린다음 상품계획을 생각해갈 필요가 있다. 생활의 새로운 창조 즉 청사진을 그리는 것에서부터 새로운 발상은 생겨나는 것이다.

그러한 청사진을 그린 다음 자신이 고령자로 되어가면서 고령자의 시점으로 지금 실제로 시장에 나와 있는 상품을 보는 것이다. 「불만」, 「불안」,[1] 「불가사의」라는 3불(三不)을 어디에서 느끼고 있는지를 발견해내는 것이다. 3불은 「만족」, 「안심」, 「납득」을 뒤집은 것이기 때문에 3불을 해결하려고 하는 곳에 기획의 근거가 있다. 그러

1) 고령자들의 불안에는 행선지, 교통수단, 숙박시설, 서비스, 행동에서의 페이스, 건강, 화장실 등에서의 불안감이 적지 않다. 따라서 불안의 해소로부터 기획이 시작된다.

므로 고령자들을 위한 상품설계에는 의사・간호사의 동행, 현지에서의 한식메뉴, 고급호텔의 이용, 국적기(國籍機) 사용 등이 고려될 수 있다.

이렇게 해서 나온 기획의 근거를 기성개념으로 파악하는 것이 아니라 발전시키는 것이 중요하다. 그러기 위해서는 「물재(物財)」가 아니라 「일」에서 발상해보는 것도 하나의 방법이다. 예를 들면 다리를 기획・설계하는 경우 「다리」(명사)라는 「물재(物財)」가 아니라 「건너다」(동사)라는 「일」을 키워드로 한다. 건너가는 것은 배나 지하터널로도 좋다. 다양하게 건너는 방법을 생각할 수 있다. 어떻게 건너갈까? 로맨틱하게, 스피디하게, 로맨틱을 관광객이나 가족동반이 즐겁고, 여유 있게, 건넌다고 해석하면 비효율적인 구부러진 다리도 발상할 수 있다. 5W1H를 생각하고 어떤 마음으로 어떤 자세로 이미지를 연상하면 좋은지 종래의 개념을 파괴해 나갈 수 있다.

4. 청사진으로서의 가설설정이란?

기업의 비즈니스는 기본적인 곳에서 생활자의 욕구나 원망에 결부되어 있지 않으면 안 된다. 즉 소비자의 요구나 여행사 내부자원을 가지는 것이라고 말할 수 있다. 우선 불만, 불요(不要), 불가사의를 해결의 실마리로서 파악하고 있지 않으면 안 된다. 그러나 그 전제조건으로서 항상 사회변화 즉 시장을 아는 것에서 시작한다. 시장의 변화를 안다는 것은 그렇게 생소한 것은 아니다. 현상을 파악하고 그러면서도 예측하지 않으면 안 되는 것이기 때문이다.

실은 시장을 알기 위해서는 역시 어떤 사고방식이 필요하다. 그것은 우선 개인으로서의 혹은 기업으로서의 자세를 가지는 것이다. 자세는 현상이나 미래의 이념이라고 할 수 있는 어떤 사고방식을 가지고 있는 것에 있다.

시장을 관찰하는 데에는 자기의 사고방식을 가지고 있지 않는 쪽이 좋을듯하지만 실제는 전혀 다르다. 여하튼 자신 나름의 혹은 조직으로서의 시점을 가지는 쪽이 시장의 변화에 능동적으로 대처 할 수 있다.

가격파괴라는 말이 있으나 이는 상품기획은 상품파괴라고 말할 수 있다. 그것은 일상생활가운데 상품이나 서비스에 대해서 3불을 가짐으로서 새로운 기획으로서의 파괴활동이 생기는 셈이다. 우선 이념을 가짐으로써 시장의 변화를 읽어낼 수 있다. 동시에 이것은 장래의 제안이 될 수 있다. 즉 이것이 청산으로서의 가설로 발전해가는 셈이다.

5. 지금 경영자에게 요구되는 것

새로운 발상은 항상 여러 분야에서 많은 것을 흡수하여 머리 가운데 인푸트(input)해두는 것에서 출발한다. 인푸트할 뿐만 아니라 그 지식이나 이미지를 연쇄반응적으로 끄집어내는 능력과 그 발상을 실제의 것으로 연결하는 테크닉이 개발자에게는 필요하다. 경영자 자신에게 그러한 개발자가 가지는 마음이 없다면 기업의 상품개발은 잘될 수 없다.

경영이나 기획에 대해서 항상 탐구를 계속하는 열렬한 마음이 최고경영자에게 있다면 젊은 사람들의 개선적인 사고를 받아들이는 것도 가능할 것이다. 모처럼 나온 아이디어의 싹을 사장시키는 일은 없을 것이다. 예를 들어 자동차의 운전에 비유하면 막다른 발상, 제안은 가속페달이며 평가는 브레이크이다. 기획 · 개발은 가속페달과 브레이크를 구분하여 비로소 목적지에 도달할 수 있다. 브레이크만으로는 자동차는 움직이지 않는다. 가속페달도 마찬가지다. 타이밍을 보아 적절하게 구분할 필요가 있다. 특히 경영자는 경영이 평가(브레이크)만으로는 성립할 수 없다는 것을 알아야 한다.

경영자 자신이 가속페달(발상)을 체험하는 것으로부터 시작되는 것이다. 창업자는 모두 이러한 체험을 가지고 있다. 그래서 제한된 아이디어의 좋고 나쁨을 구분하는 눈도 자연적으로 갖추어져 있다. 또한 본래 경영에의 디자인 매니지먼트란 그와 같은 것이다.

6. 중소기업 특유의 전문상품개발

1980년대의 미국에서는 실리콘밸리에서 육성된 작은 회사가 대기업을 집어삼키기 시작했다. IBM과 같은 대기업이 업적 부진에 허덕이는 한편으로 작은 벤처기업이 활발하게 육성되어 왔다. 지금까지 한국은 10년~15년 뒤쳐진 미국의 패턴을 뒤쫓아 왔다. 이것은 장래에도 그러한 것이라면 한국에도 확실히 중소기업 시대가 열릴 것이다.

오로지 하나의 상품을 만들기 위한 개성화를 도모하는 지혜, 자기주장이 관철되는 시대의 상품개발은 우선 최고경영자 스스로가 적극적으로 상품개발에 관여해 간다는 자세가 중요하다. 단지 거기서 중요한 것은 최고 경영자와 개발자가 협동한다는 것이다. 대기업에서는 세로축의 명령계통을 중시한 나머지 최고경영자와 개발자사이에 여러 개의 벽이 존재하고 있어서 서로 간 대화가 되지 않는 경우가 많다.

최고경영자와 개발자가 수평적인 관계로 대화할 수 있는 조직이 확립되어 있지 않으면 안 된다. 그러한 상품개발에 적합한 토양은 대기업에 비해서 여행사와 같은 중소기업 쪽이 육성하기 쉽다고 생각한다. 거꾸로 대기업은 중소기업이 가지는 장점을 어떻게 대조직 가운데 살려나가는가가 중요한 열쇠가 된다.

중소기업의 또 하나의 기회는 정보화 시대에 있어서의 멀티미디어일 것이다. 인터넷에 의한 비즈니스 활동은 종래의 비즈니스 규칙을 파괴할 가능성을 가진다. 그러나 동시에 그것을 살리느냐 마느냐는 기업의 이념에 뒷받침된 품질의 높음 그리고 본래 사용자의 마음을 확실히 잡아서 떨어져나가지 않는 확고한 상품을 만들고 있느냐의 여부에 달려있다.

5.3 신상품개발의 추진기법

1. 생활기점(生活起點)의 상품기획 방법

새로운 시장의 개척이나 상품의 기획 판매의 촉진방법을 생각하고 광고의 형태 등 아이디어를 창출하려고 할 때 결정적인 요소는 대상이 되는 사람들과 공감하고 대신하는 것이 어디까지 가능한가이다.

그러나 회사에 출근해버리면 그것을 다 잊어버리고 무시하고 사내에서 받아들일 수 있는 범위의 발상이 돼 버린다. 소비자를 마치 자신과는 전혀 관계없는 곳에 존재하는 객관적인 사람들로써 파악하는 발상으로서의 기획입안에 빠져들기 쉽다.

모든 사람들이 생산하는 사람들임과 동시에 생활자 소비자라는 기점에 서서 발상을 전환함으로써 산업인 기업인으로써 굳어진 골목길에서 탈출하는 것이 가능하게 된다. 여기서 새로운 기획에 도달하는 발상의 비약이 시작된다.

1) 성숙시장에 있어서의 상품기획 시점(視點)

(가) 소비자 시점

소비자는 정보의 홍수 물재(物財)의 과잉공급 시류(時流)나 유행이라는 것에 파괴되어 오고 있다고 생각한다. 소비경향은 개성화 다양화 다가치화 등으로 말해지고 있고 여러 가지 일들이 제한되어 왔지만 받아들여지지 않는다. 현실적으로는 살 물재(物財)가 발견되지 않기 때문에 소비자의 탈상품(脫商品)현상이 있다고 할 수 있을까?

한국에서는 여러 가지 미디어의 정보조작에 의해 자신의 생활에 어울린다고 생각하거나 자신의 감성이나 개성으로 판단하고 있지 않은 면도 있다.

한편 거품소비의 반성으로부터 소비자는 정말로 필요하고 바라는 것을 생각하고 자기 감성이나 교양에 의해서 행동하기 시작하며 코스트 퍼포먼스(cost performance)라는 가격의식도 강하게 생겨나고 있다. 생활자는 시대가 어떻게 움직이더라도 가치가 있을 것을 지향하기 시작하고 있으며 전통이라든가 지구 자연 등 오래 지속되는 가치나 형태의 동경의식이 강해지고 있다.

(나) 기업시점

업무의 추진방식, 분파주의 형해(形骸)적 개념 비슷한 상품개발은 생산자 측의 기술이나 변명만으로 여하튼 팔고 싶고 사게 하고 싶은 외골수 관점이다. 물재(物財)나 서비스를 제공하는 측에서 변하지 않으면 새로운 요구나 시장은 창조할 수 없다고 해도 과언이 아닐 것이다. 기업이 행하는 소비자를 대상으로 한 기획이나 커뮤니케이션 전략은 시장이나 시류, 유행을 고려한 것이며 이것은 회사라는 틀에서의 기업기점 마케팅기점에서의 발상이며 일상생활과는 동떨어진 시점이다.

성숙한 시장에 있어서의 상품개발이나 신시장 개척의 발상의 열쇠는 고객이나 소비자를 주시하는 것, 업계를 전제로 한 기업이나 기술 마케팅기점으로부터 생활인 기점으로의 발상을 전환하는 것으로부터 있다고 해도 과언은 아닐 것이다.

2) 기획의 기본적 접근(변화요인의 정리)

대상자층으로부터 구체적으로 대상자를 선정해가는 것에는 세상의 변화를 읽어내는 것에서 시작한다. 변화의 요인을 기반(기초)적 변화 의존적 변화 자립적 변화의 세 개로 나누어 정리하면 이해하기 쉽다([그림 5-2]).

그림 5-2 변화요인의 정리

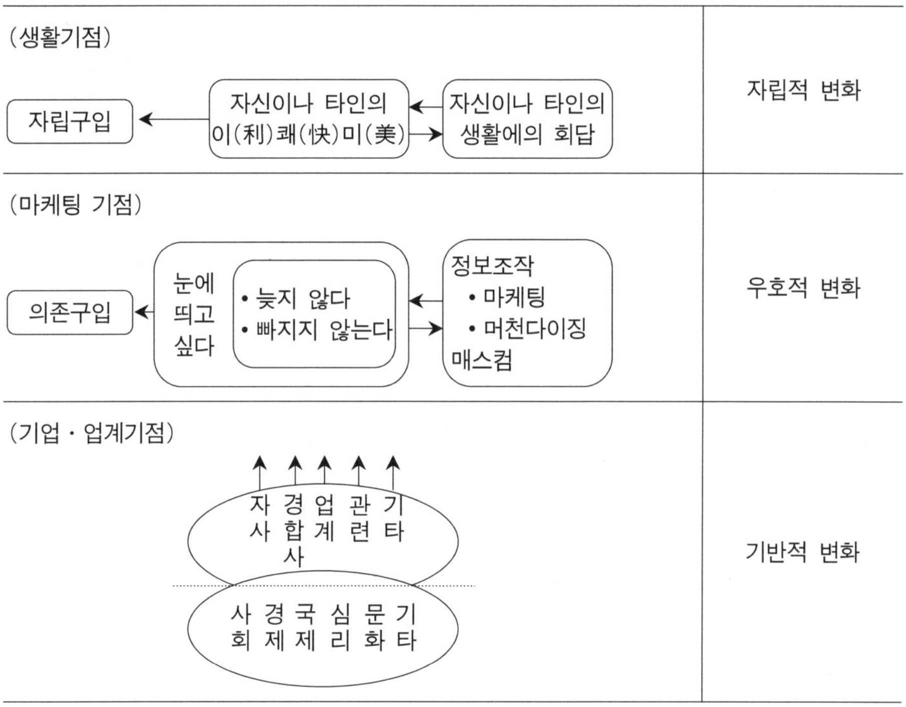

자료 : 谷内眞之助, 商品開發をすすめる實際の手法とは, 2005.에 의함.

(가) 기반(기초)적인 변화

자사의 경향이나 동향으로부터 경합사, 동업타사, 관련업계의 변화이다. 다음으로 큰 환경변화로서 사회전반, 경제나 국제적인 동향이나 경향, 심리, 문화, 또한 인구구조 등을 포함하는 요인이다.

(나) 의존적 변화

기업의 마케팅이나 머천다이징에 입각한 정보조작에 의하여 소비자에게는 「뒤떨어지지 않는」, 「소외되지 않는」, 「튀는」이라는 의식이 생긴다. 서비스나 상품을 구입할 때 텔레비전이나 신문 잡지 등 정보에 의존하며 변화해가는 요인이다.

(다) 자립적 변화

자신이나 동료의 필요로부터 「이 · 利」, 「쾌 · 快」, 「미 · 美」를 기준으로 해서 생활에의 회답을 구하는 변화의 경향이다. 그 구입은 생활을 기점으로 한 자립적이면서도 주체적인 요인이라고 할 수 있다.

이 세 가지의 변화요인의 데이터는 첫째, 직업, 성별, 연령, 인구통계, 지역특성 등의 사회적 인구통계학적 데이터로 나눌 수 있다. 둘째, 가치관, 삶의 방식, 생활습관을 나타내는 ○○유형, ○○족으로 불리는 클러스터 데이터(cluster data)로 분류할 수 있다. 이것에 사회사정과 기업의 과제를 연결하여 그 크로스 포인트(cross point)에서 대상자를 이해, 선정하여 결정하는 것이다.

기초적 변화나 의존적 변화는 매스컴 정보나 오픈 데이터로부터 읽어낼 수 있다. 가장 중요한 것은 ③이 자립적 변화요소 · 요인, 생활이 기점이 된 다음의 일이다. 이것은 너무나도 일상적이기 때문에 우리들에게는 일반적으로 보이지 않고 해석하기도 어렵다고 할 수 있다. 이러한 변화요인을 감지하고 인식하고 파악하는 것에서 정말로 필요한 사물을 발견 할 수 있다.

3) 대상생활자와의 공감(자립적 변화의 확인)

(가) 생활기점에서의 발상([그림 5-3])

생활기점이 「기점 · 基點」이라는 표현이 아닌 것은 생활에서 능동적으로 힌트를 꺼내는 의미를 「기점 · 起點」이라는 표현에 포함되어 있기 때문이다. 생활기점의 기본은 「유행하고 있다」는 것이 아니라 「좋아하고 있다」, 「어울린다」는 생활인으로서 자신을 직시한 시점이며 예를 들면 거울로 자기 자신을 반추해보는 방식 생활가운데서의 자신의 직감이다([그림 5-3]).

그림 5-3 상품기획을 위한 생활기점 발상의 흐름

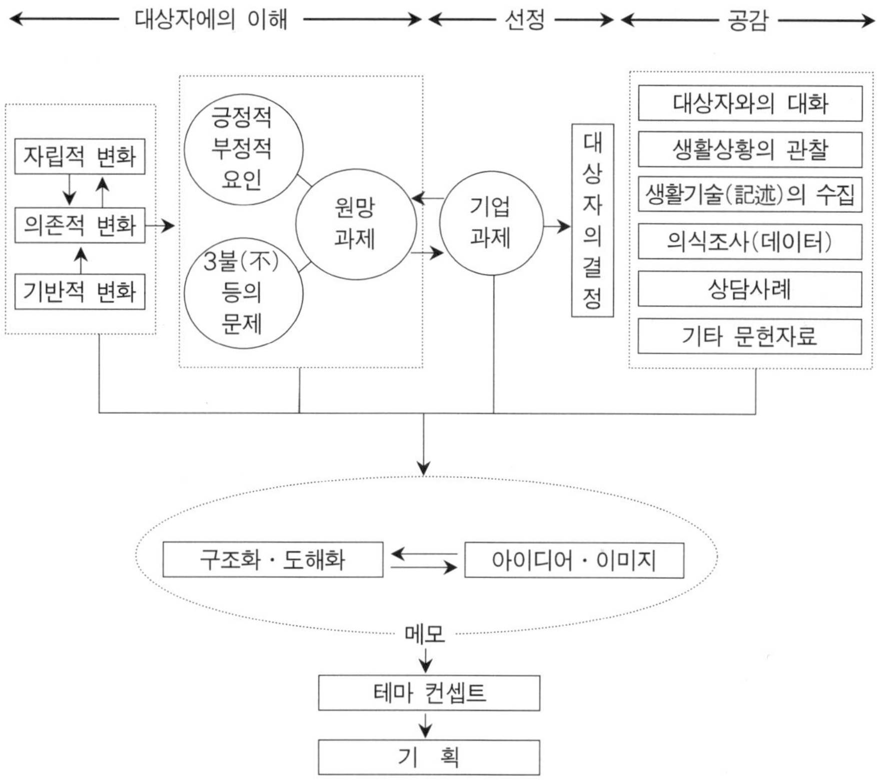

대상생활자의 이해를 보다 깊게 하고 확실하게 수용되는 상품을 기획하여 만들어 나가는 때에는 생활인에의 공감이 키포인트가 된다. 공감이란 생활인(목표)이 일상생활에서 어떠한 감각이나 마음가짐으로 어떠한 행동을 하며 언제 어디서 무엇을 하고 있는지를 생각하여 그 사람에게 「대신 시키는」 것이다.

이 대신 시키는 것에서 사물 형상 성능 기능이나 조작 장소 기회 시간 상황 행위 등을 상정하면 아이디어나 이미지를 유도할 수 있고 발상을 확장시키는 것이 용이하다. 이러한 아이디어나 이미지를 메모하여 저장하는 것이 생활기점의 발상에 의한 기획개발의 기본이 된다.

(나) 대상생활자를 이해하는 수법

① 3불(불만, 불안, 불가사의)의 수집

자신을 포함한 생활인의 일상에 있어서의 관찰로부터 불만, 불안, 불가사의의 3불을 중심으로 불평, 불쾌, 부족, 불편, 불결 등의 「불 · 不」의 요소를 발견하여 끌어 모으는 것이다. 「불」의 반대 거꾸로 상정하면 「쾌」가 떠오르게 된다. 소위 만족, 안심하면서도 납득이 가는 상황의 아이디어나 이미지가 떠오르는 것이다.

그림 5-4 생활기점에서의 발상

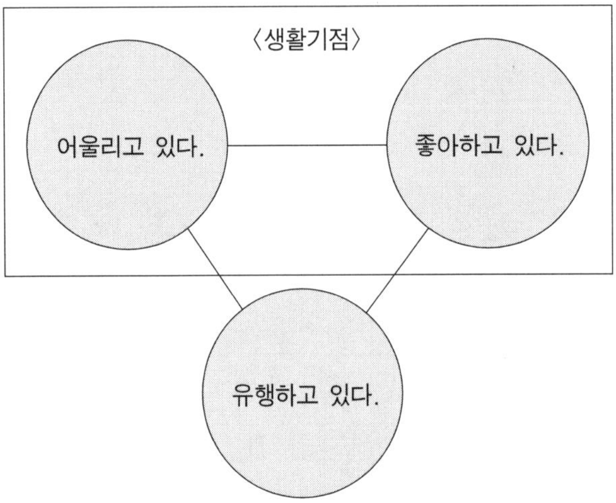

② 긍정/부정요인의 추출

3불에 가깝지만 결정 약점 위험 추함 등의 단점(demerit) = 「부정적 요인」을 수집하고, 동신에 거꾸로 이점, 장점, 좋음, 아름다움으로 자랑할 수 있는 것이나 상쾌함 등의 좋은 점 메리트 = 「긍정적요인」을 수집한다. 정리방식은 부정적 요인을 집단화해가면 불만의 증폭을 피할 수 없기 때문에 부정적 요인은 덮고, 긍정적 요인만을 친화법적으로 집약한다. 이 긍정적요인, 좋은 면을 보다 발전시키면 적극적인 상황의 상정이나 전향적인 이미지, 아이디어 설정에 연결되기 쉽다.

③ 원망(願望)/과제의 확인

생활에서 나오는 원망이란 「~하고 싶다」는 욕구이며 생물적 욕구로서의 요구에 해당한다. 과제란 「~해야 할」이라는 것으로 있어서 당연하고 행해서 당연한 것이다.

이 「~하고 싶은」「~해야 할」이 과제해결의 관찰 포인트가 되는 키워드이다. 해결해야할 문제를 분명히 하고 이반해야할 기획을 결정하기 위한 지침이 된다.

(다) 생활자와의 공감방법

생활기점 발상의 대체나 공감이란 타인의 희로애락을 자신 가운데에 도입하여 공유하는 또는 함께 느끼는(공감) 것이다. 공감성을 가지기위해 다음과 같은 생활 상황을 인식 하는 방법이 있다.

① 대상자와의 대화

② 가까운 생활 상황의 관찰

③ 생활 요소의 기술(기사/문헌/일기)의 수집

④ 의식조사(데이터)

⑤ 상담사례

⑥ 기타

이들의 공감성을 인식 하기위한 정보는 어느 누구에도 입수할 수 있는 것이며 기본적이 데이터이다. ①이나 ②는 금방 가능한 것이며「잠깐 사이」,「보기에 좋은 것」,「싫은 것」,「부러운 것」,「귀찮은 것」,「이러한 것이 있으면」,「즐거운 것」등의 시점에서 이야기나 관찰이 중요하다.

○○전화상담 등도 힌트의 소재가 된다. 또한 주의하지 않으면 안 되는 것은 ④의식조사이며 실태조사와 혼동해서는 안 된다. 의식조사는 집계된 평균이며 공감성을 얻기 위해서 힌트정도로 파악해둘 필요가 있다.

이들의 정보로부터 문자 데이터나 비주얼 데이터를 카드화하여 친화법이나 포지셔닝(positioning)법으로 위치를 설정하여 분류 정리 하는 것으로 생활자로서의 원망을 찾아내서 과제를 분명히 할 수 있고 해결해야할 문제가 명확하게 설정된다.

4) 발상(아이디어)을 기획으로 이끌기 위해서는?

생활자의 원망을 이해하는 것이 서비스나 상품의 발상이며 그것을 구체적으로 제3자에게 알리도록 보이도록 하는 것이 기획이나 디자인이다.

(가) 도해화(圖解化)

기획이나 디자인이란 아이디어나 이미지의 접목 사고방식이 이해되도록, 보이도록 하는 것으로 의식이나 전달을 신속하게 하는 것으로 연결된다. 누구나가 가능한 기본적인 방법이 도해에서의 표현이다.

구조적인 도해란 회사의 기존의 사물이나 서비스의 흐름을 기본으로 하여 새로운 조직, 서비스나 상품의 관계를 위치설정 시켜 사람 물건 돈 정보의 흐름을 염두에 두고 사고방식의 전체상을 한눈으로 파악할 수 있도록 하는 것이다.

관계가 금방 알 수 있도록 하기위한 기본은 사고방식, 조직, 정보, 이미지 등을 관련 수목법 · 樹木法(tree methode)이나 생선가시 모형으로 정리할 수 있다([그림 5-5], [그림 5-6]).

그림 5-5 관련수목법

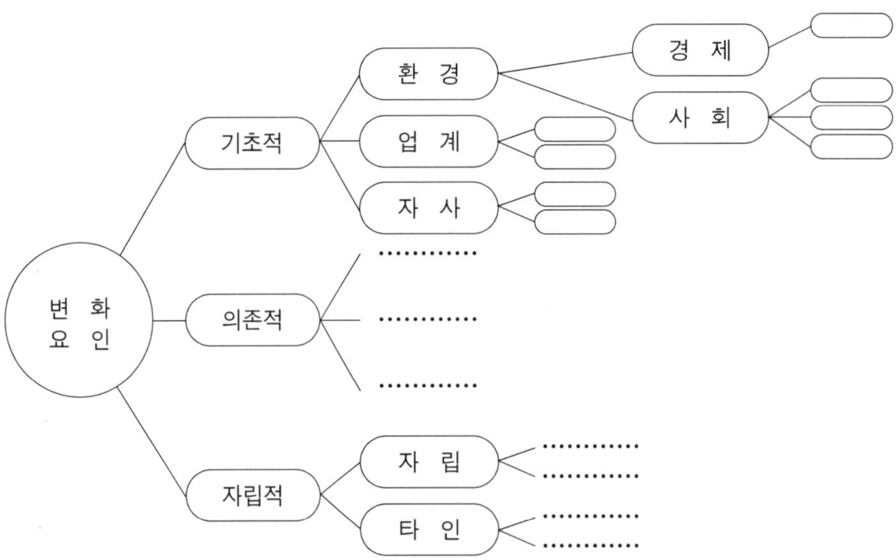

그림 5-6 생선가시 모형

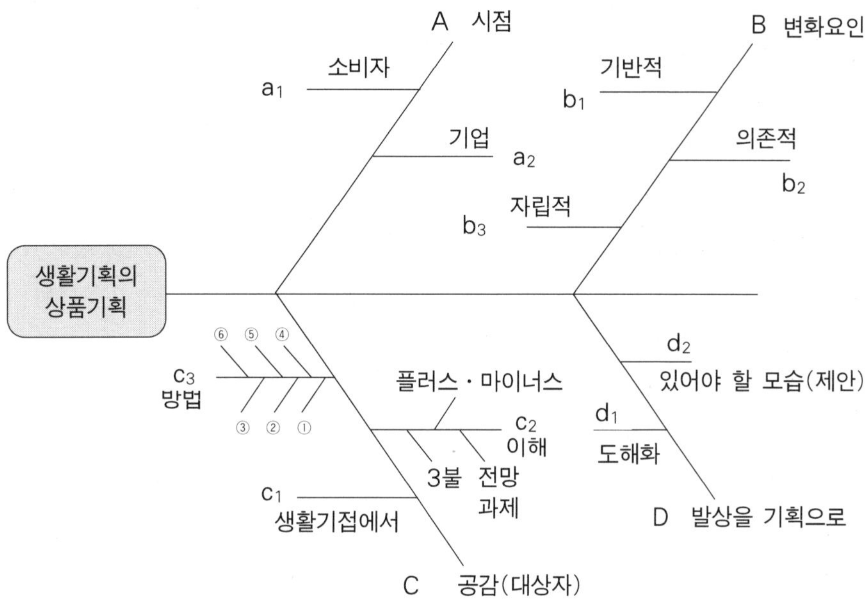

아이디어나 이미지의 위치설정이나 관계의 확인은 매트릭스법이나 지도(map) 그리고 포지셔닝 기법으로 파악하면 이해하기 쉽다(〈표 5-1〉).

▌표 5-1 ▌ 행위/장소 관련 매트릭스

장소 / 행위	현관		거실	욕실	세면장	화장실	부엌	계단	⋮	⋮	역	도로	⋮	⋮	기타
입는다															
먹는다															
마신다															
산다															
논다															
쉰다															
치장한다															
…															
…															
기타															

이들 기법은 기획 입안하는 사람들에게 사용하기 쉽고 이해하기 쉬운 여러 가지이며 자신이 취급하는 방법을 선택하면 좋다. 익숙해지면서 기법을 조합하거나 또한 새롭게 자기 독자의 방법론이나 기법을 연구해 나갈 있다.

(나) 있어야 할 모습의 제안

도해에 의한 정리로부터 기업 과제나 해결하지 않으면 안 되는 문제와의 관련, 관계가 분명하게 되고 있어야할 기획이 구체화되어 간다. 생활자의 원망을 파악하기 위해서는 있어야할 것 있어야할 생활의 제안이며 「○○와 같은 생활」「○○와 같은 서비스」라는 시점에서 파악하면 구체적으로 발상하기가 쉽다.

물재(物材)나 서비스라는 것은 사람을 중심으로 여러 가지 행위나 장이나 환경과의 관계 가운데서 의미가 생겨나는 것이며 기획이나 디자인은 있어야할, 있으면 좋은 미래의 생활 제안이다. 업계, 기업, 기술, 마케팅 기점의 발상으로부터 생활인 기점의 시야를 가진 발상으로 전환함으로써 있어야 할 미래의 제안을 기본으로 한 기획이 가능해 진다. 이 시점이 신시장 개척이나 팔리는 상품의 개발 기획으로 연결되어 나가는 것이다.

(다) 일상생활 속에서의 탐구

이것은 일상생활 속에서 소비자(여행자)가 무엇에 부족을 느끼며, 무엇에 굶주리고 있는가의 파악이며, 이것을 ① 생활시간적, ② 생활공간적, ③ 생활균형적, ④ 생활이념적 차원에서 연구하는 것이다. 즉 시간적 사슬(chain) 가운데 욕구를 충족할 수단이 없기 때문에 소비자가 현저하게 불편이나 불만을 느끼고 있는 「항목」이 없는지를 시계열적으로 분석하고, 생활의 「장 · 場」에서 의외로 현저하게 불편이나 불만이 있음을 발견하고, 생활환경 속에서 불균형의 시정방향을 발견하거나, 생활이념의 혁신 · 고양을 통해 새로운 것을 찾아내는 것이야말로 신상품 개발의 제1보인 것이다.

2. 인터넷 여행상품의 기획

1) 인터넷 여행상품 기획의 정의

인터넷 여행상품 기획이란 고객의 욕구를 파악하고 이러한 욕구를 충족시킬 수 있는 상품구성을 결정하여 그 상품을 인터넷 상에서 유기적으로 결합시키는 활동이라 할 수 있다.

여행자는 인터넷 상에서 많은 정보를 얻을 수 있어서 좋고, 여행사는 자사를 시·공간에 구애됨이 없이 홍보가 가능하기 때문에 더욱 매력적이다. 따라서 여행자는 너무 많은 부분을 타사와 비교하게 되고, 여행사는 타사와의 경쟁이 필연적이기 때문에 요금하락의 주 요인이 되기도 한다.

이와 같은 의미에서 수요와 공급 측은 쌍방간 정보교환을 용이하게 해야 하며 이 과정에 있어서 상품의 수요·공급상의 차이를 확인하여 그 원인을 해결하고 보완하여야 한다. 또한 계획과 실적의 오차를 다면적으로 검토하여 신규 및 기존고객을 유인할 매력적인 여행상품을 개발하는 한편 꾸준한 업그레이드, 상품의 다양한 선택권 부여 등 새로운 대책을 강구하여 인터넷 상에서 비교우위를 확보하는 것이 인터넷 여행상품의 기획이라 할 수 있다.

2) 인터넷 여행상품 기획의 운영요령

(가) 다양하고 명확한 콘텐츠 정보의 제공

온라인 고객은 단순하게 상품만을 구입하기 위해서 사이트를 방문하지 않는다. 고객은 자신이 마케팅의 대상이 되기를 싫어하므로 사이트 선택권을 가지고 있는 고객은 마케팅의 대상이 된다고 생각하면 그 즉시 다른 사이트로 이동하게 된다. 모든 쇼핑몰은 단지 상품과 가격만 나열할 뿐이므로 정보를 얻기 위해서 인터넷에 접속하고 사이트를 방문하는 온라인 고객을 위한 콘텐츠는 제공하고 있지 않기 때문에 반드시 상품이외에도 다양하고 매력이 있는 콘텐츠 정보를 제공해야 한다(제이콥닐슨, 2003).

(나) 신뢰받을 수 있는 상품으로 고객 확보

오프라인에서는 고객의 말 한마디에 감동받는데 반해 온라인에서는 특별한 이슈가 되는 내용이 없다면 고객을 확보하기가 매우 어렵다. 변화에 민감하고 새로운 것에 쉽게 식상해 하는 네티즌들은 조금의 불편함과 자세한 정보를 제공하지 않으면 다른 곳으로 클릭을 하게 되므로 감각적으로 정보 내에서 상품의 우수성을 부각시켜 칼럼과 같은 고급 콘텐츠를 통해 신뢰를 구축하여 고객을 확보하여야 한다.

(다) 엔터테인먼트 요소의 창출

현재의 웹에서는 새로운 상품이 하루에도 수없이 쏟아져 나오는 것이 현실이다. 경쟁력 있는 엔터테인먼트 요소를 경쟁사보다 먼저 선점하고 이를 장기적으로 보유할 수 있는 노력이 절실히 필요한 실정이며 모든 부분에 영화, 음악, 게임, 방송 같은 미디어 산업뿐만 아니라, 전통적 제조업, 서비스업 분야에서도 엔터테인먼트 요소를 새롭게 창출하여 기업문화 또한 즐거움, 혁신, 새로움의 추구라는 엔터테인먼트 가치지향으로 다양하고 풍부한 멀티미디어 콘텐츠 공급하여야 한다.

(라) 고객관계관리(Customer Relation Marketing)

신규 고객이 창출하는 기업의 이익보다 원래의 고객이 창출하는 기업 이익이 더 크다는 연구 결과에 따라 고객관계관리는 신규 고객의 창출보다 기존 고객을 유지하는 데 목적을 두고 있다. 따라서 기존 고객의 일탈을 방지하여 재구매와 반복 구매를 통해 기업의 이익을 높이는 것이 고객관계관리의 목적이다. 그러므로 고객관계관리는 고객들이 얼마나 자주 웹사이트를 이용하고 한번 이용에 얼마를 쓰는지, 또 성별 연령별로 어떤 구매패턴을 보여주는 지를 한눈에 보여주는 일종의 맞춤 고객정보라고 할 수 있다. 고객성향을 속속들이 알게되면 그만큼 고객이 원하는 상품을 발빠르게 제공할 수 있게 된다.

고객관계관리시스템은 제품의 판매준비에서부터 사후관리에 이르는 모든 활동을 효율적으로 기획 · 추진 · 통제하기 위한 종합 정보시스템으로 이의 기본 목표는 기업이 고객 및 공급업체와 인터넷 · 전화 · 팩스 · 전자우편 등 각종 통신수단을 이용해 상호 긴밀히 작용하려는 데 있다. 그렇게 함으로써 기업은 매출 · 수익성 및 고객만족도를 극대화할 수 있다(ETNEWS 전자신문, 2001/05/09).

3) 인터넷 여행상품 기획의 문제점

인터넷 여행상품의 가치는 실체가 없는 무형의 상품인 까닭에 여행서비스의 범위가 한정되기 때문에 네티즌들이 만족할 만한 내용들을 제공하지 못하고 있는 실정이며, 그 문제점을 구체적으로 열거해 보면 다음과 같다.

첫째, 복잡한 여정을 계획할 경우 온라인 상에서 구체적인 예약 및 여행경비 산출과 교통 및 항공권발권, 비자신청이나 여권의 유효기간 등 직접적으로 전문가의 도움이 필요한 경우가 있기 때문에 오프라인 상에서보다 신뢰를 받기가 힘들다.

둘째, 인터넷 여행사가 경쟁우위에 있는 점으로는 바로 가격경쟁력이다. 이는 서류작업의 자동화와 유통비의 절감, 판매활동을 위해 소요되는 인력의 감축 등으로 원가는 단연 기존의 오프라인시장보다 낮아질 수밖에 없다.

셋째, 여행서비스 상품의 경우는 고객들 간의 선호가 너무나도 상이한 특징을 보인다. 즉 타인들과 공동으로 교감・소비・상호작용을 활발히 가지기를 희망하면서도 개인적인 특성을 살리고자 하는 경향이 매우 높다. 따라서 고객들의 이러한 성향을 충족시키기 위해서는 개인화된 서비스와 공동체적인 서비스의 조화가 필수적이나 이러한 맞춤형 사이트를 구성하고 운영해야 하는 어려움이 있다.

넷째, 인터넷에서 여행상품을 단순히 기업의 홍보 수단으로만 인식할 것이 아니라 실질적인 수익을 창출할 수 있는 도구가 될 수 있어야 하나 대개는 상품의 가격이나 일정의 나열에 그치고 있다. 따라서 좀 더 다양하고 알찬 상품기획으로 수익 창출 개발에 도모할 수 있도록 앞장설 수 있는 매체가 되어야 한다(오윤홍, 2004).

5) 인터넷을 이용한 이색소재 기획상품

(가) 캐나다 "빨간 머리 앤 투어" 여행상품

'프린스 에드워드 아일랜드' 주는 캐나다의 가장 작은 주로서 '세인트 로렌스의 정원'이라 불렸다. 매년 50만 명 이상의 여행자가 다녀가는 초승달 모양의 작은 섬인 프린스에드워드 아일랜드는 작은 이상향으로 불릴 만큼 아름다운 곳이다. 단정하게 늘어선 가로수 양옆으로 고풍스럽고 깨끗한 목조건물이 동화 속의 마을을 떠올리게 하는 주도 샬로트타운은 역사적인 주택의 모습을 간직하기 위해 주택철거 및 건축법이 엄격하기로 유명하다. 산뜻하게 늘어선 감자(캐나다 전체 생산량의 80%이상) 밭과 정돈된 농가 그리고 비옥한 적토(赤土)가 정원 환경을 이루고 있다.

주 수도인 샬롯트타운조차도 정감이 넘치는 작은 마을의 운치를 지니고 있으며 물론 대부분의 외부 사람들은 프린스 에드워드 아일랜드를 세계 명작 소설 "그린 게이블의 앤"(한국에서 "빨강머리 앤"으로 번역됨)의 작가 루시 머드 몽고메리의 고향으로 알고 있으며 많은 문학 애호가들이 그녀가 탄생한 곳과 그린 게이블 하우스 (그녀의 집으로 소설에 등장)뿐 아니라 그녀의 카븐디시 묘지 등 루시 머드의 많은 기념관을 방문하고 있다. 프린스 에드워드 아일랜드에서는 특히 6-7월 성수기때의 바닷가재 요리로 이름이 높다. "Robster Supper"라는 안내판이 걸린 Bracky Beach/New London/North Rustico/Gally Restaurant 등의 식당에서 값싸고 맛있는 요리를 즐길 수 있다(http : //www.eminnet.com).

(나) 캐나다 퀘백 "얼음집서 하룻밤 … 멋지고 푸근한 이색추억"

캐나다 동부 퀘벡에는 올해로 다섯 돌을 맞는 이 호텔은 이름 그대로 얼음과 눈으로만 된 아이스 호텔로 꽁꽁 언 얼음을 반듯하게 잘라 만든 '얼음벽돌'로 골격을 세운 뒤 벽채를 쌓고, 지붕을 얹어 만든 것으로 지난 12년 동안 수 많은 여행자를 불러모은 스웨덴의 아이스 호텔을 본떠 만들었다고 한다.

공사기간은 5주 정도로 1만2천t의 눈과 4백t의 얼음을 가지고 만들어 호텔의 평면 면적은 9백평으로 객실은 총 32개를 만들어 일반객실이 19개이고, 힐튼 퀘벡 스위트, 허드슨 베이 컴퍼니 스위트 등 13개의 테마별 스위트룸을 두고 있다. 하룻밤 수용인원은 최대 80명이 투숙할 수 있으며 객실에는 사슴털을 씌운 얼음 침대와 북극에서나 볼 만한 두툼한 침낭이 준비돼 있다.

크리스털처럼 반짝이는 얼음조각, 얼음 샹들리에, 얼음 기둥 등 호텔 내부를 둘러보는 것만으로도 큰 즐거움을 맛볼 수 있지만 여러 부대시설 중에서 2백 명이 들어가는 '압솔루트 아이스 바'는 얼음으로 만든 잔으로 각종 음료수 및 주류를 판매하고 있어 호텔을 이용하는 고객에게 큰 즐거움을 전해 줄 수가 있다(http : //blog.naver.com/hgwang).

(다) 러시아 "강제노동수용소 체험 여행상품"

러시아의 여행사에서 이색 테마 상품 출시 "옛 소련의 무시무시한 강제노동수용소에서 하룻밤을." 러시아의 여행사가 최근 인권의 소중함을 느낄 수 있는 테마여행 상품을 개발했다. 러시아의 여행사에서 이색 테마 상품 출시 "옛 소련의 무시무시한 강제노동수용소에서 하룻밤을." 러시아의 여행사가 최근 인권의 소중함을 느낄 수 있는 테마여행 상품을 개발했다.

이곳에서 유대인뿐만 아니라 폴란드인과 러시아 사람까지 나치독일의 히틀러 통치에 반대하는 모든 나라의 수많은 사람들을 총살과 가스실에서 질식시킨 곳이기도 하다. 이곳은 제 2차 세계대전 중 5년 동안이나 주변국민들을 공포에 떨게 한 곳으로 1940년, 폴란드인 정치범을 수용할 목적으로 건립되었다. 후에 유럽에서 국적을 얻은 유대인, 놀고먹는 집시들, 러시아 군 포로들을 수용했고 그 외에도 체코, 슬로바키아, 유고슬라비아, 프랑스인, 오스트리아인 약 28,000명 수용 시설이 있으며 제 1 수용소, 제 2수용소가 있고 제 3 수용소를 건설, 계속해서 40여 개의 수용소가 있다.

지금도 전시품에는 죽기 전에 깎아놓은 산더미 같은 머리카락과 들고 온 가방들, 구두 신발들이 있다. 그 중에서 우리의 주목을 끄는 것은 오스카 쉰들러의 생애로 스티븐 스필버그 감독에 의해서 이미 영화화되었는데 독일의 나치당원인 그가 무기공장 경영(군납자) 유대인들이 죽어가는 모습에서 인정을 느끼고 "사람을 살려내겠다"는 생각으로 독일군과 큰 돈으로 흥정하여 탈출시켜 숨겨주고 1,100명을 살려주었다.

그는 자기 공장원이던 자가 유대인이란 이유로 끌려가자 찾아내어 데려다가 살려내기도 했으며 그 외 많은 사람을 거액으로 사고도 자기가 가졌던 차를 팔았다면 또 달고 있던 금배지(나치)를 팔았다면 한 명이라도 더 살릴 수 있었을 것이란 생각에서 눈물을 흘렸다고 한다. 그가 얼마나 위험한 일을 했는 지와 그의 휴매니스트적 인간성을 알 수 있을 것이다(http : //www.imr.co.kr).

(라) 홍콩 "레스토랑 창업 여행상품"

전세계 미식가들의 천국이라는 홍콩의 레스토랑을 돌아보며 음식을 맛보고, 주방시스템을 배워오는 레스토랑 창업여행 패키지를 판매하고 있다. 식당의 리노베이션 및 메뉴 개발과 아이템에 도움이 되는 프로그램으로 짜여져 있으며 현지에서 요리강습과 세미나도 갖는다.

칠리소스 하나로 승부를 거는 식당, 채식주의자를 위한 식당, 퍼즐레스토랑, 실내포장마차 수상 레스토랑 등 이색적인 식당만을 집중적으로 둘러보는 일정. 유명식당 밀집지역인 센트럴 파크거리를 다니며 견학과 시식 후 요리강습도 받고, 소호거리 식당가 및 침사쵸이 식당가를 방문한 다음 관심분야별로 나눠 식당을 찾아본다. 전문식당을 경영하고자 하는 창업자에게는 아주 유익한 상품이 될 수 있을 것이다(http : //www.tourlive.co.kr).

(마) 네팔 "다이어트 트레킹 여행상품"

닥터 트래블에서 에베레스트와 안나푸르나가 있는 네팔의 자연 환경 속에서 산을 오르며 살을 빼는 '네팔 다이어트 트레킹'상품으로 영양사 자격증을 가지고 있는 가이드가 영양 상담을 통해 추천 식단을 마련해주고, 지속적인 몸매 관리를 위해 칼로리 북을 제공해 여행 내내 꼼꼼히 칼로리를 관리할 수 있게 해주고 있다. 본인 몸무게의 5% 미만 감량시 다이어트 트레킹을 한번 더 보내주는 것이 가장 큰 특징으로 일석이조의 여행이 되지 않을까 한다(http : //www.drtravel.net).

06 판매업무의 기초

6.1 판매활동의 의의
6.2 판매활동의 종류
6.3 판매원의 역할
6.4 판매원의 자질
6.5 접근의 중요성

06 판매업무의 기초

인간은 태어나면서 선택하고 경쟁하면서 성장해 간다. 마찬가지로 여행사도 약육강식의 원리에 따라 생성하고 발전해 나간다. 판매활동은 마치 권투선수가 4각의 링(ring) 안에서 혈투하는 것과 같다. 승자는 환호하는 관객으로부터 존경을 받지만 패자는 말없이 링을 빠져나갈 뿐이다. 즉 판매에서 승리하는 여행사는 승승장구하겠지만 패자가 되는 여행사는 곧 여행사 간판을 내리게 될 것이다.

이처럼 판매활동이란 재화와 서비스를 생산자로부터 최종소비자 또는 사용자에게 이전시키는 것을 관리하는 기업활동으로서 그 목적은 소비자에게 최대한 만족을 주고 또 기업의 이윤추구라는 목표를 달성하는 데 있다(중소기업진흥공단, 1997).

6.1 판매활동의 의의

판매활동이란 일반적으로 재화와 서비스를 생산자로부터 최종소비자 또는 사용자에게 이전시키는 것을 관리하는 기업 활동으로서 그 목적은 소비자에게 최대의 만족을 주고 기업의 이윤추구라는 목표를 달성하는데 있다. 그러므로 판매활동이란 소비자에게 자사상품의 구입을 촉구하는 활동으로서 상품의 존재를 알리거나 구입을 권유하는 역할을 하는 것을 말한다. 여기에는 대체로 7가지 활동이 있다.

▌표 6-1▐ 판매의 비법

구 분	내 용
고객과의 만남	인격적 · 교육적 · 신앙적 · 직업적 만남
계속적인 방문	1회용 반창고처럼 필요할 때 만나는 것이 아님
상품판매전 인격의 제시	몸 · 마음 · 신념 · 정신의 조화 ⇒자신의 교양과 신용
원활한 의사소통	판매원의 인격에 대한 언어적 · 비언어적 전달 ⇒ 회사의 정책 전달
일일 표준판매활동	출발전 사전준비, 방문계획서 작성 ⇒ 시간의 효율화, 대기시간의 단축
판매화법	전문용어의 억제, 고객의 입장에서 설명, 장점의 반복설명
낭비시간의 제거	시간사용의 효율화, 규칙적인 생활

자료 : 채수명, 고객의 마음을 사로잡는 히트상품 개발, 창지사, 1999.

그러면 판매원(sales man)은 무엇을 파는가? 판매원은 상품 그 자체를 파는 것은 물론이거니와 상품을 통하여 소비자의 만족을 극대화시키고, 판매활동의 효율성을 높이기 위하여 눈에 보이지 않는 노하우(know-how)를 파는 것이다. 따라서 판매원은 ① 고객과의 만남, ② 계속적인 방문, ③ 상품판매전 인격제시, ④ 원활한 의사소통, ⑤ 일일 표준 판매활동, ⑥ 적절한 판매화법, ⑦ 낭비시간의 제거 등 판매활동의 중점 확인사항을 체크하면서 판매활동에 임하지 않으면 안 된다.

첫째, 상품의 효율성을 팔지 않으면 안 된다. 효율성을 판매하지 못하고 상품만을 판다면 이는 창고를 달리하여 보관한 것에 지나지 않는다. 예컨대 자동차 세일즈맨은 자동차의 기동성, 쾌적성, 안정성, 경제성, 기능의 다양성도 함께 팔지 않으면 안 되는 것이다.

둘째, 신뢰와 서비스를 팔아야 한다. 자신이 속한 여행사와 자신의 신뢰성을 함께 팔고 사전, 도중, 사후 서비스에 대한 확신과 품질보증 등을 팔고, 이를 실제 행동으로 보여주어야 하는 것이다.

셋째, 컨설팅 세일즈를 실천한다. 상권(商圈)이 잘못된 지점은 이전을 권유하고, 디스플레이(display)가 잘 되어 있지 않은 점포는 디스플레이 방법을 제시해 주거나 그 점포내의 종업원에 대한 교육을 강화함으로써 매출액 증대를 꾀하는 것이다.

6.2 판매활동의 종류

판매활동의 종류에는 대체로 다음 4가지가 있다.

① 광고(advertising) : 광고주가 소비자의 태도나 행동에 영향을 줄 목적으로 신문 · 방송 등의 광고매체를 통해 유료로 시행하는 정보전달활동으로서 정보를 제공받는 소비자의 입장에서 보면 상품정보 · 생활정보 등을 선택하면서 받아들이는 사회정보원이라고도 할 수 있다.

상 품	광고매체
목표객층	독자 · 시청자 층
판매지역	커버 지역
상품특징	매체의 이미지
광고예산	비용과 시장도달도

② 홍보(publicity)와 PR(Public Relation) : 홍보는 일반에게 널리 정보를 알리는 일을 말한다. 즉 기업 · 단체 · 관공서 등의 조직체가 자신들의 생각 · 계획 · 실제활동 등을 널리 알림으로써 일반의 인식이나 이해 또는 신뢰감을 높이고 민주적인 기초 위에 양자의 관계를 원활히 하려는 의도에서 실시한다. 기본적으로 비용을 그다지 들지 않는다. 기업이 비용을 부담하여 실시하는 광고와는 달리 제3자로서의 매체가 객관적으로 평가한 정보가 전달되기 때문에 소비자의 신뢰성이 높다는 장점이 있다. 따라서 홍보는 쌍방간의 교류를 통해 서로 영향을 미친다는 점에서 흔히 PR와 같은 뜻으로 쓰인다.

③ 인적판매활동(personal selling) : 법인기업이나 각종 단체, 자치단체, 판매대리점 등에 대한 영업은 고객수가 비교적 한정되거나 상담성립까지 여러 교섭이나 협의가 필요하기 때문에 세일즈맨에 의한 영업 · 판매활동이 수행된다. 판매촉진에 있어서 세일즈사원의 역할과 기능은 다음과 같은 것이 있다.

- 정보수집
- 문제해결

• 프로(professional)로서의 어드바이스(advice)와 설득
• 상담의 성립

④ 기타 판매촉진활동(sale promotion) : 여행업계에서도 신상품의 판매 혹은 특정 브랜드 상품 등의 판매강화활동을 실시할 때는 여러 형태의 판매촉진 활동이 행해진다. 여행업계에서 자주 보게 되는 판매촉진활동에는 다음과 같은 것이 있다.

• 판매콘테스트
• 판매목표달성형 리베이트(rebate)
• 트레이드 쇼(trade show)
• 정부관광국 주최 캠페인
• 상품발표회 · 설명회

6.3 판매원의 역할

이상 살펴본 바와 같이 판매원의 기능은 단순히 상품만을 판매하는 것이 아니라 그 상품이 지닌 상품의 효용성과 서비스의 기능, 컨설팅 세일즈 기능을 수행해야 한

항 목	내 용
1. 철저한 정보조사	• 거래처 상황조사, 분석, 전망 → 판매원 육성계획 • 담당지역의 상황조사 → 판매전략 수립 • 경쟁사 동태조사 → 정보시스템 전략수립 • 기타 사 · 내외의 정보조사 → 업무개선
2. 판매활동의 전개	• 과거 판매실적 분석 → 판매계획 수립
3. 판매대금의 회수	거래처 상태의 계속적인 관찰 → 불량매출채권의 방지
4. 철저한 서비스관리	사전, 사후서비스의 철저 → 이미지 개선 → 신뢰감 확보
5. 철저한 고객관리	고객과의 끈끈한 인간관계구축 → 거래처카드, 고객카드 작성
6. 판매관리를 통한 기획력 향상	기획력, 판매전산화능력 제고 → 판매능력 배양

다. 카메라가 아무리 좋아도 두 눈만은 못하고, 녹음기가 아무리 좋아도 생음악만은 못하다는 이야기가 있다. 따라서 판매원들이 효과적인 판매를 하기 위해서는 다음과 같은 역할이 필요하다.

이런 세일즈맨의 역할을 충분히 소화하기 위해서는 다음과 같은 10개의 기본적 능력과 행동적인 실천을 필요로 한다.

항 목	내 용
1. 이해 · 판단력	사물을 바르게 이해하고 판단할 수 있어야 한다.
2. 창조성	새로운 아이디어를 생각해 낼 수 있어야 한다.
3. 표현력	숫자, 말 또는 문장으로 자기생각을 표현할 수 있어야 한다.
4. 대인영향력	좋은 첫인상을 준다(신뢰성, 친절).
5. 설득력	상대를 설득하여 협력시킨다.
6. 목표달성력	질, 양에서 높은 목표를 대결로 도전한다.
7. 유연성	유연한 생각으로 통해 임기응변 조치를 할 줄 알아야 한다.
8. 집념	집념이 강하고, 목표달성의식이 투철해야 한다.
9. 도전성	새로운 것에 도전한다.
10. 사교성	타인과 교제를 잘 한다.

6.4 판매원의 자질

상품의 판매에는 소비자가 어떤 지식을 가지고 있는가, 과거 동일 상품의 구매 사실 혹은 사용경험은 있는가, 구매력은 있는가, 친분관계는 어떤 가 등 많은 고려 요소들이 있다. 그리고 시장 측면에서 보아도 해당 상품의 시장성에 대한 철저한 요인 분석을 거쳐야 하는데 과거의 시장성, 현재 및 미래의 가능성, 가격, 디자인, 판매원의 자질, 회사 차원의 지원 정도 등 많은 요소들이 있다. 그 가운데에서도 어떤 직업이건 그 직업에서 요구하는 자질이 있다. 지능, 적성 등을 포함하는 정신적인 자질이나 신체적인 자질, 연령, 조건 등 직업별로 요구하는 자질들이 포함된다.

1. 판매원의 요건

1) KASHI의 원칙

세일즈맨에게 요구되는 KASHI의 원칙이라는 것이 있다. KASHI란 Knowledge(지식), Attitude(태도), Skill(판매기술), Habit(습관), Innovation(창의 · 혁신)을 말한다. 지식이란 사물에 관한 명료한 의식과 그것에 대한 판단으로서 여기서는 여행상품과 관련한 지식을 지칭한다. 태도란 어떤 개인이나 대상을 둘러싼 환경의 일부분에 관련되어, 개인의 성격 안에 형성되어 있는 행동이나 반응의 준비상태로서 여기서는 여행상품을 판매하려는 만반의 준비상태를 말한다.

판매기술이란 여행상품 판매를 정확하고 능률적으로 해내는 솜씨를 말한다. 습관이란 자기 몸에 이미 생활화되어 있는 것이다. 마지막으로 창의 · 혁신이란 새로운 생각(착상)이나 의견을 생각해 내고, 제도나 방법, 조직이나 풍습 따위를 고치거나 새롭게 해나가는 것을 말한다. 이를 표로 나타내면 다음과 같다.

Sales(판매)				
Knowledge (지식)	Attitude (태도)	Skill (판매기술)	Habit (습관)	Innovation (창의 · 혁신)

원칙 없는 접근으로는 절대로 고객을 설득할 수 없다. 즉 이론적인 배경이 있어야 한다. 여행상품에 대한 전문적인 지식과 교양으로 무장되어야 한다. 또한 적극적 · 공격적 · 창조적 정신과 겸손하고 진지한 태도로 고객을 도와준다는 생각으로 접근하여야 한다. KASHI의 5가지 원칙을 구체적으로 설명하면 다음 표와 같다.

표 6-2 KASHI의 5원칙

원 칙	내 용	세부실천사항의 예
지식 (K)	이론습득으로 무장한다(안다).	• 경영일반지식 • 마케팅, 판매기법 지식 • 상품, 시장, 유통, 영업방침의 지식
태도 · 자세 (A)	습득된 지식을 실천하려는 의지를 갖는다(할 수 있다. 하고 있다).	• Approach에 제 지식을 적용한다. • Demonstration에 응용한다. • Closing에 응용한다.
판매기술 (S)	반복적으로 실천, 교정하여 몸에 배도록 한다(늘 하고 있다).	• 어설프지 않게 확실히 익히고 실행한다. • 정착시키고 숙달시킨다.
습관 (H)	강인한 정신력, 실행력, 성실성의 습관을 갖는다(생활화되어 있다).	• 나의 습관자세가 강인해졌고, 목표 달성의식을 갖게 되고, 실행하는 성격으로 바뀐다. • 적극적 사고와 행동을 체질화시킨다
창의 · 혁신 (I)	문제의식, 개선이식으로 독창적 노하우를 확립한다(창조적으로 변화시켜 간다).	• 검토, 분석하여 문제점을 찾고 개선한다. • 새로운 아이디어를 짜낸다. • 독창적 기법을 연구, 창안해 낸다.

자료 : 중소기업진흥공단, 10배로 성장시키는 세일즈 노하우, 중소기업연수원. 1997.

위와 같은 KASHI의 5원칙을 성공적인 것으로 하기 위해서는 세일즈맨 스스로 자기 점검표를 작성하여 리커트(Likert) 5점 척도(아주 잘하고 있다 ~ 매우 미흡하다)에 의한 점검을 게을리 하지 말아야 한다. 구성항목은 대개 다음과 같은 것이 있다.

① 회사의 사훈, 경영방침을 알고 실천하고 있나?
② 금년도 매출목표(회사), 수급목표(회사)를 알고 있나?
③ 상품의 명칭, 기능, 판매가격, 판매 포인트를 알고 있나?
④ 임원진의 성명, 관리자의 성명을 알고 있나?
⑤ 우리 영업소(부, 과, 팀)의 매출 · 수금목표를 정확히 알고 있으며, 현재의 달성도는?
⑥ 나의 매출 · 수금목표의 부진원인을 파악하고 개선책을 세워 놓았는가?
⑦ 나의 거래처 대표자, 위치, 판매현황을 파악하고 있는가?
⑧ 나의 거래처 문제점을 파악하고 있으며, 대책을 강구되고 있는가?
⑨ 신규거래처고객은 30% 이상 달성될 수 있는가?
⑩ 내 담당지역(거래처)의 과거 5년간의 판매실적을 알고 있나?

⑪ 향후 3년간의 내 지역(거래처) 예측을 하고 있나?
⑫ 교양서적 2권/1년, 전문서적 4권/1년 이상을 읽고 있는가?
⑬ 경제신문을 매일 보고 있으며, 관련 간행물을 매일 보고 있나?
⑭ 판매용구의 도구는 무엇인지 알고 있으며, 늘 준비하여 다니고 있나?
⑮ 연간계획, 월간계획, 주간계획을 세워 실천하고 있나?
⑯ 일일활동 계획은 있으며, 그대로 실천하는 편인가?
⑰ 경쟁사 정보수집은 하고 있으며, 경쟁사 상품은 자사와 비교하여 어떤지 알고 있나?
⑱ 집체교육, 세미나, 토론회, 포럼, 공개교육 등을 연 4회 이상 수강하고 있나?
⑲ 방문 전 사전조사와 접근방법을 연구하고 있나?
⑳ 상품지식은 충분하여 질문에 당황하지 않고 고객별 세일즈 포인트를 구사할 수 있나?
㉑ 정장 또는 근무복을 꼭 착용하며, 두발 상태 등 외모관리는 훌륭한가?
㉒ 예의바른 화법 구사, 인사, 좋은 인상을 위해 노력하고 있나?
㉓ 클레임 처리, 고객불만에 적극적으로 대처하여 원만한 처리를 해내고 있나?
㉔ 시장조사, 소비자 반응조사는 늘 실시하여 보고하고 대응하고 있나?
㉕ 우리 여행상품의 생산과정을 잘 알고 있나?
㉖ 거래처의 신용조사는 항상 하고 있으며, 불량채권 발생시를 대비하여 준비하고 있는가?
㉗ 상사, 동료, 후배와 인간관계가 원만하여 좋은 평을 받고 있는가?
㉘ 간부승진, 임원승진의 길이 보이도록 땀과 노력을 다하고 있나?
㉙ 판매중심적 사고에서 탈피하여 마케팅 중심적 사고로 전환하고 있으며, 질적인 영업을 시도하고 있나?

위와 같은 항목에 긍정적인 결과를 얻으려면 창조성을 발휘해야 한다. 창조성은 적극적인 사고에서 출발한다(茅野健, 日本生産性本部, 1973). 경험에 집착하거나 고정관념에 사로잡히게 되면 소비자, 고객, 시장을 주도할 수 없으며, 순발력 있는 의사결정능력(판단력)도 기대할 수 없다.

창조력의 단계	일반 사례	영업(판매) 사례
문제의 발생	몹시 배가 고프다	지날 달 실적이 60%밖에 안됐다
원인분석	왜 배가 고플까?	경쟁사의 가격경쟁 때문이다
해결방안 제시	어떻게 할 것인가?	상품내용의 구체적 설명으로 대체하다
최선의 해결방안 모색	무엇을 먹으면 가장 좋을까?	신규시장 개척(장 · 단기)
구체적 행동방안 탐색	어느 곳에서 얼마만큼 먹을까?	세일즈 포인트의 배경, 신규시장개척
결과평가	대체로 만족스럽다	지난달 60%에서 85%로 향상
피드백	다음에 배고플 땐 어떻게 해야겠다	광고와 설명회가 필요하고 상품관련 교육이 요망됨

2. 바람직한 판매원

판매원으로서 능력 있는 사람이란 판매를 능히 해낼 힘이 있는 사람을 말한다. 판매를 훌륭히 해내려면 다음과 같은 요건을 갖추고 있는 것이 바람직하다.

요구되는 세일즈맨의 조건	바람직스럽지 못한 조건
1. 합리적 · 이성적 판단	1. 감성적 경험적 판단
2. 이론에 경험을 참고한다.	2. 경험을 우선으로 한다.
3. 소비자, 시장, 경쟁자 중심의 사고	3. 나 회사 중심의 사고
4. 경쟁 상대자를 밖에서 널리 찾는다.	4. 경쟁을 회사 내에서 찾는다.
5. 대외활동 시간이 길다.	5. 회의, 데스크워크 시간이 길다.
6. 계수화, 구체화, 실천적 사고	6. "~쯤"사고, 추상적, 이상적 사고
7. 배우고 가르쳐주는 자세	7. 관망과 자만의 사고
8. 창의적이고 독창적 노화우 정리	8. 획일적, 과거 집착적 사고
9. 탄력적 변화의 주도	9. 지시, 통제, 규정에 얽매인다.
10. 알고 있는 것을 응용하여 실천한다.	10. 아는 자체가 중요하다.
11. 판매과정, 수금과정, 소비자만족, 회사 이익 중시	11. 판매목표, 수금목표의 결과 중시
12. 회사의 대표자는 세일즈맨 자신이다.	12. 회사는 나와 관련 없는 별개이다.
13. 상품지식, 고객의 관한 지식, 판매지식은 영업활동의 지출이다.	13. 판매와 이론은 별개이며 동일하게 떨어지지 않는다.

14. 매너와 화법은 세일즈맨의 기본이다.	14. 친근감을 주는 것이면 어느 것이든 좋다.
15. 인간관계개선은 장래 영업활동 확대에 중요하다.	15. 사람을 이용하는 것이 최선이다.
16. 조직력 상승효과가 경쟁에서 그 조직을 이기게 한다.	16. 상품의 브랜드가 그 기업을 좌우한다.
17. 문제해결의 주체는 담당자인 "나"이다.	17. 상품 해결의 주최는 회사, 상사, 시간이다.

3. 프로세일즈맨

프로야구, 프로축구, 프로농구, 프로배구 등 프로의 공통점은 무엇인가. 경쟁에서 이긴 다는 것은 얼마나 열심히, 얼마나 정성을 가지고, 경쟁에 뛰어드느냐에 따라 승자 또는 패자가 되는 것이다. 이들에게는 ① 101%의 노력, ② 철저한 직업의식, ③ 완전추구, ④ 인기 및 특성관리라는 공통점이 있다.

각 기업에서의 판매왕들에게는 판매활동과정에서 다음과 같은 공통점이 나타난다.

- 프로세일즈 정신에 투철했다.
- 용기, 불가능에의 도전, 결단, 굳은 의지
- 애사심, 충성심, 천직의식을 불태웠다.
- 인내와 끈기 및 근면했다.
- 한번 한 번의 세일즈에 예술작품 만들듯 최선으로 매듭지었다.
- 오늘에 만족하지 않고 내일을 바라보며 대비하고 투지의 칼을 갈았다.
- 마음속으로 부정적, 소극적 사고를 버리고 긍정적 적극적 사고를 택했다.
- 변명을 버리고 나의 탓으로 돌리고 반성했다.
- 인격 및 개성을 살렸다.
- 지식의 3요소(세일즈맨십의 지식, 상품 · 경영일반 · 마케팅지식, 인간에 대한 지식)터득
- 많은 사람의 이름을 기억하고 친교를 맺었다.
- 남의 이야기를 많이 듣고 맞장구를 치어주었다.
- 사내(社內) 인간관계를 누구보다 더 중시했다
- 메모하는 정신과 계수화(수치화)하여 자료로 활용하였다.
- 틈나는 대로 공부하고 누구에게나 배울 점을 찾았다.

이를 요약하면 성실성, 적극성, 자발성, 창조성을 갖추라는 것이다. 그 가운데에서도 적극적 사고야 말로 판매원에게 가장 중요한 요건이라고 할 수 있다.

80 : 20법칙이라는 것이 있다. 이것은 총가치의 순서에 따라 배열될 때 총가치의 80%는 20%항목으로부터 나온다는 것이다. 다시 말해 매출의 80%는 20%의 고객으로부터 생기며, 매출의 80%는 20%의 상품이고, 매출의 80%는 20%의 판매원들이 한다는 것이다.

이와 같이 인간의 생각 자체가 긍정적이냐 부정적이냐에 따라 그 결과는 무섭게 나타난다.

긍정적 사고(~하면 된다)	부정적 사고(~해도 안 된다)
• 정신적 측면이 (+) 방향이다. • 긍정적이다. • 도전의식이 높다. • 생산면이 능률적이다. • 자신감이 있다. • 목표달성에 기여한다. • 인생을 밝게 본다.	• 정신적 측면이 (−) 방향이다. • 부정적이다. • 회의감을 갖는다. • 열등의식을 갖는다. • 공포감이 많다. • 실패 쪽에 기울어져 있다. • 변명과 불평불만이 많다.

클레멘트 스톤의 중요한 교훈을 하나 소개한다. 『환경이 변화면 생각이 바뀌고, 생각이 변하면 행동이 바뀌고, 행동이 변하면 습관이 바뀌고, 습관이 변하면 인격이 바뀌고, 인격이 변하면 운명마저 바뀐다』는 것이다.

4. 승자와 패자의 마음가짐

어떤 사회에서든 승자와 패자가 있게 마련이다. 여행업계에서도 승자와 패자는 엄연히 존재한다. 여행사의 패자들은 부도를 내고 도산하는 기업들이다. 부도가 예상되는 여행사들의 10가지 징후는 다음과 같다.

① 사장과 자금담당 그리고 팀장의 핸드폰이 매일 꺼져있다.

② 미수금 결제를 미루다 어음을 끊어준다.

③ 직원이동이 많고 고참보다 신참직원이 많다.

④ 직원급여가 2개월 이상 연체되어 있다.

⑤ 대표이사와 직원간의 언행이 일치하지 않는다.
⑥ BSP(항공권료은행정산제도)부도로 인해 자체 발권(發券)이 안 된다.
⑦ 갑자기 경쟁 랜드사(지상수배업자)들이 거래를 중단한다.
⑧ 능력과 무관하게 무리한 광고전을 펼치거나 신규사업에 뛰어든다.
⑨ 대표이사가 직접 모든 입출금을 담당한다.
⑩ 직원들이 성의 없이 전화를 받는다.

승 자	패 자
실수 시 잘못을 인정한다.	실수의 원인을 타인에게 돌리거나 변명할 구실을 찾는다.
입에는 정직이 가득하다.	핑계로 일관한다.
정·부(正否)가 확실하고, 계수력(計數力), 구체적이다.	적당히 얼버무리며, 뜬구름 잡듯 추상적이다.
겸손하며, 학식이 풍부하다.	고개를 못 숙이며, 자만에 빠져있다.
바쁘게 활동하면서도 여유가 있다.	별로 하는 것도 없이 늘 시간이 모자란다.
일하고 나서 쉰다.	쉬면서 일한다.
지는 것을 두려워하지 않는다.	이기는 것조차 두려워하며, 운명이라 팔자 탓으로 돌린다.
일의 과정을 위해 살기 때문에 철저한 루트, 세일즈, 질적인 판매를 중시한다.	판매결과에 집착하기 때문에 한 거래처에 판매능력 이상의 over-push를 한다.
일의 과정 순간마다 성취감을 맛본다.	성취감이 있는지조차 모른다.
늘 구름 위의 태양을 보기 때문에 밝은 면을 찾는다.	구름 속의 비를 보며 어두운 면을 애써 찾는다.
무대 위로 뛰어 올라 리더가 된다.	객석에서 꽁무니를 빼며, 관망한다.
즐겨 쓰는 말은 도전이다.	해봐야 별 수 없다. 그런다고 돈 더 주냐.
새벽을 깨우며 산다.	새벽을 기다리며, 과거의 환상 속에서 산다.
한권의 책을 끝까지 독파한다.	늘 10페이지 내에 머물러 있다.
문제발생시 해결의 실마리를 풀어나간다.	세월이 약이라고 기다린다.

5. 세일즈맨의 자기관리

1) 원칙 + 알파(α)의 유연한 사고 개발

컴퓨터의 출현으로 지금까지 수십 명의 사무원이 며칠 걸리던 것을 불과 수 시간에 해치울 수 있게 되었다. 그러나 복잡한 구조를 지닌 전자계산기도 실은 간단한 원리가 기초가 되고 있다.

전기(電氣)에는 누구나 +, -가 있다는 것을 알고 있다. 이 성질을 2진 가산법으로 적용한 것이다. 이와 같이 세상의 많은 일도 여러 가지 원리 · 원칙을 응용하여 실시되고 있다. 판매활동에 대해서도 같다.

「판매란 사람과 사람의 접촉인 것이다. 원칙대로 되지 않는다. 상대의 성격, 심리상태, 환경 여하에 따라서 변하므로 체험 이외에 그 기능을 신장시키는 외에 방법은 없다. 오랜 경험을 기초로 하여 각자가 자기 자신을 독특한 판매방법을 만들어낸다」 이런 말을 흔히 들으나 이것은 사실일까?

장기간에 걸쳐 많은 세일즈맨의 방법을 수집하여 연구해 본 결과, 판매 활동 중에는 인간에 대해 효과적인 방법으로 이끌 수 있는 것은 결코 불가능한 것은 아니다.

물론 실제의 세일즈활동의 장면에서는 여러 가지 조건이 복잡하게 헝클어져 있다. 한두 가지의 원칙이 그대로 맞아 들어가지는 않는다. 그렇다고 해서 원칙이 도움이 되지 않는다는 것은 아니다.

원칙에 대해 충분한 이해, 체험은 있다고 케이스(case by case)로 판매 활동의 어디에선가 반드시 활용되고 있을 것이다. 임기응변의 경우도 원칙이 활용됨으로써 반드시 성공률이 높게 된다.

2) 판매 활동이 보람을 창조하는 4조건

(가) 인간의 뇌의 작용과 창조의 기쁨 4개조

인간은 생각하는 갈대이다. (파스칼)	1. 의욕을 불사른다. 2. 생각한다. 3. 창조 연구한다. 4. 기쁨과 슬픔의 정서를 맛본다.

- 이런 것은 뇌의 작용으로 이루어진다.

(나) 판매하는 기쁨을 어떻게 얻는가.

성공의 기쁨과 실패의 쓴맛을 쌓아올림으로서 "충실감"을 얻을 수 있고 "충실감"을 거듭함으로써 "판매 활동의 보람"을 맛보게 된다. 즉 성공의 기쁨과 실패의 쓴맛을 되풀이 하게 되는 것이다.

주체성·자발성			
	생각한다.	창의적으로 연구한다.	
	목표를 갖는다.	의지력을 발휘한다.	성공을 기뻐한다.
	방법을 생각한다.	인내력을 갖는다.	실패를 슬퍼한다.
	(계획을 세운다)	(실행한다)	(검토한다)

(다) 세계는 넓고 팔 것은 많다

예로부터 세일즈맨이라고 하면 어딘지 좋지 않다는 일종의 편견이 있었다. 이것은 마음속에도 일종의 잠재의식으로 남아 있는데 불과하다. 물론 오늘날에는 이러한 의식은 거의 표면화되지는 않았으나 아직 일부에서 이런 생각을 하고 있는 것만은 틀림이 없다.

우리는 이러한 열등감을 없앨 필요가 있다. 그리고 가슴을 펴고 자랑스럽게 「나는 세일즈맨이다. 나야말로 현대 사회에 있어 선택된 사람이다」라고 말할 수 있는 인간이 되지 않겠는가? 컴퓨터가 사무직을 밀어내고 공장 자동화가 생산직을 몰아낸다. 영업직은 경쟁 때문에 수가 늘고 파워가 커지고 있다.

그러기 위해서 어떻게 하면 좋을까? 이 기간을 통해서 습득과 신념, 지식, 기술 등을 다만 머리에 담아 두지는 말고 이제부터라도 판매 활동에 곧 응용하여 우수한 세일즈맨으로서 험한 걸음을 걸어야 할 것이다. 진정한 자신은 실천을 통해서만이 생기는 것이다.

① 세일즈맨은 가능성의 존재이다.
② 세일즈맨은 꿈을 꾸어야 한다.
③ 세일즈맨은 창조적으로 생각한다.
④ 세일즈맨은 도전적이어야 한다.
⑤ 세일즈맨은 주인 정신을 가져야 한다.

6. 판매의 사전준비

우리가 정보라고 하면 언뜻 컴퓨터나 복잡한 통계자료 등과 같이 대단히 거창한 것같이 생각하기 쉬우나, 사실 정보라고 하는 것은 어떤 사실, 통계는 물론 시중에 흘러 다니는 말들을 포함하는 넓은 의미의 "알아둘 필요가 있는 소식 또는 자료들"이라고 이야기할 수도 있을 것이다. 그렇다면, 판매(영업)에서 필요한 정보란 무엇인가? 간단히 다음과 같이 요약할 수 있을 것이다.

- 시장 동향(크기, 성장선 등)
- 상품 동향(상품 개발, 가격 등)
- 소비자 욕구, 성향(지역별, 연령별, 성별, 학력별 등)
- 경쟁사 동향(상품 원가, 판매 전략 등)
- 자사 상품의 경쟁력(평가, 경쟁력 등)
- 수요처 동향(수요자 상품 및 규격, 구매 수량, 구매 시기 등) 등일 것이다.

그러나 정보를 얻기란 그렇게 쉬운 일은 아니다. 정보를 얻기 위한 방법으로 공식적인 방법, 비공식적인 방법도 있을 수 있으며, 적극적인 방법, 소극적인 방법도 있을 것이다. 지피지기(知彼知己)하면 백전백승한다.

1) 판매계획서의 작성

(가) 장기적 준비

① 상품 관련 지식

자기가 맡고 있는 상품에 관한 광범위한 지식으로 세계 각국의 생산 및 수요동향, 신상품 및 신기술의 개발 동향, 세계 각국의 브랜드, 자사 상품의 특성과 장점 등이 있다.

② 담당 지역에 관한 지식

담당 구역 내의 일반적 경제 상황, 수요 동향, 고객의 동향, 선호도 등이다.

③ 경쟁사에 관한 지식

타 여행사의 상품경쟁, 판매 정책, 상품의 장 · 단점 등을 미리 파악한다.

먼저 적을 알고 나를 안 다음 싸움에 나가야 이길 수 있다.

④ 회사의 판매 방침

자기 회사의 세일즈맨이 항상 숙지하고 있어야 할 필수 항목이다. 회사의 판매 방침은 수시로 변할 수 있으므로 그때마다 이를 제대로 파악하도록 한다.

(나) 단기적 준비(방문준비)

장기적 준비를 항상 충실히 하고 있는 세일즈맨이 다음으로 준비해야 할 것은 실제 방문 계획 중인 가망 고객에 대한 실제 방문준비이다. 방문준비를 철저히 하는 것은 전투에 나가는 병사가 각종 전투용 장비(지도, 무기, 탄환, 배낭, 물통)를 준비하는 것과 같다. 철저한 방문준비는 판매전의 승리를 쟁취하기위한 기본 조건인 셈이다.

① 방문고객에 대한 조사

구입 제안자, 구입 영향자, 구입 결정권자, 사용자 등과 그들의 주변인물, 출신지역을 비롯하여 영업 내용, 자산 정도, 대체 시기 등

② 경쟁사의 동향에 관한 조사

방문 고객과 경쟁사의 관계, 방문안건에 대한 경쟁사의 판매추진 현황 등

③ 판매도구 준비

영업 대표가 준비해야 할 판매도구(Sales tool)에는 고객을 위한 것과 자신을 위한 것의 두 종류가 있다. 또한 판매도구는 회사에서 지급되는 팸플릿이나 견본 등만이 아니라 세일즈맨이 독특하게 창의성을 살려 만들어서 사용해야 한다. 판매 도구 작성의 요점은 다음과 같다.

착안점	포인트
1) 5감에 호소한다.	- 시각이나 청각에 호소하는 연구를 한다.
2) 흥미를 끌게 한다.	- 흥미를 끌도록 연구한다.
3) 알기 쉽게	- 손님이 보고, 듣고, 읽기 쉽게
4) 진실하게	- 내용이 진실해야 한다.
5) 질문하도록 연구	- 손님이 질문하기 쉽도록 유도한다.
6) 센스를 살린다.	- 센스가 표현되어야 한다.
7) 간결하게 표현한다.	- 내용을 간결하게 중점적으로 표현한다.
8) 색체를 살린다.	- 색채를 연구한다.(예 : 안심시키는 색은 청색, 기억에 남는 색은 황색)
9) 쓰기 쉽게	- 운반이나 취급하기가 쉽도록 한다.
10) 실례(實例)를 든다.	- 신뢰받는 근거나 실례(實例)를 구체적으로 든다.

④ 상담 계획서

이상의 조사사항을 정리하여 고객명, 주소, 담당자, 예산, 거래관계 등을 명시하고 고객이 당면하고 있는 문제점과 구매조직(결정권자, 사용자, 전문가, 코치)을 기록하고 주문에 이르는 길을 도해화(圖解化)하여 상담을 마무리할 때까지의 추진 계획을 수립한다.

2) 판매소구점의 정리

판매소구점이란 가망 고객에게 가장 효과적으로 어필(appeal)할 수 있는 상품의 특성 을 끄집어내어 그것을 간단명료하고 인상 깊게 제시해 놓은 상품의 장점이다. 냇가의 돌은 아무도 돌보지 않는 자연적인 물건에 지나지 않지만 특이한 모양을 들춰내어 적당히 윤을 내면 훌륭한 상품이 되는 것처럼 판매소구점도 가망 고객의 필요에 맞게 상품을 윤이 나게 보여주는 것이다.

그러므로 판매소구점은 사람에 따라 관심도가 다르기 때문에 수요자의 상태를 파악해서 거기에 맞는 소구점을 제시해야 상담이 원활하게 이루어진다. 돈 많은 사람한테 전기료를 절약하는 소구점을 떠들어봐야 아무 소용없는 일이다.

(가) 판매소구점 정리 요령

① 고객의 주위를 환기시킨다

판매소구점은 상품에 대한 설명문이 되어서는 안 된다. 고객은 상품 내용에 대한 장황한 설명을 듣고 있기엔 너무 바쁘고 또한 관심도 없다. 오히려 잡다한 세일즈맨들의 잦은 방문에 싫증을 느끼고 있기 때문에 설명 듣는 것 자체를 거부하려고 한다. 따라서 영업 대표는 우선 고객의 관심을 끌만한 간단한 문구를 제시하여 일단 고객의 주의를 환기시킨다.

② 구매 욕망을 불러일으킨다

우선 상품에 대한 가망 고객의 관심이나 흥미를 환기시켜 놓고 그것을 구매욕망으로 발화시키기 위한 효과적인 방법으로 상품→역할→특징→이익의 순으로 소구점을 제시한다. 판매소구점 작성시 고려 사항으로는

㉠ 상품 대명사 : 실제 이름과 상표 사용 금지. 암시적인 이름 또는 대명사의 사용

㉡ 특징 : 경쟁 상품이 갖고 있는 나쁜 특징, 단점

㉢ 역할 : 경쟁 상품의 특징이나 단점이 나타나는 불리한 역할

㉣ 불이익 : 가망 고객이 경쟁 상품을 소유함으로써 얻는 불이익

③ 판매소구점을 확실히 파악한다.

판매소구점은 카탈로그나 팸플릿 등에 기록되어 있는 특징을 말하는 것이 아니다. 고객이 그 상품을 구입함으로써 얻을 수 있는 메리트이다. 그 상품을 구입하면 어떤 메리트가 있는지 세일즈맨은 고객의 입장에서 추구하는 안목을 가져야 한다.

(나) 판매소구점 정리 5단계

단 계	정리방법
1단계	1. 세일즈 포인트를 선택한다. (1) 세일즈 포인트를 3항목 이내로 요약한다. (2) 매력적이고 설명하기 쉬운 포인트를 선택한다. (3) 사용 후에도 납득하기 쉬운 포인트를 선택한다.
2단계	2. 설명하는 방법을 구체적으로 생각한다. (예) "가볍다"라는 것을 설명할 때 (1) "○○kg 가볍습니다. 라고 숫자화 한다." (2) "○○의 재료로 사용했습니다."라고 이유를 설명한다. (3) "가벼워서 사용하는 힘들지 않습니다."라고 장점을 강조한다.
3단계	3. 판매도구로 입증하는 방법을 연구한다. (예) "가볍다"라는 것을 설명할 때 (1) 팸플릿이나 신문기사를 보인다. (2) 현물의 장점을 보이면서 "○○재료"임을 보인다.
4단계	4. 실연(實演)방법을 연구한다. (1) 세일즈맨이 양손에 들고 비교한다. (2) 손님에게 직접 비교시켜 본다. (3) 손님에게 비교한 느낌을 물어본다.
5단계	5. 화법, 판매도구, 동작을 조화롭게 반복하여 완성한다. (예) "가볍다"는 것을 계속 설명할 때 (1) 제1단계에서는 제4단계의 연구를 결집한다. (2) 실시하고 고쳐 나간다. (3) 세일즈 포인트의 소구점과 설명방법을 완성한다.

(다) 판매소구점의 설명요령

구 분	설명요령
제1의 요령	• "전체설명"에서 시작 "세부설명"으로 추진하고 "종합, 정리하는 설명"으로 매듭짓는다. 사례 1. 이상품의 특징은 A, B 두 가지가 있다. 전체의 개요부터 순서대로 말한다. 2. 제1의 특징은 A에 대해 상세한 설명을 – (약) 제2의 특징인 B에 대해 말씀드리면 – (약) - 특징의 하나하나에 대해 설명한다. 3. 설명대로 A, B의 특징이 있다. - 끝으로 특징을 확인하고 인상을 강도 있게 한다.
제2의 요령	• 꼭 기억시키고 싶은 포인트를 끝으로 설명한다. 사례 3가지 포인트를 설명할 경우 1. 손님이 2번째 점에 매력을 느끼는 데 대한 설명 2. 손님이 3번째 점에 매력을 느끼는 데 대한 설명 3. 손님이 가장 매력을 느끼는 점에 대해 설명 - 이 순서대로 설명한다.
제3의 요령	• 세일즈 포인트를 판매도구로 입증한다. 포인트를 입증할 만한 판매도구를 준비하고 활용한다.

3) 예상질문에 대한 준비

세일즈맨이 만나는 모든 고객은 구매 결정을 내리기 전에 몇 가지 관심사를 갖게 된다. 세일즈맨은 고객의 이 관심사에 대하여 고객이 원하는 효과적인 답변을 함으로써 방문판매를 성공으로 이끌 수 있다. 고객으로부터 예상되는 질문에는 다음의 9가지가 있다.

1. 왜 나는 당신을 만나야 하는가?	→ 프레젠테이션
2. 왜 나는 당신 말에 귀를 기울여야 하는가?	
3. 나의 문제는 무엇인가?	→ 문제해결
4. 어떻게 해결할 것인가?	
5. 왜 나는 당신을 믿어야 하는가?	
6. 왜 나는 당신의 회사를 믿어야 하는가?	
7. 왜 당신의 해결책이 최고인가?	
8. 왜 나는 실천해야 하는가?	→ 행동의 구체화
9. 왜 나는 지금 사야만 하는가?	

(가) 질문설명

고객이 첫 번째로 감안하고 있는 것은 시간이다. 누구와 어디에다 시간을 쓸 것이가? 시간은 많지 않으며 시간은 곧 돈이다. 세일즈맨은 시간을 좀 내주기를 바라지만 고객은 시간 투자를 할 만한 가치가 있어야하고 효과가 있어야 한다.

시간을 내는데 무슨 이익이 있는가? 하고 물었을 때 세일즈맨은 관심을 끄는 말이나 영업 목적을 설명해야 한다.

(나) 답을 만드는 방법

— 회사명, 성명을 소개한다.

— 사업 목적, 영업 목적을 이점과 결부시켜 설명한다.

(다) 사 례

우리는 원가를 절감하고 이익을 증대시키는 비즈니스 시스템을 공급합니다.

거절을 물리치는 「고객을 사로잡는」 세 마디의 말

- 모든 사람이 … : 신뢰성제고
- 절대로! … : 도움 제공
- 언젠가는 … : 필요성 강조

사 례	① 모든 사람이 관심을 갖고 흥미 있게 들어주셨습니다.
	② 절대로 들어보시면 이익, 도움이 될 것입니다.
	③ 언젠가는 이 문제에 대하여 알아야 됩니다.

- 고　　객 : 우리집 아이는 아직 나이가 어리고, 이것은 5년 후에나 생각해볼 문제입니다.
- 세일즈맨 : 언젠가는 생각해 볼 문제이므로 절대로 지금 들어 주시는 것이 이롭다고 생각합니다. 모든 사람이 흥미롭게 들어주셨으면 큰 도움이 되었다고 합니다.

7. 가망 고객의 신규 개척

1) 가망 고객의 구분 및 관리

가망성 있는 고객을 구분하는 방법에는 다음의 4가지가 있다.

(가) 나이에 따른 구분

10대	부모 형제의 영향이 크게 작용하며, 아직 주관이 뚜렷하지 못하고 개성적이 못된다.
20대	① 이 시기에는 자의식이 싹트는 시기로, 이상을 추구하는 경향이 강하며 회의, 번민, 모순의 발견 등으로 정신적 혼란을 겪는다. ② 단순하여 이론에 따라 현실로부터 이탈하여 극단으로부터 극단으로 치닫는다. ③ 경쟁심이 왕성하여 우월감을 구한다. ④ 인생관이 확립되어 있지 않아 외부로부터의 영향에 공명하는 나머지, 의견은 명료하나 변화하는 것을 좋아한다. ⑤ 솔직하여 감수성이 강하고 흥분하기 쉽다.
30대	이 때는 가정적으로나 경제적으로나 안정감이 있는 사회활동 시기이다. 가정인으로나 사회인으로나 자의식이 강화되고 보수와 혁신의 절충을 추구하며, 안정성 있는 방향을 모색하는 시기이다.
40대	① 이는 인생의 황금시기로서 교육, 직업, 명예, 경제력, 사회활동의 완숙기를 지향한다. ② 현실적, 실제적이어서 공리, 공론에 현혹되지 아니한다. ③ 인생에 대하여 독자의 입장과 태도가 확립되어 주위로부터 받는 영향력이 적다. ④ 사고하는 것은 실제적이고 자기중심적이어서 자신을 위해 남을 이용하는 경향이 짙어진다.

	⑤ 지배욕과 정복욕이 강한 나머지 실력을 사회에 반영하여 영향을 미치는 것에 대하여 매력을 느낀다.
50대	① 인생이 정리기로 접어드는 시기로, 퇴직 후의 남은 인생을 어떻게 살까에 대하여 신경을 쓰게 된다. ② 투지가 약해지고 성생활이 저하되나, 종교나 물건의 수집에 관심이 크고 또 명예를 추구한다. ③ 외부 세계에 대한 주위의 흥미가 둔화하여 모든 것을 고독하게 느낀다.

(나) 성별에 따른 구분

남성	① 독립심이 강하여 자신감, 우월감, 자기만족을 구한다. ② 창조적, 개방적, 지배적, 독립적, 모험적이다. ③ 이론적, 경제적, 정치적, 사회적 관심이 높아 학교친구, 직장친구, 사회친구를 중요시하고 가부장적, 가치관을 가지고 있다. ④ 사물을 추상적으로 생각하는 경향이 있다.
여성	① 독립성, 결단성이 부족하여 우유부단하고 모방하는 것을 좋아한다. ② 보수적, 수동적, 비개방적, 현실적이다. ③ 가족본위, 가정중심, 자녀중심적이고 남편추종, 부모추종, 의존적이고 경제력이 약하다. ④ 미적, 종교적 관심이 강하며 동정심이 풍부하다. ⑤ 즉흥적으로 사물을 판단하고, 즉흥적으로 물질 추구욕을 보이나 추상적으로 사고하진 않는다.

(다) 성격에 따른 구분

유 형	특 성	취급형
호인형	• 사귀기 쉽다. • 쾌활하다.	• 유머를 쓴다. • 화제를 빨리 화법 중심으로 이끈다. • 단도직입적인 요점으로 유도한다.
겁쟁이형	• 두려움과 염려, 우유부단으로 가득 차 있다. • 다른 사람의 의견에 심한 방어태세를 갖추고 있다. • 결단을 못 내린다.	• 세일즈맨의 조력이 필요하다. • 그를 칭찬해 주고 증거를 제시해 확고한 마음을 갖도록 유도한다. • 그 자신 판단에 의하여 신념을 갖도록 만든다.
침묵형	• 사색가, 이론가 • 대답을 잘 하지 않는다.	• 친절을 베풀어 준다. • 대답을 하지 않을 수 없도록 질문을 유도한다. • 반응이 일어나도록 핵심을 찌르는 말을 한다. • 부드러운 분위기를 조성하고 회화식을 말을 많이 하지 않는다. 그리고 간단한 제의를 한다.
존대형	• 실제는 위인, 예능인	• 상대의 장점을 칭찬해 주면서 상대에게 말려든다.

	• 배짱이 큰 사람	• 다소의 겸손을 보인다.
거사형	• 이유가 많다. • 투쟁의식이 강하다.	• 토론하지 말고 상대의 의견을 존중한다. • 상대가 자기가 선택한 것 같이 권유한다.
깍쟁이형	• 주판을 잘 튀긴다. • 할인, 리베이트를 요구하며 깍는 것에 자기 만족을 느낀다.	• 상품의 품질 등 이점을 강조하고 가격은 나중에 이야기 한다.
수다형	• 상대방의 시간을 빼앗는다. • 판매를 떠나서 혼자 떠들어 댄다.	• 적당한 시간만 이야기하게 하고 들어준다. • 그가 한 말에 대해서 코멘트 해주고 세일즈맨이 말하고자 하는 바에 따라오도록 유도한다.
회의형	• 남이 말하는 것을 믿지 않는다. • 모든 세일즈맨은 고객의 눈을 속이려고 한다고 생각한다.	• 확신을 주고 증거, 증언을 통해서 믿도록 만든다. • 세일즈맨이 그를 도우려고 애쓰는 성실성과 진심을 보여 준다. • 그가 어리석지 않다는 것을 느끼도록 하기 위해서 몇 가지 점에서 토론에 이기도록 만든다.
동요형	• 사물에 대한 판단을 쉽게 하지 못한다.	• 생각한대로 행하도록 하고 해야 될 일은 바로 행동으로 옮기도록 유도한다. • 요점을 자주 반복하고 사실을 설명한다. • 선택 기회를 주지 말고 한 가지 코스로 나가도록 주의를 환기시킨다.
고집쟁이형	• 자기 의견만 고집 세운다.	• 그를 추켜 주고 상품에 대해서 확신감을 심어준다. • 그의 프라이드를 존경하되, 논쟁에 휘말려 들지 말고 결코 그에게 어리석게 굴지 않는다.
연기형	결정을 내리는 데 시간이 많이 걸리고 세일즈맨의 시간을 낭비한다.	• 지연되었을 경우에 어떤 불이익이 초래될 것인가를 알려주고 겁을 먹게 한다.
기술자형	• 자세한 정보나 증거를 요구한다. • 세일매이 모든 사실을 알 것을 기대한다.	• 정확하고 철저한 기술적인 정보, 강조되는 자료, 실험 테스트 등을 활용한다. • 다른 사람의 의견을 듣고 그 자신의 판단으로 확신하도록 증언을 이용한다. • 정확하게 업무 처리하고 전문적인 특징을 강조한다.
숙고형	• 타의에 의하여 자기가 끌려가는 것을 거부한다. • 모든 사항에 대해서 숙고하고 자기의 가치를 주의 깊게 저울질한다. • 여러 각도에서 귀찮을 정도로 상세한 제의를 시험해 본다.	• 이런 대상한테 판매한다는 것은 길고도 괴로운 역정일 수도 있으나, 돌진하지 말고 서서히 추진해 나간다. • 보증과 증거를 대서 신임을 얻도록 한다. • 상대가 충분히 만족할 수 있도록 사전준비를 철저히 한다.

인색한 형	• 진실을 말하려 하지 않고 조력만 원한다.	• 그를 도움으로써 친구가 되도록 노력한다. • 신념을 심어주고 어떻게 하면 다른 사람보다 더 나아질 수 있을지를 보여준다.
잘난체하는 형	• 시간을 낭비하게 하고 그를 다루는데 있어 화나게 할 수 있다.	• 그를 칭찬해 주고 우쭐하게 만들어 주고, 그 자신이 중요하다고 생각하는 바에 따라서 행동하도록 한다. • 유머를 잘 구사하고 그가 떨어져 나가려 하면 붙잡아 둔다.
온후한 형	• 쉽게 판매를 할 수 있다고 잘못 판단하기 쉽다.	• 판매에 관한 것만 이야기 한다. • 유머를 사용한다. • 모든 자료들을 그의 책상 위에 진열해 둔다. • 공명정대하고 관대한 그의 센스에 호소한다. • 그에게 복종하고 그의 호기심을 부추긴다.
거만형	• 세일즈맨의 인내를 시험하려 한다. • 세일즈맨의 시간과 주의를 너무 요구하면서 배려를 얻어내려 한다.	• 칭찬과 아첨과 재치를 활용한다. • 그의 필요한 의도에 따라 이야기의 실마리를 추출할 수 있도록 그에게 이야기를 시키고 그 이야기를 듣는다. • 바람직한 반응을 얻을 수 있도록 가치 있는 제의와 아이디어를 제시한다.
신뢰형	• 통상 여성들이 이에 해당된다.	• 오해를 사지 않도록 주의한다. • 당신이 말하는 것은 모든 것이 진실이고, 당신은 진실만 말한다는 것을 확신시킨다.
내향형	• 정신이 예민하여 언동이 복잡하거나 차림새가 좋지 않은 세일즈맨을 싫어한다. 깡마른 몸매로 역삼각의 얼굴을 하고, 까다롭게 입을 다물고 있다. 감정을 숨기고 이야기하면서 약간 비꼬는 듯한 냉소를 떠올리기도 하니까 무엇을 생각하고 있는지 포착하기 힘들다	• 쉽게 사람을 신용하지 않지만 성실하게 접촉해 가면 깊이 신뢰해주게 된다. 그 전에 아무리 결단을 재촉해도 적극성이 없어 결말이 나지 않는 일이 허다하다.
동조형	• 사교성이 풍부하여 친하기 쉽다. • 쾌활하고 동적이지만 주기적으로 기분이 변하는 상태가 되기 쉽고 빙 돌려서 하는 일을 싫어한다. • 뚱뚱한 얼굴에 면적이 넓은 사람이 많다.	• 조크를 날리면서 장단 맞춰 대화하지만, 이것저것 탈선하는 경향이 있기 때문에 세일즈맨 측에서 노선유지를 꾀해야 한다.

점착성	• 하나의 일에 끈질기게 집중한다. 그만큼 생각하는 방법이 고정적이다. • 눈치가 빠르지 못하다. 이론을 캐는 점이 있고 논의하는데 휘말리면 애를 먹게 된다. • 멍청하게 비꼬아 말하든가 독선적인 화법을 하기도 하며, 돌연 화를 내는 일면도 있다. • 턱이 모가 나고 두꺼우며 골격이 침착한 대화법은 좋지만 억양이나 표정이 부족한 것 같다.	• 계약이 결정될 때 까지는 아무리 사소한 일이라도 납득이 될 때까지 면밀한 설명을 되풀이 하는 것이 필요하다. • 조잡하게 억측을 부리면 갑자기 확 폭발할 수가 있다.
아집성	• 자만심이 강하고 무엇에도 자신이 만만하다. • 강인한 신념을 가지고 있기 때문에 타인이 움직여 사고를 변화시킨다는 것은 힘든 일이다.	• 자기주장이 강하고 어프로치에 대하여 자신의 의견을 분명히 표명하기 때문에 상대하기가 힘들어 세일즈맨 쪽이 후퇴해 버리기 쉽다. • 세일즈맨과의 대화중에 자신의 생각과 공감하는 점을 발견하면 갑자기 구입할 의향을 그대로 나타내기 때문에 실은 바람직한 고객이다. • 자신의 일은 자신이 결정할 수 있다면 머리를 짜내어 골몰하여 결정한다. • 결정을 안 할 경우는 미련 없이 재빨리 단념하는 쪽이 좋다.

(라) 인상에 의한 분류

여기서는 「P.R . 브레이크」, 「T. S. 무톤」공저, 「세일즈 그리드」(Sales Grid)에서 구분한 고객 분류 방법을 인용하고자 한다.

① 구매지향형 고객

살 물건에 대한 최고의 관심을 가지나 세일즈맨에 대해서는 관심이 없다. 이 고객은 「알 수도 없는 물건을 나에게 강매하려는 기세인데 기회를 주어서는 안 되겠다. 자칫 하면 사고 싶지도 않은 물건을 사야만 하는 형편이 된다.」라는 태도를 취한다. 좋은 물건을 사겠다는 높은 관심은 본인의 신념의 강도로 나타낸다.

② 세일즈맨 지향형 고객

건전한 구매에는 최저의 관심밖에 쏟지 않고 세일즈맨에 대해서만 관심을 쏟는다. 이 스타일을 취하는 고객은 자신이 좋아하는 세일즈맨, 또는 자신을 좋아하는 세일즈맨으로 부터 물건을 사야겠다고 생각하고 있다. 마음이 가볍고 호인형으로, 이러한 고객의 생일, 아이들 이름, 골프의 스코어, 취미를 기억했다가 대화를 하면 쉽게 따를 형이다. 품질, 서비스, 구입 규격면에의 적격성 등에 관해서는 처음부터 신용하고 문제 삼지 않는다.

③ 구매지향, 세일즈맨지향 중간형 고객

정례적인 구매를 제외하고는 어떤 물건을 살 때도 확신을 못가지고 우물우물하며, 사 고 싶지만 속지나 않나 하고 걱정부터 한다. 세일즈맨을 대하는 태도는 좋으나 세일즈맨이 하는 말을 모두 믿지는 않는다. 이런 고객에게 중요한 것은 상품의 평판이다. 참신한 상품을 시험해 보거나, 상품자체의 특성을 잘 이용해 보자고 모험을 하는 것 보다는 누군가가 사용해 보고 좋다고 했느냐 안했느냐를 중요시 한다.

④ 구매, 세일즈맨 지향형 고객

면접 전에 자질구레한 것을 제쳐놓고 자신이 필요로 하는 것은 어떤 것이라는 점을 뚜렷이 정해 놓고 있다. 이 타입의 고객은 사실, 자료, 논리, 타당성에서 납득이 가면 당장이라도 구매할 준비가 되어 있다. 그 특징은 상품의 이점과 한계를 알고 싶어하는 것이다. 자신의 결정이 정확함을 완전히 납득한 이후에 상담을 체결하고 싶어서이다.

8. 첫인상의 중요성

세일즈맨에 대한 고객의 첫인상은 상담의 최초의 30초로 결정된다. 처음에 고객에게 나쁜 인상을 주면 그것을 회복하기란 쉬운 일은 아니다. 상대의 경계심을 풀고, 좋은 첫인상을 주지 못하면 상대는 이야기를 들으려고 하지 않는다. 이쪽 이야기를 듣고자 하지 않는 상대에 대해 판매가 기대되는 방향으로 진행 될 리가 없다. 이쪽 이야기를 듣고자 하는 마음가짐을 갖도록 하는 것이 첫마디의 목적인 것이다.

상담의 첫 단계에서는 상대는 대체적으로 다른 일에 주의가 끌려 있다. 이 산만한 주의를 집중시킬 수만 있다면 첫말로서는 성공이다. 처음부터 상품의 이야기에 주의를 끌게 하려고 해도 어려운 일이며 상담과 관계가 없다 해도 세일즈맨의 이야기에 귀를 기울이게 하는 것이 중요하다. 그러면 어떤 이야기부터 하는 것이 좋을까?

일기, 기후	공통의 지인(知人)
취미	가족, 가정
뉴스	경기(景氣)
여행	일, 알고 싶어 하는 것
외모	의, 식, 주
건강	전번 방문시의 화제

9. 첫인상의 자기 점검 체크리스트

첫인상을 결정짓는 자기점검 체크리스트는 다음의 자신, 복장, 표정, 인사, 감사, 동작 등 6가지 요소로 결정된다.

구 분	구체적 내용	자기체크	
		합 격	불합격
1. 자신	1. 회사나 상품을 연구하여 자신을 갖는다. 2. 세일즈활동에 자신과 프라이드를 갖는다. 3. 방문에 앞서 마음가짐을 단단히 한다.		
2. 복장	4. 복장, 몸단장을 올바르게 한다. 5. 소지품을 신선하고 깨끗하게. 6. 가방 속을 정리한다.		
3. 표정	7. 몸가짐을 단정히 한다. 8. 손님이나 상대를 알려고 노력한다. 9. 거울로 자기표정을 점검한다.		
4. 인사	10. 인사를 바르게 한다. 11. 자기소개를 간결하고 인상 깊게. 12. 회사소개를 간결하고 매력적으로.		
5. 감사	13. 상담에 대해 감사한다. 14. 상대나 회사를 칭찬한다. 15. 명랑하고 밝은 표현을 한다.		
6. 동작	16. 기본 동작을 마스터 한다. 17. 기민한 동작을 한다. 18. 상대에 대해 존경심을 갖는다.		

10. 가망고객 신규개척사례(예)

■ 구매사례의 예

접근	S	안녕하십니까?
	점주	네, 누구신가요. 네, ○○마트 ○○○입니다. (명함을 내밀면서 반갑습니다) 네, 오늘은 사장님 가게가 매출을 많이 올리는데 도움이 되는 이야기를 드릴까 하고 왔습니다. (또는 오늘은 사장님께 돈벌이가 되는 이야기를 하려고 왔습니다.)
	점주	그래요? 돈벌이의 비결이라고요? 앉으시지요.
	S	고맙습니다. 그러면 잠깐 실례하겠습니다.(앉는다) 가게도 좋고 내부도 깨끗하군요. 물건도 참 많으신데요. 진열도 잘 되어있습니다. 누가 고안하신 겁니까?
	점주	뭐, 그렇지도 않습니다. 내가 생각해서 하긴 한 건데요.
	S	아니! 직접 하셨습니까? 대단한 솜씨입니다.
	점주	요즈음 가까운 곳에 아파트 단지가 생긴 탓인지 젊은 손님이 많아져서 진열을 연구하지 않으면 손님의 발이 끊어지는 것 같아서요.
	S	옳은 말씀이십니다. 최근에는 젊은이가 많이 드나드는 상점이 번영한다는 말을 하더군요.
	점주	그것은 그렇고 방금 전에 돈벌이 할 수 있는 이야기가 있다고 했는데 무슨 이야기요?
	S	아! 실례했습니다. 오늘은 주인께 많이 팔 수 있도록 금년도의 신형 햄, 소시지용 쇼 케이스를 소개코자 찾아뵈었습니다.
	v	그거 안됐는데, 우리는 전부터 쓰고 있는 박스의 냉장고가 아직도 멀쩡한데.
제시 단계	S	물론 그러시겠지요. 이것 말씀이지요. 참 좋군요. 그러나 잘 아시겠습니다만 보이지 않는 상품은 팔리지 않는다는 원칙이 있듯이 이 쇼 케이스를 놓고 판매하면 여러 가지 좋은 효과가 있습니다. 예를 들면 (카탈로그를 보이면서 효용을 설명한다.)

<table>
<tr><td colspan="3">〈쇼 케이스의 특징〉

1. 디자인이 좋아 상점이 아름답게 보인다.
2. 밤에는 형광등이 켜져서 선전효과도 충분하다.
3. 상품을 꺼내기가 극히 편리하다.
4. 종래의 것보다 내부가 넓어 전 상품을 진열할 수 있다.
5. 지나가는 손님이 내부를 잘 볼 수 있도록 설계되어 있다.</td></tr>
<tr><td rowspan="3">종결</td><td>점주
S</td><td>그것 그런데 값이 비싸겠지?
가격은 기종에 따라 다소 다르지만 그다지 비싸지도 않습니다. (가격표를 보이면서 이야기를 진행시킨다.)
5-6회로 나누어서 월부로 지급하는 방법도 있습니다. 그러나 싼 물건이 아니니 여러모로 한번 검토해 보시지요. 그리고 이것은 참고가 될까 합니다만 어느 정도를 팔면 밑천을 뽑는가 하는 것을 계산한 것인데요. 한번 보아주십시요.
(그러면서 시산서를 보여준다.)</td></tr>
<tr><td></td><td>1. 기종 ○○○○
2. 구입가격 ₩ XXXX
3. 연간매출액 ₩ XXXX
4. 연간매출총이익 ₩ XXXX
5. 전기요금 ₩ XXXX
6. 순 익 ₩ XXXX</td></tr>
<tr><td>S

점주

S</td><td>(시산서에 대해 설명한다)
그러면 바쁘신데 고맙습니다. 다시 한번 찾아뵙겠습니다.
다음날 ○○일은 어떻습니까?
글쎄… 좋습니다. 아무쪼록 오후 1시에서 3시 사이에 찾아오십시오.
고맙습니다. 다시 오겠습니다.</td></tr>
</table>

6.5 접근의 중요성

'시작이 반' '처음이 좋으면 끝이 좋다.'라는 말이 있다. 세일즈 활동도 마찬가지이다. 접근(approach)에 실패하고 상담이 성공할 수는 없는 법이다. 접근의 성공과 실패는 상담 성공에 있어서 75%의 영향력을 차지한다. 설득하려 해도 상대방이 들으려고 하지 않으면 도저히 불가능하다.

세일즈맨은 초대받은 손님이 아니다. 비빌 곳 없는 곳에 방문하여 고객에게 접근하고 호감을 주며 상담을 추진하고 나아가 체결하려는 것이 업무이다. 접근이란 비빌 데 없는 곳에 비비고 들어가는 기술이다.

첫 회 방문 시는 말할 것도 없이 고객과 세일즈맨의 실질적 거리는 무척 멀다. 그 거리를 가능한 한 빨리 좁히지 않으면 상담 진도도 나가지 않고 계약도 성사하지 못한다. 막연하게 어프로치하면 안 된다. 세일즈에 있어서의 접근은 세일즈맨과 고객사이의 불안감이나 경계심을 제거함으로 인하여 고객과의 좋은 인간관계를 만들고 상담을 유리하게 진행하기 위하여 노력하는 단계라는 의미를 지니고 있다.

'상품을 팔기 전에 먼저 자기 자신을 팔라!'고한다. 이 말은 상품을 팔기 전에 영업사원 자신의 인품을 팔아 상호간에 신뢰 관계를 만들어 두라는 뜻이다. 누구든 초면인 사람이 방문하게 되면 경계심이나 불안감을 가지게 되는 법인데 특히 영업 사원의 방문을 받을 경우 이와 같은 심리가 더욱 강해지는 법이다.

1. 접근시의 유의사항

1) 마음의 문을 연다.

고객이 일단 마음의 문을 닫아 버리면 세일즈맨이 제아무리 열심히 상품 설명을 하려고 해도 고객의 마음은 움직이지 않는다. 오히려 고객의 반감을 조성할 뿐이다. 따라서 세일즈맨은 먼저 고객의 닫힌 마음의 문을 열게 하여 마음의 장벽을 무너뜨리는 일부터 해야 한다.

'이 영업 사원은 신뢰해도 될 것 같다. 이야기만이라도 들어보자'라는 심정을 일으키게 하는 것이 접근의 목적이다. 세일즈맨의 운명은 고객을 만나는 처음 30초 사이에 결정된다고 할 수 있다.

2) 고객의 심리파악과 대처

처음 고객은 방문하게 되면 좀처럼 진심을 털어놓고 대해 주지 않는다. 물론 처음 만난 사이에다 세일즈맨의 정체를 모르기 때문에 고객의 이와 같은 태도는 당연한 일이라고 할 수 있다. 우리들은 그러한 고객의 심리를 충분히 이해하고 대처해 나가야 한다. 빙산을 보게 되면 물위에 나타난 부분은 극히 일부분에 지나지 않으며 거의 대부분이 물속에 모습을 감추고 있다. 이와 마찬가지로 고객의 마음도 빙산처럼 표면에 노출되는 것은 매우 작은 부분에 지나지 않는다.

그러므로 우리는 고객의 본심에 호소하여 고객의 참마음을 알아내도록 하여야 한다. 설사 처음 방문에선 거절당했다고 하더라도 그 거절이 고객의 본심이 아니라 생각하고 상대편이 마음의 문을 열고 본심을 털어놓을 때까지 성의와 인내심을 가지고 계속 접촉해 나가야 한다.

3) 불안감의 해소

고객은 모르는 세일즈맨의 방문을 받게 되면 심리적으로 불안을 느끼게 되는데 그 불안의 종류는 다음의 두 가지로 요약할 수 있다. 첫째는 알지 못함에 대한 불안심리(예 : 저 사람이 어떠한 사람일까?)이고 둘째는 구매요구에 대한 불안심리(예 : 무엇을 사달라고 강요하지 않을까?)에서이다.

이상의 두 가지 불안심리는 거의 모든 사람이 지니고 있는 본능이라 할 수 있다. 따라서 훌륭한 인간관계의 정지작업, 즉 휴먼 터치(human touch)를 통해서 그들의 불안심리를 제거해 주고 이야기를 진지하게 받아들이는 상태로 만들어 가야 한다.

4) 구매가능성 탐색

방문의 가장 핵심적인 목표는 상대편이 이 상품을 살 사람인가, 사지 않은 사람인가, 만일 살 것 같으면 언제쯤 사게 될 것인가? 이런 것들이 관심의 포인트가 될 것이다. 그러므로 신규방문에서는 이와 같은 동경과 동태를 예리한 관찰과 질문에 의하여 탐색해야 한다. 만일, 가망도의 탐색이 잘못되거나 빗나갔을 경우는 시간과 정력의 소모가 뒤따르게 된다.

일반적으로 구매가능성은 다음의 7단계로 결정된다.

(가) 주목의 단계(attention)

고객은 선전, 관고나 방문, 영업사원에 의하여 상품에 대한 주목을 하게 된다. 고객의 주목을 끌기 위해서는 무언가 새롭고 신선하다는 감정을 일으켜야 한다. 다양한 디자인, 색다른 큰소리, 대조되는 강한 색채 등은 주목을 끄는 요인이다.

(나) 흥미의 단계(interest)

주의가 끌려도 흥미가 없으면 한번 보기만 하지 관심을 나타내지 않는다. 신상품이 소개되어 주목을 끌게 되면 신형은 구형보다 무엇이 다른지를 설명하여 흥미를 갖도록 해야 한다.

(다) 연상의 단계(association)

구입을 하게 되면 다른 사람들이 얼마나 부러워하게 될까? 자기의 생활이 얼마나 편리하고 충족해 보일까?' 등 실제로 구입한 후의 상태를 연상한다.

(라) 욕망의 단계(desire)

이 때가 되면 「갖고 싶다, 사고 싶다」고 생각게 하는 단계이다. 실제로 상품을 소유한 상태에서 만족감을 맛볼 수 있도록 데몬스트레이션을 시켜 경험을 갖게 함으로써 강력한 욕망이 일어나도록 한다.

(마) 비교의 단계(comparison)

다른 영업사원에게 산다면 보다 더 좋은 조건으로 살 수 있지 않을까? 경쟁여행사에는 좀 더 좋은 상품이 없을까?' 등을 비교, 검토하면서 영업사원에게 반대의견을 제시한다. 이 때 영업사원은 자사 상품의 우수성에 대한 확신을 가지고 설명해 주고 구입조건에 대해서도 안심하도록 설명한다.

(바) 확신의 단계(confidence)

이 확신의 단계는 고객이 영업사원의 말대로 구입한다면 틀림없이 이성적으로 확인, 납득하는 단계이다. 그러므로 다른 어느 단계보다 영업사원의 정신적인 요소, 즉 인간적인 요소가 크게 작용하는 것이다.

(사) 구매의 단계(action)

고객은 확신이 이루어지면 구매계약을 체결하게 되지만, 고객자신이 스스로 계약체결을 요청하지 않는다. 고객이 계약체결을 요청할 때까지 기다리지 말고 영업사원은 적절한 시기를 봐서 고객의 구매결정을 유도하고 판매를 매듭짓는다.

▌표 6-3▐ 고객의 구매 심리 7단계

<table>
<tr><th>고객의 구매심리</th><th colspan="2">판매과정</th><th>세일즈맨의 활동</th></tr>
<tr><td>1. 주목 (A)</td><td colspan="2" rowspan="2">1. 접근 (approach)</td><td>1. 인사한다.
경계심을 푸는 분위기를 조성한다.
친근감을 갖게 한다.
2. 상대의 관심사를 이야기 한다.</td></tr>
<tr><td>2. 흥미 (I)</td><td>3. 용건에 들어간다.
곧 본론에 들어간다.
질문부터 한다.
실사례를 든다.</td></tr>
<tr><td>3. 연상 (A)</td><td rowspan="4">제시(데몬스트레이션)</td><td rowspan="2">2. 상품설명·실연</td><td>4. 상품설명을 한다.
고객의 문제점에 답한다.
고객의 받는 이점을 이야기한다.
5. 자료를 활용한다.
이점을 입증한다.
필요성이나 특징을 설명한다.</td></tr>
<tr><td>4. 욕망 (D)</td><td>6. 실연한다.
상대의 반응을 보면서
실연해 보이고 고객에게 실연시킨다.
7. 실례(實例)를 보인다.</td></tr>
<tr><td>5. 비교 (C)</td><td rowspan="2">3. 반대극복</td><td>8. 상품을 비교하고 납득시킨다.
상대의 반응을 관찰한다.
9. 반대처리기법을 활용한다.</td></tr>
<tr><td>6. 확신 (T)</td><td>10. 질문하여 고객의 의문점을 파악한다.
11. 사례나 자료로 증거를 보인다.
상대의 반응에 주의한다.
여러 가지 근거를 보인다.</td></tr>
<tr><td>7. 구매 (A)</td><td colspan="2">4. 체결 (closing)</td><td>12. 체결의 기법을 활용한다.
결심하도록 노력을 계속한다.
13. 다음 방문의 구실을 만든다.
14. 인사한다.
공손히 돌아간다.</td></tr>
</table>

5) 필요한 정보의 수집

상품 구입에 따른 필요한 정보, 즉 고객이 거주하고 있는 집이 자택인가 아니면 전세나 월세 집인가 하는 것을 비롯하여 직업은 무엇이며 근무처는 어디이며 직책이나 생활 정도는 어떠한 수준인가 등의 정보를 수집하는 것이다. 이와 같은 정보는 상품을 판매한 이후에 발생되는 사고 예방에도 크게 도움이 된다.

6) 차기의 방문계기 조성

다음 기회에 다시 방문할 수 있도록 여건을 조성하는 것이다. 다행스럽게도 재방문의 약속이 성립된다면 그 이상 바랄 것이 없다. 처음 방문에서 재방문의 계기를 만들지 못하여 계속 방문에 실패하는 경우가 많으므로 차기 방문의 계기를 만들도록 노력하여야 한다.

2. 접근시 성공의 조건

1) 화제의 도입

고객과의 첫 대면은 매우 중요하다. 밝은 미소, 경쾌한 음성이 고객에게 호감을 준다. 만날 약속을 사전에 해 두고 만날 당일 다시 확인하는 습관을 갖도록 한다. 만나서는 이야기를 오랜 시간을 끌지 않는다는 의지를 보여준다. 처음 방문하여 시간을 오래 끄는 것은 실례가 될 뿐 아니라 고객은 마음의 문을 닫아 버리게 된다. 이야기를 부드럽게 지속하기 위해서 고객의 관심사를 알고 이에 맞추어서 화제를 풀어간다(예 : 자녀의 진학 문제, 독서, 취미, 건강 등).

2) 질문과 칭찬의 구사

예 : 현재 ○○상품을 가지고 계십니까? 어떤 상품입니까? 언제 사셨습니까? 성능은 어떻습니까? ○○상품을 갖지 않은 특별한 이유라도 있습니까? 이러한 질문을 하면서 칭찬하는 말을 사용한다(예 : 훌륭한 사무실, 멋있는 경관, 행복해 보이는 가정 등에 대한 찬사).

3) 화제의 기법 구사

고객의 마음을 여는 화제기법으로는 다음과 같은 것이 있다.

항 목	내 용
1. 다양할 것	빠른 템포로 전개되는 변화 넘치는 화제를 생각하자.
2. 새로울 것	신선한 화제를, 아는 것은 쉽게 질린다.
3. 신변 이야기	자신과 전혀 관계가 없는 것에는 관심이 없다.
4. 친근감 있는 화제	의식적으로 공통 화제를 찾는다.
5. 구체적인 것	추상적인 것만으로는 사람을 끌 수 없다. 사진이나 그래프 등을 활용해서 설득력 있게 이야기 한다.
6. 걱정되는 것	현재 안고 있는 문제나 고민이야말로 인간에게 있어서 최대의 관심사.
7. 대립되고 있는 것	결과가 명약관화한 것 보다는 서로 대립되고 있는 것에 더욱 흥미를 갖는다.
8. 유머러스한 것	누구나 즐겁고 재미있는 것에 흥미가 있게 마련이다.
9. 욕구에 호소하는 것	상대방이 무엇을 원하는가를 무시한 이야기는 질리기만 할 뿐이다.

4) 접근 요령

접근요령에는 다음의 7가지 접근 방법이 있다. 이를

항 목	내 용	사 례
칭찬 접근	진심으로 칭찬하면서 접근한다.	"가계가 참 깨끗합니다."
소개 접근	제3자의 소개를 받아서 접근한다.	"실은 ○○로부터 소개받았습니다 만"
질문 접근	물어 보면서 상담으로 유도한다.	"지금 귀사에서 벌이고 있는 ○○캠페인이란 무엇입니까?"
조사 접근	앙케트나 조사 용지를 갖고 그것을 구실로 접근한다.	"○○에 대해 조사하고 있는데 부탁합니다."
제안 접근	고객에게 도움이 되는 제안이나 정보를 제공하면서 접근한다.	"절세 방법으로서 이런 방법이 있습니다만."
선물 접근	기념품이나 증정품을 가지고 접근한다.	"이것이 요리 수첩입니다만 그런데…."
단도직입적 접근	인사하고 자기소개를 마치고 곧 상담에 들어간다.	"죄송합니다만 지금 화제가 되고 있는 신상품…."

5) 방문 공포증의 원인과 극복 방법

우리들이 낯선 곳을 방문할 때에는 다소나마 불안한 마음을 갖게 되는데 이와 같은 심리는 누구나 다 갖고 있다. 그러나 이와 같은 불안 심리가 공포심으로 되어 행동력이 둔화된다면 문제가 아닐 수 없다. 세일즈맨이 방문 공포증을 극복하지 않으면 판매활동은 불가능하다.

그러면 방문공포증의 원인은 무엇이며 그것을 어떠한 방법으로 대처하는 것이 바람직한가를 검토해 보기로 한다.

원 인	대 책
1. 방문준비의 부족	1) 완벽하게 방문준비를 갖춘다. 2) 상품지식을 공부하여 자신감을 지닌다. 3) 고객으로부터 배운다는 심정으로 방문한다.
2. 컨디션의 불량	무엇보다도 건강이 제일이기 때문에 충분한 수면과 규칙적인 생활을 한다.
3. 성격적인 연약함	다음과 같이 자기 자신을 일깨워 강인한 정신력을 갖도록 한다. 1) 마음에 내키지 않는 고객일수록 가망성이 있다. 2) 판매는 거절당했을 때 비로소 시작된다. 3) 고객은 값진 스승이다. 4) 방문하기만 하면 반드시 도움 되는 이야기가 있을 것이다. 5) 나에게서 상품을 사지 않으면 손해를 본다. 6) 나 자신이 생각한 것처럼 상대편을 생각하고 있지 않는다.

말에는 연동원리라는 것이 있다. 즉 약한 말로 이야기 하게 되면 약한 말로 답변하게 되고, 빠른 속도로 이야기 하게 되면 빠른 말로 답변한다. 이와 같은 원리는 계속해서 큰 소리로 이야기 하게 되면 큰 소리로 답변하게 되고, 언성을 높이게 되면 상대방도 높은 언성으로 응대하게 되는 것이다. 따라서 침착하지 못한 화법은 안정되지 못한 답변을 얻게 되며, 강압적으로 이야기 하게 되면 상대편도 강하게 반발한다.

즉 대화하는 방식에 따라 고객의 방으로 달라지게 되므로 이 원리를 잘 활용하지 않으면 안 된다.

3. 상품설명

1) 데몬스트레이션(demonstration)

데몬스트레이션이란 일정한 요구를 하는 사람들이 그 요구를 달성하는 데 필요한 의지를 굳히기 위해 결집해 집단의 단결력을 과시함으로써 상대방에 심리적인 압력을 가함과 동시에 일반여론에도 요구·주장의 정당성을 호소하는 시위운동을 말한다.

판매에 있어서 데몬스트레이션이란 상품 혹은 모형, 그래프, 종이, 그림, 연필 등을 사용하여 그 상품이 손님에게 주는 이익(이점)을 실연에 의해 증명하는 것이다. 예컨대 한번 써 보게 하는 방법도 있을 것이며 팸플릿이나 그래프로 보인다거나, 메모지로 계산해 보일 수도 있을 것이다. 어떤 상품이라도 실연(實演)할 수가 있는 것이다.

「데몬스트레이션에 성공하면 그 판매는 성공한다」는 말까지 있다. 회사에 따라서는 표준적인 방법을 정하고 있을지 모르나 세일즈맨은 그것에 덧붙여서 보다 효과적인 방법을 창조해야 한다.

(가) 데몬스트레이션의 효과

① 손님에게 강한 인상을 주고 중요한 포인트를 장기간 기억시킬 수가 있다.(특징)
② 상품을 보다 중요하게 돋보일 수가 있다.(강조)
③ 자사 상품과 타사 상품의 차를 명백히 할 수가 있다.(비교)
④ 손님에게 강한 흥미를 주어 그것을 오래 연상시킬 수가 있다.(기억)

(나) 데몬스트레이션의 효과적 추진방법

① 그 상품의 셀링·포인트(selling point)를 명백히 포착한다.
② 그 상품의 셀링·포인트를 어떤 순서로 언제 이야기할 것인가를 정해 둔다.
③ 너무 기술적인 설명이 되지 않도록 주의한다.
④ 질문해 보도록 한다.
⑤ 지금부터 설명하는 것이 무엇인가를 미리 알려 둔다.
⑥ 설명하다 말을 끊을 때 즉시 쉬는 시간에 조심한다.
⑦ 단시간에 끝마치도록 한다.
⑧ 되도록 주의를 집중할 수 있는 장소를 선택한다.

2) 질문으로 요구(needs)파악

(가) 질문의 중요성과 효용

① 손님으로부터 알고 싶었던 것을 물을 수가 있다.
② 손님의 관심의 유무를 알 수가 있다.
③ 손님의 답을 실마리로 하여 상담을 추진할 수 가 있다.
④ 손님의 말을 중심으로 하면 본인 자신 상담의 추진방법의 장·단점을 알 수 있다.
⑤ 세일즈맨이 일방적으로 이야기를 안 하게 된다.
⑥ 대화의 좋은 분위기를 조성할 수가 있다.
⑦ 손님의 마음의 창을 열게 하고 신뢰감을 두텁게 한다.
⑧ 손님 자신의 생각을 정리시킬 수가 있다.
⑨ 강요가 아니고 대화형식으로 상품설명을 하게 되어 자기의 의견도 피력할 수가 있다.
⑩ 손님의 답을 통해 다음 방문의 기회를 만들 수 있다.

(나) 질문의 기술 5원칙

① 질문을 연발하지 않는다. 계속적으로 질문하면 마치 취조하는 분위기가 된다.
② 질문하고 회답을 듣고 회답과 관련시키면서 설명한다. 때로는 칭찬하는 말이나 정보제공도 섞는다.
③ 손님이 답변하기 쉬운 것부터 시작하여 점차 어려운 질문을 한다. 가족이나 취미부터 묻는다.
④ 긍정적이고 적극적으로 대답할 수 있도록 질문을 연구하고 회답을 받는다. "좋은 데요", "마음에 드는데 등 긍정적인 답이 나오도록 한다."
⑤ 손님이 말을 하도록 "무의미한 질문"도 한다. "어린이가 몇 이지요", "대학에 입학할 나이군요."

(다) 질문의 종류

① 개방형 질문(open probe)
– 고객으로부터 자유로운 의견 개진이나 대답을 원할 때
– 일반적인 정보를 필요로 할 때
– 대화를 촉진시켜 나가고자 할 때

② 선택형 질문(close probe)

– 고객에게 특수한 부분의 확인이 필요할 때

– 보다 구체적인 정보를 필요로 할 때

– 당신의 이해를 고객에게 확인하고자 할 때

3) 경청한다.

(가) 경청의 목적

- 고객 욕구파악 가능
- 고객의 불안 어려움, 희망 사항 파악
- 고객에 대한 「관심, 존중, 이해」가능
- 고객의 욕구를 도와주는데 집중할 수 있는 수단
- 질문 못지 않게 매우 중요함

(나) 경청시의 주의 사항

- 손님이 말하고자 하는 의미 전체를 듣도록 노력한다.
- 말 자체의 내용보다 그 밑에 깔려있는 손님의 의도를 읽도록 노력한다.
- 손님이 말하고 싶어 하는 것을 끝까지 들어준다.
- 중간 중간에 요약 · 확인하면서 듣도록 한다.
- 손님이 말했을 때 부정적인 표현은 사용하지 않는다.
- 속단하지 말고 의문점은 즉시 물어보도록 한다.
- 손님의 말을 들으면서 다른 일을 해서는 안 된다.

(다) 경청방법

- 적극적 경청 : 바른 자세, 밝은 표정, Eye to Eye, 몸, 귀로 듣는다.
- 중단금지 : 고객의 말을 비판, 참견, 중단금지
- 반응가미 : 칭찬, 맞장구, 효과적 질문으로 대화격려
- 감정가미 : "예!", "그래서요?" 등 감정제시 및 화제 유도

(라) 경청의 효과

- 경청하는 영업사원에 대한 「경계심」감소

• 대화할 수 있는 시간의 여유를 갖는다.
• 고객 자신의 「마음껏 이야기」한 것에 대해 만족한다.

4) 상품 설명의 유도 화법

상품 설명의 유도화법에는 다음의 8가지가 있다.

항 목	내 용	사 례
세일즈 포인트 열거법	세일즈 포인트를 열거하면서 말을 꺼내는 화법	"A, B, C 란 3가지 특징이 있습니다만 --"
장점 강조법	상품이 고객에게 주는 장점을 들어 말을 꺼내는 방법	"가벼워서 작업 능률을 높이는 상품으로서--"
수치표시법	세일즈 포인트를 수치로 표현하여 말을 꺼내는 방법	"성능이 20%나 좋아진--" "불량율이 2% 이내로 축소된--"
사례 소개법	세일즈 포인트를 흥미 있게 사례로서 설명하는 방법	"이는 A회사 대구공장의 실례입니다만--"
문제해결 제안법	고객이 직면하고 있는 문제점의 해결책을 제안하는 방법	"코스트다운에 적합한 ++ 상품을 --", 안전도에 있어서 완전해결된 것으로 --"
실연법	실연해 보이면서 상품설명을 하는 방법	"이것이 보시다시피 타지를 않습니다."
호기심 유발법	고객의 지적인 호기심에 호소하면서 자유롭게 보고 질문하도록 한다.	"**씨도 흥미를 가지고 있다시피"
의뢰 제시법	말없이 상품을 제시하고 고객이 자유롭게 보고 질문하도록 한다.	"좀 보아 주시겠습니까." "기능을 점검해 보시지요."

5) 상품 설명의 화법

(가) 문제 제기 화법

고객이 현재 안고 있는 문제점, 개선점 등을 지적하는 화법(단계)이다. 인간은 원래 많은 욕구를 갖고 있으나 그 전부를 충족해서 살아가는 것은 아니다. 오히려 충족못하고 있는 욕구가 더 많을지 모른다. 오랫동안 방치된 이런 욕구를 본인 자신이 의식 못하고 있는 경우도 있다. 이것을 지적하여 "귀하는 이런 상태로 되고 싶지요?" 하고 작용해 보는 화법(단계)이다. 지적해야 할 점, 지적 방법 등은 상품에 따라 상대방에 따라 다를 것이다.

(예) … "영어회화 카세트"

① 빨리 쉽게 영어 회화에 능숙해 지고 싶다.(학생 및 일반 비즈니스맨)

② 학생들에게 효과적인 회화를 가르치고 싶다.(학교 교사, 학원 교사)

③ 외국 여행을 목전에 두고 있기 때문에 학습에 스피드를 올리고 싶다.(외국여행 예정자)

④ 국제회의에서 능숙하게 영어 회화를 하고 싶다.(국제회의 참석자)

(나) 효과 설명 화법

이 화법은 판매 화법 중에서도 가장 중요하고 다채롭다. 이 화법이 좋으면 고객은 이것만으로도 사고 싶은 구매욕구가 생길 것이다. 그리고 이 화법은 상품 설명 화법보다 먼저 해야 한다.

※ 미국 LIAMA교재의 "How to Build a Sales Talk"에 게재된 "신형도끼자루를 파는 세일즈맨의 화법"

① 좋지 못한 화법

귀하에게 최신식의 도끼 자루를 봐주셨으면 하고 찾아왔습니다. 이 훌륭한 도끼 자루와 귀하가 현재 쓰고 있는 곧은 도끼 자루를 비교해 보면 귀하의 것은 시대적으로 뒤떨어진 것입니다.

자루가 이와 같이 휘어져 있기 때문에 내려칠 때 가속도가 붙어서 곧은 자루의 경우보다 32%나 빠른 속도로 내려칠 수 있습니다.

※ 이 화법은 고객의 욕구, 고객의 필요성에 작용을 하고 있지 않다. 고객은 자기의 문제점이나 자기가 이해하기까지는 상품의 구조나 성능이나 공정 과정에 흥미를 갖지 않고 또 그 설명을 듣고 싶어 하지 않는다.

② 훌륭한 화법

내가 만난 농가의 여러분들과 같이 귀하께서도 다음 세 가지 점에 관심을 갖고 계실 줄 생각합니다.

A. 될 수 있는 대로 좋은 도구를 사용하여 가급적 일의 능률을 올리는 것.

B. 가족과 같이 지내는 자유시간을 가급적 많이 갖는 것.

C. 그리고 "인디언"으로부터 가급적 안전하다는 것.

이 세 가지겠지요.

우리 회사에서는 이번에 새로운 형의 도끼 자루를 발명하였습니다만 그것을 사용하시면 지금 말씀 드린 세 가지 목적을 달성할 수 있습니다.

이 도끼 자루를 사용하시면 같은 노력으로서 32%나 속히 일을 할 수 있습니다. 그것은 가족들과 3분지 1이나 더 많은 자유시간을 가질 수 있다는 뜻입니다. 그렇지 않습니까. 또 이 신형의 도끼 자루는 지금까지의 도끼 자루보다 대단히 잘 만들어져 있기 때문에 이것을 사용하시면 만족하게 일을 할 수 있고 또 지금보다 고생이 덜 듭니다.

그 뿐만 아니라 이 새로운 도끼 자루가 내는 힘이 대단히 강하므로 "인디언이 습격했을 때 자기 자신을 안전하게 방어하기 위한 무기로서 현재 상대들이 사용하고 있는 그 어떤 무기보다 위력을 발휘할 것입니다.

6) 효과적인 판매도구의 활용

(가) 판매도구의 필요성과 효과

① 말만으로 표현하기 힘든 것을 사진, 도표, 견본 등으로 알기 쉽게 설명할 수 있다.
② 손님의 주의를 끌고 흥미를 갖게 한다.
③ 상담 시간을 단축시킨다.
④ 손님의 욕구를 환기시키고 비교시킴으로써 신용을 얻을 수 있다.
⑤ 손님에게 세일즈맨의 성의가 전해져서 안심시킬 수가 있다.
⑥ 손님에게 요점을 이해시키고 기억시키기가 쉽다.
⑦ 계약이나 판매의 체결을 빨리 할 수가 있다.
⑧ 신임 세일즈맨에게도 고참인 베테랑 세일즈맨과 같은 능력을 발휘시킬 수가 있다.
⑨ 상담 전체에 변화를 주어 흥미 있게 이야기를 들려 줄 수가 있다.
⑩ 판매 활동을 표준화할 수 있다.

(나) 상품, 팸플릿을 잘 보이게 하는 요령

① 사전에 어느 부분을 어떤 식으로 보일 것인가를 연구한다.
② 미세한 부분은 손가락으로 큰 부분은 손으로 시선을 유도한다.
③ 손님이 보고 있는지 시선을 확인하면서 설명한다.

7) 세일즈 화법의 8원칙

① 부정형으로 이야기하지 말고 긍정적으로 이야기하라. "A는 취급하지 않습니다." 보다 "B를 권하지 않습니다."

② 명령형으로 이야기하지 말고 부탁형으로 이야기한다. "견본을 보시지요." 보다 "견본을 보아주시겠습니까?"

③ 말의 끝을 공손히 표현한다. "잘 맞습니다." 보다 "잘 맞는 것 같습니다."

④ 거절할 경우에는 "죄송합니다." 부탁형으로 이야기한다. "깍지는 못합니다"라고 하면 거부감이 생긴다. 따라서 "죄송합니다만 깍지는 말아주십시오"라고 부탁한다.

⑤ 단언해야 할 때와 아닌 때를 구분한다. 신뢰를 얻어야 할 경우에는 단언(예 : 품질), 상담 적인 경우에는 단언을 안 한다(예 : 거래조건.) 또한 단적인 표현은 하지 않는다(예 : 죽는 한이 있어도…).

⑥ 자기 책임으로 돌려서 말한다. 즉 손님의 체면이나 자존심을 소중히 한다. "제가 확인을 잘못했습니다."라고 자기 책임으로 돌린다.

⑦ 칭찬하는 말, 감사하는 말, 기쁘게 하는 말을 자주 쓴다. 작은 일에도 감사하고 기쁨을 솔직히 표현한다. 마음속으로부터 진심으로 칭찬한다.

⑧ 손님의 이름을 자주 부른다. 이름뿐 아니라 직함까지 붙여서 부른다. 그러나 허황된 호칭으로는 부르지 않는다.

8) 상담을 흥미 있게 이끄는 비결

(가) 이야기 줄거리의 연구

말은 흥미부터 있어야 한다. 흥미가 없으면 들으려고 조차 안한다. 세일즈맨의 상담도 역시 같다. 지루하지 않게 언제나 생생한 내용으로 상담의 줄거리를 이끌어야 한다. 이야기를 듣게 하는 5대 비결은 다음과 같다.

① 이야기의 줄거리에 변화가 있다.

② 등장하는 인물이나 장소가 다채롭다. 인물 장소는 구체적인 고유명사여야 한다.

③ 많은 소도구를 쓴다.

④ 표현이나 묘사가 생생해야 한다.

⑤ 클라이맥스가 준비되어 있다.

(나) 좋은 상담의 구성

① 상담의 줄거리에 변화가 있을 것.
② 지명, 고객명, 업계명, 상품명에 실명을 사용할 것.
③ 많은 판매도구를 사용한다.
④ 말은 언제나 생생해야 한다. 힘찬 음성이어야 한다.
⑤ 꼼짝 못하게 하는 "살인구(殺人句)"의 연구나 질문으로 손님에게 이야기를 시킨다.

9) 세일즈맨의 상담 요령

(가) 상담 구성의 8가지 요소

상담을 할 때에는 다음과 같은 방법으로 한다.

① 고객의 입장에서 이야기를 한다.
② 저자세(비굴한 정도이어서는 안 된다), 칭찬의 말, 감사의 말, 미소를 잊지 말아야한다
③ 「유머」를 섞어서 이야기한다.
④ 「모션」을 써 가며 이야기한다.
⑤ 3분 이야기하고 7분 동안 듣는다는 자세로 한다.
⑥ 질문법을 사용하여 이야기한다.
⑦ 상품 지식을 풍부하게 활용해야 한다.
⑧ 상품의 「세일즈 포인트」를 능숙하게 이용하고 구매 의욕을 부채질한다.

(나) 판매를 능숙하게 하는 「포인트」

① 대리점과 거래에 대한 감사의 뜻을 표하는 것을 잊지 않도록 한다.
② 상품의 재고량 및 판매목표액의 소화 상태 등으로 판단하고 판매 상품을 관리한다.
③ 이때 회사의 판매 대책을 철저히 설명하여 대리점으로부터 협력을 얻을 수 있도록 노력한다.
④ 상품의 우수성을 자세하게 설명하고 적극적으로 팔도록 한다.
⑤ 판매시의 「세일즈 포인트」를 정해 준다.

• 그 상품이 갖고 있는 우수성을 잘 설명한다.
• 자사의 상품을 가능한 많이 쓰는 것이 유리하다는 것을 설득한다.

- 소비 생활의 변화에 따라 많은 소비자가 상품을 요구하고 있다는데 착안한다.
- 다른 대리점의 사례를 감정이 상하지 않는 범위 내에서 잘 설명한다.
- 그 외에 조사 자료나 설명 보조 재료를 제시한다.

4. 상담의 체결

1) 마무리의 중요성

마무리를 잘 하여야 판매가 비로소 이루어짐에도 불구하고 많은 세일즈맨들의 경우 이 단계에서 주저하는 일이 많다. 이것은 마무리 시기가 적절한지, 또는 고객에게 부담을 주는 것은 아닌지 하는 우려 또는 부정적인 대답을 주는 것은 아닌가 하는 두려운 마음이 들기 때문이기 쉽다.

세일즈맨들이 명심해야 할 사항은 영업이란 최종적인 마무리 단계를 거쳐야 이루어진다는 사실이다. 서두의 말을 잘 끄집어내서 서론, 본론에서 당한 반대를 잘 처리했다고 해서 자동적으로 수주에 성공할 수 있는 것은 아니다. 종결에 역시 조심해야 하는 주의점으로서의 요점이 있는 것이다. 타이밍 등을 놓침으로서 지금까지 해온 노고가 한꺼번에 무너지지 않도록 신중한 태도가 필요하다.

2) 마무리 기회 및 구매 암시의 포착

(가) 마무리 기회의 포착

야구와 영업이 다른 것은 야구는 3루를 무사히 가야만 홈인할 수 있는 기회가 주어지지만, 영업은 판매 절차를 다 거쳐야만 마무리되는 것은 아니다. 마무리 기회는 항상 있고 단계가 지날수록 확률이 높아진다는 점이다.

(나) 종결의 시기

상담을 진행시키고 있는 동안에 상대에게 다음과 같은 징후가 나타나면 곧 「종결」로 이끌어 가야 할 것이다.

① 제3자의 의견을 구한다.

② 심호흡을 한다.

③ 다과를 내놓는다.
④ 갑자기 농담을 걸어오고 밝은 표정을 짓는다.
⑤ 지급 조건을 물어 온다.
⑥ 거래 조건을 질문해 온다.
⑦ 납기를 확인한다.
⑧ 진지하게 할인을 요구해 온다.
⑨ 어음기일을 상의해 온다.
⑩ 타사의 비밀 조건을 고백한다.
⑪ 깊은 침묵을 한다.

(다) 구매 암시의 포착

고객의 언어에서 포착	고객의 동작이나 표정에서의 포착
• 상품의 이점에 대해 이야기할 때 "아! 그러니까 이것으로 우리가 할 수 있는…"	1. 몸을 앞으로 내민다. 2. 주의 깊게 경청한다.
"이것을 사용하면 우리 회사로서는 많은 이익이 있다는 것을 알게 되어 반갑군요…" • 어떤 긍정적인 말을 할 때 "당신의 완벽한 설명에 깊은 감사를 드립니다."	3. 고개를 끄덕인다. 4. 미소를 짓는다. 5. 관심을 가지며 소리를 높여 말한다.
"우리 업무에 대해 상당한 이해를 가지고 계신 것 같군요" "말씀하시는 내용을 잘 알겠습니다."	6. 메모를 한다. 7. 굳었던 표정이 밝아진다.
• 구매를 전제로 해서 질문할 때 "대금의 할부 지불이 가능한지요?"	8. 주의만 둘러보다가 서서히 이쪽으로 시선을 고정시킨다.

3) 마무리의 핵심 포인트

(가) 가정식 마무리법(assumptive close)

"언제"라는 질문을 시작된다. 예를 들면 세일즈맨은 "이러한 특성을 포함시키고 싶으실텐데 언제 진행시킬 건가요? 하고 물을 수 있다. 고객이 특성을 다룰 때, 그의 마음 속에 이미 구매 결정을 했다는 것을 세일즈맨은 알게 된다. 만약 그가 "언제"라는 가정을 지적하면, 세일즈맨은 고객의 장애를 정의할 필요가 있을 것이다.

(나) 종속적 질문(subordinate question)

이것은 고객에게 최소한의 심리적 압박감을 주면서 구매 결정을 하도록 질문하는 것이다. 예를 들면 세일즈맨은 "일을 진행시키는 데 이 방법이 더 좋지 않습니까"라고 질문할 수 있다.

(다) 선택적 질문법(alternate question)

고객이 선택하도록 질문하는 것이다. 예를 들면 "빨간 모델입니까 아니면 파란 모델입니까?" 여기서 다시 고객이 구매 의욕을 느끼나 그것을 말로 표현하지 않으면, 질문에 대한 답이 구매 결정을 암시하게 된다.

(라) 결심 지원법(don't stop me)

이것은 세일즈맨이 고객의 구매 결정을 지원하는 것이다. 예를 들면 "다음 월요일까지 저희 설비를 시험적으로 설치해 드리겠습니다."라고 말하는 것이다. 고객이 이미 구매 결정을 내렸으나 말로 확답하지 않았다는 것을 자신이 느꼈을 때 그는 세일즈맨의 열성에 기뻐할 것이다. 그가 만족스럽지 못하다면, 세일즈맨에게 말할 것이다.

(마) 동기 유발법(inducement)

지금 당장 구매하는 것에 대한 이점을 제공하여 구매동기를 유발한다. 이것을 다시 말해 "당신이 지금 계약하면 이 옵션은 비용계산에 포함되지 않을 수 있다."는 것이다. 이 옵션의 동기유발은 비록 적지만 강한 자극제가 될 수 있다. 이것은 만약 구매가 지연된다면 혜택을 받을 수 없는 특별한 것이다.

(바) 급박한 상황인식법(impending event)

이것은 고객의 납기를 맞추기 위해 고객에게 지금 행동을 취할 것을 요구한다. 예를 들면 다음과 같을 수 있다.

"우리는 오늘 당신의 승낙을 요합니다. 그렇지 않으면 우리는 당신이 원하는 납기를 맞출 수 없을 것입니다."

(사) 조건만족 여부 확인법

- 거래 금액이 예산범위 내라고 할 수 있습니까?
- 제안서는 요망사항을 모조리 충족시켰다고 할 수 있습니까?

(아) 장애가 개재되었을 때 충족여부 확인법

• 지금 문제가 되고 있는 ○○만 귀사의 희망대로 가능하다면 거래를 승낙시키겠습니까?

(자) 질문에 의한 의사확인법

• 2사장님께서는 어떤 의견을 갖고 계시는지요?
• 아직도 미심쩍은 문제가 남아 있습니까? 없으시다면 거래를 해주시지요?

(차) 반론극복 마무리법(sole objection close)

먼저 반론의 요점을 찾아낸 후 그 반론에 대해 만족할 만한 조건을 제시하여야 한다.

(카) 위원회 상대 마무리법

협회 연맹 등 대규모의 상품 구입을 목적을 정식으로 발족된 구매위원회를 상대로 할 때는 그들이 매우 분석적이고 신중하게 구매결정을 내리기 때문에 섣불리 구매결정을 내리라고 요구하는 것은 매우 서툰 방법이다. 이럴 경우 세일즈맨은 그 상품이 고객에게 돌아갈 혜택과 이점 및 문제해결 능력에 대해서 집중적을 제안하여야 한다.

그러므로 세일즈맨은 사전에 제안서를 철저히 작성하여 위원회에 제출하고, 상사의 협조를 얻어 효과적인 마무리를 하여야 한다.

마무리를 잘 하는 세일즈맨의 특성

1. 마무리에 대한 사전준비가 철저하다.
2. 열성적이고 진실하다.
3. 마무리 기회포착에 능하다.
4. 반론극복에 능하다.
5. 자사 상품의 장점과 이점에 대한 확신과 설득기법을 알고 있다.
6. 집요하다.
7. 질문과 경청술에 능하다.
8. 항상 마무리를 원한다.

4) 고객의 결정을 유도하는 방법(사례)

드디어 상담의 체결이 이루어지고자 하는 단계이다. 당신은 고객의 마음에 들어 호감을 받고 있다. 그리고 상품에도 흥미를 가지고 그것이 자신에게 이익을 가져다준다는 것을 알았다. 의문이나 오해는 풀렸고 문제점은 아무것도 없다.

그런데 모두가 해결되었음에도 불구하고 고객이란 스스로 결정하지 못하는 성격을 가지고 있다. 실제로 지갑에서 돈을 꺼내는 단계가 되면 반드시 망설이는 마음이 생긴다. 상품을 살 것인가, 사지 않을 것인가의 결단은 고객만이 가지고 있는 권리이다. 그렇기 때문에 판매는 고객 중심주의이지 않으면 안 되는 것이다. 그러나 결단을 해야 할 고객이 망설이고 있는 경우 고객 대신 영업사원이 결단을 내려주면 될 것이다.

망설이는 고객에게 영업사원은 고객이 결단을 내리는데 결정타를 제시해 주기를 바란다. 상품의 최종단계가 되어 고객이 사는 것을 멈칫거리고 있는 것은 고객의 책임이 아니라 결정을 내리지 못하게 만드는 영업사원의 탓이다. 영업사원이 뭔가 결정타를 생각해 내어 그것을 제시해 주시만 하면 고객은 반드시 지갑을 열 것이다.

결정하는 것은 고객이지만 결정하게 만드는 것은 분명히 영업사원의 역할이다. 고객의 본심은 망설이고 싶지 않은 것이다.

(가) 선택형 질문유도

고객의 입에서 부정적인 말이 나오지 않게 하는 것이 판매의 핵심이다. No라고 대답하게 하는 질문은 피하고 가망고객이 솔직하게 긍정적으로 대답할 수 있도록 질문을 연구한다. 예를 들어 "이 색을 좋아하십니까?"라고 물으면 "아니오"라고 대답해 올 확률이 높기 때문에 "여기에 있는 색 중 어느 것이 마음에 드십니까"라는 식으로 묻는 편이 좋다. 이 질문이라면 고객은 "No"라고 대답하지 않고 순순히 선택해 준다. 마찬가지로 다음과 같이 확인 질문해 가면 좋다.

"빨간색이 좋습니까. 검정색이 좋습니까?"

"어느 쪽이 좋습니까?"

"지불은 몇 회 정도의 분할이 괜찮으시겠습니까?"

확인의 효력은 그것을 거듭할 때마다 강화되고 누적되어 간다. 단, 사느냐, 사지 않느냐의 질문만은 금물이다. "사실 겁니까, 사지 않을 겁니까?"는 고객을 압박하는 문구이다. 모처럼 고객의 살 마음을 이것으로 없애버리기 때문에 어떤 경우라도 이 말만은 하지 않는 편이 좋다.

(나) 선수(先手)를 친다

상담의 최종 단계에 있어서 자주 나오는 반론에 대해 미리 반론도 나오지 않도록 장해물을 설정하여 복선을 깔아두는 방법이다. 예를 들면 가망고객이 우유부단하여 결단을 머뭇거리고 있는 상태를 보이면 미리 이렇게 말을 해둔다. "평판에 의하면 과장님은 결단력이 있어 일단 판단하시면 즉시 실행하는 분이라고 듣고 있습니다." "결정권은 과장님이 가지고 계신다고 알고 있습니다만…"

장소가 없다고 말을 할 것 같은 눈치이면 "이 상품은 장소를 차지하지 않아 여기에 두면 편리합니다."라고 가망고객의 선수를 잡아두는 것이다. 이렇게 하면 자연히 고객의 반론은 적어진다.

(다) 신청용지에 기재시작

'이 고객은 반드시 산다'는 전제에서의 클로징이다. 자신 과잉이나 추측이 아니라 확실히 고객으로부터 산다는 신호가 나왔다고 생각되면 시도한다. '이 보험의 수혜자는 첫 번째가 부인, 두 번째가 아이라는 식으로 증서를 만드는 편이 좋겠군요'라고 말하면서 신청용지에 하나하나 적어 넣어 간다.

이런 방법은 '확실히'라고 할 정도의 반응이 없는 한 쓸 수 없으나 고객의 구매신호는 대충 다음과 같은 것이다.

- 감자기 생각에 빠지는 태도를 취한다.
- 계산을 시작한다.
- 자료를 잘 보고 세부까지 읽는다.
- 가격을 확인한다.
- 값을 깍기 시작한다.
- 프리미엄을 요구한다.
- 타 상품을 보고 싶어 한다.
- 한번 더 와 달라고 말한다(접근 단계에서의 '또 다음에 와 달라'는 것과 다르다).
- 샘플을 일주일간 빌려달라고 한다.

물론 이런 현상이 있다고 해서 모두 구매신호라고는 할 수 없고 일반적 경향인 것이다. 살 마음이 있고 없고의 판단은 고객에 따라 미묘하기 때문에 영업사원은 고객에게 확실히 확인하는 것이 좋다.

(라) 내용의 구체적 확인

사람은 누구나 큰 일을 결단하기보다 작은 것에 대해 결정하는 것이 어려운 법이다. 구매에 있어 고객이 결정하는 작은 문제점에는 보통 인도기일, 지불방법, 색채, 형, 수량, 납품장소 등이 있다. 이것들을 고객에게 질문하기 전에 하나씩 영업사원 쪽에서 확인을 한다.

"내주 월요일 오전 중으로 할까요, 아니면 오후로 할까요?" "분납은 20회 정도입니까?" "색은 블루와 그린이 있습니다만 어느 쪽이 좋습니까?" "기종은 이 300AE타입이 괜찮겠죠."

사는 것, 사지 않는 것의 결정보도 이러한 점을 쉽게 결정할 수 있고 이들이 결정하면 구매동기는 충분히 있기 때문에 구매의 결정이 쉬워진다. 즉 의문의 여지를 제거하여 고객의 망설임을 줄이는 전법이다.

(마) 조건 충족시키기

상품의 종류가 풍부한 것은 좋지만 너무 지나치게 많아서 고객이 어느 것을 사면 좋을지를 모르는 경우가 있다. 살 수 있는 것, 살 수 없는 것, 사고 싶은 것, 사고 싶지 않는 것, 이것들이 한데 엉켜 있으면 고객은 망설이게 되고 결론을 내기 어렵다. 이것도 좋지만 저것도 좋고…하지만 비싸고…괜찮지만 형이 마음에 들지 않고 이런 경우는 미리 선택의 범위를 좁혀 둔다. 가망객의 마음에 들 만한 것, 지불 능력 등을 검토하면서 물건 전부를 보이는 것이 아니라 고객의 조건에 맞을 만한 것만을 골라 제시한다. 전부 마음에 들지 않으면 다음 세 가지 것을 내면 된다.

(바) 약간의 압박

기회를 빤히 보면서 놓치는 것은 인간의 본성에 반하는 일이다. 마음을 결정하지 못하고 있는 구매자에 대해 한발 늦으면 손해를 본다는 염려에서 즉시 행동을 하게 만드는 것을 노리고 있다.

"지금 캠페인 중이기 때문에 지금 사지 않으면 손해 보십니다."

"이 상품은 매우 평판이 좋아서 이것밖에 안 남았습니다."

단, 이 클로징은 완전히 사실성이 있을 때만 사용해야 한다. 길거리에서의 재고품 정리 문구에는 이런 식의 말이 자주 등장하지만 대부분은 거짓말이다. 판매의 클로징에서는 절대로 사용해서는 안 된다.

(사) 가능한 한 프리미엄의 배제

이 방법은 우선 주문 접수부터 서술해 두기로 한다. 보통 '프리미엄을 붙이니까 사 주십시오'라는 상품의 유효성보다 프리미엄으로 고객의 마음을 끄는 경향이 있다. 이것은 큰 실수이다. 상품과 프리미엄은 세트가 아니다.

프리미엄은 어디까지나 감사의 표시로 주는 것으로 단순한 '덤'에 불과하다. 이것을 정면에 내세워 판매에 이용하는 것은 판매의 정도에서 벗어나는 일이다.

또한 같은 가망고객에게 같은 프리미엄이나 판매촉진 용구를 사용하는 어리석은 영업사원이 되지 말아야 한다. 고객은 상품을 사든 사지 않던 이 프리미엄이나 판매촉진 용구가 손에 들어오는 것이라고 금방 알아차려 버리고 만다.

그러나 이런 클로징을 사용하면 가망고객에게 빨리 행동을 할 수 있도록 하는 효과가 있다. '지금 이만큼의 수량을 사 주시면 특별 보너스로 여행용 화장품 세트를 붙여 드립니다.' 거듭 말하자면 프리미엄은 상품을 팔기 위해서가 아니라 어디까지나 감사의 표시로 사용해야 한다.

(아) 구매시의 이점 설명

흔히 있는 일이지만 프레젠테이션의 마지막에는 가망고객 자신의 상품을 사는 이유 몇 가지를 잊어버린다. 그러므로 고객이 그 상품이 마음에 든 점, 프레젠테이션 사이에 고객이 확실히 흥미를 나타낸 것을 요약하면서 한 번 더 상기시키는 것이다. 그것을 될 수 있는 대로 구체적인 '고객의 메리트는 이것 이것입니다'라고 확실히 말한다.

"우리 상품의 우수성에 관해서는 의심의 여지가 없다는 것은 벌써 말씀드린 바와 같습니다."라고 말하는 것만으로는 고객은 생각해 내지 못한다.

(자) 구매에 대한 감사

영업 사원은 때때로 너무 당연한 일을 잊어버리기가 일쑤이다. 그것은 가망고객에게 사는 일 자체를 요청하지 않는 일이다. '주문해 주십시오'라고 스스로 말을 꺼내지 못하는 영업 사원이 많이 있다. 아마 거절당해 자신이 비참해 지는 것이 두렵기 때문일 것이다.

고객에게 이익을 받는다는 의식이 있기 때문에 당당하게 말을 못한다. 주문의 요청은 말투를 연구하면 보다 좋은 감정으로 할 수 있다. 예를 들면 "주문은 언제 하시겠습니까?"라고 물어도 좋고 "주문서를 작성하겠으니 상품번호와 수량을 말씀해 주시지 않겠습니까?"라고 물어도 좋다.

(차) 제발 부탁이라는 표현은 사용억제

감정과 본능은 이성이나 논리보다 훨씬 강하게 인간의 행동을 좌우한다. 감정 70%, 이성 30%라고 일컬어질 정도로 감정의 영향은 크다. 클로징에도 감정에 호소하는 방법도 있다.

하지만 이것은 고객이 상품의 가치를 충분히 인정하고 원하고 있는 징후가 나타나고 있어도 결심을 머뭇거리고 있는 경우에만 사용하는 것이 좋다. 다른 대화가 잘 되어가지 않을 때는 끝맺음으로 취해야 하는 것이다. "이 이하의 조건으로는 무리입니다. 뭐하시면 다른 것으로 하십시오." "부탁합니다."

실제로 고객과 관계가 깊어지지 않으면 성과를 거두지 못한다. 아무튼 마지막의 끝맺음으로써 사용하는 것은 괜찮아도 무턱대고 이 방법은 사용하지 말아야한다.

(카) 이성에의 호소

감정에 대해 고객의 이성에 호소하는 방법이다. 함정식 클로징이라고도 하는데 가망고객이 어떤 중요한 한 가지에 이의를 제기할 경우, 영업사원이 그것에 대해 고객을 완전히 만족시킬 수 있는 회답을 할 수 있을 때 유효한 방법이다. "이것 10%정도 싸게 안 되는가"

"만약 손님이 요망하시는 가격으로 하면 계약해 주시겠습니까?" 이에 대하여 고객이 'No'라고 대답한다면 고객의 반론은 무의미하고 다만 영업사원을 시험하기 위한 것이 되기 때문에 고객은 'Yes"라고 말할 수밖에 없다.

이 클로징을 이용하여 고객이 'No'라고 대답하면 고객은 처음부터 살 마음이 없었다고 할 수 있다. 상담에서 값을 할인하는 일은 있기 마련이나 고객이 한계점까지 깎기를 기다리는 일은 없다. "5% 싸게 안 됩니까?라는 질문에 대하여 "네, 그 정도라면"하고 금방 잘라 대답하면 고객은 아직 더 깍을 수 있다는 생각으로 "5% 더 싸게는 안 됩니까?라고 말을 꺼내기 마련이다. 이에 영업사원은 "더 이상은 안 됩니다." 라고 단정 지어 이야기해야 한다.

"이 방법은 가격 할인을 최소한으로 막는 데에 유효하다.

(타) 약간의 개량 가미

영업 사원이 가망고객의 요망에 따라 그 상품에 손질을 더하거나 또는 그렇게 하는 것을 조언하는 것만으로도 고객은 이미 그 상품의 소유자가 된 마음이 들기 마련이다. 특히 자신의 마음에 들도록 개량해 주면 딱 잘라 필요 없다고 말하지 못하게 된다.

"이것을 여기에 둔다면 가게에 들어오는 고객의 눈에 띄기 쉽고 현관의 인테리어로서 좋은 분위기를 연출할 것입니다. 그렇게 하면 조명은 현재의 위치보다 조금 높이는 것이 좋겠죠. 그쪽보다 좋은 분위기가 됩니다. 꽃은 다른 곳이 좋겠군요"라는 식으로 고객과 함께 레이아웃을 생각하면서 차차 장식품의 위치를 바꾸어 간다. 파는 것도, 또한 하나의 상품을 다른 것과의 밸런스를 생각하여 가장 좋은 가치를 만들어 내는 것도 영업사원의 역할이다. 「판매는 파는 것이 아니라 상품에 의한 고객의 이익을 파는 것」으로 상품의 가치는 영업 사원이 좌우하는 것이다.

5) 상담 체결의 8가지 방법

방 법	내 용	사 례
감사표시법	구입의 의사표시를 얻기 전에 선수를 치고 고맙다는 감사의 인사를 하고 결단을 촉구하는 방법	"고맙습니다.(인사를 한다)" "선택해 주셔서 감사합니다."
동작 소구법	계약서나 필기구를 건네 주면서 동작으로 결심을 촉구하는 방법	"여기에 주소와 서명을 하면 됩니다."
애정 소구법	가족이나 사원에 대해 애정을 호소하여 결심을 촉구하는 방법	"사원들이 참 좋아 할 것입니다."
양자 택일법	"A나 B"의 두 가지를 놓고 하나를 결정시키는 방법	"흰색이 좋을까요, 빨간색이 좋을까요."
추정 승낙법	고객이 이미 승낙했다는 전제하에 행동을 하여 결심을 촉구하는 방법	"그러면 내일 배달해 드릴까요."
의문점 해소법	지금까지 설명한 세일즈 포인트를 확인해 가면서 결심을 촉진하는 방법	"지금까지 설명한 특징은 -"
찬반법	구입함으로써 이득이 되는 것과 손해라고 반대하는 이유를 비교해 보이면서 결심을 촉구하는 방법.	"이와 같이 이점이 많습니다."
애원법	진심으로 부탁하고 애원함으로써 결심을 촉구하는 방법.	"부탁드립니다. (절을 공손히 한다. 때로는 일어서서 한다)"

6) 단계별 모델과 결단촉구

(가) 5단계 모델과 최종마무리 멘트

최종 마무리(closing)에는 5단계 모델이 있으며, 여기에 사용되는 결단 촉구방법으로는 ① 긍정적으로 생각해 주십시오, ② 걱정하실 것 없습니다, ③ 제게 맡겨 주십시오, ④ 절대로 문제가 없습니다, ⑤ 염려하지 마십시오 등의 문장이 자주 사용된다. 그리고 최종 마무리(closing)로는 멘트는 "잘 부탁합니다", "성원해 주셔서 감사합니다"이다.

단계	내용
1단계	고객욕망 재확인, 빠진 부분이 없나 확인, 문제 확대 • 궁금하신 사항 더 없습니까? → + α서비스 제공
2단계	고객욕망과 합치되는 문제 해결 제시 → 이점 요약정리 • 적절한 제안(도움, 이익, 문제 해결 중심) → 만족을 주는 제안 "귀하의 요망 사항을 모두 충족시킬 수 있습니다."
3단계	거래 의사 타진 → Test 클로징 "어떻습니까, 결심이 섰습니까?"
4단계	고객 진의 확인, 의사 결정 주저 요인 파악
5단계	요인 대책의 강구, 지원

(나) 소비자 판촉의 수단별 특징

① 연속성(continuity)

연속성은 구매의 누적에 따라 일정한 혜택을 주는 판촉이다. 연속성은 일정횟수의 반복구매를 유도하기 위한 것으로 주고 고가 상품에 활용된다. 예컨대 주유소에서 주유시마다 쿠폰을 주고 쿠폰의 합이 일정금액 이상이 되면 사은품을 주거나, 항공사, 여행사 등에서 누적 여행 거리 또는 누적 여행경비가 일정수준을 넘어서면 무료 항공권이나 여행초대권을 증정하는 것 등이 이러한 예에 속한다.

② 경 품

경품은 크게 소비자 경품, 소비자 현상경품, 공개현상경품, 사업자경품으로 분류된다.

㉠ 소비자경품(프리미엄)

사업자가 상품이나 용역의 거래에 부수하여 일반 소비자에게 제공하는 경품을 말하며 프리미엄(Premium)과 같은 의미로 사용되며, 예를 들면 생활용품, 식품류 같은 상품을 매장에서 구입시, 플라스틱 판촉물을 주는 판촉행위가 이에 해당한다. ② 번들링(bundling) 같은 방법으로 상품에 다른 상품을 부착하여 무상으로 주는 판촉(치약에 칫솔을 묶어서 칫솔은 무상으로 제공)하는 경우이다. 그러나 소비자 경품은 공정거래법상의 경품류 가액한도 제한을 받는다.

㉡ 소비자 현상 경품

사업자가 상품이나 용역의 거래에 부수하여 현상을 방법으로 일반소비자에게 제공하는 경품류를 말한다. 예컨대 상품포장의 일부분을 오려 관제엽서에 응모하면 추첨하여 경품을 제공하는 등의 경품이다. 그러나 소비자 현상경품은 상품을 구입해야 한다는 점에서 소비자경품과 같고 추첨에 의해서 당첨자에게만 경품을 제공한다는 점에서 공개현상경품과 같다. 그러나 소비자 현상경품은 경품류 가액 및 총액한도, 제공횟수(연2회/1회당 20일 이내)제한을 받는다.

㉢ 공개현상경품

사업자가 상품이나 용역의 거래에 부수하지 아니하고 광고 등을 이용한 현상을 방법으로 일반소비자에게 제공하는 경품류를 말한다. 예컨대 퀴즈문제를 신문광고 등에 의한 방법으로 고지하여 소비자가 정답을 관제엽서에 적어 응모하면 추첨하여 경품을 제공하는 것이다. 그러나 공개현상경품은 상품을 직접 구입하지 않아도 응모가 가능하다는 점에서 소비자 현상 경품과 구별된다.

③ 쿠 폰

쿠폰은 소비자가 특정상품을 구입할 때 쿠폰에 의해 할인혜택을 받는 것을 말한다. 쿠폰은 매장에서 주거나 우편을 이용하여 제공하기도 하고 다른 상품에 끼워 넣기도 한다. 또 잡지나 신문광고에 삽입하는 방법도 있다. 쿠폰은 가격할인과 같은 효과를 주어 가격차별에 활용하는 판촉수단으로 우리나라에서도 많이 사용되고 있는 추세이다.

④ 특 매

일정기간 동안 정가의 가격을 할인하여 판매하는 방법이다. 예컨대 백화점/쇼핑센터/상가중심으로 실시한다.

⑤ 소비자 콘테스트

소비자 콘테스트는 불특정다수를 대상으로 한 응모자 가운데서 추첨이나 심사 또는 다른 방법에 의해 입상을 결정해서 상품이나 상금을 제공하는 방법으로서 고객의 호의를 획득, 영속적인 대량판매를 목적으로 한다. (예 : 상품용도 콘테스트/상표 · 표어 콘테스트/퀴즈 · 퍼즐 콘테스트) 등.

⑥ 이벤트 판촉

화제성 있는 행사를 통하여 상품을 직접 또는 간접적으로 홍보하고 나아가서는 기업의 P.R이나 홍보의 효과를 높이고자 하는 대소비자 판촉 수단의 일종이다. (예 : 발표 이벤트(발표회, 시식회 등)/교육 이벤트(강습회, 공장견학)/사회공공행사(자연보호, 질서유지)/지역사회활동(체육대회) 등.

⑦ 데몬스트레이션(demonstration)

데몬스트레이션은 상품의 사용방법이나 상품의 효용을 소비자에게 실증함으로써 소비자의 구매욕구를 자극하는 실연판촉방법이다.(예 : 소매점 실연판매/신상품 데몬스트레이션/가정방문 데몬스트레이션) 등.

⑧ 샘플링

샘플링은 상품 그 자체 또는 축소품을 소비자에게 증정하는 판촉으로서 상품을 실제로 사용케 함으로써 상품 가치의 인식을 통해 구매케 하는 데 그 목적이 있다. 샘플링은 직접 맛을 느껴봐야 하는 식료품 같은 상품에 많이 이용된다. 샘플링이 효과가 있기 위해서는 1개월 이상 광고가 나가고, 소비자가 어느 정도 인지하고 있을 때, 특히 점포에 상품이 어느 정도 깔렸을 때 실시해야 효과를 볼 수 있다.(예 : D.M에 의한 배포/점두배포/광고에 의한 배포/쿠폰방식/가두배포) 등.

⑨ 직접우편(direct mail)

직접우송광고라고 불리는데 특정 다수인을 대상으로 상대방 이름을 명기해서 우편으로 직접 소구하게 되는 대 소비자 판촉수단이다.

⑩ 전단(bill)

DM과 더불어 대소비자 판촉수단으로 가장 많이 이용되고 있는 것으로 전단은 주로 일정 지역의 광범위한 개인을 대상으로 한다. 시중에서는 일본식용어 치라시라는 용어가 사용되기도 한다(예 : 신문 삽입 배포/호별배달/점두배포/가두배포/대량살포).

⑪ 진열(display)

진열은 고객의 구매를 촉진시키는 판매활동의 시발점이다. 좋은 진열은 판매비를 절감시키고 판매량을 증가시키며 단위당 수익을 증대시킨다. 이러한 진열은 '보기 쉽게' '고르기 쉽게' '만지기 쉽게'해야 한다.

- 수직진열/수평진열/색깔배합진열/끝선 맞추기
- 변화진열/돌출진열/섬진열/Hook진열/관련진열
- 계산대 앞 진열/점블진열/BOX진열

점블진열(jumble display)

- 일부러 무질서하게 진열하여 흐트러진 느낌이 고객의 눈길을 끌 게 함
- 스낵, 과자류, 통조림류 상품 진열시 많이 사용

ISM(In Store Merchandising)

- 점내 판촉기법으로 점포 전체의 생산성을 높이기 위한 점포관리, 상품관리, 판촉활동 등을 충실히 하여 보다 효과적인 매장 가꾸기를 실현하는 것.
- 상품구색 및 진열의 볼륨감/매장연출 및 P.O.P전개/프로모션의 전개/진열위치관리

⑫ 소비자 교육

생산자나 판매점의 일방적인 판촉수단에만 의존하게 되면, 소비자의 반발에 의한 구매저항율이 높아지기 쉽게 되며, 정책적인 면에서도 소비자 권익을 자칫 침해할 우려도 생기게 된다. 그래서 오늘날의 소비자 판촉에서는 소비자 교육수단을 증대시켜 나가야 하는 것이다(예 : 공장견학/발표회/전시회/소비자상담/소비자용책자) 등.

⑬ 카탈로그 · 팸플릿

소비자는 카탈로그에서 상품의 내용뿐만 아니라 그 기업이 어떤 기업인지 판단한다. 이것은 판매원이 판매활동을 함에 있어서 없어서는 안 되는 것이어서 그 제작의 잘못은 판매성과에 큰 영향을 준다.

5. 거래처 판촉

거래처에서 자사상품에 대한 거래량, 거래액을 증대시키도록 자극을 가하는 모든 활동으로 구매할인, 거래처지원, 무료상품, 판매경쟁 등이 이에 포함된다. 거래처는 판매의 일선기지이며 정보수집, 자금공급의 거점이며 촉진활동의 추진주체이다.

즉 거래처는 특정한 상권내에서 소비자와 직접 접촉하여 상품의 매출을 증대시키고 시장 여건의 변화를 직접 파악하여 판매증가와 연결되는 정보를 제공하고, 재고부담, 외상 매출금 지급 등의 금융기능수행으로 자금을 공급하고, 상품의 진열 · 설득 등으로 상품의 판매를 담당하고 있다. 그러므로 제조업자는 거래처에 대한 지배적 사고와 제조업자중심 사고를 버리고 거래처와 공동체의식을 갖고 적절한 판매촉진활동을 실시해야 한다.

1) 리베이트(rebate)

판매점에 대해 일정기간 동안 판매량이나 지불조건, 판매방법들의 여러 가지조건을 약정하고 그 결과에 따라 판매장려금, 판매수수료를 지급하는 것을 말한다.(예 : 판매수량리베이트/목표달성 리베이트/ 지불조건 리베이트/협력 리베이트) 등.

2) 판매점 콘테스트

판매점 콘테스트란, 일정한 목적에 따라 판매점을 서로 경쟁시켜 우수한 판매점에 대해 여러 가지 형태로 시상하는 판촉방법이다.(예 : 진열콘테스트/판매량콘테스트/판매점 장식 콘테스트/판매기법 콘테스트/ 신규개척 콘테스트/서비스 경연대회) 등.

3) P.O.P광고

P.O.P(Point of Purchase)광고란, 구매시점광고라 일컬어지며 이는 소비자가 구매하는 시점 및 장소에 상품의 구매를 유도할 목적으로 설치한 각종 형태의 광고물을 말한다. (예 : 간판/윈도의 디스플레이/현수막/포스터/행거/가격표시/상품특징 태그(tag)/팸플릿/윈도스티커/쇼카드) 등.

4) 현장판촉비 지원

판매점에서 실시하는 제반 광고 판촉활동에 대한 비용을 본사(생산자)가 일부 부담, 지원하는 것을 말한다. (예 : 전파 및 인쇄광고 지원/전단, 기념품 등 지원/차량도색/간판표준화) 등.

5) 판매점 경영지도

판매점의 제 문제, 예컨대 재고관리, 회계제도, 구매관리 등 경영전반에 대한 지도를 하는 판촉을 말한다. (예 : 경영진단지도/교육/세미나/모델점포견학) 등.

6) 판매교육

거래처 관리자 및 종업원의 경영능력과 세일즈 능력향상을 위한 교육훈련을 말한다. (예 : 집체교육/통신교육) 등.

6. 판매원 판촉

상품이나 서비스를 판매하는 판매원을 촉진하기 위한 수단으로 상여금, 판매원 회의, 판매원 콘테스트 등이 이에 포함된다.

1) 판매원 훈련

판매원 자질향상과 동기부여를 위한 교육, 훈련을 말한다. 예컨대 상품지식 및 셀링 포인트/세일즈기법/거래처관리기법/정신교육/판매 사후관리 등이다.

2) 판매매뉴얼

판매활동에 필요한 기본지침 · 기본지식 내용을 수록한 활동지침서 등을 말한다. (예 : 회사방침, 현황/상품지식/고객지식/판매장법/판매화법) 등.

3) 판매용구

판매에 필요한 용구의 지원으로 예를 들면 전단/DM/명함/견본/녹음기/VTR/고객카드/기념품 등이 있다.

4) 판매대회

판매원 동기를 자극하고 사기를 진작시키기 위한 행사를 말하는 것으로 예컨대 신상품 출시 기념대회/판매평가대회/판매목표달성 결의대회 등이 있다.

5) 인적판매

인적판매는 판매원이 목표고객과 직접 대면하여 대화를 통하여 자사의 상품이나 서비스를 구매하도록 설득하는 커뮤니케이션 활동이다. 즉 인적판매는 점포에 나타난 고객이나 잠재고객을 찾아 그들과 직접 접촉하면서 판매를 유도하는 점에서 수요 창출의 결정적 역할을 하는 중요한 판매촉진방법의 하나이다. 따라서 인적 판매는 판매원과 소비자 사이의 원만한 커뮤니케이션의 형성이 요구된다.

판매원은 시장변화에 예민하고 상품이나 시장에 대한 전문적 지식을 가지고 고객을 잘 다루어 나가는 의사소통에 필요한 기술을 지나고 있어야 하고, 고객의 필요와 욕구를 파악하며 그것을 충족시켜 주고, 나아가서는 고객을 도와주고 교육할 수 있는 능력을 지녀야 한다.

인적 판매의 특징으로는 다음의 7가지를 들 수 있다.

첫째, 상품에 대한 구매확신을 줄 수 있기 때문에 먼저 광고로 상품을 알리고 그 다음 단계로 인적판매를 수행하면 효과적이다.

둘째, 목표고객을 선별적으로 접근하는 좋은 방법이다. 우리나라의 인적판매는 인간관계를 통하여 구매성공율을 높이고 비교적 비용이 절감되는 효과 때문에 널리 이용되고 왔다.

셋째, 즉각적인 반응이 있고 장기적인 관계를 유지할 수 있다는 장점이 있다.

넷째, 이미 어느 정도의 호감이 형성되어 있는 상태에서 구매에 대한 확신을 제공함으로써 구매로 연결될 수 있냐 효과가 있다.

다섯째, 혁신적인 신상품의 시장 진입에 효과적인 판촉수단이다.

여섯째, 인적판매원의 전문성, 즉 상품에 대한 전문적 지식이 필요하다.

일곱째, 비용이 많이 들기 때문에 일반상품보다는 산업재의 촉진이나 중간상의 촉진 혹은 단체구매 등에 적합하다.

07 여행상품의 판매촉진

07 여행상품의 판매촉진

7.1 판매촉진수단

여행상품의 판매 수단에는 크게 다음 4가지가 있다.

1. 광고(advertising)

광고는 광고주가 소비자의 태도나 행동에 영향을 줄 목적으로 신문 · 방송 등의 광고매체를 통해 유료로 시행하는 정보전달활동으로서 정보를 제공받는 소비자의 입장에서 보면 상품정보 · 생활정보 등을 선택하면서 받아들이는 사회정보원이라고도 할 수 있다.

1) 신문광고의 장점

여행업에서 노동생산성의 향상은 직판(直販)에 의한 대량판매가 그 열쇠를 쥐고 있다고 한다. 1990대 후반부터 신문매체에 의한 직판모집이 본격화되었다. 직판의 경우 상품정보가 신문광고로 전국적으로 살포되지만 지방의 고객과는 대면(對面)판매로 섬세한 코뮤니케이션이 되지 않는다는 결점이 있다. 그렇다고 해서 부산, 대구, 인천, 광주 대전 등 소위 대도시에 직판점을 개설하려면 임대료, 인건비, 일반관리비 등 유지비용이 들게 되고, 지역의 여행업자와도 마찰이 발생할 소지도 있다. 따라서 지방 특약 여행사를 통해 판매를 전담케 하는 여행사가 등장하게 되었다. 지점을 설치하는 비용과 비교하면 9% 판매수수료만으로 해결되기 때문에 그만큼 위험이 적어진다.

그러나 취급액이 일정수준에 도달하면 지점이나 영업소를 설치하여 운영을 하는 쪽이 합리적이며, 시장전체가 확대하면, 인천발 상품에 추가하여 지방발 여행상품도 늘어나, 구매도 출발지별로 분산되기 때문에 판매망의 구성에 유연하게 대처할 수 있다.

일반적으로 여행도매상들이 제작하는 여행상품 팸플릿은 보통 3개월마다 제작되어 배포되지만 고객들이 반응하는 것은 빨라야 2개월, 대개는 수개월 걸린다. 그러나 신문광고는 게재후 1주일 이내로 모든 결과가 판명된다.

상 품	광고매체
목표객층	독자 · 시청자 층
판매지역	커버 지역
상품특징	매체의 이미지
광고예산	비용과 시장도달도

2) 광고계획

위에서 알아본 바와 같이 여행상품의 판매에 있어서 신문광고는 매우 효율적이다. 텔레비전은 비용 대 효과가 적을 뿐만 아니라 지명도가 올라도 판매와는 직접 연결되지 않는다는 결점이 있다.

신문매체에는 전국지와 지방지가 있는데 좋기로는 자기가 살고 있는 지방에서 가장 구독율이 높은 신문을 고르는 것이다.

우선 수도권에서 전국지를 사용한다고 하면, 현재 패키지투어 광고는 조선, 중앙, 동아 등 빅3에 집중되고 있으나. 결국 이 3대 일간지가 비용 대 효과가 높다는 것을 의미한다. 둘째로, 조간이냐 석간이냐 인데, 압도적으로 주간이 높은 이유로는 우선 전국지의 석간배포지역이 조간에 비하여 좁다. 즉 여행예상객의 밀도가 높은 지역에 배포되고 있다는 것이다. 셋째, 신문사도 장기적인 불황으로 광고가 격감하고, 실제의 광고요금이 싸져서 구매자시장이 돼가고 있다. 예전에는 광고를 하고 싶어도 희망일

자나 크기 등에 적잖은 제약이 있었으나 지금은 인터넷이 나와 신문을 보지 않는 젊은이들이 점차 증가함에 따라 정규요금과 실제로 지불하는 할인가격과는 상당한 괴리가 존재하고, 대량으로 광고를 사용하고 있는 대형 여행사의 단가는 정규요금의 반액 또는 1/3요금 정도일 것으로 추측된다.

또한 신문에는 본지(本紙)와는 별도로 2부라든지 별쇄가 있다. 이것은 독자들이 그다지 중시해서 보지 않는 것이기 때문에 일부독자들에게는 읽히지 않는 경향이 있어서 광고비도 본지보다 싸게 책정되는 것이 보통이나 비용 대 효과는 더욱 작다고 생각하면 틀림없다. 이와 같은 사례는 전단의 경우에도 마찬가지다.

그러므로 게재시점, 헤드라인의 좋고 나쁨, 투어명, 사진이나 일러스트레이션의 사용법, 여행요금 등으로 "정독율(精讀率)"이 크게 좌우된다. 따라서 광고계획은 광고의 주목율, 정독율, 게재면, 게재위치, 게제요일, 누적기억율, 등의 지식 정도는 이해하고 있어야 할 것이다.

2. 홍보(publicity)와 PR(Public Relation)

홍보는 일반에게 널리 정보를 알리는 일을 말한다. 즉 기업 · 단체 · 관공서 등의 조직체가 자신들의 생각 · 계획 · 실제 활동 등을 널리 알림으로써 일반의 인식이나 이해 또는 신뢰감을 높이고 민주적인 기초 위에 양자의 관계를 원활히 하려는 의도에서 실시한다. 기본적으로 비용을 그다지 들지 않는다. 기업이 비용을 부담하여 실시하는 광고와는 달리 제3자로서의 매체가 객관적으로 평가한 정보가 전달되기 때문에 소비자의 신뢰성이 높다는 장점이 있다. 따라서 홍보는 쌍방간의 교류를 통해 서로 영향을 미친다는 점에서 흔히 PR와 같은 뜻으로 쓰인다.

3. 인적판매활동(personal selling)

법인기업이나 각종 단체, 자치체, 판매대리점 등에 대한 영업은 고객수가 비교적 한정되거나 상담성립까지 여러 교섭이나 협의가 필요하기 때문에 세일즈맨에 의한 영업 · 판매활동이 수행된다. 판매촉진에 있어서 세일즈사원의 역할과 기능은 다음과 같은 것이 있다.

- 정보수집
- 문제해결
- 프로로서의 어드바이스와 설득
- 상담의 성립

4. 기타 판매촉진활동(sales promotion)

여행업계에서도 신상품의 판매 혹은 특정 브랜드 상품 등의 판매강화활동을 실시할 때는 여러 형태의 판매촉진 활동이 행해진다. 여행업계에서 자주 보게 되는 판매촉진활동에는 다음과 같은 것이 있다.

- 판매콘테스트
- 판매목표달성형 리베이트(rebate)
- 트레이드 쇼(trade show)
- 정부관광국 주최 캠페인
- 상품발표회 · 설명회

7.2 유통정책과 채널의 활용

1. 유통경로

유통경로란 생산자의 생산품이 소비자 또는 최종수요자에 이르기까지 거치게 되는, 도 · 소매업자 등 인적 매개에 바탕으로 하여 이루어지는 과정을 말한다. 즉 생산자로부터 소비자에로의 상품의 흐름을 방향 설정하는 기능을 유통경로라고 부르고 있다. 여행상품을 취급하는 여행사들도 대개는 다음과 같은 유통경로를 거치게 된다.

(A) 생산자 → 소비자
(B) 생산자 → 소매업자 → 소비자
(C) 생산자 → 도매업자 → 소매업자 → 소비자

이하에서는 이들 3가지 경로에 대한 각각의 특색을 알아보자.

경로	내 용	각 경로의 예
(A)	가장 단순한 유통경로로서 생산자로부터 소비자에게 직접 상품이 판매되고 있다. 이러한 중간 매개업자를 배제한 유통경로는 직접마케팅 채널(direct marketing channel)로 부르고 있다.	• 방문판매(단체판매) • DM(Direct Mail) • 직접선전판매(항공사의 면세품 기내 판매) • 쌍방향 정보미디어판매(FAX서비스, 쌍방향CATV)
(B)	생산자가 판매소매점을 통하여 상품을 판매하는 경로	• 대형슈퍼마켓(대규모 소매점포) • 팩토리아웃렛·factory outlet(생산자 직영점포)
(C)	이전부터 가장 일반적인 경로로서 생산자는 비교적 소수의 도매상에게 상품을 이전하고, 도매상이 다수의 소매상에게 상품을 재판매하고, 더욱이 소매업자가 각각의 지역 소비자에게 상품을 판매하는 형식	• 도매업자의 기능 : 상품의 시장을 찾거나 반대로 소비자나 사용자들이 추구하는 상품을 생산하는 기업을 찾음 • 소매업의 종류 : 백화점, 전문점, 할인점, 편의점, 무점포판매

2. 여행업계 유통시스템

그림 7-1 여행도매업체의 유통경로

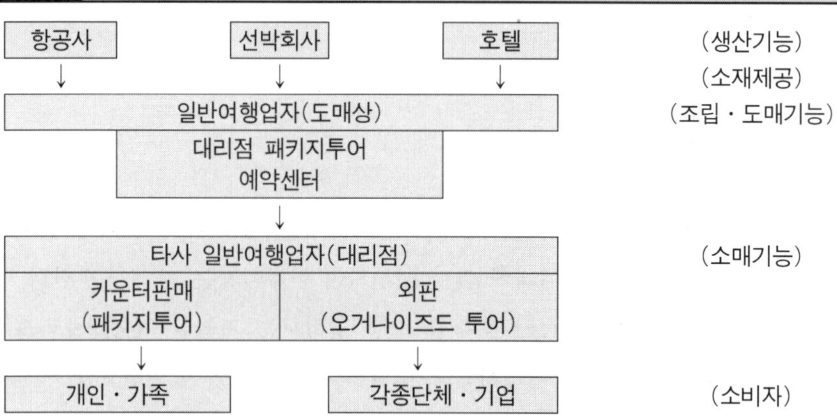

자료 : 小田毅, 旅行マケ-ティング入門, 1994.

소위 여행도매상이 만든 패키지 상품을 대리점이 판매하는 유통경로이다.

여행도매상은 2가지 유형이 있다. 즉 순도매상과 종합여행사형 도매상이 그것이다. 전자는 자사판매점포를 가지지 않는 도매상을 말하며, 후자는 영업부문의 하나로서 도매기능을 수행하는 도매상을 말한다. 한편 대리점의 영업내용은 ① 점포내 카운터에서의 접객판매, 여러 종류의 도매상에서 건네진 상품의 판매, FIT고객의 수배 등이 있으며, ② 외판사원들에 의한 업무도항이나 오거나이즈드(organized) 투어의 판매활동 등이 있다.

도매상과 소매상이 엄격히 구분되어 있는 나라도 있으나 우리나라와 같이 도·소매상 구분이 명확하지 않을 뿐더러 용어의 사용조차 분명치 않아 혼란이 생기고 있다.

▮ 표 7-1 ▮ 국가에 따라 서로 다른 명칭

미 국	유 럽	일 본	한 국
홀 세일러 (wholesaler)	투어오퍼레이터 (tour operator)	홀 세일러 (wholesaler)	홀 세일러 (wholesaler)
랜드 오퍼레이터 (land operator)	랜드 오퍼레이터 (land operator)	투어오퍼레이터 (tour operator)	투어오퍼레이터 (tour operator)
컨소리데이터 (consolidator) 혹은 컨소시엄 (consortium)	–	디스트리뷰터 (distributor)	–

즉 큰 여행사에서 취하고 있는 여행상품의 기획·판매 모든 부문을 가지고 있으면서 이를 홀 세일 부분과 소매(retail)부문의 역할이 분리되어 있는 여행사를 유럽에서는 투어오퍼레이터(tour operator)로 불리고 있다. 그러나 미국이나 일본에서는 홀세일러로 불리고 있으며, 유럽에서 랜드 오퍼레이터(:and operator)로 알려져 있는 지상수배업자를 일본에서는 투어오퍼레이터로 부르고 있는 실정이다.

디스트리뷰터란 주로 대형여행사의 자회사로 항공권의 도매전문점이다. 디스트리뷰터는 자사에서 필요로 하는 항공좌석을 구매하는 이외에도 타사, 특히 구매력이 약한 소규모 여행사를 위해 소액의 수수료로 좌석을 전매하여 결과적으로 자사의 취급액을 불리고, 가능한 한 항공사와의 교섭력을 강화하고 있다. 미국은 이러한 여행사의 공동구매기구를 일컬어 컨소시엄이라고 부른다. 따라서 컨소시엄 혹은 컨소리데이터는 업종이 아니라 업태(業態)를 일컫는 용어이다.

그림 7-2 이업종(異業種) 경로이용형

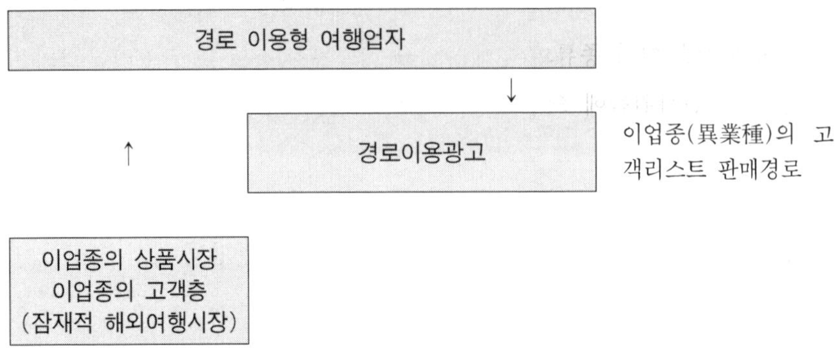

예컨대 크레디트 카드 등을 취급하는 신용판매 계열의 여행사에서는 친회사의 고객들에게 직접우편으로 여행상품광고도 함께 보내 통신판매를 하여 판매점포수가 적어도 방대한 수의 소비자들에게 접근할 수 있어서 성공을 거두고 있다.

한편 소매업계의 계열 여행사도 친회사의 판매점포망 가운데에서 영업활동을 하여 친회사의 고객리스트나 회원조직을 이용할 수 있는 장점을 가지고 있다. 이와 같이 이업종 경로를 이용하는 여행사들은 대개 신용카드사 계열, 백화점계열, 슈퍼마켓 계열, 협동조합계열, 신문사계열 등이 주종을 이루고 있다.

1) 홀 세일(whole sale)판매

전국적으로 판매되고 있는 홀 세일 상품은 중소 여행사, 특히 소매에 철저를 기하고 있는 여행사에 있어서는 가장 중요한 상품이다. 홀 세일에는 이러한 여행사에 상품을 공급할 책임이 있다. 그러나 하나투어 또는 모두투어 만으로는 모든 수요를 충족시킬 수가 없다. 거기서 소매상은 몇 종류의 홀 세일 상품을 취급하게 된 것이다.

원래 홀 세일 상품의 목표는 대량집객에 의한 스케일 메리트(scale merit)를 의도한 것이었으나 오늘날에는 1인 혹은 2인부터 출발을 보증하는 등 제한 없는 FIT에 접근하고 있다. 비용절감도 한계에 다다르고 있어서 금후는 대형의 과점화가 진행될 것으로 생각된다.

2) 웹(web) 판매

물재(物財)나 서비스를 인터넷으로 구매한 적이 있는 사람들이 5천만 명을 초과하는 네트시대에는 이제까지 점포에서는 얻을 수 없었던 소비자를 웹에서 잡는 것이 가능해졌다. 웹판매는 지금까지는 없었던 새로운 판매방식을 확립했다고 할 수 있다. 금후 어떻게 발전해 나갈 것인가의 예측은 대단히 어렵고 여하튼 새로운 움직임을 놓치지 않도록 관심을 가지는 것이 중요하다.

3) 특약점(representative)을 통한 판매

여행상품의 유통이라는 것은 홀 세일되고 있는 브랜드 상품의 유통을 말하는데 현재 특약점제도, 프랜차이즈, 위탁판매의 3가지 방식이 있다. 그 가운데 특약점제도는 소위 대형여행사인 하나투어, 모두투어, 자유투어 등이 채용하고 있는 방식으로 지방의 중소기업체가 이러한 브랜드 상품을 판매하기 위하여 판매계약을 하는 경우 대형여행사의 간판을 게시하는 것을 조건으로 그 상품을 최우선적으로 팔 것(취급액의 과반수)을 약속한다. 물론 어느 정도 실적과 신뢰를 획득하고 있지 않으면 계약할 수 없지만 고객 측에서는 대형여행사의 점포로서 인식되고 있다는 장점이 있다.

4) 프랜차이즈(FC) 판매

프랜차이즈는 세븐 일레븐, 패밀리 마트 등의 편의점이 잘 알려져 있지만, 여행업계에서는 에어 링크, 일본의 HIS 등이 프랜차이즈 전개를 기도하고 있다. 그러나 아직 미국과 같이 큰 나라에서는 널리 보급되고 있지는 않다. 우리나라에서도 마찬가지로 프랜차이즈의 이점을 살릴만한 환경이 아직은 조성되고 있지 않다.

5) 컨소시엄 판매

상품기획에서 한 가지 중요한 것은 집객력을 최우선 하던지 현재자사의 구매력을 중시하는지의 문제이다. 중소형 여행사에서는 성수기에 40명의 고객이 이미 모객되어 있는데 출발 1개월 전이 다되어도 항공사로부터 좌석의 예약이 나오지 않는다면 담당자는 밤잠을 설치고 만다.

항공사에 따라서는 예년의 업적을 중시하고 "성수기좌석이 필요하다면 비수기좌석을 파시오." 라며 판매를 강제하고 있다. 즉 집객력에 자신이 없는 여행사는 구매력을 중시하게 된다. 거기서 몇 개 회사가 협력하여 공동구매를 하려는 사고방식이 생겨나게 되었다. 그것이 컨소시엄(공동구매기구)이다.

컨소시엄은 미국 등에서는 상당히 보급되어 있는 시스템이지만 현재 일본이나 한국 등에서는 그다지 유행하고 있지는 않다. 이 기구는 공급자의 보조원이라고 해야 할 디스트리뷰터(distributor)와 바이어(retailer)가 각각 정보검색과 판매를 분리하여 독립하여 연결하는 매우 독특한 시스템이나 아직 사전에 예측되어 있는 성과를 올리기까지에는 미치지 못하고 있다. 그러한 예는 [그림 7-3]처럼 정보와 구매가 분리되어있는 것이 독특한 포인트이다.

그림 7-3 여행업의 컨소시엄형태

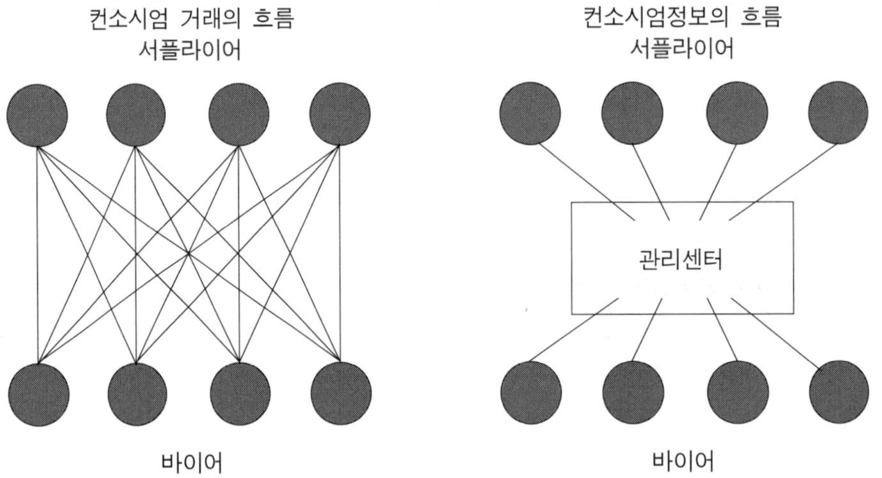

6) 팸플릿의 물류(物流) 판매

홀 세일러는 전국의 특약점, 판매위탁점 등에 팸플릿을 배포하고 있다. 그 배포처의 여행사수는 각사의 전략에 따라 큰 차이가 있으며 판매에 가장 초점을 두고 있다.

그런데 이 팸플릿의 배포가 현재 가장 큰 문제이다. 배포된 팸플릿이 점두의 선반에 진열되어 있는지 팸플릿의 재고가 없어지지는 않았는지 혹은 기한이 지난 것이 진열되어 있지는 않은지 포장이 개봉되어 있지 않은 채 창고에서 잠자고 있지는 않은지 등의 관리가 충분하지 않다. 따라서 도대체 정상적인 필요부수는 몇 부인지 점포마다 필요부수의 합리적인 파악이 긴급과제이다.

7) 온 디맨드(on demand) 인쇄를 통한 판매

이것은 일본의 JTB가 캐논과 합작으로 개발한 "이미지 러너 · image runner"라는 인터넷기능을 갖춘 복합기능을 가진 컬러복사기를 개발하여 이것을 전국 각 영업소에 보급을 시작한 것이다. 장점으로는 첫째, 팸플릿을 스캔하는 것만으로 팸플릿의 각 페이지가 데이터로써 입력되며 소매상은 그것을 흡사 팸플릿을 열어보는 것처럼 스크린으로 볼 수 있고 둘째, 희망하는 페이지를 다운로드할 수 있으며 셋째, 영업소나 지점이 본사에 축적한 정보를 온디맨드로 인쇄할 수 있을 뿐만 아니라 넷째, 반대로 지점이 그 상권에서 판매하고 있는 부정기편의 정보를 전국의 각 지점에서 다운로드할 수 있고 다섯째, 팸플릿을 송신할 때 그 투어의 이미지를 강화하는 음악을 함께 보낼 수 있다는 점이다. 따라서 이러한 시스템이 도입되면 여행업계 전체에서의 팸플릿 제작에 소요되는 비용은 20 ~ 30% 삭감될 것으로 전망된다. 그러나 팸플릿이 완전히 없어질 수는 없고 온디맨드 인쇄가 인터넷 시대에 부여한 영향(impact)의 한계도 확실해졌다.

3. 특수여행의 판매

1) 어학연수 · 유학

어학연수는 영어공부가 주력이 되어있고 목적지는 미국, 캐나다, 영국, 호주, 뉴질랜드 등의 영어권 또는 아시아의 싱가포르, 홍콩, 필리핀 등이다. 이 경우 학교의 기숙사나 가정에 장기 체재한다.

일반가정에 장기 체재하는 것이 홈스테이(home stay)이며, 그 가운데서도 특히 농가에 체재하는 것은 팜 스테이(farm stay)이다. 그러나 이러한 학생의 장기체재에는 수용하는 가정의 상황, 유학하는 젊은이의 영어능력, 현지사람들과 융화할 수 있는 능력 등으로 부조화(miss match)가 생기는 등 그 운영에는 오랜 경험이 필요하여 현재에는 그러한 노하우를 가진 여행사만이 살아남고 있다.

2) 홈스테이

갑자기 유학한다는 것에 저항이나 불안이 있는 사람을 위해서 일반 가정에 일주일~10일정도 체재하여 일상생활에 불편을 느끼지 않고 보낼 수 있는지 여부를 확인하고 싶다. 혹은 3개월 정도로 어느 정도 영어를 할 수 있게 될 것으로 생각하는 사람들을 위해 유학을 전문적으로 취급하는 알선회사에서 홈스테이를 알선하고 있다. 개중에는 여행사의 등록을 마치고 있는 회사도 있다.

3) 고령자의 장기체재

최근 해외에 장기 체재하는 고령자가 늘고 있으며, 최근에는 은퇴자 등이 외국에서 노후를 편안하게 지내려고 하는 욕구가 증가함에 따라서 이러한 현상이 두드러지고 있다. 특히 물가가 저렴한 동남아시아 지역은 앞으로 이러한 고령자의 장기체재의 목적지로 부상할 것이다.

4) 생태관광

여행자가 증가하면 환경이 오염되어 여행자의 수용을 제한하여 환경을 보호하고 있는 장소도 늘어나는 경향이다. 에너지를 사용하지 않는 관광 예를 들면 카누 래프팅, 보트에 의한 자연관찰, 하이킹 등을 소프트 어드벤처(soft adventure)로 부르며 그 유치에 열심인 나라나 지역도 늘고 있다.

5) 전문여행

보통 관광여행이 아닌 특수한 여행 예를 들면 다이빙, 스키, 모험여행 등 소위 SIT에 새로운 기획으로 특화한 상품이다.

6) 마라톤 · 하이킹 · 트래킹

마라톤은 유명한 호놀룰루나 보스턴 마라톤을 비롯하여 한국의 경주에서 매년 개최하는 보문호 마라톤, 오늘날에는 세계각지에서 아마추어가 참가하는 마라톤이 개최되고 있으며 많은 팬을 모으고 있다. 하이킹도 홍콩에서처럼 건강지향의 사람들이 많이 참가하게 될 것이다. 여행사가 이러한 여행을 주최한 경우 안전이 요구되기 때문에 그에 따른 만반의 수배를 하지 않으면 안 되며 그것이 타사와의 차별화를 강화한다. 금후에는 스포츠 등이 활발해지며 더욱이 소재는 널려있다.

트래킹은 하이킹보다 약간 레벨이 높은 전문상품이지만 스위스, 뉴질랜드, 네팔 등 예로부터 왕성한 지역이 많이 있다. 그러나 고산병 등에 대해서 전문지식이 필요하고 산을 좋아하는 사람이 아니면 이를 비즈니스로 연결하기에는 상당히 어려울 것이다.

7) 소프트 어드벤처(soft adventure)

전술한 생태관광 가운데는 해외에서 소프트어드벤처라고 불리는 것이 있다. 이름 그대로 어드벤처보다 약간 간단한 스포츠를 말한다. 예컨대 카누로 급류타기, 야생동물 관찰여행, 하천 거슬러 오르기, 폭포 거슬러 올라가기, 바위타기, 빙벽타기 등이다.

4. 여행관련상품의 판매

1) 여행상해보험

해외여행을 나갈 때에는 여행상해보험이 필수적이지만 자신만은 안전하다. 보험에 관심이 없다는 등의 사람도 있다. 그러나 여행사로서는 만일의 경우에 대비하여 반드시 여행자에게 여행보험 가입을 권유하지 않으면 안 된다.

여행 사행보험에는 세트와 단품의 조합이 있고 고객의 요구를 잘 듣고 나서 선택한다. 이 보험의 수수료 수익은 여행사에 있어서는 흔치 않은 귀중한 부수입이 된다.

2) 여행적립상품

대형여행사는 매월 조금씩 여행비를 적립하는 "여행적립상품"을 판매하고 있다. 최근의 저금리시대에 이자에 해당하는 서비스액의 이율이 4%나 되는 높은 경우도 있어서 매우 인기가 많다. 물론 적립한 자금은 여행상품구매 이외에는 사용할 수 없다.

3) 호텔 쿠폰

해외여행을 갈 때 항공권만을 주고 호텔예약이 필요할 때 호텔 예약회사의 호텔예약쿠폰 이용이 있다. 소위 전도금으로 숙박대금을 지불하는 것임으로 틀림없이 예약이 수배되어 있다는 안심감이 있다. 예약 · 쿠폰회사에 따라서는 취급하고 있지 않은 호텔도 있고 희망하는 호텔을 찾는데 시간이 걸리는 경우도 있다. 물론 현재에는 어느 회사도 홈페이지에서 요금이나 공실사용정보를 검색할 수 있기 때문에 현실적으로 거의 문제가 없다. 여행사가 고객에게 호텔쿠폰을 권유하는 하나의 메리트는 사전에 수수료를 얻을 수 있다는 점이다.

4) 여행자수표

여행자수표는 신용카드의 보급으로 최근에는 이전처럼 빈번하게 사용되고 있지는 않으나 유학생이나 장기의 업무도항 등에서는 편의성이 뛰어나다. 수수료 수입을 늘린다는 시점에서도 항상 주의하여 둘 상품이다.

5) 이용권(利用券)

디즈니랜드, 유니버설 스튜디오 등의 입장권도 수요가 많고 여행사에 있어서는 매우 중시되는 상품이다. 최근에는 인터넷에서도 자주 판매되고 있다. 당일치기 온천 입욕권(入浴券) 등도 최근에 팔리기 시작하고 있는 이용권의 하나이다.

6) 기념품 · 토산품

여행지에서 가족이나 친구 회사의 동료 등을 위해서 토산품을 사는 것은 한국인의 독특한 문화이다. 그 때문에 시간의 절약도 있고 한국인을 대상으로 한 토산품점이 많은 도시나 관광지에 있다. 이러한 토산품점에서는 안내사나 인솔자에게 수수료를 지불하는 것이 마케팅 전략의 하나이다. 그러나 그것은 고객의 입장에서 보면 불유쾌한 행위임에 틀림없다.

따라서 "당사에서는 토산품점에는 안내하지 않습니다"라고 팸플릿에 기재하고 있는 여행사도 있다. 그러나 언어문제, 상품구비, 전문적인 어드바이스 등으로 토산품점을 찾고 있는 고객이 상당수 존재하고 있는 것도 사실이다. 그것을 어떻게 매끄럽게 하느냐가 여행사의 노하우이다.

5. 분사화(分社化) 전략

여행산업은 영업범위가 넓은 산업이다. 거기에는 프로집단이 존재한다. 거기서 대형 여행사를 중심으로 기업활동의 합리화, 활발화에 초점을 맞추어 분사화가 행해진다.

1) 판매관련

역전, 백화점 내, 대형오피스텔, 슈퍼마켓 내 등 종업원 수가 적은 소형점포를 중심으로 판매관련 분사화를 진행한다. 또한 업태에 따라 여권·비자관련 회사, 송영 관련회사, 쿠폰 관련회사 등으로 분화하고 있다.

2) 구매관련

해외에 항공좌석이나 호텔의 객실구매를 전문적으로 하는 자회사를 설립하는 것은 대형여행사에서는 흔한 일이고, 자사수배이기 때문에 책임을 가지고 구매한다. 즉 틀림없는 수배를 할 수 있는 우량회사라는 이미지를 만들어내는 데 철저를 기하고 있다. 여기서 비용의 재검토가 행해진다. 아웃소싱(outsourcing)방식이 합리적인 케이스가 늘고 있기 때문이다. 아웃소싱방식이란 여행사가 중요한 여행업무에만 집중하면서 중요도가 떨어지는 업무는 외부에 위탁하는 것으로 애초에는 컴퓨터 관련업무가 그 대상이 되었지만 현재는 거의 모든 업무분야에 이르고 있다. 최근에는 중요성이 낮은 업무를 외부에 위탁할 뿐 아니라, 중요하지만 외부에 위탁하는 편이 훨씬 효율적이거나, 마땅한 적임자가 없는 경우 성과를 기대할 수 있는 처리방법으로 인식되고 있다.

3) 관련사업

여행사업에는 원래 그것만으로는 전업(專業)이 성립되지 않는 사업이라는 구조로 되어있는 경우가 있다. 거기서 대다수 여행사는 겸업이 당연하고 관련사업에 지원 없이 여유 있는 여행사 경영은 없다는 것이 일반적인 현상이다. 관련사업으로는 금융, 보험, 슈퍼마켓, 광고대리업, 출판 등 여러 분야에 걸쳐있다. 여행사는 현금장사이기 때문에 예로부터 금융업무의 진출에는 적극적이었다. 영국의 토마스 쿡, 미국의 어메리칸 익스프레스 등이 좋은 예이다.

6. 여행정보원(精報源)

1) 지상수배업자

여행사업에서는 상품기획과 구매는 거의 일체화되어 있다. 행선지의 공급자 정보는 지상수배업자가 정확하게 파악하고 있으며 이메일 한통으로 필요한 정보가 실시간으로 입수할 수 있는 것도 지상수배업자이다. 지상수배업자는 지역별로 특화되어 있기 때문에 평상시 거래하는 회사와의 신뢰관계의 구축 강화가 중요하다.

공급연쇄경영(SCM · Supply Chain Management)에 따른 최적화 경영이 중시되고 있으나 여행업에서는 이전부터 정보의 공유가 최우선시 되어 멀리 떨어진 상대와의 상호신뢰가 중시되어 왔었다. 오늘날에는 인터넷을 통하여 보다 밀도 높은 정보가 공유 가능하다.

2) 관광국(觀光局)

한국에는 외국정부, 지역, 도시, 관광협회 등의 선전사무소, 마케팅사무소 등이 나와 있다. 이러한 사무소는 한국인 여행자의 유치를 위하여 경쟁하고 있으나 그 활동은 크게 일반소비자, 여행사, 매스컴 등을 대상으로 한 3가지 활동으로 구분된다.

그 가운데에서도 가장 중시되고 있는 것이 여행사를 대상으로 한 판매촉진활동으로 최근에는 이 분야에서도 최근에는 마케팅이 실시되어 선택된 여행사와의 공동사업이 중시되고 있다. 하나로는 관광국의 민영화가 세계적인 조류로 관광국의 활동에도 합리성, 효율이 중시되고 있는 것이 배경에 깔려있다. 따라서 일반 소비자를 대상으로 한 정보제공은 일체 하지 않는다. 그 존재 자체조차 일반인에게는 알리지 않는 관광국도 있다.

3) 항공사(carrier)

한국을 취항하는 외국의 항공사는 대략 55개 정도로 그 규모는 주당 750편 가까이 띄우고 있는 대형항공사에서부터 주 한편 정도를 띄우고 있는 항공사까지 천차만별이다. 공통점으로는 한국인고객의 유치를 목적으로 하고 있다는 것이다. 그러한 면에서는 관광국과 긴밀하게 협력하고 있다. 그렇다 고해서 A국 관광국과 A국 항공사가 긴밀하게 협조하는 경우도 있으나 다른 나라 항공사와 공동 작업을 하는 경우가 더 많다.

4) 호 텔

관광의 세계화 즉 선진국 뿐 아니라 발전도상국의 사람들도 해외여행을 하게 되어, 세계적으로 체인을 전개하는 호텔이 그 셰어(share)를 높이고 있다. 하나의 회사가 여러 개의 브랜드를 가지고 있는 것도 진귀한 것은 아니다. 예를 들면 스타우트는 웨스틴, 쉐라톤, W, 포포인트 등 6개의 브랜드를 가지며 믹스 콘티네츠는 별명을 인터콘티넨탈로 변경하여 홀리데이인, 크라운플라자 등 4개의 브랜드가 있다. 이러한 호텔 체인도 적극적으로 한국인 고객의 유치활동을 전개하고 있으나 큰 체인일수록 독자적인 판매촉진을 실시하고 있다.

5) 매스컴

목적지 정보를 모으는데 매스컴을 무시할 수 없다. 특히 최근에는 텔레비전에서 여행관련 프로그램이 늘어나고 있기 때문에 그 영향을 잘 활용하는 것이 중요하다. 이러한 해외취재프로그램과 협력하고 있는 여행사도 적지 않다. 여행전문지로는 여행정보신문, 여행신문, 세계여행신문, 등이 있으며 또한 여행전문저널인 웹저널 This, 외국의 잡지나 달력 등도 주목되는 정보이다.

6) 인터넷

전술한 바와 같이 정보의 검색이 매우 편리해 졌기 때문에 인터넷의 사용시간이 급속하게 늘어났다. 금후에는 해외에서의 한국어에 의한 정보제공도 점차 증가될 것이다. 그러나 컴퓨터 대수가 늘어난다고 해서 모든 소비자가 그 활용에 정통하고 있는 셈은 아니기 때문에 여행사는 정보제공에 각종 홈페이지 활용을 빼놓을 수 없다. 즉 정보 수집을 적극적으로 하는 프로의식이 중요하다.

7) 인솔자

막 귀국한 인솔자의 보고는 신선하면서도 가치가 있다. 좋은 점은 물론 나쁜 점의 보고에는 충분히 주의를 기울일 필요가 있다. 모든 인솔자 보고에 눈을 돌리는 경영자도 있다. 빈번하게 현장에 갈 수 없는 경영자에게는 이것이 가장 귀중한 정보원이기 때문이다.

8) 고 객

대다수 여행사에서는 귀국시 기내에서 고객에게 여행의 평가에 대해서 평가를 실시한다. 이것은 경영자에 있어서 가장 중요한 정보원이다. 특히 칭찬의 말보다 클레임이나 고언(쓴 소리)이 귀중하다. 그 사후처리가 고객의 로열티를 높이거나 평판을 떨어트리는 분수령인 것이다. 최근에는 내부고발 등으로 기업 정보의 투명성을 요구하는 경우가 눈에 띄게 늘어나고 있으나, 항상 고객의 소리에 귀를 기울이는 것이 중요하다.

7.3 여행상품별 판매

여행상품판매의 제1보는 연결된 고객으로부터 여행목적이나 시기, 방면 등을 물어보면서 상품판매의 중요한 단서를 포착하는 것에서 시작한다.

고객들은 다양한 여행목적으로 가지고 있다. 즉 따라서 고객의 여행목적에 꼭 맞는 상품계획을 세우는 것이 중요하다. 다음에 소개하는 것은 고객의 여행경험정도에 부응한 요점을 정리한 것이다.

▌표 7-2 ▌ 여행상품별 판매

소비자의 종류	대응 요령
여행경험이 많은 반복소비자	여행내용이나 선택지를 잘 알고 있으며, 추가수배나 특별한 요망이 많은 고객이다. 상대의 질문이나 요망에 명쾌한 응대를 할 필요가 있다. 잘 모르는 부분에 대해서는 회답시기를 정해 놓고 자질구레한 것까지 정리하여 신속하게 연락을 취하도록 한다.
2~3회 해외여행경험을 쌓은 소비자	해외여행의 즐거움을 만끽한 경험이 있어 잘 도와주면 반복구매자가 될 가능성이 높다. 고객의 흥미를 잘 유도하여 예산에 맞는 몇 가지 상품을 골라 추천하면 좋다.
국내여행 감각으로 해외여행을 즐기려는 소비자	국내여행과 비교하여 가격을 판단하는 경향이 있으며, 싸면서도 여러 관광지를 가보고 싶어 하는 부류이다. 호텔, 관광, 식사의 내용을 확인하여 여행의 특징을 분명히 하고 싸면서도 득이 되는 상품을 골라 추천한다.
가족과 함께 처음 나가는 소비자	대개는 자기 가족끼리, 더러는 이웃과 몇 가족이 함께 가는 경우이다. 여행지는 보통 리조트지역을 선호한다. 호텔선택에 중점을 두면서 특히 옵셔널투어에 신경을 쓰는 것이 좋다. 가족전원이 함께 즐길 수 있는 곳을 추천한다.
항공권과 호텔 쿠폰만 가지고 떠나는 소비자	자유여행을 즐기려는 소비자들이다. 여행계획을 잘 파악하여 추가수배로 도움이 될 만한 것이 있으면 제안한다.

자료 : ジェイテェービ-能力開發, すぐに役に立つ海外旅行カウンタ販賣, 2002.

1. 패키지투어의 판매

해외여행판매의 주력부문으로 "여행의 안전함과 쾌적함"을 모토로 판매하는 상품이다. 판매실적이 어느 정도 확보되고 있는 코스에서는 여행의 품질이 보증되어 있으며, 여행후의 고객만족도도 높은 편이다. 패키지여행 애호가들에게는 계속해서 여행에 참가하고자 하는 반복구매자(repeater)가 많은 것이 특징이다. 최근의 패키지 상품은 고객의 욕구에 맞추어 리조트체재형, 자유행동형, 주유여행형(周遊旅行型)등 종류가 풍부하고, 호텔유형이나 계절을 선택하면 가격이나 등급도 꽤 넓게 설정할 수 있다. 추천하는 상품 내용만 숙지하고 있으면 품이 들지 않을 뿐더러 가장 손쉽게 팔 수 있는 상품이다.

여기서는 패키지투어상품의 이점을 자세히 설명하고 팸플릿을 잘 읽어 그 내용을 숙지하는 것에 대한 중요함, 여행신청에 즈음하여 주의해야 할 사항 등에 대해 설명한다.

학습포인트

① 패키지투어의 판매에 있어서 고객측과 판매담당자측 각각의 장점을 파악하여 패키지투어를 권유하는 방법을 실제의 화술로 몸에 배도록 설명한다.
② 패키지투어의 팸플릿 보는 법에 대해서 우선 어느 페이지에서 잘 읽어야 할까, 여행형태별로 팸플릿의 어디에 주목하여 고객에게 설명할지를 언급한다.
③ 구체적으로 하와이, 유럽 등 패키지투어의 예를 들어 충분히 이해하지 않으면 안 되는 부분을 해설한다.
④ 패키지투어 신청시부터 예약 · 변경 · 취소시까지 판매담당자로서 알고 있지 않으면 안되는 요점에 대해 해설한다.
⑤ 특히 최근 증가일로에 있는 "왕복항공권과 호텔 1박만"이라는 FIT형 상품의 판매방법에 대해 해설한다.
⑥ 해외결혼(웨딩)은 금후 빼놓을 수 없는 상품이다. 웨딩투어상품의 포인트는 무엇인가를 설명한다.
⑦ 마지막으로 패키지투어를 판매하는 순서를 정리한다.

1) 패키지투어 장점의 이해

패키지투어는 팸플릿이나 매뉴얼(manual)대로 효율성 있게 취급할 수 있고, 수입률도 높기 때문에 판매의 장점이 매우 높은 상품이다. 개인여행의 여정(itinerary)작성이나 견적(quotation), 수배(arrangement) 등에 필요한 시간과 노력을 생각하면 패키지투어상품을 숙지하고 고객의 요망에 즉시 대응할 수 있는 유연함은 판매담당자에게 우선적으로 요구되는 능력이라고 할 수 있다. 패키지투어상품에 대한 팸플릿을 잘 보고 다양한 여행상품 가운데에서 유연하게 고객의 요망에 부응할 수 있다면 판매측에서 뿐만 아니라 고객측에서 보아도 패키지투어의 장점을 살릴 수 있을 것이다.

(가) 패키지투어상품의 손쉬운 판매

패키지투어상품의 손쉬운 판매는 대체적으로 다음과 같은 것을 들 수 있다.

- 신청, 예약, 판매의 흐름이 시스템화되어 고객에의 대응이 손쉽다.
- 판매용구, 팸플릿, 포스터 등을 살린 판매촉진이 가능하다.
- 처음부터 일정과 비용이 결정되어 있으므로 여정작성이나 견적을 낼 필요가 없다.
- 고객층에 부응한 상품체계가 있으므로 상품선택이 용이하다.

- 팸플릿을 매개로 하여 고객과 매끄럽게 여행상담을 진행할 수 있다.
- 예약시스템에서 여행정보를 검색할 수 있다.
- 체크시스템이 완벽하기 때문에 판매상의 실수가 일어나기 어렵다.
- 상품의 품질관리나 여정관리가 완벽하기 때문에 고객으로부터의 고충도 적다.
- 고객관리나 판매결과에 대한 분석데이터가 있으므로 차후판매에 연결하기 쉽다.
- 팸플릿을 잘 읽음으로써 일상적으로 상품지식을 높여갈 수 있다.
- 여러 상품을 취급함으로써 방문별, 시장별로 해외여행에 대한 이해도가 증진된다.
- 현지대응 네트워크, 여정보증 등 상품의 강점을 판매할 수 있다.
- 여행조건서가 완벽하게 팸플릿에 기재되어 있기 때문에 설명이 간단하다.
- 투어 진행상 책임체제나 고충처리 등 대응에 있어서 판매측은 안심할 수 있다.

(나) 고객측에서 본 장점

패키지투어상품은 고객측에서 보아도 득이 되는 상품이다. 패키지투어상품의 장점을 충분히 파악하여 고객에게 설명하는 기술을 몸에 익힘으로써 여행상품판매의 효율을 비약적으로 향상시킬 수 있다.

▌표 7-3 ▌ 상품유형별 장 · 단점

구 분	패키지투어상품	개인여행상품
장 점	• 일정에 무리가 없고 시간이 유효 • 목적지에의 이동이 매끄러움 • 매일의 일정이 보증되어 안심 • 질병이나 사고시 대응이 완벽함 • 해외여행이라도 불편이 없음 • 자유행동 일정도 풍부함 • 만일의 경우 보상도 안심 • 현지의 알선체제도 양호 • 결과적으로 비용이 저렴	• 매일이 자유행동 • 자유롭게 여정작성이 가능 • 저렴한 항공권으로 여행비 절약 • 비싸도 좋아하는 여행 가능
단 점	• 여행시기, 방면, 일수에 구속 • 단체행동에 구속됨 • 자유시간을 내기 어려움	• 매일 예약확인이 큰 일 • 목적지까지의 이동이 큰 일 • 예상외의 쓸데없는 시간발생 • 예측 불가능한 사고 발생 • 여정변경에 대처 미숙 • 결과적으로 여행비용이 커짐

(다) 단점을 제거하는 설명 · 방법

패키지투어상품의 단점에 대해서는 다음과 같은 설명이나 방법을 동원하여 처리한다.

▌표 7-4 ▌ 패키지투어의 단점에 따른 설명요령

단 점	설명 · 방법
• 여행비가 비싸다	• 비싸지 않다 고객에게 여행일정이나 예산을 물어본다. 이용호텔의 등급, 목적지에서 타 도시에의 이동방법 등을 물어서 FIT(기본설정)패키지와 추가항목의 수배로 얼마인지를 계산해 본다. 여행대금의 총액도, 이용항공사, 호텔등급이 각각 메리트가 있다는 것을 구체적으로 계산하여 제시하도록 한다.
• 단체행동에 구속된다	• 구속되지 않는다. 최저 2명부터 행사보증을 한다는 투어도 있다. 충분한 자유시간의 프리타임(free time)형 투어도 다수 설정되어 있다. 휴양지 체재형 투어에서는 호텔 등급이나 체재일수의 선택에도 폭이 있다. 프리타임형 옵셔널(optional) 투어도 풍부하다.
• 자유시간이 적다	• 자유시간 선택할 수 있다. FIT패키지를 선택하면 자유시간도 자유자재로 선택할 수 있다. 체재하는 도시, 출발일, 귀국일시도 자유롭게 결정할 수 있다.

(라) 패키지투어상품의 판매요점

이하의 표에 나타난 것처럼 6가지로 정리할 수 있다.

▌표 7-5 ▌ 패키지 투어의 항목별 판매요점

항 목	판매요점
품질보증으로 안심	• 호텔, 식사내용, TC(여행인솔자), 현지수용태세 등 만전을 기하고 있다. • 주체여행은 여정관리를 준수하며, 품질관리를 중시한다.
단체요금이 적용됨	• 호텔의 객실은 개인적으로 숙박하는 호텔요금보다 싼 요금을 적용 받는다. • 호텔 식사는 개인이 주문하면 비싼 요금이 든다.
체재도시에의 이동에 시간적 무리가 없음	• 호텔로부터의 교통기관, 공항에서의 수속이나 환승의 번거로움이 매우 귀찮다. • 개인여행은 영어가 통하지 않는 나라, 공공교통기관 이용에 혼란을 겪게 된다.

여정이 매끄럽고 일정표대로의 여행이 보장됨	• 성수기에는 개인여행의 예약이나 수배가 무시되는 경우가 있다. • 성수기 호텔에서 개인적으로 수배한 예약이 취소될 수가 있다. • 개인여행에서는 현지에서 예약 재확인을 하지 않으면 항공편의 초과예약(over booking)으로 좌석을 확보할 수 없다.
요금에 걸 맞는 각종 여행이 선택가능	• 프리타임이 충분히 보장된 FIT자유여행형 패키지 • 역사, 문화, 예술을 테마로 한 특선여행 • 코스, 여정이 다양하게 편성된 독특한(unique) 투어 • 코스마다 다양한 선택관광이 준비되어 있어 선택지가 풍부하다.
현지의 수용태세 만전으로 사고나 질병에 안심	• 긴급사태에도 임기응변이 가능한 여정상의 대응 • 현지체재중의 계획이나 상담에도 대응체제가 구축되어 있다. • 만일의 경우에도 보상이 되므로 안심

(마) 패키지투어상품의 판매와 팸플릿

패키지투어상품판매에서 가장 중요한 것은 팸플릿에 나온 기재사항을 충분히 이해하는 것이다. 최근에는 여행도매업자(wholesaler) 각사가 여러 종류의 팸플릿을 갖추어 놓고 있고, 고객들도 팸플릿 내용을 숙지하고 내점(來店)하는 경향이 강하기 때문에 여행형태별로 또는 목적지별로 팸플릿이나 판매매뉴얼을 반복해서 읽고 이해가 어려운 부분은 선배나 각 여행도매업자에게 질문을 하여 정확한 상품설명이 가능하도록 연구를 게을리 하지 않으면 안 된다.

- 방면별로는 가장 잘 팔리는 목적지를 코스부터 순차적으로 설명사항을 하나하나씩 파악해 나간다.
- 겉표지와 속표지 또는 그에 가까운 페이지에 기재되어 있는 주의사항, 목차의 제목을, 완전히 이해할 때까지 숙독한다.
- 고객층에 맞추어 담당할 카운터에서 가장 잘 팔리는 상품에 대해 완전하게 마스터 해둔다.
- 현재 신청을 받아 예약 수배중의 투어에 대해서 상품의 인도에 대비하여 팸플릿과 취급 매뉴얼을 한가한 시간을 봐두어 체크해 둔다.

한편 여행상품 팸플릿의 종류와 그 구체적 내용은 다음 표와 같이 정리할 수 있다.

▮ 표 7-6 ▮ 여행상품 팸플릿의 종류 및 내용

종 류	내 용
방면별	여행사의 점두(店頭)에는 반드시 팸플릿 스탠드가 있어서 유럽, 동남아, 중국 등 문자가 싫어도 눈에 들어온다. 자사의 주력상품이나 잘 팔리는 팸플릿은 중앙의 눈에 띄는 위치에 진열한다.
여행목적 (고객별)	결혼, 부부를 위한, 역사와 문화여행, 트레킹 등으로 명명된 고품질 특선 투어도 코너를 설치하여 비교하여 코스의 선택을 유도하도록 연구되고 있다.
계절별	최성수기(golden week), 여름휴가철, 연말연시 등 가족이나 그룹여행의 팸플릿이 진열되어 인기의 하와이, 괌, 사이판, 아시아나 호주·뉴질랜드 등의 비치리조트 투어는 삽시간에 품절된다. 봄, 여름에는 학생들의 홈스테이, 어학연수여행이나 소그룹을 위한 투어가 기획된다.
체재형 (호텔선택)	괌, 사이판, 하와이 몰디브 등 휴양지 팸플릿에서는 숙박하는 체재호텔 정보가 상세히, 등급별로 여러 유형의 호텔이 소개되어, 계절에 따른 요금표가 기재되어 있다. 체재 중에 이용할 수 있는 체재중 이용할 수 있는 교통수단이나 시설, 서비스 이용법 등도 설명되어 활동유형으로서 인근 섬관광, 골프, 마린스포츠 등 각종 선택관광이나 허니문을 위한 웨딩플랜 등이 마련되어 있다.
주유형 (코스선택)	4월에서 9월, 10월에서 3월까지 방면별로 나누어 게재되어 있다. 코스의 분류는 각각 고객의 여행목적이나 연령층 등을 상정하여 구성되며, 코스나 일정, 호텔이 다양하게 선택 가능하다. 매일 여행에 포함되는 관광과 식사, 세세히 기재되어 있는 여행조건을 잘 챙겨 확실하게 이해하도록 한다.

※ 괌이나 유럽의 인기코스에서는 3개월 단위로 계절용 팸플릿이 준비되기도 한다.

(바) 팸플릿의 중요한 페이지

자사에서 취급하는 상품의 팸플릿은 고객의 손에 입수되기 전에 한 눈에 알아볼 수 있도록 만들지 않으면 안 된다. 그 때 반드시 확인하지 않으면 안 될 페이지는 다음과 같다.

겉표지에 이은 여러 페이지에 걸쳐 다음과 같은 중요사항이 기재되어 있다.

▮ 표 7-7 ▮ 여행상품의 페이지별 중요내용

목차(contents)	목차의 견출(見出)에 대응할 페이지를 젖혀, 기재내용, 체제, 레이아웃 등을 점검한다.
전 코스의 일람 (여행의 종류와 특징)	여행목적별 코스의 종류, 각 코스의 호칭(독특한 이름), 일정내용의 특징
코스(일정표)를 보는 법 (주의해야 할 포인트)	숙박, 식사, 관광, 인솔자, 항공사지정, 호텔지정, 연박(延泊) 등의 여정에 포함되는 조건, 최소행사인원 등

투어의 특전, 현지에서 제공되는 서비스	공항송영(送迎)서비스, 투어전용 데스크, 전용관광버스, 식사쿠폰, 휴대전화 등 현지에서 이용 가능한 서비스나 특전
여행요금의 결정적 수단이 되는 여행대금 카렌다	색 구분과 알파벳으로 구분된 카렌다, 색 구분으로 출발일마다 여행비가 정해져 있다.
여행신청, 변경, 추가수배, 취소 등의 수속	여행의 신청수속, 독실 방, 3인용 방, 어린이 요금, 기타 추가요금, 여행비의 지불방법 등을 설명해 두고 있다.
일정표의 기재내용	출발보증, 식사, 식사쿠폰, 룸서비스, 선택관광, 인솔자, 단체할인 등, 일정표의 조건을 나타내는 마크를 정확하게 인지시킨다
가장 중요한 투어번호	예약코드의 숙지, 정확한 코드번호로 예약을 실시한다.
고객들에게 주의시켜야 할 사항	고객의 여행경험, 코스의 선정에 맞추어 어느 페이지에서 어떤 설명을 할지를 정한다.
고객들이 반드시 읽어야 하는 여행조건서	팸플릿의 페이지를 나타내 반드시 읽도록 유도한다.

(사) 패키지투어의 신청접수

① 참가자에 대해서

패키지투어의 경우 여행의 원활한 실시, 만일의 경우 사고시 안전확보 면에서 참가자의 신청조건을 명시하고 있다. 여대다수 여행사에서 일반적으로 정하고 있는 조건은 다음과 같다.

② 어린이 및 유아의 취급

㉠ 어린이 여행요금은 여행개시 당일(선택관광시에는 실시일 당일)만2세 이상 12세 미만의 자에게 적용된다. 유아여행요금은 마찬가지로 2세 미만의 자에게 적용된다.

㉡ 코스에 따라 어린이 요금이 표시되어 있지 않은 경우가 있다. 이 때에는 어린이의 참가가 허용되지 않은 것을 의미한다.

㉢ 양친과 어린이 1명까지 참가하는 경우 트리플(triple) 룸을 이용하지만 트리플 룸을 이용을 할 수 없을 때에는 어른 1명과 어린이 1명이 1방, 어른 1명이 1인용객실을 이용하는 경우에는 1인용 추가객실요금이 필요하다.

㉣ 항공의 베이비코트(babycot)는 항공사에 따라 월령제한(月齡制限)이나 체중제한 등이 있으므로 사전에 행사개소에 문의할 필요가 있다.

③ 우등석 · 1등석 이용에 대하여

㉠ 우등석은 부부 이용의 경우 할인요금을 적용하는 방면이 있다. 이 경우 다음과

같은 항공사에의 할인신청서류가 필요하다. 부부 양쪽의 성명 및 혈족관계가 기재된

㉮ 호적등본

㉯ 주민등록 등본

㉰ 건강보험증

㉱ 혼인신고필증 중

어느 것을 복사한 것.

㉡ 좌석요청(창문쪽, 통로측), 기내식의 희망 등이 가능하다. 투어 신청시에 미리 행사개소에 연락할 것.

㉢ 우등석, 1등석은 방면이나 항공사에 따라서 최성수기나 여름 성수기, 연말연시에 이용할 수 없는 경우가 있다.

④ 국내선 항공요금 추가에 대해서

국내선을 승계하여 참가하는 경우 고객의 거주지 공항에서 투어의 출발공항(또는 같은 도시내의 공항까지의 항공운임이 특별추가요금으로 이용할 수 있는 경우와, 보통운임으로밖에 사용할 수 없는 경우가 있다. 목적지, 노선, 항공사에 따라 상이하기 때문에 팸플릿이나 취급매뉴얼을 확인할 필요가 있다.

- 그 경우 국내선 예약은 판매대리점에서 한다.
- 특히 연말연시, 최성수기, 여름 휴가철에는 이른 예약이 필요하다.
- 예약만원으로 할인이 적용되지 않는 항공사나 타 교통기관을 이용하는 경우에는 고객부담이 된다.
- 국내선과 국제선을 승계하는 시간은 충분한 여유를 가지고 예약하도록 주의한다.

⑤ 국내선 항공요금 추가에 대해서

㉠ 신청은 투어의 판매점 이외에 현지담당자나 인솔자에게 할 수 있다. 단지 항공 등 예약이 필요한 것이 있고, 코스에 따라서는 한국 출발전에 신청이 요구되는 것도 있다. 어느 쪽이든 팸플릿에 기재되어 있다.

㉡ 지불은 대다수의 경우, 현지에서 그 나라 통화로 결제하는 것이 원칙이다. 한국에서 신청한 경우, 지불까지 마친 것으로 착각하고 있는 수도 있으므로 주의한다.

㉢ 현지에서 근린 제3국에 가는 선택관광도 있다. 이 때는 여권의 잔존유효기간, 사증이 필요한 경우도 있으므로 주의를 요한다.

▌표 7-8▌ 여행상품의 대상항목별 중요내용

항 목	내 용
미성년자	• 출발일 기준 15세 미만의 참가는 보호자(친권자)의 동행 필요 • 미성년자만, 혹은 친권자 이외의 자와 동행하는 경우 친권자의 동의서 필요, 단 15세 미만의 자만이 참가는 동의서가 있어도 불가 • 미성년자라도 신청시에 기혼자라면 동의서는 불필요함
고령자	• 75세 이상의 자는 건강조사서 제출이 필수. 조사 내용에 따라 참가여부를 결정하거나 의사의 진단서(단지 검사결과만이 아니라 여행일정을 의사에게 보여 참가할 수 있다는 진단을 받은 것)의 제출을 조건으로 신청접수함 • 코스에 따라 75세 이하의 경우도 건강조사서의 제출을 요구할 수 있음
신체장애자	• 카운터에서는 ① 동행자의 유무, ② 해외여행경험 유무, ③ 특별한 의료기구 관계의 필요성 등을 구두로 질문하고 판단을 내림 • 의사의 진단서 제출이 필요한 경우도 있음. • 장애정도에 따라 항공사에서 소정의 서류를 요구하는 경우도 있음
만성질환자 건강이상자 임산부	• 당해 투어에 참가해도 건강에 지장이 없다는 취지의 의사의 진단서를 제출할 필요 있음. • 해외여행상해보험에서는 현재 건강에 이상이 있는 내용에 대해서는 보상 대상이 되지 않으므로 주의할 필요 있음. • 임산부는 임신 몇 주일째인지를 물어, 행사개소에 연락해 둔다. 월수에 따라서는 항공사의 탑승허가가 필요한 경우도 있음. 또한 6개월 이상의 임산부는 사증(visa)이 필요한 국가도 있으므로 주의를 요함(예 : 싱가포르) • 여행 중의 긴급사태에 대비하여 투약의 종류, 양을 명기한 의사의 서면(영문, 한글)의 휴대를 권유함.
기타	• 여행중 폭력이나 폭언을 사용할 염려가 있는 사람이나, 여행 중 정신적으로 불안정하여 기행 등을 할 염려가 있는 사람, 다른 투어에서 상습적으로 말썽을 핀 전력이 있는 사람 등은 거절함. 그러나 이런 것들은 사전에 걸러내기가 어려워 실제로 행사 중에 왜 하필이면 이런 사람과 여행을 같이 하게 되어 기분을 잡치게 하냐며 불평을 듣게 된다.
외국적자	• 사증의 필요성 유무확인, 한국에의 재입국 수속, 도항국의 국명 추가 등 수속에서 한국적소지자와 다르므로 주의요망 • 국적에 따라 사증 취득에 상당일수가 걸리는 경우도 있음 • 여권에 기재된 이름이 일상생활에서 사용하고 있는 이름과 다르거나, 중간이름을 사용하는 사람도 있으므로 정확한 영문명(스펠링)을 기입하도록 한다. 신청과 동시에 여권의 이름확인 필요 • 단, 고객에 따라서 여행중에는 통칭(通稱)쪽이 좋다고 하는 사람도 있으므로, 특히 인솔자 동행 코스의 경우에는 행사개소에 그 취지를 연락해 둠.
단체참가자	• 7명 이상 그룹의 경우, 코스의 특성, 그룹의 성격, 여정관리 등의 이유로 거절 되는 경우가 있다. 특히 인솔자가 동행하는 코스에서 이러한 예가 많다. 이는 패키지투어의 경우 통상적으로 일반모집투어이며, 단체의 움직임이 특정 단체의 고객에게 크게 영향을 받기 때문이다.

자료 : (株)交通公社教育開發通信教育事業部編, すぐに役に立つ海外旅行カウンター販賣, 1998.

(아) 패키지투어의 예약

① 신청서의 기입

신청서는 신청에 대한 확인서인 동시에 모든 수속의 진행기록을 확인하기 위한 대단히 중요한 서류이다. 고객에게 가능한 한 상세하고도 정확하게 기입하도록 한다. 특히 성명, 생년월일, 주민등록번호는 관공서에서 발급하는 서류(호적등본이나 주민등록등본, 인감증명서)와 똑같이 기재하도록 한다.

카운터 담당자는 문의한 희망사항, 예약내용, 추가수배사항 등 이후의 진행상황에 대해 누가 보아도 알 수 있도록 정리하여 기입하도록 신경을 쓰지 않으면 안 된다.

② 예 약

카운터 담당자는 신청서에 따라 즉시 예약을 개시한다. 예약은 여행 주최개소의 전용 컴퓨터 단말기나 전화 또는 팩시밀리로 한다. 신청순서는 다음과 같다.

㉠ 출발일, ㉡ 코스 및 코스명, ㉢ 식사 · 관광, ㉣ 참가인수, ㉤ 참가자성명(Mr. Mrs. Miss 등 구분), ㉥ 참가형태(가족, 허니문, 부부, 그룹, 단독), ㉦ 연령(생년월일), ㉧ 전화번호(자택, 핸드폰, 직장), ㉨ 객실형태(SWB, DWB, TWB, Triple 등), ㉩ 방배정(조합형태), ㉪ 특별수배(콘서트, 뮤지컬, 운동경기관전, 도중이탈, 도중합류 등), ㉫ 각종 요망사항(어린이용 식사, 유아침구(bassinet), 배우자 · 고령자의 부부할인, ㉬ 등급의 상향조정(upgrading), 하향조정(downgrading), ㉭ 취급점포명(영업소명), 담당자명, 전화번호 등이다.

컴퓨터에 의한 예약은 카운터 업무에서 가장 중요한 업무 중 하나이다. 단말기의 사용방법을 숙지하여 예약의 조회, 예약입력을 하는 방법, 예약기록을 보는 법, 예약의 변경, 기타 정보의 검색 등 여러 가지 조작을 자유자재로 할 수 있도록 기계와 친해지도록 노력하지 않으면 안 된다.

③ 예약이 불가능 할 때

희망코스가 만원으로 예약이 불가능 할 때는 다음과 같은 절차를 수행한다.

㉠ 고객의 양해를 구하여 우선 대안으로 예약을 확보하도록 한다.

㉡ 대기(waiting)자 명단에 입력한다. 즉 고객의 예약 데이터를 대기자 명부(waiting list)에 올려 주최개소에 문의하여 증석(增席)이 가능한지 확인한다. 불가능 한 경우 고객의 예약 데이터를 대기자 명부에 입력한 다음 다른 예약의 취소를 기다린다. 대기의 경우에는 출발일 며칠 전까지 취소대기가 가능한지 고객에게 확인한다. 출발일 일정 기일 이후에는 대기가 OK가 된 이후의 취소에 취소료가 필요하다는 점을 주지시킨다. 고객의— 양해를 얻어 대석(代席)

으로 예약을 확보한다.

㉢ 출발일을 당기거나 늦춘다. 희망일 출발일 전후의 예약상황을 조회하여 고객에게 공석상황을 설명하면서 출발일의 변경을 유도한다.

㉣ 유사코스를 찾는다. 예약이 곤란한 상황을 설명하고 고객의 희망을 다시 한번 넓게 확인하여 방면별 집객(集客)상황을 조회한 다음 유사코스를 추천하도록 한다.

㉤ 다른 코스를 권장한다. 고객의 여행목적을 이해한 다음 다른 방면에서도 희망이 충족될 수 있는 코스는 없는지 관찰하여 이를 제안해 본다

④ 신청금의 수수

신청금의 접수, 신청금을 수리하는 것으로 주최여행계약이 성립한다. 신청금은 여행요금의 일부로 충당된다. 우리나라의 여행업약관에서는 금액에 관계없이 총 여행요금의 10% 이내로 제한하고 있으나 일본에서는 여행요금에 따라 다음과 같이 신청금을 달리 하고 있다.

구 분	신청금(1인당)
여행요금 30만엔 이상	5만엔 이상 ~ 여행요금까지
여행요금 15만엔 이상 ~ 30만엔 미만	3만엔 이상 ~ 여행요금까지
여행요금 15만엔 미만	2만엔 이상 ~ 여행요금까지

⑤ 서면의 교부

투어의 주최회사가 발행하고 있는 여행조건서에 입각하여 여행요금의 지불, 여행요금에 포함되어 있는 것 및 포함되지 않은 것, 치소, 변경조건 등 중요 사항을 설명하고, 여행서류(통상 팸플릿과 팸플릿에 삽입되어 있는 여행조건서, 신청서 사본 등)을 건넨다. 또한 최종여행일정표의 인도에 대해서도 미리 설명해 두도록 한다.

⑥ 예약의 변경

코스의 변경, 출발일 변경, 인원변경, 성명변경 등 어느 것도 모두 이전 예약을 취소하고 신규예약을 실시하지 않으면 안 된다.

⑦ 예약의 취소

예약의 취소에는 통상적으로 ㉠ 통상의 항공편을 이용하는 코스, ㉡ 대절항공기를 이용하는 코스, ㉢ 선박을 이용하는 코스 등 3종류의 취소료 규정을 설정하고 있다. 여기서는 통상의 항공편을 이용하는 경우의 예를 소개한다.

▌표 7-9▐ 여행상품의 예약변경에 따른 중요내용

구 분	내 용
① 코스의 변경	취소료와 관계되는 기일까지는 무료로 변경가능하나 그 이후에는 취소료 대상된다.
② 출발일의 변경	예약이 가능하다면 변경가능하나 변경 전의 여행개시일이 취소료가 드는 기일의 경우 취소료가 필요하다.
③ 소비자의 교체	취소료가 드는 기일이어도 수배상의 문제가 없다면 취소료 면제로 일정의 수수료를 지불하고 변경이 가능하다.
④ 변경조건을 행사개소 에 확인	변경수수료나 취소료 등 주최회사에 따라서 다소 상이하므로 컴퓨터 단말기나 전화로 확인이 필요하다.

▌표 7-10▐ 여행상품의 예약취소에 따른 중요내용(일본의 경우)

계약해제일	특정일에 여행을 개시하는 여행(1인)	특정일 이외에 여행을 개시하는 여행(1인)
여행개시일의 전날부터 기산하여 거슬러 올라가 40일째에 해당하는 날짜 이후~31일째에 해당하는 날짜까지	여행요금의 10%	무료
여행개시일의 전날부터 기산하여 거슬러 올라가 30일째에 해당하는 날짜 이후~3일째에 해당하는 날짜까지	여행요금이 30만 엔 이상 : 5만 엔 여행요금이 15만 엔 ~30만 엔 미만 : 3만 엔 여행요금이 10만 엔 ~15만 엔 미만 : 2만 엔 여행요금이 10만 엔 미만 : 20%	
여행개시일의 전전일 ~전일	여행요금의 30%	
여행개시일 당일	여행대금의 50%	
여행개시 후 또는 무연락 및 불참가	여행대금의 100%	

⑧ 도항수속 등의 안내

- 여권의 유효성, 사증의 필요성 등을 확인하여 도항수속의 대행을 희망하는 고객과는 도항수속대행계약을 체결하고, 수속의 진행방법, 필요서류를 안내한다.
- 기타 출발까지의 점검이나 휴대외화, 해외여행상해보험의 안내, 복장, 현지사정 등을 안내한다.

⑨ 신청접수의 순서 복습

신청접수는 팸플릿이나 신청서의 고객용 복사본에 기재한 여행조건서의 요점을 설명하면서 다음과 같이 진행한다.

㉠ 출발까지의 안내

- 고객의 신청조회번호는 ( )라고 전달한다.
- 신청금은 예약당일 또는 다음날부터 3일 이내에 수령합니다. 신청금이 지불이 완료됨으로써 여행계약이 성립된다. 신청금의 수수월일을 기록한다(월 일).
- 여행요금의 지불은 신청금을 차감한 잔금을 21일 전까지 지불하도록 한다. 은행 송금의 경우에는 납입증명서가 영수증이 된다. 여행요금 수수월일을 기록한다 (월 일).
- 최종일정표 전달일을 미리 연락한다(월 일).
- 일수의 여유를 보아 해외여행상해보험, 소비자수표 신청을 접수한다.
- 여행조건서를 보여주면서 여행의 변경, 취소 등의 조건이나 취소료 기재개소를 설명한다.

㉡ 도항수속의 안내

▶ 여권에 대해서

- 참가하는 여행에 필요한 여권의 잔존유효기간을 확인한다.
- 유효한 여권은 여권번호와 발행연월일을 기록한다.
- 여권이 없는 경우 유효기간이 부족한 여권에 대해서는 신규발급 신청을 안내하여 수령한 여권번호를 전달받는다.

▶ 사증에 대해서

- 참가하는 여행에 대하여 사증의 필요, 불요(不要)를 반드시 고객에게 전달한다.
- 사증신청의 수속대행에 관해 안내한다.

▶출입국카드, 세관신고서에 대해서

- 여행에 필요한 출입국 카드, 세관신고서에 대해 설명, 서류작성 대행이 가능한지를 안내한다.

▶예방접종에 대해서

- 아프리카의 일부지역 등으로 황열 등의 예방접종이 필요한 경우 접종 장소를 안내한다.

2. 개인(FIT)여행의 판매

최근 "투어가 아니라 런던이나 파리, 로마에 일주일씩 가고 싶은 데"라든지 "로스앤젤레스까지 좀 싼 항공권은 없는지"라는 등이 문의를 해오는 고객이 상당수 있다. 이처럼 통상적인 패키지 투어에 매력을 느끼지 못하는 소위 FIT 고객에게 어떻게 대응하여 판매하는지를 알아보자 한다.

1) FIT의 정의와 FIT판매의 중요성

항공권이나 호텔, 관광 등을 개별적으로 수배하는 자유만끽의 개별여행을 통상 FIT라고 지칭하고 있다. 이 FIT는 각각 다음과 같은 의미로 사용하고 있다.

F : Free, Frequent, Foreign

I : Individual, Independent, Interest

T : Travel, Tour, Trip

등등의 여러 뜻으로 사용되고 있으나 여기서는 다음과 같이 정의한다.

F : Free ——— 소비자 자신의 희망이나 발상으로 여행내용을 정할 자유가 있다.

I : Independent ——— 개개의 의지로 행동하는 개인단위일 것.

T : Travel ——— 해외여행

즉 FIT란 「여행일정을 자유로 설정할 수 있는 개인단위의 해외여행」이라고 할 수 있다. 그러나 FIT란 여행업계에서 사용하는 전문용어이기 때문에 고객들에게는 「개인자유여행」이라고 설명하는 것이 무난하다.

FIT를 귀찮다거나 돈이 되지 않는다고 해서 이를 피하면 많은 고객을 상실하게 된다. FIT형 고객에 대응하여 여러 FIT패키지(소위 반제품 · Half Package로 불리는 반완성품의 주최여행)가 꾸준히 늘고 있고, 여행소재만의 단품판매(單品販賣)도 가능하다. 이들의 카운터 담당자는 FIT상품을 잘 이해하여 개인여행의 고객을 최대한 확보할 수 있도록 노력하지 않으면 안 된다.

2) FIT판매의 흐름과 요점

그림 7-4 FIT판매의 흐름

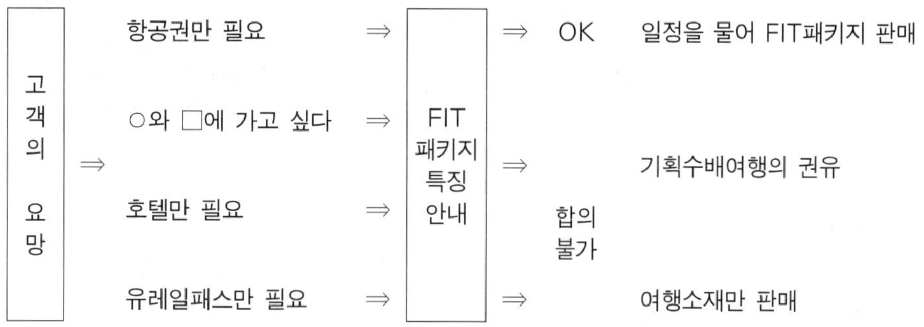

FIT고객의 욕구는 다음과 같이 실제로 여러 가지 형태로 나타난다.

- 유럽을 3주 정도 여행하고 싶다. 파리와 밀라노에 볼 일이 있어서 3박씩 한 다음에 유레일패스(Eurailpass)를 이용하여 슬슬 둘러보고 싶다.
- 언제나 2등석을 이용하여 궁핍한 여행을 해왔기 때문에 이번에는 1등석을 이용하여 여유 있게 미국을 여행하고 싶다.
- 로스앤젤레스와 뉴욕에의 항공권만 있으면 된다.
- ○○호텔에 꼭 숙박하고 싶다.

따라서 고객의 희망을 잘 파악하여 가능한 한 FIT패키지에의 유도판매에 심혈을 기울이지 않으면 안 된다.

3) FIT패키지투어의 기본구성과 특징

FIT패키지투어는 주최회사에 따라서 다소간 다르지만 기본적으로는 다음과 같은 구성을 가지고 있어서 여러 가지 특징을 가지고 있다.

(가) 기본구성

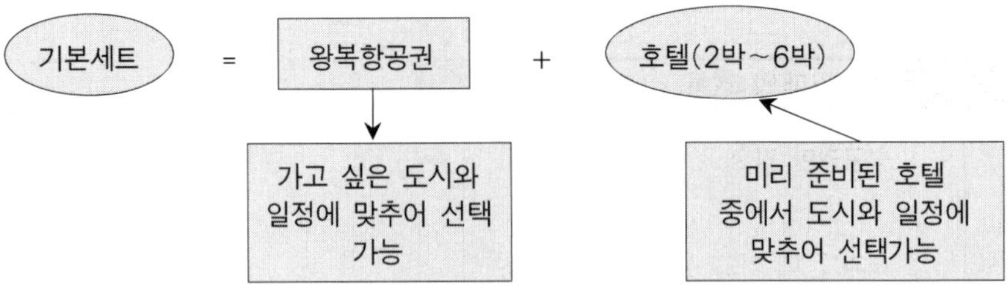

(나) 특 징

- 매일출발이기 때문에 고객이 희망하는 일자에 맞추어 출발가능
- 1인부터 출발가능
- 여행일수가 자유롭게 결정된다.
- 희망하는 항공사가 선택 가능하다.
- 호텔의 등급을 자유롭게 선택할 수 있다.
- 현지체재 계획을 자유롭게 설정할 수 있다.

(다) 여러 가지 추가계획에 대한 수배가능

기본세트에 추가하여 다음과 같이 수배가 가능하기 때문에 고객의 이미지에 부합한 여행계획을 제안할 수 있다.

- 도착공항과 호텔간의 송영(送迎)
- 호텔의 연장숙박
- 호텔의 등급조정
- 기본세트에 포함되지 않은 호텔의 수배
- 관광
- 크루즈
- 철도패스
- 렌터카
- 뮤지컬, 오페라, 메이저리그 등의 입장권

4) 고객의 요망청취

FIT패키지투어의 장점을 이해시키려면 고객의 욕구가 무엇인지를 철저히 파악하는 것이다. FIT여행의 신청은 여행에 익숙한 사람들을 대상으로 하기 때문에 상담에 응하면서 스피디하게 여행계획의 접수를 진행하는 것이 중요한 관건이 된다. 이 경우 고객의 희망사항으로는 다음과 같은 것이 있다.

① 출발일과 여행기간
② 목적지(체재하는 도시)
③ 여행목적(관광, 허니문)
④ 현지수배(호텔, 철도, 버스, 렌터카) 등 희망을 신청서에 기재하도록 하여 항공좌석이나 호텔의 예약상황을 즉석에서 확인해 주는 등 신속한 접수를 진행하는 것이 신청에 대한 성립을 완결시키는 중요한 업무이다.

5) FIT패키지투어의 예

다음의 예처럼 유럽을 목적지로 하는 FIT패지키는 개인IT(Inclusive Tour)운임이 적용되어, 호텔과 항공료가 포함되어 있다.

6) 여행요금의 계산

월 일	체재지	여행조건	비용항목	해당비용
6/1	파리3박	인천-파리(항공기)	기본요금	139만원
		파리이용호텔(자유선택)	호텔3박	1박 연박(延泊)분 80,000원
6/4	런던3박	파리-런던(항공기)	항공기	기본요금에 포함
		Copthorne Tara(지정플랜)	호텔3박	360,000원
6/7	로마2박	런던-로마(항공기)	항공기	350,000원
		Starhotel Metropole(지정 플랜)	호텔2박	290,000원
6/10	파리1박	로마-파리(항공기)	항공기	기본요금에 포함
		파이이용호텔(자유선택)	호텔1박	기본요금에 포함
6/11	파리발	파리-인천(항공기)	기본요금	기본요금에 포함
6/12	인천착			
여행대금(1인당)				2,470,000원

(주1) 인천국제공항시설이용료(공항세), 현지공항세, 항공보험료 불포함.
(주2) 호텔은 자유선택플랜인 경우 런던 240,000원, 로마 160,000원임. 이상의 추가설정 요금 이외에

- 각 도시의 공항-호텔간 송영버스, 전용세단
- 각 도시의 시내 및 근교 관광버스
- 각 도시에서 발착하는 유럽 버스여행
- 각지의 명물요리
- 철도패스
- 웨딩플랜 등을 추가 수배할 수 있다.

7) FIT패키지의 여행계약상의 구분

전항의 예에서는 기본세트부분이나 선택관광의 추가항공권부분이 주최여행계약이 되며, 추가수배부분인 로마나 런던의 호텔은 수배여행계약이 된다. 파리의 호텔은 도착시에 3박, 귀국시에 1박으로 되어 있으나 1박은 연박취급으로 되어 있으므로 주체여행계약으로 간주한다.

FIT상품을 기획・주최(主催)하고 있는 각사는 어느 부분이 주체여행계약이 되며, 어느 부분이 수배여행계약이 되는지 팸플릿이나 판매매뉴얼에 명시하고 있으므로 이를 잘 숙지하고 있지 않으면 안 된다. 그에 따라 사용하는 신청서나 계약서가 달라지며, 취소시에 취소료 관계가 생겨난다.

8) FIT패키지에 해당되지 않는 고객에의 대응

이상에서 살펴본 바와 같이 FIT패키지는 매우 유연한 상품이므로 안내 정도에 따라 70%는 유도할 수 있으나 다음과 같이 해당되지 않는 경우가 있다.

- 여행기간은 보다 길게 하고 싶다.
- 미국과 유럽 양쪽에 가고 싶다.
- 항공기는 우등석 혹은 1등석으로 하고 싶다.
- 지정된 호텔 이외의 호텔에 숙박하고 싶다.

이러한 경우는 수배여행(기획여행도 포함)으로서 주문여행플랜을 만드는 것이 된다.

9) 저렴한 항공권에 여행소재(부품) 상품의 추가예약

최근에는 여행사이 점두(counter)에서도 개인IT운임을 밑도는 “저가 항공권”이

판매되고 있다. FIT의 패키지에서도 일정이 포함되지 않는 고객에게는 "저가 항공권"에 여행소재상품을 추가하여 간단하게 수배여행을 조립하여 판매할 수 있다.

① "저가 항공권"과 여행소재(부품)만을 도매하는 여행사도 있고, "목적지에서 추가항공권", "체재하는 호텔", "철도패스", "현지발착 투어", "렌터카", "공항-호텔간 송영" 등이 상품설정되어 있어 이러한 소재를 살려서 수배여행을 조합할 수도 있다.

② "저가 항공권"이용에서는 전구간 사전예약제인 것, 예약이 확정되면 변경·취소수수료가 드는 것, 한국출발 후는 예약을 변경할 수 없는 것 등이 있으므로 주의해야 한다.

10) 항공사 단말기의 조작

"저가 항공권"의 판매와 그에 수반된 호텔·렌터카, 관광버스, 관극(觀劇) 등 여행소재를 추가수배할 때는 항공사의 단말기를 조작에 능통하면 즉석에서 수배할 수도 있다.

항공사 단말기는 세이버(SABRE), 아폴로(APOLLO), 액세스(AXESS), 인피니(INFINI) 등의 시스템이 있다. 대한항공의 TOPAS, 아시아나항공의 ABACUS 등도 비슷한 종류이다.

11) 한국발 특별항공운임표 보는 법

FIT패키지나 "저가 항공권"을 판매할 때는 그 상품의 기본이 되어 있는 항공사(carrier)IT, PEX, ZONE PEX운임의 규칙이나 운임적용조건을 잘 이해할 필요가 있다.

(가) 특별운임의 적용조건과 용어의 해설

용 어	해 설
운임종별	PEX, 배우자할인 등 특별운임 종별과 ( )쓰기로 FARE BASIS에 기입예가 표시되어 있다. 자동발권에서는 다음과 같이 표시되어 있다. ECONOMY CLASS, · 보통운임(YI), ECONOMY CLASS, · 배우자할인운임50%할인(Y/ST50), ECONOMY CLASS, · PEX운임 · 유럽행BASIC3개월(YLPX3M/EUR)
목적지	지역 또는 도시명과 GI(여행지표)가 표시된다. GI는 IATA지구간의 이동을 의미하며, TS, EH, AP 등으로 표기된다.
등급 · 여행형태	등급은운임에 적용할 수 있는 좌석등급의 기재. 여행형태는 편도, 왕복, 순회, 설형(楔形) 등 여행형태로 표기된다.
적용기간 · 운임	적용기간은 계절지표(seasonality)라고 불리며, 성수기를 H, 비수기를 L 사이에 평수기(平需期 · Shoulder)를 K~Y를 사이에 두고 2~8의 적용기간이 알파벳(H, K, J, F, T, Q, Y, L)의 약호로 표기된다.
운임	보통운임에 대한 할인율 또는 적용기간에 따른 운임액이 표기된다.
예약 · 지불 · 발권	여행출발전의 구입/발권에 적용된다. PEX예약/발권은 출발 며칠 전 등의 기한이나 발권에 관련된 제한조건 등이 표기된다. (예) ① 예약 · 지불 · 발권은 여행개시일의 1개월 전까지 행한다. 2/28(29)의 여행개시일이라면 1/31(월말의 개시일은 1개월 전의 월말) ② 여행개시일의 14일 전까지 행한다. 8/20의 여행개시일이라면 달력의 2주간 전의 같은 요일 6월6일까지 행한다.
필요여행일수	적용되는 특별운임에 최저로 필요한 여행일수. 왕로 최초의 국제선 탑승일부터 기산(起算)하여 한국외 최후 도중하기지점에서 귀로의 여행을 개시할 있는 가장 빠른 월일, X일발 · 개시는 여행개시일의 다음 날부터 세어 X일째의 날짜. (예) 5일발 · 개시는 국제선 탑승개시일이 7월30일인 경우, 8월4일 오전 0시 이후에 출발할 수 있다.
유효기간	적용하는 특별운임의 최대유효기간. 최후의 도중하기지점에서 귀로의 여행을 개시할 수 있는 최종일의 날짜. (예) 45일발 · 개시는 다음날부터 기산하여 45일째. 즉 7월1일 출발은 8월15일이 최후의 도중하기지점으로부터 출발가능한 최종일[1+45-31(7월은 31일)]=15. 7 · 14 · 21 · 28일발 · 개시는 1 · 2 · 3 · 4주간 후의 같은 요일의 날짜. 3개월발 · 개시는 3개월 후의 같은 날. 여행개시일이 월말에 해당되는 경우는 3개월 째에 해당되는 달의 월말 해당일. 3개월 째가 2월인 경우는 2월28일(29)일.
도중하기	운임종별에 따라 도중하기를 인정하지 않는 것. 도중하기의 횟수를 제한하는 것. 도중하기에 요금을 부가하는 것 등이 있다. 도중하기횟수를 산정(算定)하는 방법으로는 다음과 같은 것이 있다.

	• 반환지점은 도중하기 횟수로 산정하지 않음 • 설형여행은 도중하기로 산정하지 않음.
환승 (transfer)	환승은 특별한 규정에 한해서 도중하기, 승계(承繼 · transit)에 관계없이 어느 항공사로부터 타 항공사에 환승하던지, 같은 항공사의 타 항공편으로 환승하는 것을 말한다. 여행경로에 대해서 환승의 설정을 제한하는 경우도 있다.
경로규정	기재운임이 적용되는 조건으로서 특정항공사에 한정되는 등 여러 가지 제약이 규정되어 있다.
예약변경 · 경로변경	적용조건을 충족하면 가능한 경우, 발권 전이면 가능한 경우, 발권 후면 불가능한 경우, 출발 후에는 불가능한 등 운임의 종류에 따라 상이하다.
취소 · 환불	취소란 예약편의 취소를 말한다. 환불이란 예약편 취소결과 해해진 항공권의 환불을 말한다. 출발전 · 출발후에 소비자의 사정에 따라 취소 · 환불을 한 경우의 취급이 명기되어 있다. 수수료가 부과되는 것이 보통이다.

(나) 항공권 단품판매에의 대응

항공권만을 구입하기 위하여 카운터를 방문하는 고객들은 특별운임에 밝은 전향적인 여행, 긴급한 출발에 맞추어 이용하는 항공권의 종류를 구별하여 두고 있다. 무엇을 권유하면 좋은지 판단하는 기준에는 다음과 같은 것을 예상할 수 있다.

① 저가항공권 : 특별운임을 기본으로 하여 더욱이 저가에 할인된 항공권을 타사가격과 비교하여 구입한다.

② 지역PEX운임 : 성수기에 미리 좌석을 대량 구입

③ PEX운임 : 성수기에 임박한 출발에 이용된다.

④ IATA PEX, CARRIER IT운임 : 출발당일에도 구입가능, 운임은 비싼 경로규정이나 도중하기 규정이 느슨함. 성수기 긴급한 출발에 대응.

3. 수배(주문)여행상품의 판매

1) 수배여행의 정의

수배여행이란 고객의 희망대로 여행일정을 작성하여 항공기, 호텔, 관광시설 등의 예약 · 수배를 완성시키는 주문여행(order made)을 말한다(정찬종, 2003).

여행사는 고객과 수배여행계약을 체결하고 일정에 따라 운수 · 숙박기관, 관광시설의 예약을 수행하여 여행의 전반적인 수배를 완성시킨다. 여행사는 예약 · 수배에 관하여 폭넓은 정보와 전문지식을 구사하여 여행의 수배를 완성시키는 것을 대가로서 운수, 숙박기관, 관광시설 등으로부터 판매수수료, 고객으로부터는 기획요금, 판매업무취급요금을 수수한다.

즉 학교에서 실시하는 수학여행처럼 학교 측으로부터 여행의뢰를 받아서 여행사가 운송, 숙박, 기타 여행에 관한서비스에 관하여 수배(준비)하는 여행을 말한다(長谷政弘,2000).

(가) 수배여행의 종류와 취급

수배여행에는 다음과 같이 2종류의 여행이 있다. 즉 수배여행과 기획수배여행이 그것이다. 수배여행의 정의에서 잘 나타난 바와 같이 수배여행은 고객의 희망에 따라 의뢰된 것만을 수배여행을 말하며, 여러 수배에 관해 미리 서면으로 점두(店頭 · counter)에 제시한 여행업무취급요금을 수수할 수 있다.

이에 반해 기획수배여행은 고객의 여행목적과 특수성에 착안하여 여행사측에서 여행기획과 일정작성을 기획 · 제안하는 경우, 그 기획서 작성 및 기획을 관리 실시하는

▌표 7-11▐ 고객으로부터 수수할 수 있는 요금

항 목	기획수배여행계약	수배여행계약
기획요금	• 여행의 기획제안 • 일정표, 견적서 작성 • 이용기관, 방문처 예약 · 확인 • 출발까지의 기획 · 관리 • 제공	• 약관에 의해 수수불가능
여행업무취급요금	• 이용기관, 방문처 예약 · 수배	• 여행소재 · 방문처선정 • 이용기관, 방문처예약 · 수배 • 정보자료의 제공 • 일정표 · 견적서에 따른 복합 수배
변경수속요금	• 변경작업의 수수료	• 좌동
취소수속요금	• 취소작업의 수수료	• 좌동
상담요금 (여행상담계약)	• 통상적으로 수수하지 않음	• 여행상담 • 일정작성 • 정보제공
도항수속대행요금	• 여권, 비자, 재입국허가 및 각종 증명서의 취득 • 출입국수속 서류의 작성	• 좌동

대가로서 기획요금을 수수할 수 있다.

일본에서는 기획서에 의한 여행의 예약·수배업무에 대해서는 고객으로부터 일임되며, 여행비용의 20%를 넘지 않는 범위에서 기획요금을 수수할 수 있도록 되어 있다(우리나라의 경우 아직 이에 대한 규정 없음).

(나) 수배여행의 실제

카운터 담당자에게 자신이 계획·제안한 여행이 고객으로부터 충분히 만족할 수 있기를 바란다면 그것은 꿈이라고 할 수 있다. 그러나 개별 수배업무에 시간이 걸리는 수배여행은 판매수익의 관점에서 보면 반드시 좋은 면만을 가지고 있지 않다.

① 수배여행이 성립하는 조건

카운터에서 인수하는 수배여행의 전제조건은 개별수배에 걸 맞는 수입이 충분히 예상되는 것이다. 그 구체적 예로서는 다음의 경우를 들 수 있다.

- 가족, 사내(社內)그룹여행 등 인원이 많은 매출총액이 높은 여행
- 허니문, 중고년(中高年) 부부들의 우등석, 1등석 여행
- 패키지에는 없는 여행으로 여행비가 어느 정도 예상되어 기획제안을 살릴 수 있는 여행
- 학술연구, 업계시찰, 특수소재여행(special interest tour) 등 여행목적이 있는 여행.

※ 인원이 너무 많아 담당하는 카운터의 처리능력으로는 대응할 수 없는 때나 여행목적이 특수한 것이어서 카운터의 태세로는 대응이 어려운 경우에는 인근 단체지점이나 전문지점 혹은 컨소시엄을 구성하여 협력한다. 혹은 FIT형 패키지 도매상(wholesaler)과 상담해 보는 등 방안을 강구한다.

② 수배여행이 익숙하지 않은 경우

- 저가항공권을 지참하여 호텔예약에 자질구레한 주문이 붙는 경우
- 비용에 저렴한 것을 전제로 하면서 예약내용이나 조건이 복잡한 경우
- 사정을 잘 알지 못하는 나라나 벽지에의 여행수배
- 1건, 1건의 수배를 정산하면 수배요금이 너무나 비싸지는 경우

(다) 수배여행의 신청접수

수배여행의 신청접수에 즈음해서는 여행조건을 확실하게 청취하여 수배를 인수하는 항목을 확실하게 체크하는 것이 중요하다. 적용하는 항공운임, 호텔요금에 대해서는 접수시점에서 비용개산(概算)이 가능하도록 하는 것이 좋다. 여정을 작성하여 비

용견적을 의뢰한 경우에도 고객의 여행예산을 고려하여 우선 개산비용을 전달하고 신청금을 수수하여 일정작성과 여행비용견적을 인수한다.

▌표 7-12▐ 수배항목 체크리스트

항 목	체크리스트	
항 공	• 항공권의 예약 · 발권 • 항공좌석의 상향등급(up grading)조정 • 병렬석확인	
송 영	• 공항에서의 송영유무 • 고급차 송영	• 전용차 수배
호 텔	• 호텔결정 • 객실유형 • 엑스트라 베드 • 전 · 후박(後泊)계획 • 늦은 퇴숙	• 호텔의 등급 • 객실의 경관 • 연박(延泊)유무 • 조기입숙 • 객실수 확인
관 광	• 선택관광 • 순회관광버스	• 정기관광
호텔에서의 식사	• 식사유무 • 식사쿠폰	• 허니문 룸서비스
교통수단	• 열차의 좌석예약 • 철도 · 버스의 패스	• 열차의 승차권발행 • 렌터카 예약
웨 딩	• 웨딩 옵션(option) • 동행자의 체재계획	• 렌탈(rental) 의상
고객의 해외여행에의 대응력	• 해외생활체험 유경험자(유학생, 주재원) • 영어 또는 현지어 회화력 • 지금까지의 해외여행횟수와 방면	• 해외안전정보나 현지사정의 인식

(라) 수배여행의 일정표작성 연습

① 일정표의 작성요령

수배여행을 실시함에 있어서는 우선 고객의 여행목적이나 방문을 희망하는 도시를 청취하여 예정일수와 예산범위 내에서 목적지에의 효율적인 방문순서를 정해 편리하면서도 쾌적한 교통기관이나 숙박 등을 선택하여 고객의 희망에 다른 일정을 작성하지 않으면 안 된다. 카운터 담당자에게는 보람 있고 즐거운 일인 동시에 종합적 지식이나 경험이 요구되는 업무이기도 하다.

㉠ 일정표 짜기

- 우선 고객의 여행목적에 따라서 미리 정해진 예산과 여행일수 내에서 방문도시나 관광지를 정한다. 고객들로부터 순차적으로 희망을 청취하면 되나, 구체적인 여정계획을 염두에 두면서 이쪽에서 포인트를 짚어가면서 적극적으로 필요사항을 청취할 필요가 있다.
- 일정을 세우면서 유의해야 할 것은 도시간 이동이나 체재, 관광이나 자유시간에 대한 시간적인 배분이다. 시차나 각국의 축제일 등 일정상의 영향도 파악해 두도록 한다.
- 항공기에 의한 이동은 일정편성상 큰 비중을 차지한다. 국제항공시각표를 보는 방법, 호텔에서 공항에의 접근방법, 한 도시 내의 복수공항유무, 공항에서의 환승, 승계, 소요시간 등 일정상의 시간계획은 잘 생각해 두어야 한다.
- 철도에 대해서는 유럽 각국철도, 미국, 일본, 캐나다, 호주, 중국 등의 철도 개요, 토마스쿡 철도시각표 보는 법, 열차의 설비나 서비스 내용을 조사하여 일정상 쾌적한 열차를 알아보도록 한다.
- 호텔의 좋고 나쁨은 여행전체의 평가를 좌우하는 결정적 요소이다. 매일 휴식이나 활동의 거점이 되는 호텔의 선택은 일정작성상 매우 중요한 포인트이다. 여행에서 사용하는 호텔은 신뢰할만한 자료를 충분히 입수하여 연구하고 고객에게는 선정된 이유를 확실하게 납득할 수 있도록 준비해둔다.
- 여정상 대륙간, 혹은 대륙을 횡단하는 여행의 경우에는 도시간 시차와 이동에 소요되는 시간을 충분히 고려하고, 일정에 무리가 생기지 않도록 하지 않으면 안된다.

㉡ 여정작성의 포인트

<table>
<tr><th>큰 항목</th><th>작은 항목</th><th>세부 항목</th></tr>
<tr><td rowspan="4">시간배분</td><td>• 여유 있는 일정</td><td>• 공항체크인시간 • 출입국수속시간
• 환전시간 • 이동시간</td></tr>
<tr><td>• 시차계산</td><td>• 비행소요시간 • 출 · 도착시간
※ 미국 등 한 국가 내에서도 6시간의 시차가 있다.</td></tr>
<tr><td>• 여름시간</td><td>• 유럽에서의 여름시간 채용
• 이웃 나라와의 1시간 시차발생(예 : 포르투갈/스페인)</td></tr>
<tr><td>• 날짜변경선</td><td>• 북미 · 하와이방면여행</td></tr>
</table>

이동 · 관광 · 자유행동 일자결정	• 축제일 · 휴관일	• 이슬람국가는 금요일이 휴일 • 미술관 · 박물관 휴관일
	• 상점영업시간	• 토요일 반일영업 일요일 휴업이 일반적 • 열대국가 점심 후 2~3시간 휴식
	• 관광소요시간	• 관광개소에 따라 반일 : 3시간, 점심을 넣어 1일 7~8시간이 일반적 • 근교관광은 조조출발 심야도착 등 조정필요
항공기 선정	• 이용편의 선택	• 출발국 항공사나 도착국 항공사가 유리 • 시간상의 제약을 최소화 • 출발지를 기점으로 하는 항공편 선택
	• 공항	• 한 도시에 2개 이상의 공항이 있을 경우 도시명과 더불어 공항명 기재 • 도착공항과 별도의 공항에서 출발하는 것은 금물
	• 출발 · 도착시각	• 출발시각 2시간 전 공항도착이 기본 • 조조출발 · 심야도착편은 가급적 억제
	• 환승시간	• 최소연결시간(MCT)확인
	• 기내식	• 기내식 제공유무 확인
	• 기종	• 명칭 • 약호 • 좌석구조도 • 좌석수
호텔선택	• 환경과 입지조건	• 소비자 특성(허니문, 비즈니스, 가족, 소그룹, 단체 등)에 따라 선정
	• 등급	• 요금을 제시하면서 등급을 결정 • 각 도시간 등급간 격차발생 최소화
	• 객실조건	• 등급 • 베드유형 • 욕조 • 샤워
	• 시설 · 설비	• 개업연도 • 이용가능한 시설 · 설비 • 레스토랑의 개요 • 전통 혹은 현대호텔

어느 여행사에 수배여행을 신청하러 온 고객을 예를 들어 고객의 희망에 따라 실제로 일정표를 작성해 보자.

예-1

결혼 3년째의 젊은 커플. 재일교포인 홍길동 · 심순애씨는 이미 해외여행에 밝은 순애씨의 오빠에게 도움을 받아 구체적인 일정을 작성하여 카운터를 찾아왔다.

〈고객 2인의 여정에 대해서의 희망〉

- 우등석을 이용하여 허니문에서 실현할 수 없었던 미국여행을 한다.
- 호텔은 예산범위 내에서 가능한 한 좋은 호텔을 이용하고 싶다.
- 2인 모두 일이 있어서 휴일은 토·일요일을 별도로 하여 7일밖에 낼 수 없다.
- 각지에서 공항 ↔ 호텔 간의 송영버스를 이용하고 싶다.
- 로스앤젤레스 공항도착 후 가이드와 함께 시내관광을 원한다.
- 현지에 휴대하는 일정표도 작성해 주었으면 좋겠다.

〈부부가 희망하는 일정〉

일차	월일(요일)	지 명	일차	월 일	지 명
1	10/1(화)	도쿄발-올랜드착	6	10/6(일)	라스베이거스발- 로스앤젤레스착
2	10/2(수)	디즈니월드체재	7	10/7(월)	로스앤젤레스체재
3	10/3(목)	상동	8	10/8(화)	로스앤젤레스발
4	10/4(금)	올랜드발- 라스베이거스착	9	10/9(수)	도쿄착
5	10/5(토)	라스베이거스체재			

※ 조건 : 왕로·귀로는 유나이티드항공(UA)이용

◎연습문제 홍길동·심순애씨의 일정을 현재의 카운터업무의 실제와 맞추어 항공예약의 단말기에 데이터를 입력하여 짜 맞추어 보자.

① 왕로 : 도쿄-올랜도 간은 직행편이 없으므로 시카고에서 환승한다.

② 일정도중 : 올랜도-라스베이거스 간은 댈러스에서 환승한다.

③ 왕로·복로에 날짜변경선을 통과한다.

① 항공예약 단말기에 의한 일정작성

ITINERARY

AXESS

성명 : 홍길동/심순애
NAME PARTY OF 2

합계 TOTAL 2 명 PASSENGERS

KTB CORP

발행일 DATE Ø3MARØ2 발행소 ISSUED BY SEOULO KR

PEFERENCE 163Ø195Ø

도 시 CITY	박수 PERIOD OF STAY	출발/도착	요일 DATE	시간 TIME	편명/등급 FLIGHT NO./CLASS	예약상황 STATUS	좌석번호 SEAT NO.	소요시간 FLIGHT TIME	비고 REMARKS
TOKYO		Ø1OCT	TUE	14 : 25 11 : 45	UA 884/C	OK		11H2ØN OSTP	KBØXMG/UA 1/5
CHICAGO/OHARE INT		Ø1OCT	TUE	13 : 15 16 : 42	UA 764/F	OK		2H27NN OSTP	KBØXMG/UA 1/
ORLANDO/ORLANDO I	3	Ø4OCT	FRI	13 : 00 14 : 40	DL199/Y	OK		2H4ØN OSTP	GG4FPJ/DL /E
DALLAS F W		Ø4OCT	FRI	15 : 40 16 : 21	DL327/Y	OK		2H41NO STP	GG4FPJ/DL E/1
LAS VEGAS	2	Ø6OCT	SUN	13 : 35 14 : 43	UA 934/F	OK		1HØ8N OSTP	KBØXMG/UA 1/7
LOS ANGELES	2	Ø8OCT Ø9OCT	TUE WED	12 : 30 15 : 55	UA 897/C	OK		11H25 NOSTP	KBØXMG/UA 6/1
TOKYO									
		N : 금연석/NO SMOKING SEAT S : 흡연석/SMOKING SEAT							

항공회사 UA : UNITED AIRLINES DL : DELTA AIRLAINES
AIRLINE

우등석 등급의 예약인데, 올랜도-라스베이거스 간은 등급의 환승을 포함하여 좌석은 2등석밖에 이용할 수 없다는 것, 또한 왕로의 시카고-올랜도 간 및 라스베이거스-로스앤젤레스 간은 우등석 등급의 운임으로 1등석을 이용할 있는 특전이 있다는 것도 알았다.

② 여행사에서 작성한 일정표

〈홍길동 · 심순애 디즈니월드 · 로스앤젤레스 · 라스베이거스 9일간 여행〉

일차	월일 (요일)	지명	시간	교통기관	일정
1	10/1 (화)	도쿄발-(날짜변경선통과)-시카고(오헤어공항)착 시카고(오헤어공항)발 올랜도착	1415 1145 1315 1642	UA123 유나이티드항공 UA764 유나이티드항공	2시간 전까지 체크인 시카고에서 입국심사후 환승 올랜도도착 후 송영버스편으로 디즈니월드 호텔로 향발 월트디즈니월드 스완
2	10/2 (수)	디즈니월드	종일	셔틀버스	자유행동 1일 자유승강가능한 셔틀버스 승차패스 월트디즈니월드 스완
3	10/3 (목)	디즈니월드	종일	상동	자유행동 1일 자유승강가능한 셔틀버스 승차패스 월트디즈니월드 스완
4	10/4 (금)	올랜도발 댈러스착 댈러스발 라스베이거스착	1300 1440 1540 1621	DL199 델타항공 DL327 델타항공	전용세단으로 공항향발 라스베이거스 도착 후 송영버스로 호텔체크인은 오후 5시경 만달레이 베이리조트&카지노
5	10/5 (토)	라스베이거스	종일		자유행동 만달레이 베이리조트&카지노
6	10/6 (일)	라스베이거스발 로스앤젤레스착	1325 1443	UA934 유나이티드항공	전용세단으로 공항향발 착후, 전용세단으로 시내관광후, 호텔체크인은 오후6시30분 경 센츄리플라자 호텔
7	10/7 (월)	로스앤젤레스	종일		자유행동 여러 가지 선택관광이 준비되어 있습니다 센츄리플라자호텔
8	10/8 (화)	로스앤젤레스빌 -날짜변경선통과	1230	UA897 유나이티드항공	송영버스로 공항향발
9	10/9 (수)	도쿄공항착	1555		입국수속종료 후 자택으로

고객의 희망은 우등석이었으나 예약결과 다음과 같이 수배되었다.

- 도쿄-시카고(왕로) 및 로스앤젤레스-도쿄(귀로) : 우등석
- 시카고-댈러스 및 라스베이거스-로스앤젤레스 간 : 1등석
- 올랜도-댈러스-라스베이거스 : 2등석

이러한 경우 여행사로서는 고객의 요구를 완벽하게 수배하지 못한 점에 대해 양해를 구하는 한편 최선의 서비스로 봉사해 드리겠다는 취지의 설명을 덧붙임으로써 고객의 불만을 누그러뜨려야 할 것이다.

예-2

재일교포인 중년부부 김갑돌, 이갑순씨는 5년 전부터 매년 1회의 해외여행을 즐기고 있는데 금년에는 부부끼리 호젓한 스위스 등산을 희망하고 있다며 카운터에 상담을 의뢰해왔다.

〈고객 2인의 여정에 대해서의 희망〉

- 연 1회의 해외여행을 금년에는 스위스에서 10일간 정도 알프스의 경관을 즐기고 싶다.
- 건강은 하지만 다리는 튼튼하지 못하기 때문에 하이킹 등의 코스는 안 넣는 것이 좋겠다.
- 호텔은 고급으로 행동하기 편리한 곳이면 좋겠다.
- 쇼핑 등 자유시간은 대폭 줄이고 관광은 다소 욕심을 부리고 쪽의 내용으로 편성해 달라.
- 항공좌석은 2등석 희망.

여행사 담당자가 정리한 코스

여행사 담당자는 여행코스를 다음과 같이 정리하여 김갑돌, 이갑순씨 부부의 양해를 얻었다.

① 방문하는 관광의 포인트를 스위스의 3명봉(名峰)에 두었다.

② 체재지의 호텔에 대해서 안이 수배할 수 없을 때는 동등 등급호텔로 양해를 얻었다.

③ 철도의 간단한 경로를 철도 노선도 상에 그려서 설명해드렸다.

일차	지 명	일 정
제1일	도쿄발 취리히 경유 루체른 도착	출발 2시간 전까지 공항카운터로 집합 취리히 공항도착 후 호텔향발 그랜드호텔 내셔널 숙박
제2일	루체른 체재	1일 자유행동 그랜드호텔 내셔널 숙박
제3일	루체른 발 인터라켄 경유 그린델발트 착	그린델발트 도착 후 호텔향발 반일 자유행동 크로이츠&포스트호텔 숙박
제4일	그린델발트 발 융프라우요흐 인터라켄 발 베른 착	베루나오바란트향발, 아이거-, 수봉(秀峰)메니-,융프라우 등, 알프스의 웅대한 빙하경관을 만끽함. 가우어호텔 슈바이츠아 숙박
제5일	베른 발 브리크 경유 제르마트 착	오전 : 스위스의 수도 베른 시내산책 오후 : 제르마트 향발 알바트로스 호텔 숙박
제6일	제르마트	1일 자유행동 고르나그라드 등산열차로 마터호른의 웅자(雄姿)관망 알바트로스 호텔 숙박
제7일	제르마트 발 안데르마트 경유 생모리 착	빙하특급은 제르마트와 생모리 간을 8시간에 주파. 스위스 알프스의 수려한 경관이 눈코 뜰 새 없이 펼쳐짐. 생모리역 도착 후 호텔 향발, 오후 : 자유행동 칼톤호텔 숙박
제8일	생모리	케일블카, 로프웨이 및 하이킹으로 원가딘 자연을 감상 칼톤호텔 숙박
제9일	생모리 발 취리히 착	취리히역 도착 후 호텔향발 오후 : 반일 자유행동 취리히 마리오트 호텔 숙박
제10일	취리히 발	오전 : 호텔에서 자유행동 오후 : 공항향발, 귀국길에 오름
제11일	도쿄 착	인천착 후 자택으로

이 일정에서는 융프라우를 등산할 때, 짐을 가볍게 하지 않으면 안 된다. 그 방법으로서는

다음의 두 가지를 고려할 수 있다.

① 루체른 역에서 철도소하물로 베른역으로 송부한다.

② 왕로, 인터라켄 오스트역에 일시보관하고, 귀로의 환승 시에 중에 수취한다.

연습문제 김갑돌/이갑순 부부의 일정을 스위스 철도 노선망과 토마스쿡 철도시각표를 사용하여 항공기편명, 열차명, 발착시각을 조사하여 보자.

① 다음 열차구간을 스위스 철도노선도에서 적용되는 Timetable의 번호를 조사해 보자.

㉠ 취리히-루체른 (Table555)

㉡ 루체른-그린델발트 (Table561) (Table564)

㉢ 베른-제르마트 (Table560) (Table576)

㉣ 생모리-취리히 (Table530) (Table560)

② 다음 구간의 열차시각을 조사하여 공란을 메워보자.

융프라우요흐 등산철도 (Table564) (Table560)

월 일	발착역명	시 각
7월4일(일)	그린델발트 발	0918
	크라이네샤이덱 착	
	크라이네샤이댁 발	
	융프라우요흐 착	
	융프라우요흐 발	1300
	크라이네샤이덱 착	
	크라이네샤이덱 발 (라우터부룬넨 경유)	
	인터라켄오스트 착	
	인터라켄오스트 발	1540
	베른 착	

〈빙하특급〉

월일	발착역명	시각	열차번호
7월7일 (수)	제르마트 발	0852	902
	브리크 착		
	브리크– 발		
	안데르마트 착		
	안데르마트 발		
	쿠르 착		
	생모리 착		

☆ 빙하특급의 주행구간을 스위스 철도노선도 상에서 확인해보자.

〈여행사 담당자가 작성한 코스〉

일차	월일(요일)	지 명	시간	교통기관	일 정
1	7/2 (화)	도쿄발 취리히 공항착 취리히 공항발 루체른 착	1110 1635 1833 1949	KE901 대한항공 열차1989	출발 2시간 전까지 대한항공 카운터 집합 체크인 취리히 공항 도착 후 호텔 향발 그랜드호텔 내셔널 숙박
2	7/3 (수)	루체른	종일		1일 자유행동 그랜드호텔 내셔널 숙박
3	7/4 (목)	루체른 발 인터라켄오스트 착 인터라켄오스트 발 그린델발트 착	0934 1129 1135 1209	열차2460 등산열차	파노라마특급으로 산악과 호수의 경관을 즐김 그린델발트 도착 후 호텔 향발 반일 자유행동 크로이츠&포스트호텔 숙박
4	7/5 (금)	그린델발트 발 크라이네샤이덱 착 크라이네샤이덱 발 융프라우요흐 착 융프라우요흐 발 크라이네샤이덱 착 크라이네샤이덱 발 (라우타부룬넨 경유) 인터라켄오스트 착 인터라켄오스트 발 베른착	0918 0957 1002 1053 1300 1349 1400 1525 1540 1634	등산열차 등산열차 등산열차 등산열차 IC935	베르나오바렌트에, 수봉(秀峰)벤히, 아이거, 융프라우와 알프스의 웅대한 빙하 경관을 만끽함. 왕로와 경유를 바꾸어 경관을 감상 가우어 호텔 슈바이츠아 숙박
5	7/6 (토)	베른 발 브리크 착 브리크 발 제르마트 착	1322 1500 1523 1643	IC820 등산열차	오전 : 스위스의 수도 베른 시내 산책
6	7/7 (일)	제르마트	종일	등산열차 출발 : 0705 종발 : 0909	1일 자유행동 고르나그라드 등산열차로 마터호른의 웅자(雄姿)를 조망 알바트로스 호텔 숙박

7	7/8 (월)	제르마트 발 브리크 발 안데르마트 발 쿠르 발 생모리 착	0852 1020 1150 1430 1655	빙하특급 902	빙하특급은 제르마트와 생모리 간을 8시간에 주행, 스위스 알프스의 산악미가 차창밖에 전개됨 생모리역 착후 호텔향발 오전 자유행동 칼튼호텔 숙박
8	7/9 (화)	생모리	종일	케이블카 로프에이	케이블카 및 로프웨이나 하이킹으로 원가딘의 자연에 몰입 칼튼호텔 숙박
9	7/10 (수)	생모리 발 장크트갈렌 착 장크트갈렌 발 취리히 착	1000 1356 1410 1523	RX2874 IC730	취리히역 착후 호텔향발 오후 : 자유행동 취리히 마리오트호텔 숙박
10	7/11 (목)	취리히 발	1830	KE452 대한항공	오전 : 호텔에서 자유행동
11	7/12 (금)	도쿄 착	1310		입국수속 종료 후 자택으로

각 역명의 현지어 표기

취리히 : Zurich, 루체른 : Luzern, 인터라켄오스트 : Interaken-ost, 그린델발트 : Grindelwald, 크라이네샤이덱 : Kleine Scheidegg, 융프라우요흐 : Junfraujoch, 라우터부룬넨 : Lauterbrunnen, 베른 : Bern, 브리크 : Brig 제르마트 : Zermatt, 안데르마트 : Andermatt, 쿠르 : Chur, 생모리 : St Moritz, 장크트갈렌 : St Gallen

〈스위스 철도노선도〉

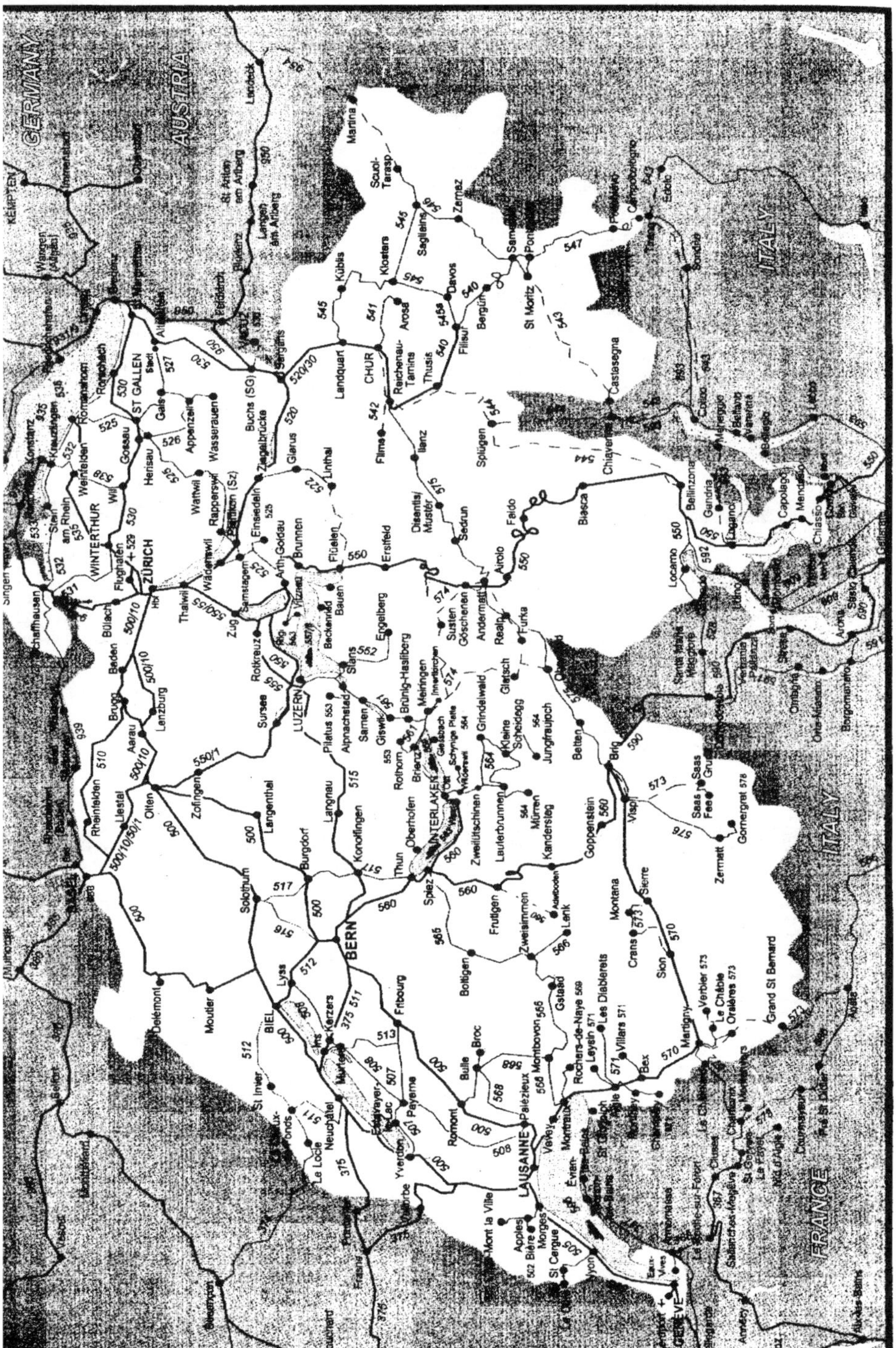
GERMANY
AUSTRIA
ITALY
FRANCE
ZÜRICH
WINTERTHUR
ST GALLEN
CHUR
LUZERN
BERN
BIEL
INTERLAKEN
LAUSANNE
GENEVE

①

From TOKYO (TYO)

Validity From	To	Days of Service	Dep		Arr		Flight	No.	Acft	Class	Stops
Zurich ZRH 5945Mi										ZRH-Zurich	
–	–	2346	**1110**	NRT	**1635**	ZRH	**JL**	451	M11	CYBKQ	0
–	–	X34	**1200**	NRT	**1735**	ZRH	**SR**	169	M11	FJCDY	0
TRANSFER CONNECTIONS											
–	–	1357	**0830**	NRT	1155	ICN	**KE**	706	743	CIYMH	0
			1300	ICN	1655	LHR	**KE**	907	744	PCIYH	0
			1835	LHR	**2125**	ZRH	**BA**	720	757	CDYBH	0
–	–	136	**0830**	NRT	1155	ICN	**KE**	706	743	CIYMH	0
			1315	ICN	1735	FRA	**KE**	905	744	FCIYH	0
			2105	FRA	**2200**	ZRH	**LH**	3720	32S	CDYBM	0
–	–	247	**0830**	NRT	1155	ICN	**KE**	706	743	CIYMH	0
			1315	ICN	1735	FRA	**KE**	905	744	FCIYH	0
			2115	FRA	**2210**	ZRH	**LH**	3720	32S	CDYBM	0
–	1Sep	X3	**0830**	NRT	1155	ICN	**KE**	706	743	CIYMH	0
			1330	ICN	1825	CDG	**KE**	901	744	PCIYH	0
			2025	CDG	**2145**	ZRH	**SR**	709	320	JCDYM	0
–	11Sep	2	**0830**	NRT	1155	ICN	**KE**	706	743	CIYMH	0
			1325	ICN	**1755**	ZRH	**KE**	925	744	FCIYH	0
–	15Sep	46	**0830**	NRT	1155	ICN	**KE**	706	743	CIYMH	0
			1325	ICN	**1755**	ZRH	**KE**	917	744	FCIYH	0
3Sep	–	X37	**0830**	NRT	1155	ICN	**KE**	706	743	CIYMH	0
			1330	ICN	1825	CDG	**KE**	901	744	PCIYH	0
			2030	CDG	**2145**	ZRH	**IJ★**	3709	320	JCDY	0
18Sep	–	2	**0830**	NRT	1155	ICN	**KE**	706	743	CIYMH	0
			1305	ICN	**1755**	ZRH	**KE**	925	744	FCIYH	0

②

From ZURICH (ZRH)

Validity From	To	Days of Service	Dep		Arr		Flight	No.	Acft	Class	Stops
Tokyo TYO 5945Mi										NRT-Narita	
–	–	X23	**1400**	ZRH	**0850**+1	NRT	**SR**	168	M11	FJCDY	0
–	–	2346	**1830**	ZRH	**1310**+1	NRT	**JL**	452	M11	CYBKQ	0
TRANSFER CONNECTIONS											
–	–	Dly	**1055**	ZRH	1205	FRA	**LH**	3789	32S	CDYBM	0
			1355	FRA	**0755**+1	NRT	**NH★**	6002	744	FCDY	0
–	–	57	**1110**	ZRH	1235	VIE	**OS**	204	F70	JCDYM	0
			1350	VIE	**0820**+1	NRT	**OS**	555	343	JCDYM	0
–	–	26	**1125**	ZRH	1520	HEL	**AY**	862	321	CDIYB	0
			1720	HEL	**0855**+1	NRT	**AY**	073	M11	JDIYB	0
–	–	45	**1300**	ZRH	1825	SVO	**SU**	266	737	CYSMK	0
			1940	SVO	**1810**+1	NRT	**SU**	587	310	FCYSM	0
–	–	57	**1300**	ZRH	1825	SVO	**SU**	266	737	CYSMK	0
			1930	SVO	**1805**+1	NRT	**SU**	581	310	FCYSM	0
2Sep	–	7	**1320**	ZRH	1435	CDG	**AF**	1855	733	CDYSK	0
			1555	CDG	0955+1	ICN	**KE★**	5902	777	CIYH	0
			1120+1	ICN	**1335**+1	NRT	**KE**	703	744	CIYMH	0
–	–	357	**1330**	ZRH	0755+1	KUL	**MH**	9	772	FACDY	0
			0900+1	KUL	**1700**+1	NRT	**MH**	92	744	FACDY	0
–	–	4	**1330**	ZRH	0755+1	KUL	**MH**	9	772	FACDY	0
			1100+1	KUL	**1900**+1	NRT	**MH**	70	772	FACDY	0
–	13Aug	X25	**1700**	ZRH	1805	FRA	**SR**	536	319	JCDYM	0
			1945	FRA	1315+1	ICN	**KE**	906	744	FCIYH	0
			1840+1	ICN	**2055**+1	NRT	**KE**	705	743	CIYMH	0

③

555 ZÜRICH - LUZERN SBB

For additional services Zürich Flughafen - Hbf see Table **529**; Zürich Hbf - Thalwil see Tables **520**, **550**; Zürich Hbf - Zug see Table **550**

km		**1953**	**1553**	**1955**	**1555**	**1957**	**1559**	**1961**	**1563**	**1963**	**1565**	**1965**	**1567**	**1967**
0	**Zürich Flughafen +** d.	...	...	...	...	...	...	0833	...	0933	...	1033	...	1133
6	**Zürich Hbf** d.	0601	0635	0701	0735	0801	0835	0901	0935	1001	1035	1101	1135	1201
11	Thalwil d.	0612	0647	0712	0747	0812	0847	0912	0947	1012	1047	1112	1147	1212
39	Zug d.	0628	0702	0728	0802	0828	0902	0928	1002	1028	1102	1128	1202	1228
57	**Luzern** a.	0649	0725	0749	0825	0849	0925	0949	1025	1049	1125	1149	1225	1249

km		**1569**	**1971**	**1571**	**1973**	**1573**	**1975**	**1575**	**1977**	**1577**	**1981** Ⓐ	**1983** Ⓒ	**1581**
0	**Zürich Flughafen +** d.	...	1233	...	1333	...	1433	...	1533	...	1633	1633	...
6	**Zürich Hbf** d.	1235	1301	1335	1401	1435	1501	1535	1601	1635	1701	1701	1735
11	Thalwil d.	1247	1312	1347	1412	1447	1512	1547	1612	1647	|	1712	1747
39	Zug d.	1302	1328	1402	1428	1502	1528	1602	1628	1704	1728	1728	1804
57	**Luzern** a.	1325	1349	1425	1449	1525	1549	1625	1649	1727	1749	1749	1827

	1985 Ⓐ	**1987** Ⓒ	**1585**	**1989**	**1589**	**1991**	**1993**	**1995**	**1997**	**1951**
Zürich Flughafen + d.	1733	1733	...	1833	...	1933	2033	...	...	...
Zürich Hbf d.	1801	1801	1835	1901	1935	2001	2101	2201	2307	0013
Thalwil d.	|	1812	1847	1912	1947	2012	2112	2212	2318	0024
Zug d.	1828	1828	1904	1928	2002	2028	2128	2228	2334	0040
Luzern a.	1849	1849	1927	1949	2025	2049	2149	2249	2355	0108

	1550	**1952** Ⓐ	**1954** Ⓒ	**1554**	**1956** Ⓐ	**1958** Ⓒ	**1558**	**1960**	**1562**	**1964**
Luzern d.	0459	0607	0607	0635	0710	0710	0735	0810	0835	0910
Zug d.	0525	0628	0628	0658	0731	0731	0758	0831	0858	0931
Thalwil d.	0540	|	0644	0712	|	0746	0812	0846	0912	0946
Zürich Hbf a.	0550	0656	0656	0725	0757	0757	0825	0857	0925	0957
Zürich Flughafen + a.	0607	...	...	...	0813	0813	...	0913	...	1013

④

LUZERN - INTERLAKEN 561

km		**6302** Ⓐ	**6304**	**6310** ⚒	**6312** Ⓐ	**6314**	**6316**	**2452** P	**6320**	**2454** R	**2456** q	**6324**	**2460** P	**6328**
0	**Luzern 552** d.	...	...	0602	...	0630	0700	0734	0810	0824	0834	0910	0934	1010
9	Hergiswil 552 d.	...	...	0616	...	0645	0718	0748	0822	0835	0848	0922	0948	1022
13	Alpnachstad d.	...	...	0620	...	0649	0722	|	0828	|	|	0928	|	1028
15	Alpnach Dorf d.	...	...	0624	...	0652	0728	|	0832	|	|	0932	|	1032
21	Sarnen d.	...	...	0631	...	0659	0735	0802	0839	0848	0901	0939	1001	1039
23	Sachseln d.	...	...	0635	...	0703	0739	0806	0843	0852	0905	0943	1005	1043
29	Giswil d.	...	...	0642	...	0713	—	0814	...	0859	0914	—	1014	...
36	Lungern § d.	...	...	—	...	0725	...	0829	...	0911	0929	...	1029	...
40	Brünig Hasliberg d.	...	...	**6308**	*0703g*	0735	**6322**	0839	...	0919	0939	**6330**	1039	...
45	**Meiringen ●** a.	...	...	...	*0716g*	0749	...	0855	...	0933	0955	...	1055	...
45	**Meiringen ●** d.	0549	0625	0659	0721	0753	0843	0900	...	0944	1000	1043	1100	...
58	**Brienz 559** d.	0603	0639	0713	0735	0807	0859	0912	...	0958	1012	1059	1112	...
65	Oberried 559 d.	0613	0650	0724	0745	0817	0909	|	...	|	|	1109	|	...
74	**Interlaken Ost 559** a.	0626	0701	0734	0757	0829	0922	0929	...	1015	1029	1122	1129	...

km		**2464** wq	**6336**	**2468** q	**6340**	**2470** P	**6348**	**2472** q	**6354**	**2474** P	**6360**	**2478**	**6364**
0	**Luzern 552** d.	1034	1110	1134	1210	1234	1310	1334	1410	1434	1510	1534	1610
9	Hergiswil 552 d.	1048	1122	1148	1222	1248	1322	1348	1422	1448	1522	1548	1622
13	Alpnachstad d.	|	1128	|	1228	|	1328	|	1428	|	1528	|	1628
15	Alpnach Dorf d.	|	1132	|	1232	|	1332	|	1432	|	1532	|	1632
21	Sarnen d.	1101	1139	1201	1239	1301	1339	1401	1439	1501	1539	1601	1639
23	Sachseln d.	1105	1152	1205	1243	1305	1343	1405	1443	1505	1543	1605	1643
29	Giswil d.	1114	1158	1214	...	1314	—	1414	...	1514	—	1614	—
36	Lungern § d.	1129	—	1229	...	1329	...	1429	...	1529	...	1629	...
40	Brünig Hasliberg d.	1139	**6342**	1239	...	1339	**6356**	1439	...	1539	**6366**	1639	**6370**
45	**Meiringen ●** a.	1155	...	1255	...	1355	...	1455	...	1555	...	1655	Ⓐ
45	**Meiringen ●** d.	1200	1243	1300	...	1400	1443	1500	...	1600	1643	1700	1712
58	**Brienz 559** d.	1212	1259	1312	....	1412	1459	1512	...	1612	1659	1712	1727
65	Oberried 559 d.	1220	1309	|	...	|	1509	|	...	|	1709	|	1746
74	**Interlaken Ost 559** a.	1230	1322	1329	...	1429	1522	1529	...	1630	1722	1729	1800

P – BRÜNIG PANORAMIC EXPRESS – (observation car), and ✕ Luzern - Interlaken Ost. (Reservation recommended for observation car).

R – Ⓒ July 5 - Sept. 27, also Aug. 15.

● – For local service to/from **Innertkirchen** see next page.

⑤ 인터라켄오스트~융프라우요호~인터라켄오스트

564　INTERLAKEN - KLEINE SCHEIDEGG - JUNGFRAUJOCH

At times of heavy snowfall (November 1 - April 30) the Eigergletscher - Jungfraujoch service is subject to cancellation

km																									
						h			h	h			g	h		r	t		r	t		t	r		t
0	**Interlaken Ost** ....d.	0635*	0635	0735	0735	0805	0835	0835	0905	0905	0935	0935	1005	1005	1035	1035	1035	1135	1135	1135	1235	1235	1235	1335	1335
3	Wilderswil ▲ ....d.	0640	0640	0740	0740	0810	0840	0840	0910	0910	0940	0940	1010	1010	1040	1040	1040	1140	1140	1140	1240	1240	1240	1340	1340
8	Zweilütschinen ....d.	0646	0651	0746	0747	0816	0846	0847	0917	0916	0946	0947	1016	1017	1046	1047	1047	1146	1147	1147	1246	1247	1247	1346	1347
12	**Lauterbrunnen ●** ......a.	0655		0755		0825	0855			0925	0955		1025		1055			1155			1255			1355	
	change trains									g															
12	**Lauterbrunnen** ....d.	0708		0810		0835d	0900			0945	1010		1035d		1100			1210			1300			1410	
16	Wengen ....a.	0722		0824		0849d	0914			0959	1024		1049d		1114			1224			1314			1424	
16	Wengen ....d.	0725		0830		0855g	0920			1008	1030		1055g		1120			1230			1320			1430	
19	Grindelwald ....a.		0713		0809			0909	0939			1009		1039		1109	1109		1209	1209		1309	1309		1409
	change trains								h					h		r	t		r	t		t	r		t
19	Grindelwald ....d.		0718		0818			0918	0949			1019e		1049		1119	1130		1219	1235		1312	1319		1415
20	Grindelwald Grund ..d.		0725		0825			0926	0956			1026e		1056		1126	1140		1226	1246		1319	1326		1425
23	**Kleine Scheidegg** ......a.	0750	0754	0855	0854	0920g	0945	0957	1024	1033	1055	1054e	1120g	1124	1145	1154	1209	1255	1254	1315	1345	1348	1354	1455	1454
	change trains								h					h		r	t		r	t		t	r		t
23	**Kleine Scheidegg** ......d.	0802	0802	0902	0902	0930k	1002	1002	1030	...	1102	1102	1130g	1130	1202	1202	1230	1302	1302	1330	1402	1402	1402	1500	1500
25	Eigergletscher ....d.	0812	0812	0912	0912	0940k	1012	1012	1040	...	1112	1112	1140g	1140	1212	1212	1240	1312	1312	1340	1412	1412	1412	1510	1510
32	**Jungfraujoch** ....a.	0853	0853	0953	0953	1022h	1053	1053	1122	...	1153	1153	1222h	1222	1253	1253	...	1353	1353	...	1453	1453	1453	1552	1552

	r				r	t					t													h	h
Interlaken Ost ....d.	1335	1435	1435	1535	1535	1535	1635	1635	1735	1735	1735	1805	1805	1835	1835	1935	1935	2035	2035	2130	2135	2230	2235	2335	2335
Wilderswil ▲ ....d.	1340	1440	1440	1540	1540	1540	1640	1640	1740	1740	1740	1810	1810	1840	1840	1940	1940	2040	2040	2134	2140	2234	2240	2340	2340
Zweilütschinen ....d.	1347	1446	1447	1546	1547	1547	1646	1647	1746	1747	1747	1816	1817	1846	1847	1946	1947	2046	2047	2140	2146	2240	2246	2346	2346
Lauterbrunnen ● ......a.		1455		1555			1655		1755			1825		1855		1955		2055			2155		2255	2355	
change trains																									
Lauterbrunnen ....d.		1500		1610			1700		1805			1835		1900		2000		2100			2200		2300	0000	
Wengen ....a.		1514		1624			1714		1819			1849		1914		2014		2114			2214		2314	0014	
Wengen ....d.		1520		1630y			1720		1823g			...		...		...		...			...		...	...	
Grindelwald ....a.	1409		1509		1609	1609		1709		1809	1809	...	1839	...	1909	...	2009	...	2109	2159	...	2259	...	...	0005
change trains	r				r	t					t				h										
Grindelwald ....d.	1419		1519		1619	1630		1719		1819	1819	...	1849	...	1945	...	...	...	...	...	...	...	...	...	...
Grindelwald Grund ..d.	1426		1526n		1626	1637		1726		1826h	1824	...	1854	...	1950	...	...	...	...	...	...	...	...	...	...
Kleine Scheidegg ......a.	1454	1545	1554e	1658y	1654	1710	1745	1754	1846g	1854h	...	...	...	...	...	...	...	...	...	...	...	...	...	...	...
change trains	r								h	h															
Kleine Scheidegg ......d.	1500	1556	1556	1700	1700	...	1800	1800	1900	1900	...	...	...	...	...	...	...	...	...	...	...	...	...	...	...
Eigergletscher ....d.	1510	1608	1608	1710	1710	...	1810	1810	1910	1910	...	...	...	...	...	...	...	...	...	...	...	...	...	...	...
Jungfraujoch ....a.	1552	1646v	1646v	1746h	1746h	...	...	...	...	...	...	...	...	...	...	...	...	...	...	...	...	...	...	...	...

										h	h	t		r	t	t	r		t	t		r	t	t	r
Jungfraujoch ....d.	...	...	...	...	...	...	...	...	...	...	...	...	0900	0900	0900	...	1000	1000	1000	...	1100	1100	1100	1200	1200
Eigergletscher ....d.	...	...	...	...	...	...	...	...	...	0815	0815	...	0940	0940	0940	...	1040	1040	1040	...	1140	1140	1140	1240	1240
Kleine Scheidegg ......a.	...	...	...	...	...	...	...	...	...	0824	0824	...	0949	0949	0949	...	1049	1049	1049	...	1149	1149	1149	1249	1249
change trains										d	d			r	t		r		t			r	t	t	r
Kleine Scheidegg ......d.	...	...	...	...	...	...	...	0757h	0759	0900	0902	0935	0953	1000	1008	1041	1100	1102	1114	1147	1153	1200	1220	1253	1300
Grindelwald Grund ..d.	...	...	...	...	...	0710	...		0840	0941		1016		1041	1050	1121	1141		1155	1227		1241	1301	1333	1341
Grindelwald ....a.	...	...	...	...	...	0715	...		0845	0946		1020		1045	1054	1125	1145		1159	1231		1245	1305	1337	1345
change trains										d		t		r		t	r			t		r		t	r
Grindelwald ....d.	...	0550	...	0642	...	0750	...		0850	0950		1050		1050	...	1150	1150		...	1250		1250	...	1350	1350
Wengen ....a.	...		...		...		...	0826h			0935		1023		...			1135	...		1223		...		
Wengen ....d.	0543		0633		0706		0743	0833			0943		1033		...			1143	...		1233		...		
Lauterbrunnen ....a.	0600		0650		0723		0800	0850			1000		1050		...			1200	...		1250		...		
change trains																									
Lauterbrunnen ● ......d.	0605		0657		0731		0805	0905			1005		1105		...			1205	...		1305		...		
Zweilütschinen ....d.	0615	0615	0707	0707	0741	0815	0815	0915	0915	1015	1015	1115	1115	1115	...	1215	1215	1215	...	1315	1315	1315	...	1415	1415
Wilderswil ▲ ....d.	0621	0621	0713	0713	0747	0821	0821	0921	0921	1021	1021	1121	1121	1121	...	1221	1221	1221	...	1321	1321	1321	...	1421	1421
Interlaken Ost ....a.	0625	0625	0717	0717	0751	0825	0825	0925	0925	1025	1025	1125	1125	1125	...	1225	1225	1225	...	1325	1325	1325	...	1425	1425

				r		t	h	h		r	t	t	h	h					h	h					
Jungfraujoch ....d.	1200	1300	1300	1400	1400	1400	1430	1430	1500	1500	1500	...	1530	1530	1610	1610	1710v	1710v	1810	1810	...	...	...	...	...
Eigergletscher ....d.	1240	1340	1340	1440	1440	1440	1510	1510	1536	1536	1536	...	1605	1605	1637	1637	1737	1737	1837	1837	...	...	...	...	...
Kleine Scheidegg ......a.	1249	1349	1349	1449	1449	1449	1519	1519	1545	1545	1545	...	1614	1614	1645	1645	1745	1745	1845	1845	...	...	...	...	...
change trains				r		t		h		r	t			h					h						
Kleine Scheidegg ......d.	1302	1353	1400	1500	1502	1506	1527g	1532	1555	1600	1611	...	1619g	1632	1648b	1702	1756	1800	1900	1900g	...	...	...	...	...
Grindelwald Grund ..d.			1440	1541		1545		1611		1641	1655	1710		1711	1730b			1841	1939		...	...	...	...	...
Grindelwald ....a.			1445	1545		1548		1615		1645	1659	1714		1715	1734b			1845	1943		...	...	...	...	...
change trains				r		t		h		r		t		h					d						
Grindelwald ....d.			1450	1550		1550		1620		1650	...	1720		1720	1750			1850	1950		...	2050	...	2201	...
Wengen ....a.	1335	1423			1535		1600g		1624		...		1648g			1735	1823			1929g	...		...		...
Wengen ....d.	1343	1433			1543		1607d		1633		...		1657d			1743	1833			1933	2033		2133		2233
Lauterbrunnen ....a.	1400	1450			1600		1625d		1650		...		1715d			1800	1850			1950	2050		2150		2250
change trains							g				...		g												h
Lauterbrunnen ● ......d.	1405	1505			1605		1635		1705		...		1735			1805	1905			2005	2105		2205		2305
Zweilütschinen ....d.	1415	1515	1515	1615	1615	1615	1645	1645	1715	1715	...	1745	1745	1745	1815	1815	1915	1915	2015	2015	2115	2115	2215	2220	2315
Wilderswil ▲ ....d.	1421	1521	1521	1621	1621	1621	1652	1651	1721	1721	...	1751	1751	1751	1821	1821	1921	1921	2021	2021	2121	2121	2221	2226	2321
Interlaken Ost ....a.	1425	1525	1525	1625	1625	1625	1655	1655	1725	1725	...	1755	1755	1755	1825	1825	1925	1925	2025	2025	2125	2125	2225	2229	2325

b – May 28 - Dec. 15 and Apr. 17 - June 9 depart Kleine Scheidegg 1700, Grindelwald Grund 1741, arrive Grindelwald 1745.
d – Daily all year.
e – 6-8 minutes later Dec. 16 - Apr. 16.
g – May 28 - Oct. 1, Dec. 16 - Apr. 16.
h – May 28 - Oct. 1.
k – May 28 - Oct. 1, Mar. 1 - Apr. 16.
n – Up to 5 minutes later Dec. 16 - Apr. 16.
r – May 28 - Dec. 15, Apr. 17 - June 9.
t – Dec. 16 - Apr. 16.
v – May 28 - Oct. 31, Apr. 1 - June 9.
y – May 28 - Dec. 15, Feb. 1 - June 9.

Additional trains run between Lauterbrunnen and Wengen and between Grindelwald and Jungfraujoch.

▲ – Narrow gauge rack railway operates May 27 - Oct. 22 **Wilderswil - Schynige Platte**. 7 *km*. Journey time: 52 minutes. **Operator**: SPB. Service may be reduced in bad weather.

From Wilderswil: 0745, 0825 **M**, 0905, 0945, 1025, 1105, 1145, 1225 **M**, 1305, 1345, 1425, 1505, 1545, 1625 **M**, 1705.

From Schynige Platte: 0841, 0921 **M**, 1001, 1041, 1121, 1201, 1241 **M**, 1321, 1401, 1441, 1521, 1601, 1641, 1721 **M**, 1801.

● – Funicular railway operates **Lauterbrunnen - Grütschalp**, and narrow gauge railway **Grütschalp - Mürren**, *total: 5 km*. **Operator**: BLM. Journey time: 25-35 minutes allowing for the connection.

From Lauterbrunnen: 0642, 0717, 0747, 0817, 0832 and every 30 minutes (every 15 minutes ◆ May 28 - Oct. 1 and Dec. 16 - Apr. 16) until 1732, 1802, 1832, 1900, 2000, 2100 **H**.

From Mürren: 0625, 0700, 0730, 0800, 0830 and every 30 minutes (every 15 minutes ◆ May 28 - Oct. 1 and Dec. 16 - Apr. 16) until 1800, 1830, 1900, 1930, 2030 **H**.

H – May 28 - Oct. 1 and Dec. 16 - Apr. 16.　　**M** – July 1 - Oct. 1.

◆ – No departure at 1247 from Lauterbrunnen, and 1215, 1245 from Mürren.

⑥ 인터라켄오스트~베른~브리크

560 BERN - INTERLAKEN and BRIG

km		4905	4905	2401	2421	499	IC 906	CIS 45	2409	2427	IC 861	IC 908	IC 963	2411	IC 810	IC 965	IC 331	IC 814	IC 969	IC 871	IC 916	EC 101	IC 918	IC 820
		Ⓐ	Ⓒ	🍷 ♦	🍷	🍷 ♦	✕	✕⊙	♦	♦	✕ ♦	R	Ⓒ		🍷 R	✕	🍷	✕ R	🍷	✕	🍷 R	✕ ♦	🍷 R	✕ R
	Zürich Flughafen ✈ 530 d.	...	...	...	...	...	...	...	...	...	...	0639	...	...	0739	...	...	0839	...	...	0939	...	1039	1139
	Zürich Hbf 500 d.	...	...	...	...	...	0600	...	...	...	...	0703	...	...	0803	...	...	0903	...	...	1003	...	1103	1203
	Basel SBB 500 d.	...	...	...	...	0549	|	0617	...	...	0704	|	0726	...	|	0804	0848	|	0904	1004	|	1104	|	|
0	**Bern** d.	...	...	0620	0654	0722	0726	0734	0754	0820	0822	0826	0851	0857	0922	0926	1005	1022	1026	1122	1126	1222	1226	1322
31	Thun d.	...	...	0641	0718	0743	0747	0754	0818	|	0843	0847	0911	0918	0943	0947	1025	1043	1047	1143	1147	1243	1247	1343
41	**Spiez** a.	...	...	0651	0728	0753	0757	0802	0828	0848	0853	0857	0920	0928	0953	0957	1035	1053	1057	1153	1157	1253	1257	1353
41	**Spiez ▲** d.	0602	0606	0653	0730	0756	0800	0804	...	...	0856	0900	0921	0930	0956	1000	1036	1056	1100	1156	1200	1256	1300	1356
	Interlaken West ▲ d.	|	|	|	0747	|	0817	|	...	...	|	0917	0943	|	|	1017	|	|	1117	|	1217	|	1317	|
	Interlaken Ost ▲ a.	|	|	|	0750	|	0820	|	...	...	|	0920	0946	|	|	1020	|	|	1120	|	1220	|	1320	|
55	Frutigen ● d.	0624	0624	0706	...	0808	...	|	...	...	0908	...	...	0942	1008	...	|	1108	...	1208	...	1308	...	1408
72	Kandersteg 🚗 d.	0644	0644	0722	...	0825	...	|	...	...	0925	...	...	0959	1025	...	|	1125	...	1225	...	1325	...	1425
89	Goppenstein 🚗 d.	0658	0658	0733	...	0837	...	|	...	...	0937	...	...	1011	1037	...	|	1137	...	1237	...	1337	...	1437
115	**Brig** a.	0725	0725	0756	...	0900	...	0852	...	...	1000	...	...	1034	1100	...	1134	1200	...	1300	...	1400	...	1500
	Domodossola 590 a.	...	...	0842	...	...	...	0932	...	...	...	...	...	...	...	...	1208	...	...	...	...	...	...	...
	Milano Centrale 590 a.	...	...	...	...	...	...	1050	...	...	...	...	...	...	...	...	1350	...	...	...	...	...	...	...

	IC 975	IC 879	IC 924	EC 91	IC 926	IC 828	ICE 73	RX 2357	2437	IC 887	IC 930	2439	EC 109	IC 932	IC 834	EC 105	IC 936	4943	IC 995	IC 313	EN 313	4893	IC 844	
	✕	🍷	🍷 R	🍷 ♦	🍷 R	✕ R	✕ ♦	♦	Ⓐ	✕	✕ R	Ⓐ	✕ ♦	🍷 R	✕ R	✕ ♦	R			🍷	Ⓡ ⁄ ♦		R	
Zürich Flughafen ✈ 530 d.	...	...	1239	...	1339	1439	...	...	...	...	1539	...	...	1639	1739	...	1839	...	...	...	...	...	...	...
Zürich Hbf 500 d.	...	...	1303	...	1403	1503	...	...	...	...	1603	...	...	1703	1803	...	1903	...	...	...	...	...	...	...
Basel SBB 500 d.	1204	1304	|	1404	|	|	1504	...	...	1604	|	...	1704	|	|	1804	|	...	2004	2104	2104	...	...	...
Bern d.	1326	1422	1426	1522	1526	1622	1626	...	1657	1722	1726	1757	1822	1826	1922	1926	2026	...	2128	2226	2226u	...	2326	...
Thun d.	1347	1443	1447	1543	1547	1643	1647	...	1721	1743	1747	1821	1843	1847	1943	1947	2047	...	2149	2247	2247u	...	2347	...
Spiez a.	1357	1453	1457	1553	1557	1653	1657	...	1731	1753	1757	1831	1853	1857	1953	1957	2057	...	2159	2257	2257u	...	2357	...
Spiez ▲ d.	1400	1456	1500	1556	1600	1656	1700	1702	1733	1756	1800	1833	1856	1900	1956	2000	2100	2100	2201	2259	2259u	2310	2359	...
Interlaken West ▲ d.	1417	|	1517	|	1617	|	1717	1721	1756	|	1817	1856	|	1917	|	2017	2119	|	2222	|	|	2328	|	...
Interlaken Ost ▲ a.	1420	|	1520	|	1620	|	1720	1724	1759	|	1820	1859	|	1920	|	2020	2122	|	2225	|	|	2331	|	...
Frutigen ● d.	...	1508	...	1608	...	1708	...	...	...	1808	...	...	1908	...	2008	...	...	2116	...	2311	2311u	...	0011	...
Kandersteg 🚗 d.	...	1525	...	1625	...	1725	...	...	...	1825	...	...	1925	...	2025	...	...	2131	...	2328	2328u	...	0028	...
Goppenstein 🚗 d.	...	1537	...	1637	...	1737	...	...	...	1837	...	...	1937	...	2037	...	...	2143	...	2340	2340u	...	0039	...
Brig a.	...	1600	...	1700	...	1800	...	...	...	1900	...	...	2000	...	2100	...	...	2208	...	0003	0003u	...	0104	...
Domodossola 590 a.	...	...	...	1736	...	...	...	...	...	...	...	...	...	...	...	...	...	...	...	...	...	...	...	...
Milano Centrale 590 a.	...	...	...	1925	...	...	...	...	...	...	...	...	...	...	...	...	...	...	...	...	...	...	...	...

	4902	IC 952		2420	IC 911	IC 854	2424	IC 913	IC 864		ICE 72	IC 815	RX 2348	IC 919	EC 108	EC 104	IC 821	EC 90	IC 923	IC 870	IC 872	IC 825	IC 927	IC 874
		🍷		Ⓐ	✕ R	🍷		R	✕		✕ ♦	🍷 R	♦	✕ R	✕ ♦	✕ ♦	✕ R	🍷 ♦	🍷 R	🍷	🍷	✕ R	🍷 R	🍷
Milano Centrale 590 d.	...	...	...	...	...	...	...	...	...	...	...	...	...	...	...	...	...	0810	...	...	...	...	...	...
Domodossola 590 d.	...	...	...	...	...	...	...	...	...	...	...	...	...	...	...	...	...	0952	...	...	...	...	...	...
Brig d.	0449	...	...	...	...	0552	...	...	0700	...	...	0800	...	...	0900	...	1000	1026	...	1100	...	1200	...	1300
Goppenstein 🚗 d.	0512	...	...	...	...	0622	...	...	0723	...	...	0823	...	...	0923	...	1023	|	...	1123	...	1223	...	1323
Kandersteg 🚗 d.	0523	...	...	...	...	0634	...	...	0735	...	...	0835	...	...	0935	...	1035	|	...	1135	...	1235	...	1335
Frutigen ● d.	0541	...	...	...	...	0651	...	...	0751	...	...	0851	...	...	0951	...	1051	|	...	1151	...	1251	...	1351
Interlaken Ost ▲ d.	|	0534	...	0604	0633	|	0708	0740	|	...	0840	|	0936	0940	|	1040	|	|	1140	|	1240	|	1340	|
Interlaken West ▲ d.	|	0538	...	0609	0638	|	0713	0745	|	...	0845	|	0941	0945	|	1045	|	|	1145	|	1245	|	1345	|
Spiez ▲ a.	0556	0558	...	0628	0658	0703	0728	0800	0803	...	0900	0903	0956	1000	1003	1100	1103	1124	1200	1203	1300	1303	1400	1403
Spiez d.	...	0600	...	0630	0700	0706	0730	0802	0806	...	0902	0906	...	1002	1006	1102	1106	1125	1202	1206	1302	1306	1402	1406
Thun d.	...	0612	...	0642	0712	0718	0742	0814	0818	...	0914	0918	...	1014	1018	1114	1118	1136	1214	1218	1314	1318	1414	1418
Bern a.	...	0634	...	0704	0734	0738	0804	0834	0838	...	0934	0938	...	1034	1038	1134	1138	1156	1234	1238	1334	1338	1434	1438
Basel SBB 500 a.	...	0756	...	...	|	0856	...	|	0956	...	1056	|	...	|	1156	1256	|	1312	|	1356	1456	|	|	1556
Zürich Hbf 500 a.	...	...	...	...	0857	...	...	0957	...	...	...	1057	...	1157	...	...	1257	...	1357	...	...	1457	1557	...
Zürich Flughafen ✈ 500 a.	...	...	...	...	0916	...	...	1016	...	...	...	1116	...	1216	...	...	1316	...	1416	...	...	1516	1616	...

	IC 929	IC 878	IC 935	EC 100	IC 978	2430	IC 982	IC 837	IC 332	2444	IC 939	IC 884	IC 941	IC 886	CIS 46	IC 943	IC 888	4940	2416	IC 996	498	2448	2418	
	🍷 R	✕	🍷 R	✕ ♦	Ⓒ	♦	🍷	✕ R	🍷	♦	✕ R	✕	🍷 R	🍷	✕⊙	🍷 R	🍷		♦	✕	🍷 ♦			
Milano Centrale 590 d.	...	...	...	...	...	...	...	...	1410	...	...	...	...	...	1710	...	...	...	...	...	...	...	...	...
Domodossola 590 d.	...	...	...	...	...	...	...	...	1552	...	...	...	...	...	1828	...	...	...	...	...	...	...	...	...
Brig d.	...	1400	...	1500	...	...	...	1600	1626	...	...	1700	...	1800	1905	...	1900	1942	1950	...	2029	...	2204	...
Goppenstein 🚗 d.	...	1423	...	1523	...	...	...	1623	|	...	...	1723	...	1823	|	...	1923	2009	2013	...	2052	...	2228	...
Kandersteg 🚗 d.	...	1435	...	1535	...	...	...	1635	|	...	...	1735	...	1835	|	...	1935	2021	2025	...	2105	...	2240	...
Frutigen ● d.	...	1451	...	1551	...	...	...	1651	|	...	...	1751	...	1851	|	...	1951	2037	2042	...	2121	...	2256	...
Interlaken Ost ▲ d.	1440	|	1540	|	1610	...	1640	|	|	...	1740	|	1840	|	|	1940	|	|	|	2040	|	2140	|	...
Interlaken West ▲ d.	1445	|	1545	|	1615	...	1645	|	|	...	1745	|	1845	|	|	1945	|	|	|	2043	|	2144	|	...
Spiez ▲ a.	1500	1503	1600	1603	1632	...	1700	1703	1724	...	1800	1803	1900	1903	1952	2000	2003	2048	2053	2058	2132	2204	2307	...
Spiez d.	1502	1506	1602	1606	1633	1701	1702	1706	1725	1728	1802	1806	1902	1906	1954	2002	2006	...	2055	2102	2134	2206	2308	...
Thun d.	1514	1518	1614	1618	1644	|	1714	1718	1736	1740	1814	1818	1914	1918	2004	2014	2018	...	2107	2114	2146	2218	2319	...
Bern a.	1534	1538	1634	1638	1704	1729	1734	1738	1756	1802	1834	1838	1934	1938	2024	2034	2038	...	2127	2134	2206	2238	2339	...
Basel SBB 500 a.	|	1656	|	1756	1832	...	1856	|	1912	...	|	1956	|	2056	2141	|	2156	...	...	2256	2338	...	...	...
Zürich Hbf 500 a.	1657	...	1757	...	...	...	...	1857	...	...	1957	...	2057	...	...	2157	...	...	...	...	...	...	...	...
Zürich Flughafen ✈ 500 a.	1716	...	1816	...	...	...	...	1916	...	...	2016	...	2116	...	...	2216	...	...	...	...	...	...	...	...

♦ – NOTES (LISTED BY TRAIN NUMBERS)

ICE72 – THUNERSEE – 🚃 and ✕ Interlaken Ost - Frankfurt (Main) - Hamburg.
ICE73 – THUNERSEE – 🚃 and ✕ Kiel - Hamburg - Frankfurt (Main) - Interlaken Ost.
EC90/1 – VAUBAN – 🚃 and ✕ Milano - Basel - Metz - Luxembourg - Brussels and v.v.
EC100 – MATTERHORN – 🚃 and ✕ Brig - Basel - Wiesbaden ①-⑥y/Köln ⑦z.
EC101 – MATTERHORN – 🚃 and ✕ Wiesbaden - Mainz - Basel - Brig.
EC104/5 – BERNER OBERLAND – 🚃 and ✕ Interlaken Ost - Köln - Amsterdam and v.v.
EC108 – LÖTSCHBERG – 🚃 and ✕ Brig - Basel - Köln - Dortmund (- Hamburg on ⑤, not Dec. 24,25,31, Apr. 13,15, June 3).
EC109 – LÖTSCHBERG – 🚃 and ✕ Hamburg - Dortmund - Köln - Brig.
EN313 – ROMA – 🛏 1, 2 cl., 🛌 2 cl. and 🚃 Basel - Brig - Roma Termini.
498 – 🛏 1, 2 cl. and 🛌 2 cl. Brig - Basel - Luxembourg - Brussels (- Oostende on ⑤ Dec. 23 - Apr. 14 from Brig); 🚃 Brig - Basel.
499 – 🛏 1, 2 cl. and 🛌 2 cl. (Oostende on ⑤ Dec. 22 - Apr. 13 -) Brussels - Luxembourg - Basel - Brig; 🚃 Basel - Brig.
IC861 – 🚃 and ✕ Basel - Brig. Conveys on ⑤⑥, also Dec. 31, Jan. 1, Apr. 11,12,15,16, May 23 from Amsterdam (next day from Basel): 🛏 1, 2 cl. and 🛌 2 cl. Amsterdam (train 203) - Basel - Bern - Brig.

2416 – Runs ⑥⑦ (also Jan. 1,2, Apr. 12,13,16,17, May 24): 🚃 Brig - Bern; 🛏 1, 2 cl. and 🛌 2 cl. Brig - Bern (train IC996) - Basel (train 202) - Amsterdam.
2427 – SIMME-SAANE – Runs Ⓒ Sept. 24 - Oct. 22 only: 🚃 Bern - Spiez (train 2346) - Zweisimmen.
2430 – SIMME-SAANE – Runs Ⓒ Sept. 24 - Oct. 22 only: 🚃 Zweisimmen (train 2357) - Spiez - Bern.
2444 – SNOW-PARADISE 2000 – Runs Ⓒ Dec. 16 - Mar. 25 only: 🚃 Zweisimmen - Spiez - Bern.

R – From/to Romanshorn.
u – Stops to pick up only.
y – Also Oct. 1, Dec. 24,31, Apr. 29, June 3; not Oct. 3, Dec. 26, Jan. 1, Apr. 16, May 1, June 4.
z – Also Oct. 3, Dec. 26, Jan. 1, Apr. 16, May 1, June 4; not Oct. 1, Dec. 24,31, Apr. 15,29, June 3.
⁄ – Supplement payable.
⊙ – Ⓡ, inclusive of supplement, for international journeys; may be used for Swiss internal journeys without reservation.

⑦ 제르마트~취리히(왕복)

576　ZERMATT - BRIG

km																									
					A	B			C	D														2	🚗t
0	**Zermatt** d.	0600	0710	...	0810	0852	...	0910	0932	1010	1110	1210	1310	...	1410	1510	1610	1652	1752	1852	1952	...	2110	...
8	Täsch d.	0611	0721	...	0821	|	...	0921	|	1021p	1121	1221	1321	...	1421	1521	1621	1703	1803	1903	2003	...	2121	2130
21	St Niklaus d.	0636	0746	...	0846	0927	...	0946	1008	1046	1146	1246	1346	...	1446	1546	1646	1728	1828	1928	2028	...	...	2146
29	Stalden-Saas d.	0657	0808	...	0908	|	...	1008	|	1108	1208	1308	1408	...	1508	1608	1708	1748	1848	1948	2048	...	...	2203
36	Visp d.	0710	0822	...	0922	0959	...	1022	1042	1122	1222	1322	1422	...	1522	1622	1722	1800	1900	2000	2100	...	...	2215
45	**Brig** a.	0721	0833	...	0933	1010	...	1033	1053	1133	1233	1333	1433	...	1533	1633	1733	1811	1911	2011	2111	...	...	2228

	2M										F			G	H		K						🚗t	2
Brig d.	0510	0610	...	0723	0823	0923	...	1023	1123	1223	1323	1423	...	1523	1548	...	1620	1623	1723	1823	1923	...	2017	...
Visp d.	0530	0624	...	0736	0836	0936	...	1036	1136	1236	1336	1436	...	1536	1558	...	1635	1638	1736	1836	1936	...	2033	...
Stalden-Saas d.	0547	0637	...	0748	0848	0948	...	1048	1148	1248	1348	1448	...	1548	|	...	|	1649	1748	1848	1948	...	2042	...
St Niklaus d.	0614	0703	...	0809	0909	1009	...	1109	1209	1309	1409	1509	...	1609	1627	...	1708	1712	1809	1909	2009	...	2059	...
Täsch d.	|	0732	...	0832	0932	1032	...	1132	1232	1332	1432	1532	...	1632p	|	...	|	1735	1832	1932	2032	...	2120	2130
Zermatt a.	0650	0743	...	0843	0944	1043	...	1143	1243	1343	1443	1543	...	1643	1702	...	1743	1746	1843	1943	2043	...	...	2141

NOTES FOR TABLES 575/6:

⑧ 브리크~쿠르~생모리

575　BRIG - ANDERMATT - DISENTIS - CHUR

Service valid May 28 - December 22, 2000 and April 17 - June 9, 2001

km	•																								
									900	902			904		906										
		⚒	†				🍷		✕⁄ A	1✕⁄ B			✕⁄ C		✕⁄ D										
	Zermatt 576 d.	...	...	...	...	...	...	...	0810	0852	...	...	0932	...	1010	...	...	...	...	...	...	...	...	...	...
0	**Brig** d.	0608	0639	...	0803	...	0907	0925	0957	1020	...	1025	1109	1116	1146	1212	...	1320	1420	...	1520	...	1618	1718	1816
7	Mörel d.	0626	0649	...	0813	...	0917	0936	|	|	...	1036	|	1127	|	1223	...	1331	1431	...	1531	...	1631	1731	1827
10	Betten d.	0636	0655	...	0818	...	0923	0943	|	|	...	1043	|	1134	|	1229	...	1338	1438	...	1538	...	1638	1738	1833
17	Fiesch d.	0700	0709	...	0835	...	0938	0958	1024	|	...	1058	1136	1150	1213	1244	...	1356	1456	...	1556	...	1656	1756	1847
41	Oberwald 🚗 d.	0745	0745	...	0914	...	1010	1040	1055	|	...	1145	1225	1231	1250	1333	...	1441	1545	...	1636	...	1736	1835	1923
59	Realp ▲ 🚗 d.	0804	0804	...	0932x	...	1029	1102	|	|	...	1210	|	...	|	1355	...	—	1610	...	1655	...	1755	—	1937x
	Göschenen ◧ d.		|	...	|	0954	|	|	|	|	...	|	|	...	|	|	...	...	|	...	|	...	|	...	|
68	**Andermatt** ◧ a.	0818	0818	...	0947	1009	1043	1116	1123	1143	...	1224	1252	...	1321	1409	...	...	1624	...	1709	...	1809	...	1947
68	**Andermatt** 🚗 ◧ d.	0832	0832	0830	0949	1030	1049	1132	1130	1150	1235	...	1255	...	1330	...	1411	...	1632	1630	...	1730	—	1811	...
	Göschenen ◧ a.	0847	0847	|	1004	|	1104	1147	|	|	|	...	|	...	|	...	|	...	1647	|	...	|	...	|	...
78	Oberalppass d.	—	—	0852	—	1100	...	...	|	|	1257	...	|	...	|	...	1442	...	...	1700	...	1752	...	1832	...
87	Sedrun 🚗 d.	...	...	0925	...	1125	...	...	1217	|	1325	...	1340	...	1417	...	1515	...	...	1725	...	1820	...	1900	...
97	**Disentis/Mustér** a.	...	...	0944	...	1144	...	...	1238	1255	1344	...	1400	...	1442	...	1535	...	...	1744	...	1839	...	1918	...
				Z		Z			Z	|	Z		|		|		Z			Z	...			Z	
97	**Disentis/Mustér** d.	0750⊙	0850	0950	1050	1150	...	...	1250	1315	1350	...	1415	...	1452	...	1550	1650	...	1750	...	...	1850	1950	...
109	Trun d.	0808	0908	1008	1108	1208	...	...	1308	|	1408	...	1430	...	1507	...	1608	1708	...	1808	...	...	1908	2008	...
127	Ilanz d.	0830	0930	1030	1130	1230	...	...	1330	1357	1430	...	1449	...	1530	...	1630	1730	...	1830	...	...	1930	2030	...
146	Reichenau-Tamins d.	0858	0958	1058	1158	1258	...	...	1358	|	1458	...	1513	...	1552q	...	1658	1758	...	1858	...	...	1958	2058	...
156	**Chur** a.	0910⊙	1010	1110	1210	1310	...	...	1410	1430	1510	...	1522	...	1601q	...	1709	1810	...	1909	...	...	2010	2110	...
	St Moritz 540 a.	*1055r*	*1155r*	*1255r*	*1355r*	*1455r*	...	...	*1555r*	1655	*1655r*	...	1755	...	1810n	...	*1855r*	*1955r*	...	*2055r*	...	...	*2156r*	*2259r*	...

								901				903		905		907									
			⚒					✕⁄ F	m			✕⁄ G		✕⁄ H		1✕⁄ K									
St Moritz 540 d.	...	...	...	...	...	...	...	*0700r*	*0700r*	...	*0800r*	*0900r*	...	0930	*1000e*	1000	*1100r*	...	*1200r*	*1300r*	...	*1400r*	*1500r*	*1600r*	*1700r*
Chur d.	...	...	0547	0650	...	0757	...	0857	0857	...	0957	1057	...	|	1157	1220	1257	...	1357	1457	...	1557	1657	1757	1857⊙
Reichenau-Tamins d.	...	...	0556	0704	...	0811	...	0911	0911	...	1011	1109y	...	1133	1211	|	1311	...	1411	1511	...	1611	1711	1811	1911
Ilanz d.	...	...	0624	0737	...	0837	...	0936	0937	...	1037	1132y	...	|	1237	1258	1337	...	1437	1537	...	1637	1737	1837	1937
Trun d.	...	...	0651	0757	...	0857	...	0955	0957	...	1057	1153y	...	|	1257	|	1357	...	1457	1557	...	1657	1757	1857	1957
Disentis/Mustér a.	...	...	0709	0815	...	0915	...	1013	1015	...	1115	1208y	...	1235	1315	1335	1415	...	1515	1615	...	1715	1815	1915	2015⊙
			Z	Z		Z		|	Z	...	Z	|		|	Z	|	Z		Z	Z		Z	—		
Disentis/Mustér d.	...	...	0712	0820	...	0920	...	1018	1020	...	1120	1220	...	1255	1320	1345	1420	...	1520	1620	...	1720	...	...	...
Sedrun 🚗 d.	...	...	0735	0839	...	0939	...	1038	1039	...	1139	1238	...	|	1347	|	1439	...	1539	1639	...	1747	...	...	...
Oberalppass d.	...	...	0758	0900	...	0943v	...	|	1100	...	1206	|	...	|	1411v	|	1500	...	1600v	1700	...	1811	...	...	...
Göschenen ◧ d.	...	...	|	|	0914	|	1014	|	|	1114	|	|	...	|	|	|	|	...	|	|	1754	|	1914	...	...
Andermatt 🚗 ◧ a.	...	...	0825	0930	0925	1030v	1025	1122	1130n	1125	1237	1322	...	1404	1437v	1442	1530	...	1630v	1730	1805	1837	1925	...	...
Andermatt ◧ d.	...	0702	0832	0932	0934	...	1034	1130	...	1143	1249	1335	1343	1410	—	1443	1543	1543	...	...	1811	...	1926	...	...
Göschenen ◧ a.	...	|	|	0947	|	...	|	|	...	|	1304	|	|	|	...	|	1735	|	...	...	|	...	|	...	...
Realp ▲ 🚗 d.	...	0714x	0845	...	0948	...	1048	|	...	1156	—	|	1356	|	...	|	...	1556	...	...	1824	...	1937	...	...
Oberwald 🚗 d.	0609	0733	0901	...	1008	...	1108	1208	...	1217	1317	1408	1417	1440	1517	|	...	1615	...	...	1844	...	1958	...	...
Fiesch d.	0647	0810	0937	...	1047	...	1150	1244	...	1300	1400	1444	1500	1511	1600	|	...	1700	...	...	1922	...	2032	...	...
Betten d.	0704	0827	0952	...	1104	...	1208	|	...	1317	1417	|	1517	|	1617	|	...	1717	...	...	1938	...	2048x	...	...
Mörel d.	0709	0833	0958	...	1110	...	1213	|	...	1322	1422	|	1522	|	1622	|	...	1722	...	...	1942	...	2052x	...	...
Brig a.	0720	0846	1009	...	1121	...	1225	1313	...	1335	1435	1513	1535	1541	1635	1613	...	1735	...	...	1953	...	2104	...	...
Zermatt 576 a.	...	...	...	...	...	...	...	1443	...	...	...	1643	...	1702	...	1743	...	...	...	...	...	...	...	...	...

A – GLACIER EXPRESS A – Runs May 28 - Oct. 15, May 20 - June 9: (1,2) Zermatt - Disentis (train 902) - Chur; ✕ Disentis - Chur.

B – GLACIER EXPRESS B – Runs May 28 - Oct. 15, May 20 - June 9: (1) [observation cars] Zermatt - Chur (train 555) - St Moritz; ✕ Brig - Chur.

C – GLACIER EXPRESS C – Runs May 28 - Oct. 15, May 20 - June 9: (1,2) Zermatt - Chur (train 561) - St Moritz; ✕ Oberwald - Chur.

D – GLACIER EXPRESS D – Runs daily, conveys May 28 - Oct. 15, May 20 - June 9: (1) [observation cars] and (2) Zermatt - Chur - Davos Platz; ✕ Andermatt - Chur. Conveys Oct. 16 - Dec. 22, Apr. 17 - May 19: (1) [observation cars] and (2) Zermatt - Chur; (1) [observation cars] (also (2) Oct. 16-31, May 1-19 only): Zermatt - Reichenau-Tamins (train 563) - St Moritz; ✕ Andermatt - Chur.

F – GLACIER EXPRESS F – Runs May 28 - Oct. 15, May 20 - June 9: (1,2) Chur - Zermatt; ✕ Chur - Oberwald.

G – GLACIER EXPRESS G – Runs daily, conveys May 28 - Oct. 15, May 20 - June 9: (1) [observation cars] and (2) Davos Platz - Chur - Zermatt; ✕ Chur - Andermatt. Conveys Oct. 16 - Dec. 22, Apr. 17 - May 19: (1) [observation cars] and (2) Chur - Zermatt; (1) [observation cars] (also (2) Oct. 16-31, May 1-19 only) St Moritz (train 534) - Reichenau-Tamins - Zermatt; ✕ Chur - Andermatt.

H – GLACIER EXPRESS H – Runs May 28 - Oct. 15, May 20 - June 9: (1,2) St Moritz - Reichenau-Tamins - Zermatt; ✕ St Moritz - Disentis.

K – GLACIER EXPRESS K – Runs May 28 - Oct. 15, May 20 - June 9: (1) [observation cars] St Moritz (train 540) - Chur - Zermatt; ✕ St Moritz - Brig.

M – Mixed train. Timings subject to variation.

Z – Change trains at **Disentis/Mustér**.

e – May 28 - Oct. 15, May 20 - June 9. Change trains at **Reichenau-Tamins**.

m – Oct. 16 - Dec. 22, Apr. 17 - May 19.

n – Oct. 16 - Dec. 22, Apr. 17 - May 19. Connection arrive *1755r* on other dates.

p – Oct. 30 - Dec. 14.

q – 4-6 minutes **later** Oct. 16 - May 19.

r – Change trains at **Reichenau-Tamins**.

t – May 28 - Oct. 29, Dec. 15 - June 9.

v – May 28 - Oct. 15, May 20 - June 9.

x – Stops on request only.

y – 6-7 minutes **later** Oct. 16 - May 19.

◧ – For full service see Table **577**.

⊙ – Additional trains **Disentis - Chur**: 0547, 0613⚒, 0649; **Chur - Disentis**: 1957, 2210.

▲ – 🚂 **Realp - Furka - Gletsch**. Summer only. Runs daily July 24 - Aug. 20; ⑤⑥⑦ Aug. 25 - Oct. 8. Journey 95 minutes. Services call at Furka; 50 minutes from Realp, 40 minutes from Gletsch.
Depart Realp: 1005. **Depart Gletsch**: 1445.

⁄ – GLACIER EXPRESS – Ⓡ with supplement except for local journeys on the Brig - Zermatt and Disentis - Chur/Davos/St Moritz sections. ✕ reservations are obligatory in advance – ☎ Chur (081) 252 14 25.

🚗 – Car-carrying shuttle available (see page 261).

• – FO operate Brig - Andermatt & Göschenen - Disentis; RhB operate Disentis - Chur.

⑨ 생모리~취리히

SBB **ZÜRICH - ST GALLEN - BUCHS - CHUR** 530

For direct service between Zürich and Chur see Table 520

km		7309	7311	RX 2851	IR 1651	8513	RX 2853	IR 1501	IC 701	IC 1505	EC 99	IC 705	IR 1509	IC 709	IR 1511	EC 197	IC 711	IR 1513	IC 713	IR 1515	IC 715	IC 1519	IC 719	IC 1521	EC 95
			⚒			⚒		Y	✕	Y	✕ ♦	✕	Y	✕	Y	✕ ♦	✕	Y	✕	Y	✕	✕	✕	✕	✕ ♦
	Genève Aéroport 505 d.	...	...	...	...	...	...	...	...	...	...	...	...	...	...	...	0620	...	0720	...	0820	...	0920	...	...
	Genève 505 d.	...	...	...	...	...	...	...	...	...	...	...	...	0518	...	...	0629	...	0729	...	0829	...	0929	...	...
	Lausanne 500 d.	...	...	...	...	...	...	...	...	...	...	...	...	0605	0610	...	0706	0710	0806	0810	0906	0910	1006	1010	...
	Biel 500 d.	...	...	...	...	...	...	...	...	0520	...	...	0625	|	0727	...	|	0827	|	0927	|	1027	|	1127	...
	Bern 500 d.	...	...	...	...	...	...	...	...	|	...	0612	|	0716	|	...	0816	|	0916	|	1016	|	1116	|	...
0	**Zürich Hbf 535** d.	...	...	...	...	...	...	0601	0640	0710	0733	0740	0810	0840	0910	0933	0940	1010	1040	1110	1140	1210	1240	1310	1333
10	**Zürich Flughafen 529/35** d.	...	...	...	...	...	...	0614	0652	0722	0745	0752	0822	0852	0922	0945	0952	1022	1052	1122	1152	1222	1252	1322	1345
30	Winterthur 535 d.	...	...	...	...	0513	...	0632	0707	0737	0800	0807	0837	0907	0937	1000	1007	1037	1107	1137	1207	1237	1307	1337	1400
57	Wil d.	...	...	0522	...	0557	0622	0650	0725	0755	|	0825	0855	0925	0955	|	1025	1055	1125	1155	1225	1255	1325	1355	|
78	Gossau d.	...	...	0544	...	0619	0644	0711	0744	0811	|	0844	0911	0944	1011	|	1044	1111	1144	1211	1244	1311	1344	1411	|
87	**St Gallen** a.	...	...	0555	...	0630	0653	0719	0753	0819	0836	0853	0919	0953	1019	1036	1053	1119	1153	1219	1253	1319	1353	1419	1436
				|		|	|	8725	RX 2855	8729	|	RX 2857	8733	RX 2859	8737	|	RX 2861	8741	RX 2863	8747	RX 2865	8751	RX 2867	8755	|
87	**St Gallen** d.	...	...	0559	...	0632	0703	0722	0803	0822	0837	0903	0922	1003	1022	1037	1103	1122	1203	1222	1303	1322	1403	1422	1437
103	Rorschach d.	...	...	0620	...	0657	0721	0741	0821	0841	|	0921	0941	1021	1041	|	1121	1141	1221	1241	1321	1341	1421	1441	|
114	**St Margrethen** d.	...	...	0629	...	0708	0731	0751	0831	0851	0900	0931	0951	1031	1051	1100	1131	1151	1231	1251	1331	1351	1431	1451	1500
126	Altstätten d.	...	...	0643	...	0724	0743	...	0843	...	...	0943	...	1043	...	...	1143	...	1243	...	1343	...	1443	...	...
152	**Buchs 520 ●** d.	...	...	0701	...	...	0801	...	0901	...	...	1001	...	1101	...	...	1201	...	1301	...	1401	...	1501	...	...
168	**Sargans 520 ●** d.	0559	0639	0713	0721	...	0813	...	0913	...	...	1013	...	1113	...	...	1213	...	1313	...	1413	...	1513	...	...
180	**Landquart 520** d.	0612	0652	...	0735	...	0828	...	0928	...	...	1028	...	1128	...	...	1228	...	1328	...	1428	...	1528	...	...
194	**Chur 520** a.	0621	0701	...	0745	...	0838	...	0938	...	...	1038	...	1138	...	...	1238	...	1338	...	1438	...	1538	...	...
	St Moritz 540 a.	*0855*	...	...	*0955*	...	*1055*	...	*1155*	...	...	*1255*	...	*1355*	...	...	*1455*	...	*1555*	...	*1655*	...	*1755e*	...	...

	IC 708	7904	IC 710	7912	IR 1510	2565	IC 714	7918	8720	IR 1514	RX 2862	8726	IR 1760	RX 2864	8730	RX 2886	8734	RX 2868	EC 92	8738	RX 2870	8742	RX 2872	8748	RX 2874
	✕	Ⓐ	✕	Ⓐ	✕	Y ⚒C	✕	Ⓐ	Ⓒ	Y			Y						✕ ♦						
St Moritz 540 d.	...	...	...	...	...	...	...	...	...	...	...	...	...	...	...	*0550h*	...	*0700*	...	...	*0800*	...	*0900*	...	*1000*
Chur 520 d.	...	...	...	...	...	...	...	...	...	...	0622	...	0716	...	...	0822	...	0922	...	...	1022	...	1122	...	1222
Landquart 520 d.	...	...	...	...	...	...	...	...	...	...	0634	...	0726	...	...	0834	...	0934	...	...	1034	...	1134	...	1234
Sargans 520 ● d.	...	...	...	0514	...	...	...	0558	0558	...	0648	...	0739	0748	...	0848	...	0948	...	...	1048	...	1148	...	1248
Buchs 520 ● d.	...	...	...	0532	...	...	...	0621	0621	...	0701	...	...	0801	...	0901	...	1001	...	...	1101	...	1201	...	1301
Altstätten d.	...	...	...	0550	...	...	...	0645	0645	...	0718	...	...	0818	...	0918	...	1018	...	...	1118	...	1218	...	1318
St Margrethen d.	...	...	...	0605	...	...	...	|	0707	...	0729	0807	...	0829	0907	0929	1007	1029	1100	1107	1129	1207	1229	1307	1329
Rorschach d.	...	0513	0551	0616	0619	...	0651	0706	0719	...	0740	0819	...	0840	0919	0940	1019	1040	|	1119	1140	1219	1240	1319	1340
St Gallen a.	...	0532	0607	...	0638	...	0707	0726	0738	...	0756	0838	...	0856	0938	0956	1038	1056	1122	1138	1156	1238	1256	1338	1356
		IR 1508	|		|		|				IC 716 ✕	IR 1516 Y		IC 718 ✕	IR 1518 Y	IC 720 ✕	IR 1520 Y	IC 724 Y	|	IR 1524 Y	IC 726	IR 1526 Y	IC 728 ✕	IR 1528 ✕	IC 730 ✕
St Gallen d.	0510	0540	0610	...	0641	0643	0710	...	...	0743	0810	0843	...	0910	0943	1010	1043	1110	1123	1143	1210	1243	1310	1343	1410
Gossau d.	0518	0548	0618	...	0649	0653	0718	...	...	0751	0818	0851	...	0918	0951	1018	1051	1118	|	1151	1218	1251	1318	1351	1418
Wil d.	0538	0608	0638	...	0707	0713	0738	...	...	0808	0838	0908	...	0938	1008	1038	1108	1138	|	1208	1238	1308	1338	1408	1438
Winterthur 535 d.	0557	0627	0657	...	0727	0733	0757	...	...	0827	0857	0927	...	0957	1027	1057	1127	1157	1200	1227	1257	1327	1357	1427	1457
Zürich Flughafen 529/35 a.	0609	0641	0711	...	0741	|	0811	...	...	0841	0911	0941	...	1011	1041	1111	1141	1211	1216	1241	1311	1341	1411	1441	1511
Zürich Hbf 535 a.	0623	0653	0723	...	0753	0756	0823	...	...	0853	0923	0953	...	1023	1053	1123	1153	1223	1227	1253	1323	1353	1423	1453	1523
Bern 500 a.	0745	|	0844	...	|	...	0944	...	...	|	1044	|	...	1144	|	1244	|	1344	...	|	1444	|	1544	|	1644
Biel 500 a.	|	0834	|	...	0934	...	|	...	...	1034	|	1134	...	|	1234	|	1334	|	...	1434	|	1534	|	1634	|
Lausanne 500 a.	0855	0949	0955	...	1049	...	1055	...	...	1149	1155	1249	...	1255	1349	1355	1449	1455	...	1549	1555	1649	1655	1749	1755
Genève 505 a.	0931	...	1031	...	...	...	1131	...	...	...	1231	...	...	1331	...	1431	...	1531	...	...	1631	...	1731	...	1831
Genève Aéroport 505 a.	0940	...	1040	...	...	...	1140	...	...	...	1240	...	...	1340	...	1440	...	1540	...	...	1640	...	1740	...	1840

	8752	RX 2876	EC 94	8756	RX 2878	8760	RX 2880	EC 196	8764	RX 2882	8768	RX 2884	8774	RX 2886	8780	RX 2888	EC 98	8782	IR 1794	RX 2890	8784	18899	8596	8790	7398
			✕ ♦					✕ ♦									✕ ♦		Y						
St Moritz 540 d.	...	*1100*	...	...	*1200*	...	*1300*	...	...	*1400*	...	*1500*	...	*1600*	...	*1700*	...	...	*1800*	...	...	...	...	...	*2000*
Chur 520 d.	...	1322	...	...	1422	...	1522	...	...	1622	...	1722	...	1822	...	1922	...	...	2016	...	...	...	...	...	2316
Landquart 520 d.	...	1334	...	...	1434	...	1534	...	...	1634	...	1734	...	1834	...	1934	...	...	2026	...	...	...	...	...	2325
Sargans 520 ● d.	...	1348	...	...	1448	...	1548	...	...	1648	...	1748	...	1848	...	1948	...	...	2039	2048	...	...	...	2242	2336
Buchs 520 ● d.	...	1401	...	...	1501	...	1601	...	...	1701	...	1801	...	1901	...	2001	...	...	▬	2101	...	...	...	2253	2353
Altstätten d.	...	1418	...	...	1518	...	1618	...	...	1718	...	1818	...	1918	...	2018	...	...	...	2118	...	...	...	2310	...
St Margrethen d.	1407	1429	1500	1507	1529	1607	1628	1700	1707	1729	1807	1829	1907	1929	2007	2029	2056	2107	...	2129	2208	...	...	2323	...
Rorschach d.	1419	1440	|	1519	1540	1619	1640	|	1719	1740	1819	1840	1919	1940	2019	2040	|	2119	...	2140	2219	...	...	2334	...
St Gallen a.	1438	1456	1523	1538	1556	1638	1656	1722	1738	1756	1838	1856	1938	1956	2038	2056	2118	2138	...	2156	2239	...	...	2355	...
	IR 1530 ✕	IC 732 ✕	|	IR 1532 ✕	IC 734 ✕	IR 1536 Y	IC 736 ✕	|	IR 1538 Y	IC 738 ✕	IR 1540 Y	IC 742 ✕	IR 1542 Y	IC 744 ✕	IR 1544 Y	|	|	IR 1546 Y	19294		IR 2748 ✕				
St Gallen d.	1443	1510	1523	1543	1610	1643	1710	1723	1743	1810	1843	1910	1943	2010	2043	2102	2120	2143	...	...	2243	...	2343	...	...
Gossau d.	1451	1518	|	1551	1618	1651	1718	|	1751	1818	1851	1918	1951	2018	2051	2110	|	2151	...	...	2251	...	2354	...	...
Wil d.	1508	1538	|	1608	1638	1708	1738	|	1808	1838	1908	1938	2008	2038	2108	2129	|	2208	...	...	2310	...	0015	...	...
Winterthur 535 d.	1527	1557	1602	1627	1657	1727	1757	1802	1827	1857	1927	1957	2027	2057	2127	...	2157	2227	2251	...	2329	2343	...	...	...
Zürich Flughafen 529/35 a.	1541	1611	1616	1641	1711	1741	1811	1816	1841	1911	1941	2011	2041	2111	2141	...	2211	2241	|	...	2341	|	...	...	...
Zürich Hbf 535 a.	1553	1623	1627	1653	1723	1753	1823	1827	1853	1923	1953	2023	2053	2123	2153	...	2223	2253	2311	...	2354	0010	...	...	...
Bern 500 a.	|	1744	...	|	1845	|	1944	...	|	...	|	2144	|	...	|	...	...	|	...	...	...	...	...	...	...
Biel 500 a.	1734	|	...	1834	|	1934	|	...	2034	...	2134	|	2234	...	2334	...	...	0035	...	...	...	...	...	...	...
Lausanne 500 a.	1849	1855	...	1949	1955	2049	2055	...	2149	...	...	2255	2349	...	...	...	...	...	...	...	...	...	...	...	...
Genève 505 a.	...	1931	...	...	2031	...	2131	...	...	...	...	2331	...	...	...	...	...	...	...	...	...	...	...	...	...
Genève Aéroport 505 a.	...	1940	...	...	...	...	2140	...	...	...	...	2340	...	...	...	...	...	...	...	...	...	...	...	...	...

♦ - NOTES (LISTED BY TRAIN NUMBERS)

EC94 - GOTTFRIED KELLER - 🚃12 and ✕ München - Bregenz - Zürich.

EC98 - BAVARIA - 🚃12 and ✕ München - Bregenz - Zürich.

EC196 - ALBERT EINSTEIN - 🚃12 and ✕ Praha (EC166) - München - Bregenz - Zürich

● - Additional trains **Sargans** - **Buchs**: 0547Ⓐ, 0726, 0834, 1033, 1433, 1736Ⓐ, 1833, 2233, 2341.

🚌 services from Vaduz (Liechtenstein):

🚌 (line 1) **Vaduz** (Post) - **Buchs** (Bahnhof). Journey time: 17 minutes.
From Vaduz: 0505⚒ 0542⚒, 0620⚒, 0632Ⓐ, 0640, 0700 and every 20 minutes until 2020, 2100, 2135, 2153⚒, 2215, 2250, 2315, 0020⑥⑦.

🚌 (line 1) **Vaduz** (Post) - **Sargans** (Bahnhof). Journey time: 28 minutes.
From Vaduz: 0552⚒, 0620Ⓐ, 0640⚒, 0655, 0708Ⓐ, 0720⚒, 0740 and every 20 minutes (approximately 30 minutes on †) until 1820, 1900, 1920, 2000, 2040⚒, 2100, 2208, 2325⑥.

🚌 (line 70/71) **Vaduz** (Post) - **Feldkirch** (Bahnhof). Journey time: 35 minutes.
From Vaduz: 0618⚒, 0718Ⓐ, 0738Ⓐ, 0838Ⓐ, 0858†, 0938Ⓐ, 1038Ⓐ, 1138Ⓐ, 1203, 1238Ⓐ, 1258Ⓐ, 1338Ⓐ, 1438Ⓐ, 1538Ⓐ, 1638Ⓐ, 1658, 1738Ⓐ, 1758Ⓐ, 1818Ⓐ.

Additional services are available by changing at **Schaan** (Post).

(마) 여행요금의 견적

수배여행 신청을 받을 때는 고객의 여행예산에 맞는 여정작성과 여행요금의 견적이 요구된다. 여행을 구성하는 항공, 철도, 버스 등 교통기관, 호텔 등의 숙박기관, 관광시설, 레스토랑, 송영(送迎) 가이드 등의 인적 서비스 등을 각 수배개소의 가격을 검토하면서 계산한다.

수배개소에는 항공사, 철도, 버스 등의 교통기관, 호텔 등의 숙박기관, 관광시설, 레스토랑 등이 있으나 여행대금 견적에는 각 수배개소에서 비용을 계산하여 여행요금을 산정하지 않으면 안 된다. 간단한 여정에서는 미리 정해진 항공운임표, 숙박이나 지상비 요금표(tariff)로 계산할 수 있다. 어느 정도 확정된 그룹의 특별한 목적을 띤 여행에서는 일정에 따라 수배와 지상비의 견적을 전문 지상수배업자에 의뢰하는 편이 값도 저렴하고 효율적이다.

① 여행요금과 여행비용

㉠ 여행비용

여행비용이란 항공사, 호텔 등 여행서비스 제공기관에게 지불해야 할 비용의 합계를 말한다. 여행요금은 여행비용에 여행사의 수입(교통, 숙박, 관광시설의 판매수수료나 여행취급요금)을 가산한 것을 말한다. 여행비용에는 대개 다음과 같은 것이 포함된다.

항 목	내 용
항 공	보통운임, PEX운임 등 공시운임을 표시하는 경우에는 각각의 항공요금 권면액(券面額)을 그대로 견적금액으로서 기입한다.
호 텔	호텔의 한국사무소나 특약점이 쿠폰이나 바우처를 발행하는 경우는 그 권면에 표시된 금액을 그대로 견적금액으로서 기입한다.
관광 및 선택관광	관광비용은 지상수배업자 등 현지수배가 견적한 금액에 자사수입을 가산한 금액을 그대로 견적금액으로서 기입한다. 선택관광이나 현지관광버스 비용은 팸플릿에 기재된 금액을 그대로 기입한다.
철도/버스/렌터카 등	철도, 버스는 운임표에 표시된 금액, 혹은 버스류 등에 표시된 금액, 렌터카는 쿠폰 또는 바우처에 표시된 금액을 기입한다.
기 타	수배업체로부터 제시된 금액과 기준을 산정(算定)한다.

㉡ 견적에 즈음한 주의사항

• 각 수배개소를 확인하면서 고객의 희망에 부응하는 여행비용을 정리해 나간다.

- 여행비의 합계액이 고객의 예산액과 현저히 차이가 날 때는 수배조정을 해가면서 예정비용에 가까운 금액으로 견적을 낸다 .
- 취급요금, 기획요금은 각각 여행비용 합계금액의 20% 이내에서 견적한다.
- 포괄요금특약에서는 여행비용과 취급요금, 기획요금을 가산한 금액으로 견적한다.
- 미리 필요로 하는 수배통신료는 견적요금에 가산한다.
- 여권, 사증 등의 도항수속대행요금은 별도 요금표에 입각하여 수수한다.

② 여행비용견적의 실제

수배여행일정표 작성연습에서 공부한 2개의 수배여행 견적을 내보자.

▶ 디즈니월드 · 로스앤젤레스 · 라스베이거스 9일간 여행

〈수배여행의 예〉

- 항공운임은 유나이티드 항공 우등석 보통운임 1명분과, 중간 등급 배우자할인운임을 적용했다.
- 호텔은 지상수배업자 ○사가 제공하는 호텔 · 바우처요금을 그대로 적용했다.
- 현지에서의 송영은 상기 호텔수배에 부수하는 공항 호텔간 송영버스요금을 적용했다.
- 로스앤젤레스 공항 도착 후 저녁때까지 전용세단으로 시내관광을 한다.
- 여행비용의 각 항목에는 판매수수료가 포함되어 있다.

여행요금 견적서 (해외개인수배여행용)

☆ 여행기간 : 2004.10.01～2004.10.09.

☆ 참가자수 : 어른2명

견 적 내 역				요 금(Yen)
항공경비	유나이티드항공 우등석 이용 배우자할인요금 적용(남편)			594,690
	도쿄－오클랜드－라스베이거스－로스앤젤레스－(부인)			420,790
숙박비	소재지	호텔명	실료단가×박수	
	올랜드	Walt Disney World Swan	32,800×3	98,400
	라스베이거스	Mandaley Bay Resort & Casino	27,500×2	55,000
	라스베이거스	2박은 주말요금입니다.		
	로스앤젤레스	Centry Plaza Hotel	25,300×2	50,600
이동경비	올랜드공항－호텔(왕복) 송영버스		4,600×4	18,400
	라스베이거스공항－호텔(왕복) 송영버스		3,400×4	13,600
	로스앤젤레스 호텔－공항(편도) 송영버스		5,200×2	10,400
관광기타	로스앤젤레스 공항 - 호텔 간 송영전용차 반일관광포함 2인			55,000
여행비용 견적 합계				1,316,880
	취급요금	( )		14,700
	수속대행요금	( )		
	수배수수료	(호텔 · 현지 제수배)	11,000	
	일정표작성		3,000	
	합계	소비세 5%	14000×1.05	
1인당 요금 어른 ( ) 어린이 ( )				
여행대금 총액				1,331,580

※ 수배착수 후 고객의 사정에 의해 여행중지 시에는 소정의 취소요금 및 상기 취급요금, 수속요금, 수배수수요금을 받습니다.

▶ 디즈니월드 · 로스앤젤레스 · 라스베이거스 9일간 여행

〈기획수배여행의 예〉

- 항공운임은 도쿄-취리히 왕복 개인IT운임 기준으로 비용을 산출했다.
- 비용의 견적은 포괄요금특약으로 여행대금총액만을 제시하는 것으로 하며, 기획요금은 여행비용의 10%을 적용하였다.
- 호텔은 여행대금의 예산액 1인 60만 엔의 범위 내에서 가능한 한 고급호텔을 선택하였다.
- 철도는 15일간 통용의 스위스 패스를 이용하며, 빙하특급의 수배요금은 별도 수수하여 예약을 진행하였다.
- 빙하특급은 일본의 대리점 유로네트 단발기에서는 브리크-안데르마트간의 예약이 확보되지 않았기 때문에 현지에 통신수배로 의뢰하였다.

작성연월일

○○ □□씨 귀하

여행요금 견적명세서 (해외기획수배용) ①

상기 견적은 포괄요금 특약에 의해 적용합니다.
☆ 참가자수 : 어른 2명, 어린이 명

고객의 의뢰에 의하여 하기의 여행대금으로 견적합니다. 더욱이 여행조건에 대해서는 견적서의 아래 란 1~6까지 기재했으므로 확인하여 주시면 감사하겠습니다.

아 래

1. 여행기간 : ○○년 7월 2일부터 ~ ○○년 7월 12일까지 11일간
2. 여행일정 : 별지의 여행일정을 참고하여 주십시오.
3. 여행대금 : 1인당 367,000엔 (1명)
   ______엔 (명 이상)
   합계 734,000엔 (2명)

   상기 견적은 ○○년 4월 1일의 항공운임을 기준으로 산출한 것입니다.
4. 취소료 :
   당사가 여행수배를 착수 한 이후 고객의 사정에 의해 여행계약을 해제하는 경우는 다음의 취소료를 받습니다.
   ○○년 6월 30일 이후 1인당 110,100엔 (여행대금의 30%)
   7월 2일 당일 1인당 183,500엔 (여행대금의 50%)
   월 일 이후 1인당 엔 (여행대금의 %)
   월 일 이후 1인당 엔 (여행대금의 %)
   여행개시후 1인당 367,000엔 (여행대금의 100%)

② 여행요금 견적명세서 (해외기획수배용)

(여행조건)

1. 인솔자
   ⊗ 인솔자는 동행하지 않습니다.
   ○ 인솔자는 _________명 동행합니다.
   (단 참가자가 ____________명 의 경우에는 인솔자 ___________명)
2. 여행대금의 지불
   여행신청시 예약금 50,000엔을 지불하시고, 잔금은 6월10일까지 완납하여 주십시오.
3. 여행대금에 포함된 것
   여행일정에 명시된 다음의 요금이 포함되어 있습니다.
   ① 항공운임(이코노미 클래스)
   ② 스위스 버스가 통용하는 구간의 철도(빙하특급), 운수기관의 운임 및 요금
   ③ 숙박요금 및 세금, 서비스료(2인실 2명 투숙기준)
4. 여행대금에 포함되지 않은 것
   3. 항에 기재되지 않은 이외의 것은 여행대금에 포함되지 않으며, 그 일부를 예시합니다.
   ① 송영버스요금(공항, 역-호텔간)
   ② 관광요금(관광버스, 가이드요금, 입장요금 등)
   ③ 식사요금 및 세금, 서비스료,(기내식은 대금에 포함되지 않습니다)
   ④ 인솔자의 동행비용, 인솔자가 지불하는 단체행동시의 팁
   ⑤ 선택관광(현지에서 별도로 주최하는 여행)대금
   ⑥ 고객의 희망으로 1인실 객실을 사용할 경우의 추가요금(single supplement charge)
   ⑦ 세탁비, 전화료, 전보료, 음료대, 등 개인적 비용)
   ⑧ 초과수하물 비용
   ⑨ 일정에 명시되지 않은 국내운임 및 요금
   ⑩ 기타 (   )
5. 특기사항
   빙하특급 및 스위스 철도의 수배요금이 포함되어 있습니다.
   상기견적에 의한 기획수배여행에 참가 승낙, 불승낙 통지는 ○○년 4월 26일까지 해주시기 바랍니다.

③ 기획수배여행의 예 · 견적근거

견적항목	견적내역	비용(Yen)
항공운임	도쿄-취리히 왕복 ZonePex운임(JAL) 항공 적용	150,000
호텔	루체른/Grand Hotel National 2박×½Twin=32,100 그린델발트/Kreuz & Post 1박×½Twin=10,400 베른/Gauer Hotel Schweizerhof 1박×½Twin=14,100 제르마트/Albatoros 2박×½Twin=25,000 생모리/Carlton Hotel 2박×½Twin=26,200 취리히/Zurich Marriotto 1박×½Twin=14,100	121,900
철도패스	스위스패스 15일간 유효 1등석	56,200
제 수배실비	각지 호텔 온라인 예약 빙하특급예약료 11000×½	5,500
1인당 여행요금 합계		333,600
여행대금 청구액 여행요금+기획료 10%(33,400)		367,000

(주) 포괄요금특약으로 견적을 한 경우에는 이상의 계산근거를 고객에게 제시할 필요는 없다.

- 항공운임은 유럽행 ZonePex운임의 평상기(shoulder season), 평일출발을 적용하고 있다.
- 호텔요금은 일정표의 호텔 특약이 있는 호텔 특약점(representative) 요금표를 기준으로 산출하고 있다.
- 철도의 여정은 스위스 국철(國鐵)전노선과 거의 모든 사철(私鐵), 우편버스(PTT Bus) 에 통용하는 스위스 버스를 이용한다. 빙하특급은 브리크-안데르마트 간의 예약이 곤란하기 때문에 별도 수배를 하였다.
- 기획요금은 계산상 10%로 하고 있으나 비용에 산출근거가 항공운임, 호텔요금 모두 Net요금으로 계산하고 있기 때문에 15%~20%까지 견적할 수도 있다.
- 제 수배실비의 소비세는 산입(算入)하지 않는 것으로 했다.

(바) 기타 서비스 요금

<table>
<tr><th>요금명</th><th colspan="2">인수하는 내용</th><th>여행요금취급요금</th></tr>
<tr><td rowspan="6"></td><td rowspan="3">공항에의 송영서비스</td><td>(1) 인천 국제공항</td><td>1인당 20,000원</td></tr>
<tr><td>(2) 기타 국제공항</td><td>1인당 10,000원</td></tr>
<tr><td>(3) 도심공항</td><td>1인당 5,000원</td></tr>
<tr><td colspan="3">• 밤 10시부터 아침 5시까지의 사이, 또는 휴일에 행사하는 경우는 5,000원 추가 합니다.
• 교통실비는 별도 징수합니다.</td></tr>
<tr><td colspan="2">인솔서비스 요금</td><td>인솔자 1명/1일에 대해 60,000원(인솔자의 여행경비는 별도 청구합니다)</td></tr>
<tr><td colspan="2">고객의 의뢰에 따라 현지에 통신연락을 하는 경우</td><td>1건당 : 3000원(전화료, 기타 통신실비는 별도 청구합니다)</td></tr>
</table>

(사) 도항수속 대행요금

	수속내용	여행업무취급요금
	도항수속에 관한 안내, 여권·사증의 유효성확인, ED카드·세관신고서의 입수 및 작성	1명당 3,000원
여권	여권신청서의 작성대행	1건당 5,000원(여권 인지대는 별도 징수)
	여권의 대리신청	1건당 5,000원(여권 인지대는 별도 징수)
사증	관광사증 신청서 작성 또는 신청서작성과 신청대행	1명 1개국에 대해 5,000원
	중국의 관광사증신청서의작성과 신청대행	1인당 4,000원
	상용·업무사증 신청서 작성 또는 신청서 작성과 신청대행	1명 1개국에 대해 5,000원
	유학·장기체류 등 특별한 목적의 사증 신청서 작성 또는 신청서작성과 신청대행	1명 1개국에 대해 20,000원
	오스트렐리아 ETAS의 등록확인	1건에 대해 1,000원
	오스트렐리아 ETAS의 확인서 재발행	1수배에 대해 5,000원(주최개소가 인정된 경우에 한함)
	영문일정표의 작성	1서류에 대해 8,000원
	재입국허가수속 신청의 대행	1명당 5,000원
	사증면제가 되는 경우의 관계서류작성	1서류당 2,000원
	사증요부(要否)의 확인서류작성	1인당 2,000원(사증 요부를 확인하기 위해 특별한 조사를 요하는 경우에 접수)
예방접종	예방접종증명서의 검인의 취득대행	1건에 대해 3,000원(본인출두에 당사 담당자가 동행하는 경우에는 2,000원 추가)

(주) 1. 모든 여행업무 취급요금에는 부가가치세를 별도 징수합니다.
2. 상기요금은 여행을 중지시킬 경우에도 적용합니다.
3. 대리신청·수령하는 경우의 교통실비·우송실비는 별도 징수합니다.
4. 각 요금은 합산하여 징수합니다.
5. 동행안내의 경우 교통실비는 별도 징수합니다.
6. 서류작성의 경우 번역료는 별도 징수합니다.

(아) 수배여행상품의 판매

고객은 여행사의 광고(이미지광고, 기획여행상품 광고)를 보고 여행사에 상담을 문의하게 되는데, 여행의뢰의 접수경로는 크게 다음 3가지로 구분할 수 있다.

▌표 7-13▐ 수배여행상품의 판매과정

구 분	카운터상담	전화(Fax 등)상담	방문 상담
단 체	단체의 조직자(organizer)가 여행사 카운터를 방문하여 여행 의뢰를 하는 경우	전화를 통해 단체의 오거나이저가 여행의뢰를 하는 경우	전화를 통해 개인이 여행의뢰를 하는 경우
개 인	개인이 여행사카운터를 방문하여 여행의뢰를 하는 경 우	여행사의 영업사원이 단체의 오거나이저를 직접 방문 하여 상담하는 경우	아직까지는 일반화되어 있지 않음

여행의뢰를 접수할 경우 단체명, 인원수, 출입국항공편, 여행기간, 여행목적, 여행일정, 예산여행비용, 특별한 수배사항, 희망하는 숙박시설 및 객실사용조건, 식사횟수 등을 확인하고 불명확한 경우에는 여행 의뢰자에게 문의하여야 한다.

① 예약대장의 작성

여행의뢰가 접수되면 예약대장을 통하여 각 단체들의 구분과 업무처리의 혼선을 막기 위하여 단체번호를 부여한다. 단체번호 부여에는 각 회사별로 분류번호를 독자적으로 개발·부여하는데, 대개는 접수일자에 의한 방법보다는 행사일정에 중점을 두어 표기하는 방법이 바람직하다.

▌표 7-14▐ 예약대장의 예

단체번호	성 별	성 명	주민번호	여권비자	전화번호	주 소	비 고	담당자

② 단체파일 작성과 보관

단체별로 각각의 파일을 작성하며, 본 파일에는 단체가 구성되어 진행되는 전과정이 빠짐없이 기재되어야 하고, 보존기간은 최소 3~5년이다.

③ 수배의뢰서 및 견적서 요청

고객으로부터 접수한 여행의뢰 조건에 따라 지상수배업자에게 수배를 요청하는 업무로 수배의뢰서를 발행하기 전에 고객의 의뢰조건을 충족시키는 최초의 여정을 작성하여야 한다. 최초의 여정은 여행상품의 원가계산과 여행조건서 작성의 기초자료가 된다. 고객의 의뢰조건에 적절한 초기여정이 작성되었다면, 지상수배업자에게 초기여정과 관련된 의뢰조건에 대한 현지수배문의 및 견적서를 의뢰한다.

④ 수배확인서 및 견적서 접수(파일보관)

지상수배업자는 여행사가 의뢰한 수배에 대한 수배확인서와 견적서(offer sheet)를 송부한다.

⑤ 일정표작성 및 원가계산

㉠ 일정표 작성

일정표 작성의 기초조건은 여행자 욕구를 충족시킬 수 있는 여행목적과 여행일수, 여행비용의 기본적인 문의사항을 충족시켜야 한다. 이를 위해서는 여행의뢰자와 충분한 사전협의를 하여야 하며, 여행의뢰자와 협의하지 못할 경우에는 가장 보편적이고 타당성 있는 일정표를 작성하여 충분한 설명을 해 줄 수 있어야 한다.

㉡ 원가계산(운임 및 지상비산출)

원가계산은 운임, 지상경비, 기타경비로 구분된다.

㉢ 운임산출

ⓐ 항공운임 : 항공운임은 IATA의 운송회의에서 결정되며, 운임의 계산은 IATA에서 결정하는 계산방법에 근거하여 산출한다. 여행업의 이윤에 있어서는 운송회사의 정가에 대한 수수료를 취하는 고정적인 요소이다.

ⓑ 인솔자 할인 : 항공운임계산시 반드시 참고하여야 할 사항이 인솔자에 대한 운임이다. 이는 공모된 단체의 안내를 하기 때문에 단체여행의 전부 혹은 일부를 위해 단체에 동행하는 사람이다. 일반적으로 10명 이상의 여행단체로 모집된 경우에는 인솔자에 대해서는 단체의 수송에 참가하는 항공회사에서 해당여행구간에 무상 또는 유상의 할인운임을 적용하고 있다. 즉 단체의 인원 10명에서 14명이면 정상운임의 50%를 할인하여 주며, 15명 이상의 단체 여행시에는 100%를 할인하여 준다. 인솔자의 할인율은 특별한 규정이 없는 한 누진적으로 적용되고, 단체여행시에는 인솔자의 동행이 일반적이기 때문에 이를 고려해서 원가를 산출하여야 한다.

ⓒ 선박운임의 계산 : 선박운임은 항공운임과 같은 통일된 요금표(tariff)가 없기 때문에 각 선박의 운임을 종합해서 계산하여야 한다. 항공기와 선박을 동시에 이용할 경우에는 항공운임과 선박운임을 각각 별도로 계산하여야 한다.

ⓓ 지상경비 : 지상경비는 지상수배업자가 보내온 견적서를 바탕으로 작성을

한다. 그러나 지상경비는 통일된 요금표(tariff)가 없고, 계산근거도 다양하며, 내역도 일정치 않아 가변적인 요소가 많아서 다양하게 산출될 수 있다. 그래서 때때로 예측한 가격 실제에 차이가 있음을 발견할 수 있다.

지상경비의 요인은 구매에 의 한 이익의 가산이란 형태로 산출되므로 당연히 여행업의 계산에 따라 이윤의 폭이 결정되기 마련이다. 이것은 지상경비의 가격은 Gross이며, 구매가격은 Net라는 것을 의미한다. Net에 대한 이익은 여행업의 재량범위에 있으며, 이것으로 Gross의 가격을 자유로이 결정할 수 있다. 그러므로 지상경비는 특별한 규제가 없기 때문에 다양하게 결정된다.

지상경비의 구체적인 내용은 숙박비(accommodation), 식사비(meal) 관광비(sightseeing or technical visit), 지상교통비(land transportation), 가이드료(guide fee), 인솔자비용(escort), 항구나 공항과 숙박시설까지의 교통비(transfer), 수화물운반비(porter fee), 세금(tax : 각종 세금, 유흥세, 공항세), 서비스료, 광고비, 기타비용 등이 있다.

ⓔ 원가계산 방법

㉮ A.D : Agent Discount로 여행사 직원 할인을 의미함.

㉯ F.O.C : Free of Charge로 여행사 직원 할인을 의미함.

㉰ SEL/LAX/LAS/SFO/SEL : 도시코드(Three Litter Code).

㉱ 650,000÷2÷10에서 여행사 직원이 T/C의 지상경비가 A.D로 50%를 적용한 경우임.

㉲ $900÷2÷10×1,200 T/C의 지상경비가 A.D로 50%적용되고, 전체인원 10명으로 나누어 산출.

㉳ $30×8×1,200÷10 T/C의 출장비를 1일 $30으로 하여 8일간 사용 금액을 $로 적용하고 전체 인원 10명으로 나누어 산출.

㉴ 수수료는 판매원가의 10%로 책정된다. 판매원가 1,488,976의 10%는 148,898원이 된다.

㉵ 판매가는 판매원가에 수수료를 합한 금액으로 1,488,976+148,898=1,637,874원으로 계산된다.

그러나 판매가를 정할 경우에 있어 통상 타 여행사의 유사상품의 판매가와 계산된 판매가를 비교하여 가정 적정하고 경쟁력 있는 판매가를 정한다.

㉣ 여행조건 및 요금견적서

여행사는 일정표와 원가계산서를 근거로 하여 여행조건 및 요금 견적서를 작성하여 고객에게 제시하게 된다. 계약 후 계약서 작성 후부터 여행출발 1주일 전까지 고객의 여정변경사항이 있을 때마다 지상수배업자와 원활한 업무연락관계를 통하여 체크하여야 한다.

㉤ 계약서 작성(여행약관제시)

여행의뢰자가 여행조건 및 요금견적서를 수락하게 되면, 여행약관을 제시하고, 계약서를 작성하게 된다.

㉥ 확정통보(확정통보서)

여행조건 및 요금견적서의 수락과 계약서 작성 후 여행업자는 지상수배업자(land operator)에게 확정통보서를 송부하도록 의뢰한다. 그러나 계약 후 여정의 변경사항이 발생할 경우 확정통보서는 여행출발 1주일 전에야 비로소 확정통보서의 송부를 의뢰할 수 있다. 지상수배업자는 여행사의 의뢰에 따라 최종적으로 확정 통보서를 송부한다.

4. 인터넷 여행상품의 판매

1) 인터넷 여행상품의 판매현황

미래의 관광은 여행상품 공급자에 의해 짜인 일정에 따라 관광을 즐기는 단체여행자 위주의 관광형태에서 벗어나 개별적인 관심과 취향에 따라 다양한 유형의 관광활동을 즐기고자 하는 여행자의 수요가 증가할 것으로 예측하고 있다. 주5일 근무제 본격화로 여가시간이 늘고 여행 서비스 시장이 급성장하면서 인터넷 쇼핑몰들이 알뜰 여행객을 잡기 위해 여행전문 몰을 강화하고, 다양한 콘텐츠와 서비스로 여행몰을 새롭게 선보이는가 하면 주말상품, 가족나들이 상품 등 주5일제로 달라진 생활패턴에 맞게 1박2일 코스의 국내여행 상품군(商品群)을 대폭 늘리고 있다.

올해 인터넷쇼핑 시장은 품목별로 컴퓨터, 서적・음반, 생활용품 등의 상승세가 약화되는 대신 여행・예약, 아동・유아용품, 의류, 화장품 등이 상승세를 지속할 것으로 전망되고 있다.

특히 여행 분야 성장률은 전년대비 41.1%로 가장 성장이 기대되는 분야이다. 2010

년까지도 연평균 27.5%씩 높은 성장률을 기록할 것으로 업계는 보고 있다(정보통신부, 2004).

인터넷쇼핑몰 업계에 따르면 인터파크여행(www.interpark.com)은 홈페이지를 새롭게 단장하고 상품진열방식, 메뉴구성, 이메일 등을 인터파크 쇼핑몰 홈페이지와 통일시켜 고객들이 여행상품 구매시 쇼핑몰처럼 편리하게 예약할 수 있도록 하고 있다.

또한 현지에서 직접 체험한 생생한 여행정보 등 다양한 콘텐츠를 제공하고, 지역별로 관광지, 호텔, 레저 정보 등을 체계적으로 분류하고 '나의 여행정보' 페이지도 새롭게 선보여 고객들이 예약한 후 출발전까지 예약에 대한 변동사항 및 일정표, 계약서 등을 직접 인터넷상에서 실시간 확인할 수 있게 하고 있다.

2) 인터넷 여행상품의 판매전략

(가) 가격과 상품기획

현재 국내에는 각종 여행사이트와 쇼핑몰 사이트에서 여행상품을 판매하고 있으므로 사이트간의 최저가격제와 서비스를 비교하기가 아주 편리하게 되어있다. 현재 국내에는 여행사에서 운영되는 하나투어(http://www.hanatour.co.kr), 모두투어(http://www.modetour.co.kr) 등 다수의 유사업체와 쇼핑몰에서 운영되는 각종 업체 인터파크(http://tour.interpark.com), 시제이몰(http://www.cjmall.com), 한솔CSN(http://www.csclub.com) 등이 있다.

국내의 경우 여행상품이라는 자체가 현존하는 제품이 아니기 때문에 물리적 시장에 대한 비중이 크게 자리잡고 있으므로 쇼핑몰 업체들의 가격할인폭이 상당히 제한받고 있으나 각종 쇼핑몰을 중심으로 점차 가격할인 정책으로 고객을 확보하고 있는 실정이다.

인터넷에서 여행상품 개발의 중요한 성공요인은 최대의 서비스와 끊임없는 가격경쟁을 유발하고 궁극적으로 노마진(no margin)의 상품판매를 강요받을 것이므로 다른 쇼핑몰이나 여행사에서 모방할 수 없는 상품개발이 성공의 한 요인이 된다.

(나) 브랜드 인지도와 홍보 및 판촉전략

국내에 많은 여행사들이 있지만 브랜드 인지도가 높고 매출신장이 많은 기존 물리적 업체에 대한 고객의 신뢰성이 높은 업체가 각광을 받고 있다.

홍보전략의 경우에는 자사에서 운영되는 매체나 통신판매업체, 신문사 등 특히 인터넷 배너광고 위주로 이루어지고 있으며, 그 중 인터넷이나 신문사 검색사이트 등의 배너광고와 맞교환하는 경우도 많다. 판촉전략은 각 인터넷 쇼핑몰마다 정기적인 노마진 가격 판매, 경매제도, 공동구매 등의 이벤트를 개최함으로써 소비자의 관심을 집중시키고 이러한 판촉활동이 매출 및 신규회원 확보에 아주 큰 영향을 미치고 있다.

(다) 고객관리

인터넷에서 가장 중요한 것은 고객관리로 한번이라도 자신의 사이트에 방문한 고객의 정보와 고객의 취향을 분석하여 고객이 원하는 정보를 알려주는 원투원(one to one)마케팅정보를 활용하면 아주 신뢰받는 업체로 성장을 할 수가 있을 것이다.

또한 적립금 제도와 포인트제도를 동시에 사용하여 구매액에 따라 일정비율의 적립금을 쌓아 다른 제품으로 돌려주고, 포인트제도의 경우 구매액 뿐만 아니라 꾸준한 이벤트 행사 참여도와 성원을 보낸 회원에게 혜택을 주는 고객관리라면 성공할 수 있는 고객관리가 될 것이다(서석범 · 길명수, 2000).

3) 인터넷 여행상품 판매를 위한 웹사이트 구축

(가) 웹 사이트 구성

① 메뉴 구성, 네비게이션(navigation)

인터넷 여행상품 웹사이트를 방문하였을 경우 전체사이트의 내용이 한눈에 파악할 수 있도록 메뉴구성과 네비게이션이 잘 구성되어 있어야 한다. 다양한 네비게이션의 사용으로 사이트를 방문하는 사람들이 좀 더 친숙하게 접근되도록 하고, 찾고자 하는 상품 카테고리별 메뉴를 세부적으로 찾기 쉽게 네비게이션의 일관성을 지켜 방문객이 한번 익숙해지면 사이트의 이용이 편리하도록 되어 있어야 한다.

〈메인 메뉴 네비게이션〉

수직 롤오버형태의 네비게이션은 상품 카테고리별 메뉴로 위에 찾고자 하는 곳을

클릭하면 세부적인 네비게이션이 있어 상품을 검색하거나 보기에 쉽게 되어 있어야 한다.

〈수직롤오버 네비게이션〉

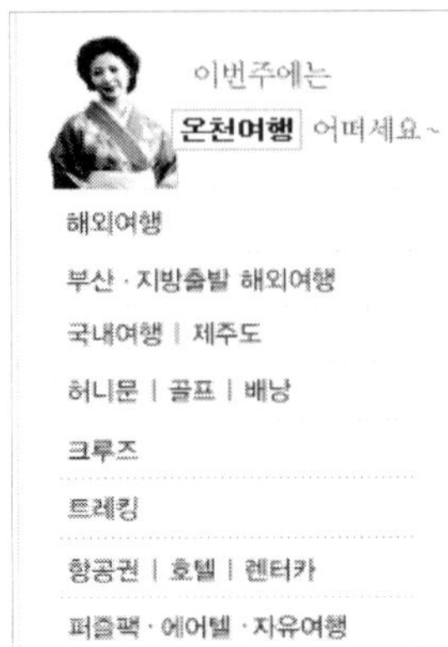

현재의 위치에서 찾고자 하는 하는 내용을 카테고리로 들어가지 않고 바로 검색창에 내용을 입력하고 클릭을 하게 되면 조건을 세분화해서 상세검색을 할 수 있도록 되어 있어 시간절약과 구체적인 내용을 함께 검색할 수가 있어야 한다.

〈상세검색 네비게이션〉

② 콘텐츠

여러 가지 정보통신 용어 중에서도 Contents란 단어는 21C를 살아가는 우리에게 가장 중요한 단어가 돼 가는 시점이다. 늘 창조적이고 부가가치가 높은 것으로 어떤 이유에서인지 모르지만 가볍게 여길 수 없는 것처럼 인식되어 있다.

인터넷 사이트에서 말하는 콘텐츠는 그 사이트의 내용 그 자체를 의미하므로 사이트에서 제공하고 있는 모든 정보들이 바로 콘텐츠이므로 홈페이지 제작의 꽃이라 할 수 있다.

고객은 온라인에서 단순히 상품만을 구입하는 것은 아니므로 상품정보로 제공되는 콘텐츠의 방법도 기존의 문자형태에서 제공하는 것이 아니라 그림, 동영상 등 다양한 멀티미디어 프로그램 형태 기법을 이용하여 상품종류의 구체적인 기획과 내용이 알차게 구성되어 있어야 한다.

인터넷 사이트들은 사이트들마다 콘텐츠가 매우 유사한 편으로, 같은 주제의 정보들을 제공하고 있어서 심지어는 토씨하나 틀리지 않는 똑같은 정보를 제공하기도 한다. 하지만 인터넷 사이트는 이용자들과 상호작용을 통해 성장하기 때문에 이용자들이 원하는 정보를 그들에게 지속적으로 제공하고, 그들의 의견을 반영한 콘텐츠를 제공해야 한다.

웹사이트의 발전과 빠르게 변화되고 있는 고객에게 대응하기 위해서는 새로운 촉진과 각종 정보를 줄 수 있도록 지속적으로 업데이트와 콘텐츠 확보 전략을 기획하고 커뮤니티를 형성하여 상품구매법, 상품 사용소감, 쇼핑정보 등을 활성화하여 재방문을 유도하고 상품을 이용한 고객에게는 적립금 형식의 포인트와 새로운 이벤트를 갖추어 판매를 촉진시킬 수 있어야 한다.

③ 맞춤정보

소비자에게 꼭 필요한 다양한 메뉴를 제공하여 적립금 및 쿠폰조회, 경매 및 공동구매, 입찰 조회, 1 : 1 정보 등 여행에 필요한 맞춤 쇼핑을 할 수 있도록 정보를 제공하여야 한다. 또한 구매이력이 있는 고객들에게는 상품구매와 관련된 전체 이력(履歷)을 한눈에 볼 수 있고, 만약에 상품을 구매하였을 경우 현재 구매한 상품의 예약 확인을 알려주면서 행사나 필요한 정보를 사용자에게 주어 편의를 제공해야 한다.

〈예약확인 상태안내〉

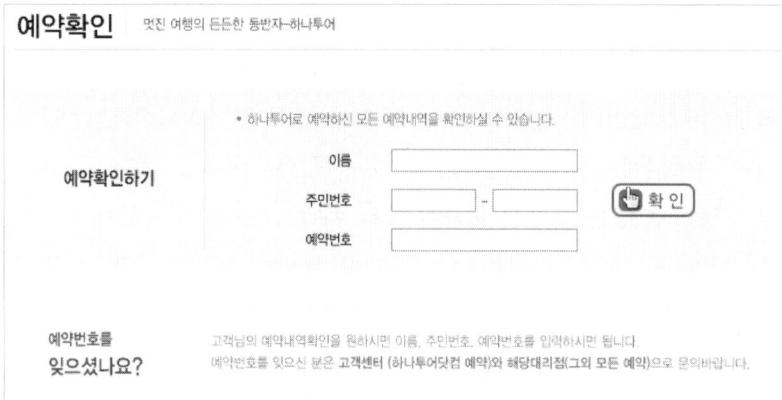

④ 커뮤니티

커뮤니티란 인터넷이라는 제한된 공간에서 펼쳐진 공동체를 말하는 것으로 취미, 친목, 종교, 직업 등 같은 관심사를 가진 사람들끼리 온라인에서 모여서 시간과 거리의 경계선을 없애버린 가상공간에서의 활동을 말한다.

네티즌들은 업체에서 제공하는 정보보다도 다른 고객들이 제공하는 상품 평이나 경험담, 구매 노하우를 더 신뢰하므로 커뮤니티의 공간은 무엇보다도 자유롭게 이용할 수 있게 만들어 놓는 것이 특징이다.

〈정보나눔터 안내〉

⑤ 마케팅 및 이벤트

홈페이지를 제대로 홍보할 수 있어야 이벤트를 개최하는 의미가 있으므로 무조건 이벤트를 개최하는 것이 중요한 것이 아니라 그로 인해 많은 방문객이 홈페이지를 방문했을 때 방문자들이 많은 정보와 새로운 정보를 얻어 갈 수 있도록 하는 것이 가장 중요하다.

그리고 이벤트 행사에 대한 결과는 항상 투명하게 이벤트 행사가 끝난 후 당첨자 명단을 간단하게라도 공개를 해서 이벤트 행사 참여자는 믿을 수 있도록 하고 고객센터 게시판에 올라온 FAQ나 E-mail 운영시에도 성실하고 신속한 답변으로 고객들의 문의사항에 대해 홈페이지의 운영자 혹은 담당자는 최대한 빠른 답변으로 신뢰성을 쌓을 수 있도록 홍보를 해야한다.

⑥ 블로그(blog)

블로그란 웹(web)과 로그(log)의 줄임말로서 항해일지 · 여행일기란 뜻을 가지고 있으며, 쉽고 편하게 꾸밀 수 있는 나만의 온라인 공간을 의미한다. 즉 개인의 생각이나 느낌들을 웹에 올려서 다른 사람들과 공유하는 용도로 사용되다가 최근에 들어와서는 블로그에 대한 관심이 상당히 높아지면서 1인 미디어로서의 역할을 하고 있다.

형식과 주제에 있어서도 다양해서 일기장 형식으로 그 날 그 날의 자기의 일상사를 올리는 사람도 있고, 사회 · 정치 문제에 대해 자신만의 입장을 밝히기도 하고 좋아하는 이미지만을 모아두기도 한다. 또한 문학, 자동차, IT 기술 등 다양한 특정 분야에 대한 정보까지 블로그를 통해서 다루어지기도 하고 있다.

(나) 온라인 여행상품의 마케팅전략

① 새로운 관광지 및 여행상품 개발

여행사의 상품은 한 여행사에서 제공되는 여러 가지 복합적인 제품의 합성체로서 실질적으로 소비자의 욕구와 기호에 맞게 조정이 효과적으로 이루어 질 수 있는 마케팅의 요체이다.

따라서 날로 다양해지고 새로운 경험을 추구하는 소비자의 욕구에 발 맞추기 위해서는 새로운 관광지를 개발하여 상품화하는 여행상품 개발이 절실히 필요하다.

② 여행상품의 가격전략

여행상품의 가격 전략은 크게 저가 전략과 차별화 전략으로 나눌 수 있다. 저가전략은 박리다매(薄利多賣), 즉 여행상품의 가격을 낮게 해서 여행자를 많이 보내 이윤을 내는 전략이다.

그러나 앞으로는 이러한 저가전략으로 시장에서 점유율을 높이기보다는 차별화 된 가격전략이 필요할 것이다. 이러한 가격차별 전략으로는 여행자의 종류에 따른 차별가격, 용도에 따른 차별가격, 여행지에 따른 차별가격, 시간에 따른 차별가격이 있는데 이중에서 여행사의각가지 요소를 고려하여 최대의 효율성을 기할 수 있는 것이 중요하다.

③ 홍보 촉진전략

온라인마케팅 홍보 · 촉진 전략은 신문이나 잡지 등의 매체를 통한 홍보활동은 일체 하지 않고, 여행사의 인터넷 이용고객을 회원으로 등록하여 회원제로 운영하여 ▲ 이용 시마다 마일리지나 포인트를 제공해 재이용을 유도, ▲ 마음편지라는 차별화 된 마케팅 툴을 이용하여 고객의 감성을 자극, ▲ 진심 어린 감동적인 서비스로 고객들의 구전효과를 통해 점차 적으로 회원수를 늘려나가는 것 등이다.

이러한 마케팅은 내부 마케팅으로부터 시작, 즉 전 직원과 그 가족들도 전부 고객으로 보고 그 고객들을 통해 또 다른 고객들의 이용을 유도하는 것에서부터 시작하는 것이다.

또한 정보화 시대에 맞추어 인터넷 홈페이지를 통해 온라인상에서 홍보전략을 촉진하기 위해 여러 카드사와 제휴하여 서로간의 윈윈(win-win)전략으로 홍보의 범위를 넓혀가야 효과가 있다.

(다) 효율적인 콘텐츠 활용하는 방법

① 시선을 집중시키기

웹페이지를 이루는 요소인 컬러와 애니메이션, 깜박거림의 효과, 그래픽 등을 활용하여 시선을 이끄는 화제나 아이템을 눈에 잘 띄는 곳에 배치하여 판매전략을 촉진한다.

② 서버트래픽을 이용하기

사이트에서 가장 인기가 있는 페이지를 추적하고, 홈페이지에서 이들 페이지로 직접 이동할 수 있는 링크를 만들어 놓아 사용자들이 여러 번 클릭하는 번거로움을 편리하게 구성하여 이슈가 되는 부분은 더 많은 사용자들이 알 수 있도록 주목하면서 hot topics 페이지로 연결을 시켜 효과를 상승시킨다.

③ 아이템을 보여주는 목록 배치

사용자가 가장 필요로 한다고 생각되는 내용을 맨 위에 비치하거나 눈에 잘 띄게 하여 원하는 정보를 쉽게 찾을 수 있고, 그 이상을 얻을 수 있도록 콘텐츠를 식별할 수 있게 해준다. 그러나 인터페이스에 우선권을 부여할 때 사용자의 선택에만 의존할 것이 아니라, 고객이 필요로 하면서도 모르고 있는 것까지 사용자에게 제공할 수 있는 메커니즘이 필요하다.

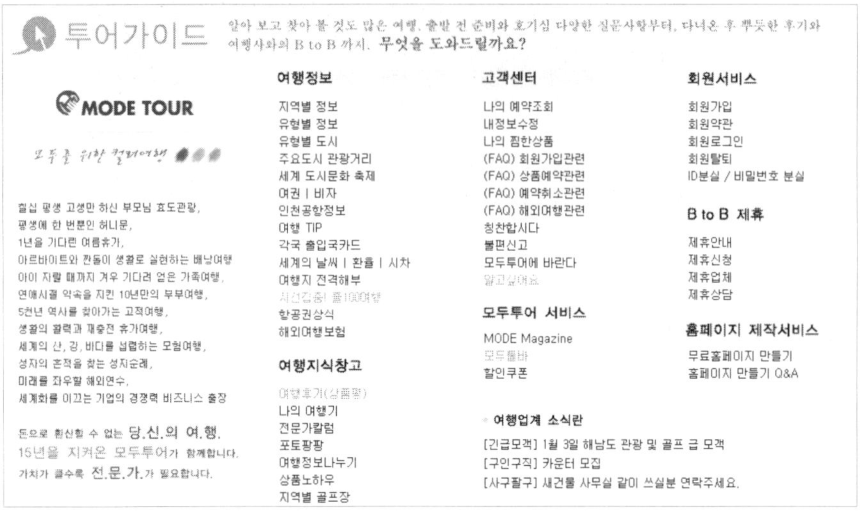

4) 인터넷 여행정보 홈페이지 현황분석

한 지역을 홍보하고 여행자를 유인하는데 있어서 인터넷 홈페이지 여행정보의 역할은 매우 크다고 할 수 있다. 또한 한 나라, 한 지역을 방문한 외지인들에도 관광안내 정보를 어떻게 제공하느냐에 따라 그 나라, 그 지역에 대한 관광이미지의 파급효과는 상당한 것으로 현재 각 시도별 관청에서도 자세한 여행정보를 안내하고 있다.

문화유적지, 교통, 숙박에 관련한 정보에서부터 지역축제 문화행사 및 지역특산물 쇼핑에 관해서도 자세한 정보를 제공하고 있다.

(가) 투어몰(www.tourmall.com)

투어몰은 대기업이라는 배경을 이용한 자본유치의 유리함과 한화(韓化)의 인지도에 편승한 회원확보의 유리함을 바탕으로 온라인 여행시장에서 믿음을 주는 여행사로 자리를 잡았으며, 가장 중요한 전략으로 직원의 역량 강화를 위해서 꾸준한 교육과 인터넷이 발달하고 정보가 넘치는 환경에서 온라인을 더욱 활성화시키고 업무의 효율성을 높이기 위해 업무시스템 개발에 초점을 맞춘다는 것이다.

(나) 예카투어(www.yecatour.com)

한글과 컴퓨터사에서 운영하는 인터넷 여행사이트로서 예카투어의 특징은 여행클리닉과 날씨, 환율시세, 시차 등의 자세한 부가 서비스와 세계주요 관광지를 동영상으로 볼 수 있는 사이버탐험까지 여행에 대한 자세한 정보를 안내해 주고 있다.

(다) 가나클럽(www.ganaclub.com)

맞춤여행, 기업연수, 박람회전문 등 맞춤여행 및 탐험 여행 등 모험심과 도전정신을 찾고 싶은 젊은 여행자를 위한 사이트로 어학연수나 미술기행 등의 정보도 자세하게 안내해 주는 여행사이다.

(라) 닥터트레블(www.drtravel.net)

젊은 여행자들의 꿈이 되는 배낭여행의 전문사이트로 주5일제로 인한 틈새를 적극 활용하는 "주말탈출! 휴가없이 떠난다! 1박 3일로 3박 4일만큼! 패키지"를 개발하여 그동안 시간에 얽매여 활동이 자유롭지 못한 직장인을 중심으로 휴가를 내기 않고도 밤에 출발을 하여 밤에 도착하는 주말프로그램으로 젊은이들에게 각광을 받고 있는 사이트이다.

(마) 인터파크 투어(www.interpark.com)

포탈 서비스를 제공하는 전문몰로 신뢰하는 네티즌들을 고객으로 확보할 수 있고 고객이 인터파크 쇼핑몰에 회원으로 가입하면 다른 패밀리 쇼핑몰에서도 물건을 사고 마일리지 등의 혜택을 받을 수 있는 포탈 서비스의 강점을 가지고 있어, 여행사가 방대한 정보와 타 기업과의 업무제휴를 바탕으로 회원을 확보해 기존 시장을 크게 재편하고 있다.

(바) 투어캐빈(www.tourcabin.com)

투어캐빈에서는 여러 여행사들의 상품 가격과 상세조건을 손쉽게 비교할 수 있으며, 수집된 정보는 상품가격별, 테마별, 출발일 별로 분류되어 고객에게 제공되고 있다. 이를 위해 200여 제휴 여행사로부터 상품 정보를 제공받고 제휴사들의 상품을 한 곳에서 예약할 수도 있으며 예약 진행 상황을 바로바로 확인해 볼 수도 있다.

또한 장점으로는 여행을 좋아하는 매니아들의 모임인 여행카페 커뮤니티가 있어서 여행자들 스스로 참여하게 되는 참여의 공간도 운영으로 여행 정보의 활성화를 촉진하는 서비스도 하고 있다.

5) 인터넷 여행정보의 안전한 결제시스템구축

(가) 전자상거래의 보안 시스템

인터넷 시대에서는 많은 상품들이 디지털화되고 네크워크화 됨에 따라 정보의 유출 또한 복제에 대한 위협을 받을 수 있으므로 이러한 위험을 막는 방지 기술 또한 절실히 요구되고 있으므로 정보를 보호하는 보안 기술이 전자상거래의 활성에 따라 그 중요성이 크게 자리차지하고 있는 실정이다.

정보를 보호하기 위해 접근을 통제하는 방화벽과, 정보의 기밀성을 유지하기 위한 암호화, 트랜젝션의 처리 및 사용 권한을 결정하는 인증이 있다.

① 방화벽(fire wall)

방화벽은 기밀정보가 나가는 것과, 공격자가 들어오는 것을 차단하는 데 도움을 주는 것으로 네트워크 사이의 트래픽(traffic)을 제어하기 위해 특별히 구성된 시스템으로 인터넷을 통한 외부로부터 무단 침입을 차단하기 위해 설치하는 것이다.

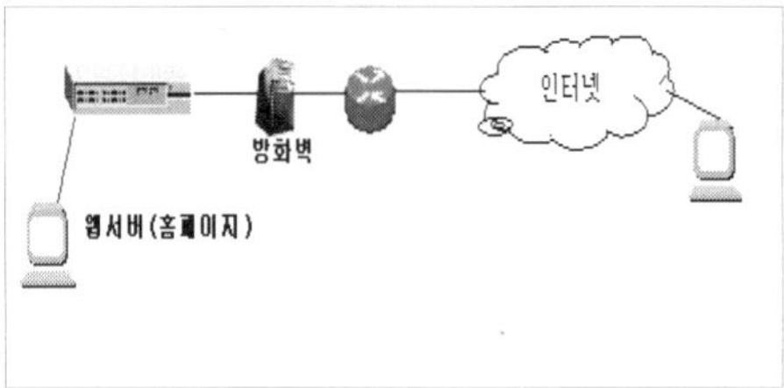

② 암호화

정보 발신자와 정보 수신자가 사전에 정해진 방식으로 정보를 암호화하여 발신하고 수신시에 그 암호를 해독하도록 하여 정보의 기밀성을 확보하는 방법이다.

인터넷 비즈니스가 확산되면서 정보들은 디지털화되고 디지털화된 정보는 복제가 가능하기 때문에 이것이 방치되면 비즈니스 자체가 존립할 수 없게 된다. 대표적으로는 음악 다운로드 서비스와 같은 것으로 예전의 방식은 아날로그 형태의 음악을 테이프에 저장하여 판매하였으나, 이것은 복제할수록 음질이 떨어지게 되었다.

하지만, 현재는 디지털화가 되면서 반복적인 복제를 하여도 똑같은 원본과 같은 음질이 유지되므로 무단 복제가 성행을 하게 되므로 암호화에 대한 기술이 절실히 요구되고 있는 실정이다.

③ 인 증

정보사회의 전자상거래를 안전하고 편리하게 사용하기 위한 네트워크를 통한 서비스 요청시에 요구자의 신원을 확인한 후, 필요한 권한을 결정하는 기술로서 사용자의 신원확인을 해주는 기능을 하는 것이다(오재연, 1999).

(나) 전자결제 시스템 사용방법

기본적으로 사이트의 정보를 좀 더 깊이 있게 공유하거나 전자결제를 해야 할 경우에는 반드시 회원가입제를 하여 실명을 원칙으로 하게 되므로 고객의 안전과 저작권침해 등에 대해 최소한의 규제를 두게 된다.

물론 특별한 자료가 없는 상태라면 비회원제 가입도 가능하지만 여기에서 파생되는 문제점들이 많기 때문에 불법적인 자료의 유포 등 다른 목적의 사용자들의 행방을 미리 차단할 수가 있어 편리성과 신뢰성을 얻을 수가 있다.

① 전자결제를 하기 위해서는 해당되는 사이트를 접속하여 회원가입을 하고 가장 먼저 로그인을 하여야 한다.

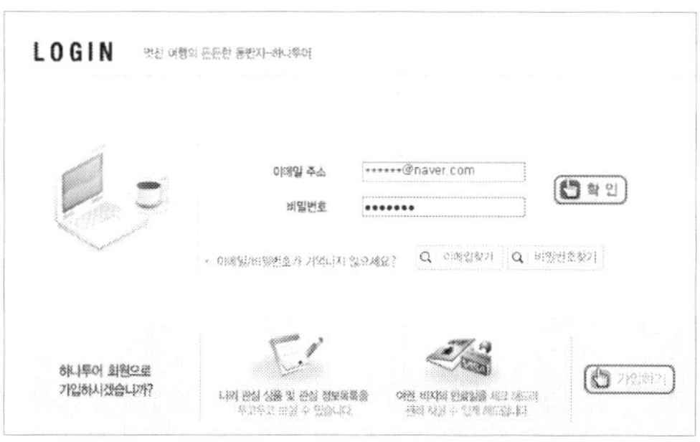

② 로그인이 되었다면 여행정보에서 해당되는 여행상품을 선택하고 여행약관과 구체적인 사항을 확인한 후 반드시 여행약관에 동의를 하여야 다음 과정을 진행시킬 수가 있으며, 여행자 정보를 정확하게 기재를 한다.

↓

③ 결제하기를 선택하여 “예약내역”을 상세하게 검토한 후에 결제수단에서 편리한 방법을 선택하여 결제수단을 선택하여 결제수단에 필요한 정보를 입력하면 결제를 수행할 수가 있다.

↓

④ 전자결제 시에 안전한 결제를 위하여 국내유일의 전자서명방식 신용카드 결제 시스템인 인터넷안전결제(ISP : Internet Secure Payment) 서비스는 금융감독원에서 권고사항으로 지정한 PKI 암호화를 통해 이용자와 신용카드사까지의 전 과정을 암호화하여 신용카드정보 유출을 원천적으로 차단한 전자결제 서비스이다. 또한 공인인증서와의 연동으로 전자상거래시 완벽한 본인인증이 가능한 서비스로서, 비씨카드와 국민카드 등 국내 대표 신용카드사들이 채택한 시스템이다.

인터넷안전결제(ISP : Internet Secure Payment) 서비스는 다른 전자지갑 형태의 사이버카드나 선불카드처럼 사용 전에 별도의 프로그램 다운로드/설치 및 Login 절차가 전혀 필요 없으므로 언제 어디서나 편리하게 이용할 수가 있다(http://www.virtualcard.co.kr).

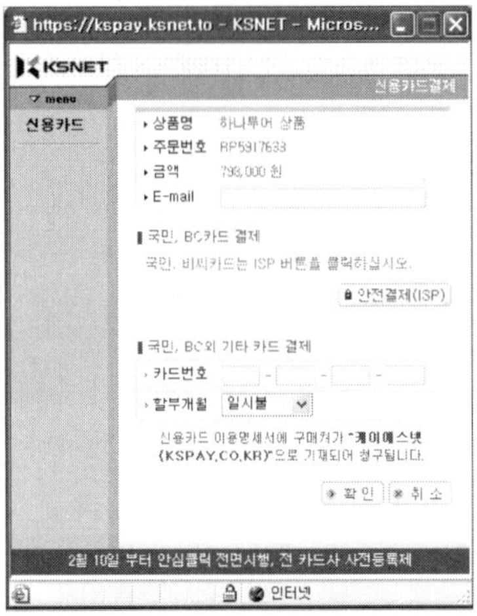

6) 인터넷시대의 여행사 대응전략

(가) 전자상거래망의 구축

여행업은 상품을 직접 배달해야하는 물리적 상품이 아닌 여행자가 직접 체험하는 무형의 상품이라는 점에서 전자 상거래상의 가장 큰 문제점을 쉽게 해결할 수 있는 특성을 가지고 있다(신동주, 2000).

인터넷 전자상거래의 성장요인으로는 ① PC 증가에 따른 인터넷 보급율의 증가, 네티즌의 증가를 들었으며, ② 정보통신 산업시설의 증가, 인터넷 이용환경 개선, 인프라 확대, 속도, 보완, 인증, 결제 등의 기술적인 문제가 앞으로 해결, ③ 정보화사회에 대비한 기업자체의 투자, 편의성을 추구하게 될 소비자의 소비패턴 변화 및 인터넷 전자상거래에 대한 소비자의 인식 확대 등이 인터넷 전자상거래 시장을 더욱 활성화시키는 요인으로 작용할 것이다(김은희, 1998).

〈인터넷 전자상거래의 성장요인〉

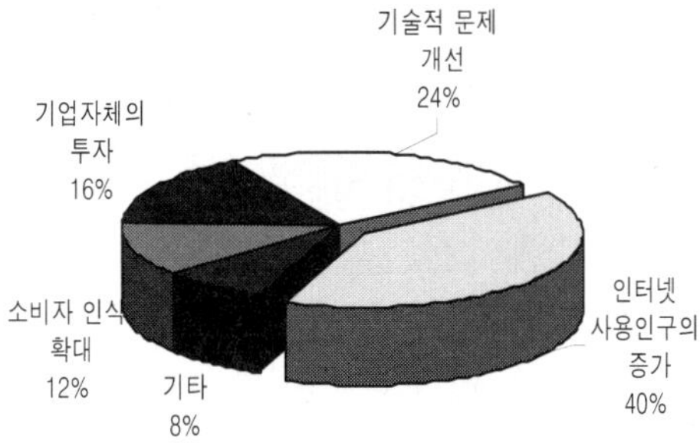

(나) '비주얼'특성을 살려야

인터넷은 여행산업분야의 유용한 도구로 실용될 수 있다. 먼저 비주얼하다는 부분에서 상당한 이점이 있다. 아직까지 인터넷 기술과 사용환경에 많은 제약이 있지만 빠른 시일 안에 문제점들은 개선될 것으로 예상되며 이러한 조건을 기반으로 할 때 인터넷을 이용한 서비스 제공은 상당한 설득력이 있을 것으로 예상된다(이수영, 2001).

(다) 비즈니스 모델에 변화추구

여행사마다 너무 비슷한 디자인에 획일화된 내용구성, 상품만 진열을 해놓아서 정보를 찾아보기에 꽤 많은 페이지를 검색해야 하며, 불편하고 비주얼을 강조해야 할 부분의 대부분이 텍스트기반의 정보 위주로 구성이 돼 있어서 여행이란 좋은 콘텐츠를 단순한 상품만을 판매하는 쇼핑몰 정도로 이용하고 있다. 이는 정말 좋은 사업 아이템인 여행산업을 온라인적 측면에서 위축시키는 것이다. 따라서 기존의 여행 사이트보다는 차별화된 틈새를 잘 찾아서 여행과 접목해 사이트 구성을 하고 비즈니스 모델을 새롭게 구축하는 것이다.

그렇게 함으로써 과연 소비자들이 무엇을 요구하는지를 파악함과 동시에 인터넷의 최대 장점인 커뮤니티를 형성할 수 있는 공간을 제공해 비록 상업적이라 할지라도 정보를 기반으로 소비자들이 올바른 판단을 할 수 있게끔 하는 것이 잠재 고객을 확보할 수 있는 방안이다.

(라) 맞춤여행상품 개발

최근 여행자들은 패키지여행상품에 식상해 있다. 고객들은 문화관광, 생태관광, 체험관광 등 목적을 설정한 상품들에 관심이 놓다. 이에 발맞춰 나가기 위해서는 전문가를 이용한 여행상품 개발로 틈새시장을 적극 공략해야 한다(변정우, 2001).

이를 위해서는 ① 틈새시장 활성화, ② 공동 모집, ③ 공동정산 등을 통한 연합브랜드, ④ 전문 대리점 전환, ⑤ B to B 사이트의 적극활용, ⑥ 중소규모의 탓컴 기업과의 제휴 모색 등을 꼽을 수 있다(이승, 2001).

과거에는 여정작성이나 항공권 발권이 여행분야 전문가에 의해서만 가능했지만 이젠 인터넷에서 고객이 직접 할 수 있기 때문에 이 기능(Booking Engine)을 어떠한 홈페이지에서 운영하더라도 판매가 가능하다.

7) 여행서비스 상품의 특성과 인터넷 환경

(가) 여행상품의 가치는 시간에 따라 변화한다

여행서비스 상품을 컴퓨터, 가전제품, 서적 등 유형적인 제품의 형태를 갖추고 있는 상품들과 구분시키는 가장 요인 중의 하나는 그 상품의 가치에 시간성이 부여된다는 것이다. 예를 들면 비행기의 좌석이나 특정 일자에 맞추어 놓은 여행패키지 상품, 특정 날짜에 해당하는 호텔의 방은 일정한 시간이 지나면 상품으로서의 가치가 완전히 소멸된다.

즉 비행기는 출발시간이 되면 좌석이 비었다 할지라도 출발해야하고 여행 패키지도 고객이 다 모이지 않더라도 일단 약속한 날짜에 출발하여야 하며 공연이나 행사도 지정된 시간에 반드시 시작해야 하는 특성을 가지고 있다.

이 경우 남아있는 여분은 이미 상품으로서의 가치를 완전히 상실하게 되는 것이다. 만기가 분명한 상품이 지닌 이러한 특징은 상품의 가격이 시간이 경과함에 따라 크게 변화할 수 있는 여지를 보여주고 있다. 즉 출발이 임박한 비행기 좌석과 여행패키지, 시작 시간이 다된 공연이나 행사의 가격은 그 가치를 급격히 상실하게 된다.

그런데 현실 세계(오프라인)에서는 만기가 다가온 이러한 상품을 판매할 수 있는 방법이 거의 없었다. 또한 제한적으로 가능하였다 하더라고 그 범위나 대상이 극히 한정될 수밖에 없는 특징을 보여 왔다. 그러나 인터넷 환경은 이러한 벽을 뛰어넘게 만든다.

인터넷이 지닌 뛰어난 커뮤니케이션 능력은 비록 만기가 임박했다 하더라고 가격에 대한 조정능력만 효율적으로 활용하면 상품의 판매를 충분히 가능하게 만드는 것이다.

(나) 실체가 없는 무형의 여행상품

여행서비스 상품이나 티켓을 활용하여 판매하고 있는 상품들은 소비자가 상품이 존재하는 곳으로 반드시 이동해서 소비해야만 하며 또한 무형적인 특성을 지니는 상품이다. 이는 구매행위가 벌어진 후에도 구매자가 소비를 위하여 장소를 이동하여 소비활동에 참여해야 함을 의미한다. 따라서 이 경우 구매 시, 상품의 이동이 전제되지 않는 특징이 있다.

이러한 특징은 구매 시 실제 구매장소에 나타나지 않더라도 인터넷을 통하여 전자적 처리를 수행함으로써 상품에 대한 모든 거래과정을 진행 할 수 있다는 것을 의미한다. 물론 유형적인 제품들도 인터넷을 통하여 거래한 후 상품의 인도는 소비자가 직접 이동하지 않고 여러 가지 다양한 운송수단을 통하여 받아볼 수는 있다.

그러나 이 경우 오프라인에서 상품을 구매하는 경우보다 소비가가 높은 위험수준을 지각하게 됨으로써 기존의 오프라인 방식의 상품구매와는 많은 차이를 나타나게 된다. 그러나 여행서비스 상품의 경우는 오프라인 하에서의 구매와 온라인 하에서의 구매가 소비자가 지각하는 위험 수준에 있어 차이가 없게 된다.

이는 상품이 원천적으로 무형성을 나타내기 때문에 오프라인 하에서 소비자들이 상품을 구매한다 하더라고 실제로 확인할 수 없는 실체가 없기 때문이다. 따라서 상품의 이러한 무형적인 특성은 온라인 하에서의 상품판매가 타 상품군 보다 유리하게 전개될 수 있음을 의미하는 것이다.

(다) 구매의사 결정 시 필요로 하는 다양한 정보

여행서비스 상품의 경우 상품의 구매 전에 상당한 정도의 계획과 정보수집활동을 필요로 하고 있다. 즉 보통의 사람들은 대부분의 경우 여행을 떠날 때, 짧게는 며칠 길게는 몇 달 전부터 계획을 세우게 된다.

이러한 계획수립과정에서 다양한 정보의 수집을 필요로 하고 이렇게 수집된 정보를 종합적으로 비교 검토하는 과정을 거치게 된다. 이는 인터넷이 지닌 다양한 정보의 효율적인 전달 즉 기업과 소비자 소비자와 소비자간의 정보전달의 특징과 매우 높은 적합성을 보이는 상품이라는 결론이 가능하다. 또한 인터넷상에서 제공하는 각종 비교 검색기능도 이러한 상품의 특징에 매우 부합하는 여건을 조성하고 있다.

여행서비스 상품이 지닌 이러한 특성들을 살펴볼 때 이 분야는 인터넷이 창출 할 수 있는 가치가 크고, 인터넷을 통하여 거래되기에 매우 적합한 상품이다.

이는 바꾸어 표현하면 현실세계(오프라인)에서의 비즈니스가 인터넷에 의해 크게 잠식당하고 영향 받을 여지가 크다는 것을 의미한다. 그러나 이와 같은 여러 가지 장점 및 특성에도 불구하고 여행업계의 전자상거래 정도는 아직도 그 변화의 속도 및 발전양상이 다른 분야에 비하여 현저히 떨어진다.

우리나라의 예만 보더라도 국내선에서의 무항공권, 국제선에서의 인터넷 항공권 구매 등 전자상거래 기반이 다른 분야보다 비교적 일찍 조성되었지만 아직도 전체 항공권 판매에서 사이버 판매가 차지하는 비중은 매우 미미한 수준이며, 사이버 매출은 그 실적이 더욱 미미하다.

대부분의 여행사에서 아예 사이버 매출 자체가 없는 경우도 많고 전문 사이버 여행사라 할지라도 거래 과정의 전부를 전자상거래화 시키지 못하고 있는 실정이다. 이와 같은 이유로는 다음가 같은 것을 들 수 있다.

첫째, 가격에 있어서의 장점이 부족하기 때문이다. 폭발적인 성장세를 보이고 있는 사이버 증권의 경우 그 수수료 수준을 오프라인에서 거래할 경우보다 1/2~1/5수준으로 대폭 낮추었다. 그러나 항공권 및 여행상품의 경우는 오프라인에서 구매하는 것과 커다란 차이를 보이지 않고 있다.

둘째, 인터넷에서 구매할 수 있는 여행서비스 상품의 범위가 한정되어 있다. 항공권의 경우 단순한 여정만 전자상거래가 가능하다. 복잡한 여정은 반드시 항공사나 여행사의 전문가를 통해서만 예약 및 요금산출이 가능하고 발권 또한 이들의 도움을 절대적으로 필요로 하고 있다. 여행 서비스 상품의 경우도 복잡한 상품은 여행사 직원들과의 직접적인 상담이나 도움을 통하여만 판단이 가능해지고 그에 근거로 의사결정을 내릴 수 있게 된다.

셋째, 여행서비스 상품은 의사결정단계가 많고 구성내역도 복잡하다. 대부분의 해외여행 패키지 상품의 경우 인터넷 정보만을 근거로 결정하기가 용이하지 않으며 여러 가지 제반 절차들 또한 그리 간단하지 않다. 또한 비자 신청이나 발급, 여권의 유효기간 연장 등 반드시 여행사 직원과의 면담이나 접촉을 필요로 하는 경우도 있다.

그러나 최근에는 이러한 제약요소들이 가격분야를 제외하고 여러 가지 기술의 발전 및 새로운 프로그램의 도입 및 이에 대한 관련기업들의 적극적인 투자 등으로 인하여 점차로 개선되는 과정을 보이고 있다. 이러한 여러 가지 여건은 CRS 회사들의 기여에 힘입어 크게 개선되고 있다.

대표적인 예로 금년 2월초 출시된 TOPAS Booking Engine은 테스트 결과 최대 4개까지의 여정작성, 연결편 예약 등급의 정확한 지정 등의 기능이 매우 우수한 것으로 외국의 CRS 전문가들도 극찬했다고 전해진다. 또한 인터넷을 통한 개별 맞춤여행의 신청과 상담 및 구매가 가능하게 되어 네티즌들과 여행사의 친밀도가 한층 높아져 가고 있다.

8) 인터넷 환경 하에서 여행업계의 변화양상

첫째, 여행상품의 유통채널이 다양해진다. 즉 유통구조의 변화를 가져오고 있다. 이러한 상황은 기존의 여행사 입장에서는 매우 곤혹스러운 것이지만 이미 현실로 구체화되고 있어 이를 수용하고 적극 대처할 수 있어야만 살아남을 수 있다.

과거에는 여정작성이나 항공권의 발권이 여행분야 전문가에 의해서만 가능했지만 이제는 인터넷 상에서 고객이 Booking Engine을 통하여 직접 그 과정을 수행할 수 있다. 따라서 누구라도 Booking Engine을 장착한 홈페이지를 운영하면 실제로, 이전에는 여행사의 고유 업무였던 항공상품의 예약 및 판매가 가능해 졌다.

또한 오프라인 환경 하에서는 항공사와 고객이 직접 연결되고 있다. 이는 첫째, 인터넷상의 정보가 범위로는 국가를 초월하게 되었고 또한 의사소통 대상자들인 공급자와 최종 소비자가 쌍방향 의사소통을 수행할 수 있게 됨으로써 가능하게 된 것이다. 이에 따라 지금까지 항공사의 매출의 90% 이상을 담당하던 여행사들로서는 커다란 위협을 느끼지 않을 수 없게 되었다.

둘째, 네티즌 여행자가 변하고 있다. 아직까지도 많은 여행업계 관계자들은 여행분야에서의 인터넷을 통한 판매에 크게 우려하지 않고 있는 분위기를 보이고 있다. 이는 인터넷을 통한 여행상품의 거래가 매우 미미하기 때문이라고 할 수 있으나, 이러한 상황은 인터넷 사용계층의 변화에 따라 빠르게 변화할 것이다.

이제 네티즌의 범위는 놀라운 속도로 확대되고 있으며, 이들은 엄청난 구매력을 가진 집단으로서, 여행시장을 폭발적으로 변화시킬 잠재력을 가지고 있다. 이들이 아직 여행시장에서 돌풍을 일으키지 못하는 이유는 그들이 인터넷을 통해 여행상품을 구매하는데 있어 특별한 매력을 못 느끼기 때문이다.

셋째, 정보주도권이 변하고 있다. 과거에는 여행관련 정보는 거의 대부분 여행사 직원들에 의해 독점되고 공급되었다. 고객은 여행사 직원 이외의 다른 사람이나 매체를 통해서는 여행정보를 상당히 제한적으로만 접할 수 있었다.

그러나 이제는 사정이 달라졌다. 기존의 오프라인 분야에서는 정보의 독점이 힘의 원천이 됐으나 인터넷 환경은 정보의 공개가 힘의 원천이 됨으로써 어느 분야보다도 많고 다양한 정보를 실시간으로 필요로 하는 여행자들에게 이러한 정보공개의 특성을 근간으로 하는 인터넷 환경이 매우 유리하게 작용하고 있다.

따라서 많은 유관기관 각국의 관광청, 기관, 여행사, 개인, 항공사, 호텔 등이 경쟁적으로 정보를 제공하고 있다. 이에 따라 네티즌들은 자신이 여행하고자 하는 목적지의 일반적인 정보에서부터 주요 관광코스, 쇼핑, 식당, 교통편 등에 관한 정보에 이르기까지 매우 자세한 정보를 수집할 수 있게 되었다.

여기에 덧붙여 각종 여행체험 사이트를 통하여 구체적인 여행 경험담까지 수집할 수 있게 되어 정보의 폭이나 깊이에 있어 여행사 직원 못지않은, 오히려 그보다 더욱 강화된 정보로 무장하고 있어 여행사 직원이 상대하기에 매우 어려운 상대로 변하고 있다. 즉 정보와 관련하여 여행사 직원이 고객들에게 행사할 수 있는 영향력이 거의 없어지게 된 것이다.

넷째, 여행업계의 마케팅 전략이 변화하고 있다. 최근 여행업계에서 새로운 마케팅 전략으로 채택하고 있는 것은 회원화 전략, E-Mail 마케팅 전략, 타깃 마케팅, 제휴 전략, 전문화 전략, 차별화 전략, 선점 전략, 자본 공모 전략 등이 있다.

이들 전략들은 이미 많이 노출되어 있고 여행분야 이외의 다른 분야에서도 폭넓게 시도되어 많은 효과를 거두고 있다. 여행업계도 조만간 인터넷 환경에서 일반적으로 시행되는 이러한 마케팅 기법을 보다 산업에 적합한 방식으로 특화하여 적용하면 보다 높은 효과를 발휘할 수 있을 것이다.

이미 몇 개의 사이버 전문 여행사들이 여행상품에 적합한 방식으로 위와 같은 전략들을 부분적으로 수정해가며 적용하여 높은 효과를 산출해 내고 있다. 이와 함께 최근 인터넷 여행업계에 확산되고 있는 또 다른 흐름은 여행분야와 비 여행 분야 간의 제휴이다.

예컨대 마이비즈(MyBiz)는 여행, 증권, 신용카드, 보험, 전자, 컴퓨터, 등의 분야에서 업계 최우수 업체들만 모여 구성한 공동 마케팅 사이트로서 여행과 非여행 분야가 제휴한 모델이다. 이와 유사한 공동 마케팅 사이트들이 지속적으로 탄생하고 있으며 이들에 대한 관심과 산출되는 효과에 많은 관련자들이 관심을 표명하고 있다.

9) 여행사 홈페이지 구성의 문제점 및 개선대책

첫째, 우리나라 여행사 홈페이지 구성이 지나치게 획일적이다. 어느 여행사의 홈페이지를 찾아가더라도 홈페이지 왼쪽과 윗쪽에 가로로 네모난 직사각형의 메뉴가 제시되고 오른쪽 아래에 배너 광고형식의 메뉴가 제시되는 것은 동일한 것이었다.

마치 홈페이지 제작을 하나의 업체에 맡긴 것 같은 획일화된 구성은 어떻게 보면 이용자가 사용하기에 편리할 수도 있지만 각 여행사의 특성이 담겨있지 않은 홈페이지는 이용자의 흥미를 반감시켜 지속적인 정보탐색을 어렵게 한다.

예컨대 프랑스와 영국의 지방자치단체 홈페이지는 각기 다양한 디자인으로 제작되어 그 지역에 대한 이미지를 특화시켜 주며 색상의 선택에 있어서도 원색위주로 몇 가지 색만 사용하고 있는 우리나라 여행사의 홈페이지와는 달리 다양한 색감의 색상을 고루 사용하고 있어 이용자의 흥미를 유발하기에 충분하다.

이는 특성화 노력이 홈페이지 제작자의 창의성의 발휘로 이어질 때 우리나라도 선진국처럼 각 여행사의 특성을 이미지로 보여주는 다양한 디자인과 색상의 홈페이지를 가질 수 있을 것이다.

둘째, 홈페이지 내에서 관련 정보를 쉽게 검색할 수 있는 검색창의 마련이 필요하다. 여행사의 홈페이지에는 홈페이지의 정보를 일관되게 검색해 볼 수 있는 검색창이 마련되어 있는 경우가 많지 않다. 여행사의 유익한 정보가 아무리 많이 담겨 있더라도 이용자가 쉽게 찾아볼 수 없으면 무용지물일 것이다.

셋째, 각 구성요소의 경중을 고려하여 제시할 필요가 있다. 우리나라 여행사의 홈페이지에 들어가면 각 구성요소가 동일하게 제시되어 있어 각 여행사가 중점적으로 제시하는 홍보자료가 어떤 것인지 알기 어렵다. 홈페이지 왼쪽과 윗쪽에 가로가 긴 직사각형으로 제시되는 메뉴는 너무 단순한데가 동일한 형태이고, 오른쪽 아래에 제시되는 배너 광고형식의 메뉴는 모든 메뉴가 번쩍이고 있어 산만한 인상을 준다. 이러한 지적은 거의 대부분의 홈페이지에 적용되므로 디자인의 획일성에 관한 첫 번째 문제점과도 관련된다. 따라서 각 여행사의 업무 특성에 맞게 홈페이지 구성요소들의 비중을 변화시켜 특색 있는 홈페이지가 되도록 해야 할 것이다.

7.4 판매사례분석

1. 제트투어

일본의 제트투어(Jet tour)에서는 해외여행시장의 전년도 분석을 통해 다음과 같은 결론을 도출해냈다.

- 경기후퇴에 따른 수요감소(특히 업무도항, 단체여행 상품)
- 소위 안근단(安近短 · 싸고 가깝고, 일정이 짧은)지향에 수반된 여행요금의 저하.
- 반복구매자 증가에 따른 여행자 전반의 감식안(鑑識眼 · 여행상품 내용을 구별해내는 능력)의 향상 등이다.

따라서 이러한 시장환경에 대응하기 위해 이 회사에서는 다음과 같은 전략을 세우기로하였다.

- 알라카르트(A La Carte)상품의 판매강화
- 더 위너(the winner)상품의 확대와 특별수배의 충실
- 어린이요금반액 등에 의한 수요환기
- 판매기간 중 스페셜 상품의 추가설정 등 판매정책을 실시하여 성과를 거두었다.

이 가운데에서 어린이 요금 반액 정책은 당시업계의 10대 뉴스로 취급되는 등 성과를 거두었으며, 그 후의 가족여행 증대에도 지대한 영향을 미친 것으로 파악되고 있다.

그리하여 이 회사는 다음해의 해외여행 시장을

- 가능한 저렴한 상품을 구입하는 경향을 한층 강화한다.
- 반복구매자의 비율이 점점 높아져, 여행수배상의 주문이 보다 개별화한다.
- 목적이 있는 여행이나 안심하고 참가할 수 있는 내용이 충실한 여행상품의 수요도 계속적으로 존재한다.

라고 분석하고 다음 표와 같이 개인지향의 여행자층에 초점을 맞춘 상품정책을 발표하였다.

브랜드명	호소 포인트	캐치프레이즈
다이내믹	해외여행이 일상화된 반복구매자들을 대상으로 “가치 있는 내용”을 “보다 적절한 가격”으로 제공할 수 있는 상품	“가격이 적당한 양질의 상품”
루트J	여행목적의식이 명확한 여행자지향의 상품. 내용과 질이 높은 상품	“테마나 목적이 조합된 상품”
알라카르트	연간 150만 혹은 200만 명이나 되는 FIT형 상품. 항공좌석이나 호텔, 현지 오락 등의 수배가 여행자마다 대응 가능한 상품	“단품 · 單品이면서도 구입가능”

이와 같이 마케팅에 따른 수요예측과 더불어 이 회사에서는 해외여행자층의 라이프스타일, 여행목적 등에 맞추어 위의 표에서 제시한 3가지 브랜드를 설정하고 있다.

2. 스칸디나비아항공

1946년 스웨덴 · 노르웨이 · 덴마크 3국의 국영항공회사 해외부문을 합병하여 설립한 항공회사로 스칸디나비아항공 약칭 SAS이다. 1970년대 말 경영위기에 봉착한 동 항공사는 사장 얀 카루손씨가 중심이 되어 상품으로서 항공기 그 자체의 성능이나 효율보다도 고객을 위한 서비스 개선에 초점을 맞추는 개혁에 착수하였다. 그리하여 고객들 중 특히 비즈니스 고객에 목표를 정하여 전략을 입안하고 실행에 옮기었다. 구체적으로는

① 관광시장 지향의 대형기종(에어버스나 보잉747)을 예비역으로 돌리고, 구형이지만 비즈니스 여객들 지향의 비교적 소형기종인 DC9기종을 활용.

② 비즈니스여객을 위한 유로 클래스(타사와의 차별화를 꾀하기 위해 이코노미 보통운임 만으로 추가요금을 받지 않음)를 설정

③ 통상적으로 10분 정도 걸리는 체크인시간을 6분 이내로 완료하는 유로클래스 전용카운터 설치

④ 보다 낳은 고객서비스를 하기 위한 종업원 교육에의 투자와 현장에의 권한 이양.

⑤ 운항 스케줄의 정시성 추구.

⑥ 목적지까지의 직행편 증설

⑦ 기내서비스의 개선

⑧ 수탁하물을 여객이 오기 전에 턴테이블에 올림
⑨ 항공편 환승체제 개선
⑩ 구체적으로 알기 쉬운 광고카피

카루손씨가 사장에 취임한 1981년 당시에는 1970년대 오일쇼크가 최절정기에 다다르고 있었기 때문에 이전까지 매년 흑자행진을 계속하던 동 항공사도 급기야 3,000만 달러의 적자를 기록하였다.

이러한 시장환경의 급속한 변화에 대해 카루손씨는 타 항공사가 적자폭을 메우려고 일반적으로 실시하는 경비절감정책을 취하지 않고 비즈니스고객들을 대상으로 봉사하는 마케팅 전략을 수립했다. 또한 그에 필요한 투자는 적자행진이 계속됨에도 불구하고 적극적으로 계속하였다. 그 결과 1982년 드디어 8,000만 달러의 흑자를 기록하였으며, 비즈니스고객들 사이에서 "스칸디나비아 항공은 시간에 가장 정확한 항공사"라는 평가를 획득하였다. 이윽고 1984년에는 권위있는 항공업계지인 "Air Transport World"에 의해 연간최우수항공사로 선정되었다.

이와 같이 기업에 있어서 환경의 변화는 기업을 흥하게 할 수도 망하게 할 수도 있다. 즉 어려움을 기회로 이용한 동항공사의 공격적 경영전략은 환경변화 가운데에서 목표로 한 고객층의 욕구를 정확하게 읽어 이에 대처한 결과가 나타난 것이다. 여행시장을 둘러싼 환경의 변화는 다음과 같은 것들이다.

▌표 7-15▐ 여행시장 변화요인

변화요인	내 용
환경의 변화	• 여행시장의 확대 • 소비자문제 • 경기동향 • 반복구매자층의 확대 • 여행업자의책임
소비자욕구의 변화	• 여행자의 소그룹 내지 FIT화 • 목적을 가진 여행 등 다양화 • 가족여행
상품의 변화	• 소품종대량생산에서 다품종소량생산 • 여행사 패키지상품의 수 조정 • 여행소재만의 판매(Air only, Hotel Only)의 증대 • 상품기획을 문의하는 시대
가격의 변화	• 저가격화(효용이 같으면 저가 선택) • 저수익화(1인당 수익감소)
판매촉진의 변화	• 여행사 · 항공사 간 경쟁격화 • 새로운 광고매체의 이용

여행사는 이와 같은 어려운 시대라고는 해도 여행상품을 팔지 않으면 안된다. 그를 위해서는 소비자의 목소리에 귀를 기울이고 소비자가 추구하는 상품을 팔리는 가격으로 목표객층에게 효율 좋게 선전 · 판매해나갈 필요가 있다.

여행사가 히트상품을 만드는 열쇠는 소비자지향의 마케팅활동이다. 소비자의 욕구를 정확하게 파악하고, 여행상품 개발의 프로로서의 노하우가 연결될 때 새로운 여행시장이 탄생하는 것이다.

3. 아메리칸 익스프레스(American Express)

종래 여행자수표(travel check)는 개인만이 사용이 가능했었지만 아메리칸 익스프레스사에서는 1994년 2월부터 부부가 여행할 때 미리 두 사람 분의 서명을 받아두면 부부 어느 쪽도 사용할 수 있는 여행자수표의 판매를 개시했다.

이미 동사에서는 미국시장에서이 신상품의 실적을 쌓고 있었으나 이번에 세계화시킨 배경에는 해외신혼여행이나 가족여행자 층에게 이 2인용 여행자수표시장을 확립하려는 계획이 있었기 때문이다.

이처럼 발상의 전환에 있어서 가장 중요한 것은 현재화(顯在化)한 소비자의 욕구에 입각하여 상품을 만듬과 동시에 소비자의 잠재적 욕구를 발견하여 그를 선점함으로써 새로운 수요창조가 가능하다는 것이다.

그림 7-5 고객지향과 수요창출의 사고방식

욕구		〈수법〉		〈목적〉
욕구 (잠재적인 욕구) 현재 생활 가운데에서의 구체적인 불만 · 불편	⇒	기존상품의 개량 서비스의 개선	⇒	기존시장의 재활성화 고객의 고정화 · 유지
요구 (잠재적인 요구) 현재 생활 가운데에서의 막연한 불안이나 새로운 변화에의 기대감	⇒	신규상품의 개발 신 서비스의 실시 이벤트 개발	⇒	신규시장의 개척 신규고객의 개척 수요창조

자료 : 日本リサ-チセンタ-開發戰略研究所編, 入門マ-ケティングの知識, 日本實業出版社, 1993.

여기서 우리는 2개의 대칭적 마케팅 수법을 알 수 있다. 첫째는 고객한정 상법(demarketing) 이고, 둘째는 소비자마인드자극형 양판(量販) 상법(商法) 즉 붐 메이킹 마케팅(boom making marketing)이다. 전자는 한정된 고객, 예컨대 자격을 가진 특정고객 등에게 보다 큰 만족을 부여하는 서비스나 상품을 제공하는 것을 말하며, 후자는 소비를 증진시키기 위하여 선전이나 이벤트를 적극적으로 구사하여 상품의 붐을 일으키는 것을 말한다.

▌표 7-16 ▌ 디마케팅의 예

유형	내용	
유형 I	수요를 억제함으로써 소비자 만족을 획득	
	• 회원제 골프장 • 한정발매 • 신분증제시 요구	• 회원제 클럽 • 입장제한 • 고속도로 진입 규제 등
유형 II	과감히 디메리트를 소비자들에게 알림으로써 소비자 만족을 획득	
	• 디메리트표시 • 부작용의 표시	• 바겐세일의 이유 • 위험표시
유형 III	품질보증기간이나 품질내용을 나타냄으로써 소비자 만족을 획득	
	• 제조연월일 • 사용연월일 • 내용년수	• 단위가격표시 • 내용표시 • 첨가물표시 등

그림 7-6 붐 메이킹(boom making) 마케팅의 예

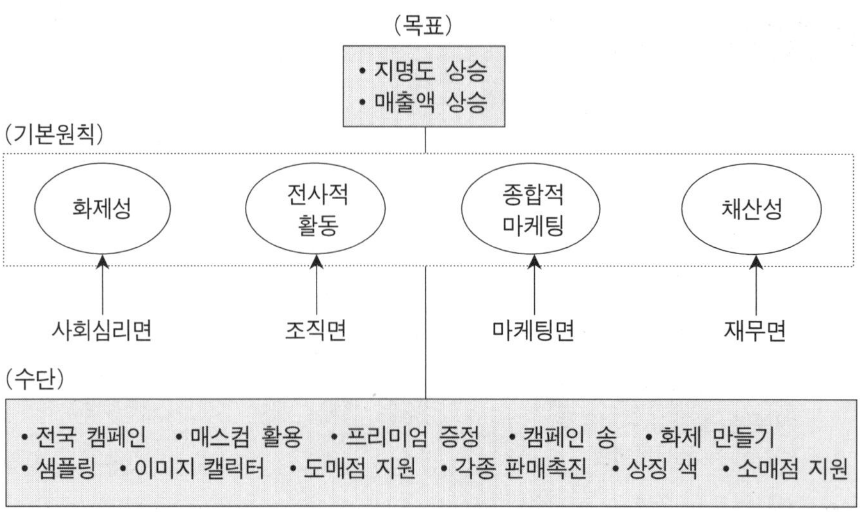

4. 홍콩관광협회

홍콩관광시장 인기도에 있어서 재미있는 사례가 있다. 해외여행으로 가고 싶은 지역 순위에서 홍콩은 15~16위에 있었으나 실제로 가본 여행목적지에서는 항상 5위 이내에 들어 있다는 점이다. 이것은 여행자의 잠재적 욕구와 실제 행동이 얼마나 다른 지를 극명하게 보여주는 좋은 예라 할 수 있다. 즉 비용이나 휴가기간 등 구체적인 면에서 차이가 있으며, 소비자가 실제로 가고 싶은 여행목적지는 매우 한정되어 있다는 것을 의미한다.

그러면서도 매스컴 등에서 중국이나 동남아 등지의 관광지에 대해 재미있게 보도하고 있는 점에서 최근 수년간 젊은 여성 직장 여성층이 아시아에 눈을 돌리기 시작하였다. 특히 홍콩이 여성들에게 관심이 높은 이유는 쇼핑이나 식도락을 즐길 수 있는 곳이기 때문에 붐을 이루었고, 실제로 가고 싶은 여행목적지로서 재차 각광을 받게 된 것이다.

〈손에 와닿는 사치〉

홍콩관광협회는 이전부터 홍콩을 방문하는 여행자들에게 샘플조사를 하여 여행자들의 홍콩에 대한 욕구를 조사하고 있다. 또한 여행사에게도 호텔 및 기타 관광시설에서의 서비스 등에 대해 코멘트를 구하고, 이들 의견을 여행서비스 사업의 운영개선에 반영하고 있다.
홍콩관광협회에서는 이들 조사에서 수집된 소비자들의 경향이나 의식수준 혹은 시장성숙화에 따라 여행자 유치를 위한 캠페인 활동을 실시하였다. 특히 1990년도부터 20~30대 젊은 여성들을 끌어들이기 위한 대대적인 광고 및 PR을 실시하였다. 그것은 다음과 같은 메시지를 강조한 것이다.

- Luxury with Reach(손이 미치는 사치)
- Value for Money(사용하는 돈 이상의 가치) 등의 콘셉트였다.

손에 와닿는 사치란 예를 들면 ▲전차에서 생일 파티 개최 ▲욕조에 들어 누어 낭만적인 홍콩의 야경을 감상하는 세련된 호텔 라이프 ▲롤스로이스에 의한 송영서비스 등이다.

한국에서는 대단한 것들이나 홍콩에서는 큰 부담 없이 행사가 가능한 것을 어필한 셈이다. 이것은 쇼핑이나 식도락에 있어서도 같은 개념을 적용하여 귀국에서는 보잘것없는 돈으로 이 정도의 쇼핑이 가능하고 이 정도의 식사가 가능하다는 것을 기억시키는 캠페인이다.

이 캠페인의 특징은 개개의 구체적인 관광개소, 레스토랑, 쇼핑 등 기타정보를 제공할 뿐만 아니라 해외여행시장의 성숙도에 따라 가치관이나 이미지를 전면에 끌어내고 있는 점이 특징이라 하겠다.

7.5 경로(channel)판매

소위 마케팅채널을 통한 판매이다. 단순한 유통경로는 상품이 생산자로부터 최종고객으로 흐르는 물류채널이며 소유권이 옮겨지고 대가(對價)가 역류(逆流)하는 경로에 지나지 않는다. 마케팅은 고객이 요구하는 제품을 신속 · 적절하게 생산 · 공급하려는 주체적인 활동이므로 채널에 요구하는 기능이란 단순한 물류와 경제적 교환의 프로세스가 아니다.

그것은 우선 고객이 요구하는 욕구(need)를 생산자에게 전달하거나 고객이 요구하는 제품의 소재와 내용(품질 · 가격 등)을 고객에게 주지시키는 정보기능을 갖추지 않으면 안 된다.

1. 거래처 관리

거래처 관리란 우리 회사의 여행상품을 구매하여 소비자에게 판매하는 유통 업체에게 우리 여행상품을 더 많이 사업하게 만들고, 더 유리한 가격으로 빨리 팔아서 이익을 실현하게 만드는 관리 기법이다. 또한 여러 가지 유사한 경쟁 여행상품 중에서 우리 여행상품을 보다 많이, 보다 유리한 가격으로 구매하도록 이해시키고 설득시켜서 우리 회사의 매출 증대를 실현시키고 상대 회사도 우리 여행상품을 활용하여 더 많은 이익을 창출하게 지원하는 활동이다.

영업은 전쟁이다. 본사로서는 시장 경쟁에 이기고 매출 목표를 달성하기 위해서는 거래처가 잘 따라오고 열심히 뛰게 만들고, 협조하게 만드는 관리 기법, 즉 동기부여 기법이 필요하게 되었다. 한마디로 요약해서 본사의 매출 목표의 상당 부분을 거래처가 좌우하므로 현장을 뛰는 거래처, 소비자와 직접 부딪치는 거래처를 유효적절하게 활용해야 한다.

1) 거래처의 개념

본사의 상품이나 서비스를 매입하여 소비자에게 판매하는 유통 업체에서부터 원자재를 공급받아 완제품을 제조하는 실수요 기업체를 통칭하여 거래처라 한다.

(가) 1차 판매업체 또는 구매업체

본사 상품을 제일 먼저 구매해서 소비자에게 판매하는 판매업체와 원부자재를 구매하는 구매업체이다.

(나) 이익창출센터

본사가 이익을 많이 창출하려면 거래처에 이익을 제공해야 한다. 거래처에 이익이 있을 때 거래처 스스로 최선을 다해서 판매 활동을 전개한다. 그래서 거래처가 바로 우리 본사의 이익 창출 센터이다(구매업체도 동일).

(다) 공존공영의 부부관계

상호 이익 창출을 위해서는 경쟁사와의 싸움에 공동 대응해야 하며 본사가 어려울 때는 거래처가 돕고, 거래처가 어려울 때는 본사가 적극 지원 · 협조해야 함께 번창할 수 있는 부부관계이다.

(라) 시장정보센터

자기 관할구역의 시장 정보, 경쟁사의 정보, 고객의 구매 정보 등을 신속하게 조사, 수집하여 본사에 보고하여 더 좋은 영업 정책을 입안케 해야 하는 시장정보센터이다.

(마) 서비스 창구

고객에 대한 본사 상품 판매와 서비스를 책임져야 할 서비스 창구이다.

(바) 협력업체

구매업체는 원부자재 공급에 필요한 사전 정보를 제공하여 공급 업체로 하여금 더 좋은 부품을 신속, 정확하게 공급하도록 때로는 자금 지원, 기술 지도, 교육 지도하는 협력업체이다.

2) 거래처의 역할과 속성

거래처는 자사 방침을 제일선에서 적극적으로 수행하면서 거래처의 이익과 자사의 이익을 함께 창출하는 역할 즉 판매, 임금, 시장개척, 고객유지관리, 서비스 등을 책임져야 한다. 그러므로 관할지역 시장의 소매점들을 지원, 육성하여 우리 시장을 확대, 유지하는 역할과 고객의 편의를 제공하고 단골 고객을 육성, 유지 관리해야한다. 즉 거래처는 시장을 뺏느냐, 뺏기느냐의 열쇠를 쥐고 있다. 경쟁사의 시장 침투를 봉쇄하고 우리 시장 점유율을 확대시키는 것이 곧바로 거래처의 매출 증대를 보장한다.

또한 거래처는 종업원의 활동을 뒷받침 해주고 생활 보장해서 판매 업무에 전력투구하게 해야 한다. 한편 거래처는 지역 소비자에게 좋은 이미지를 심고, 자사의 매스컴 광고만 의존할 것이 아니라 거래처 자체 광고 선전을 개발하여 자사와 연계 광고, 판촉할 때 상승효과가 있으므로 거래처 자체 광고, 판촉 활동을 더욱 강화하지 않으면 안 된다. 즉 거래처와 자사의 상호 이익과 공존의식이 없으면 거래처는 불평, 불만이 대체로 많다. 그 예로

① 자사 방침이 너무 일방적이라고 무조건 부정적인 경우도 있다.
② 공급 단가가 너무 높다고 불만
③ 경쟁사에 비해서 마진이 적다는 불만이 많다.
④ 장려금이 적다는 불만
⑤ 결제를 너무 독촉한다는 불만
⑥ 납기를 지키지 못한다는 불만
⑦ 광고 판촉 활동이 부족하다는 불만
⑧ 판촉물 지원이 적다는 불만

일부 거래처에서는 덤핑 판매로 그날그날을 연명하다가 도산되는 경우도 가끔 있다. 처음 시작 때는 열심히 뛰는데 돈 벌면 목에 힘주고, 종업원에게만 맡겨놓고 외유를 즐기면서 사업을 등한시하는 경우도 많다. 이와 같은 사례는 선발주자일수록 돈 많은 거래처일수록 자만심, 고자세, 무사안일주의가 많고 주의자가 많고 현재 사업에 대한 열의와 끈기가 적다. 즉 달면 삼키고 쓰면 뱉는다는 격언대로 후발업체가 제시하는 거래 조건에 현혹되어 몇 년 거래하던 관계를 청산하고 떠나 버리는 경향도 많

으므로 주의를 요한다.

3) 신규 거래처 개척시의 유의점

(가) 양질의 거래처 선정

① 가망성 있는 거래처

㉠ 거래 희망자(자진내방자)

㉡ 기존 거래처의 추천자

㉢ 공개 모집

㉣ 동업 경험 있는 자와 타 사업 유경험자

㉤ 사업 경험 전혀 없는 자(공무원, 기업체 퇴직자)중에서 선정하는 경우가 많다.

② 거래에 적격인 자

어떤 대상자와 거래를 트는 게 우리 회사에 유리한가? 이를 위해서는 거래를 개시하기 전에 신용조사를 철저히 해야 함을 물론이거니와 대체로 다음과 같은 사람을 선정하는 것이 좋을 것이다.

㉠ 인간적으로 덕망 있는자

㉡ 자금력이 다소 부족해도 자수성가의욕이 있는 자. 즉 헝그리 정신이 강한 자.

㉢ 약간의 재력이 있는 자로서 즉 자기소유의 부동산 담보능력과 운영자금이 확보된 자.

㉣ 건강한 육체와 정신을 소유한 자.

(나) 거래약정서 작성시의 유의점

① 계약 조항과 문구 하나 하나에 유의하자. 10인의 증인보다 1장의 근거 서류가 법적으로 유익하다.

② 상품의 소유권 보유 조항을 포함시키는 것도 좋다.

③ 갑, 을과 연대 보증인 공동 날인하면 더욱 효과적이다.

④ 일건 서류 완비하여 파일(file)관리토록 한다.

(다) 신규 거래처 개척 기법의 다양화

신규거래처 확보를 위해서는 상대를 움직이는 3단계 설득 기법을 구사해야 한다. 즉 ① 믿음을 주자. 우리 회사와 상품에 대하여 신뢰감을 갖게 해야 한다. ② 소망을 주자. 돈을 벌 수 있다는 가능성과 비전을 사례로 제시하여 마음에 거래 의사가 생기도록 설득시켜야 한다. ③ 사랑하자. 애프터서비스, 영업지원체제로 상대의 사업을 번창토록 총력 지원해야 한다. 이를 위해서는 효과적인 설득 기법을 개발하지 않으면 안 된다. 효과적인 설득 기법에는 다음과 같은 것을 주로 사용한다.

① 당사자 집중공격으로 설득시킨다.
② 실무자, 간부, 중역 등 삼점 공략법칙으로 설득시킨다.
③ 샌드위치 작전으로 포섭한다.
④ 제2인자 공격으로 결정권자를 포섭한다.
⑤ 5회 방문 기법으로 설득시킨다. 고객은 안 된다. 친해지면 거래는 언제고 개시될 수 있는 것이다.

4) 거래처 관리의 9원칙

(가) 조사 · 선택의 원칙

4C로 조사하여 안전성, 적극성, 발전성 등을 사전 체크한다. 4C란
① CHARACTER : 인간성, 인격 가문…
② CAPACITY : 사업 능력, 활동 영역, 관리능력
③ CAPITAL : 재력, 자본력, 운영 자금 조달 능력
④ CONDITION : 현 사업 상태 등을 조사해야 한다.

(나) 완전 판매의 원칙

상품을 판매하고 세금 계산서만 발행하는 재고 이전식 강제 판매와 임기응변적인 속임수 판매는 고객의 이익을 무시한 판매로서 이것은 후일에 대금회수시 분쟁의 요소가 되기 쉽다. 소비자에게 100%판매하고 본사에 100%입금 조치하는 완전판매가 제2, 제3의 매출을 창조하는 것이다.

(다) 계약체결, 조건명시의 원칙

10인의 증인보다 자필 서명한 근거 서류가 유사시에 법적 처리에 유리하다.

(라) 청구신속의 원칙

납품 대금, 외상 대금은 마감 날짜를 넘기지 말고 신속하게 청구해야 한다.

(마) 정기회수의 원칙

정해진 회수 일에도 반드시 회수하는 습관이 필요하며 1년에 한번씩 외상 잔고를 0으로 정리한다.

(바) 경계의 원칙

물건 주문도 없고 입금도 없는 거래처는 사고·부도 가능성 여부를 미리 체크해봐야 한다.

(사) 외상잔액확인의 원칙

① 경리 장부, 영업 장부, 거래처 장부 등 3개가 일치되어야 한다.
② 부정, 오류, 착오의 예방과 수금에 클레임을 예방하는 가장 좋은 방법이므로 거래가 발생할 때마다 서면 확인해 두는 것이 좋다. 이것이 영업간부의 롱런(long run)비결이다.

(아) 지불지도의 원칙

① 지불연장허용이나 분할 입금 유도하거나
② 반품 허용으로 미수금을 줄인다. 여행상품은 원칙적으로 반품이 안 되는 상품이므로 사전에 취소율을 줄이는 것이 급선무이다.
③ 인기 품목을 특별 지원하여 자금 사정에 도움을 준다.

(자) 결단의 원칙

거래 상태가 불량할 때는 피해가 적을 때 신속히 판단하여 법적 조치를 취하는 것이 좋다. 인정에 끌려서 결단하지 못하여 회사에 큰 손해를 끼치고, 시장관리에는 경쟁사에 불리해 진다는 사실을 알아야 한다.

5) 거래처의 사고·불량화 징후의 판단 요령

아무리 상품을 잘 팔았다고 해도 거래처 관리를 소홀히 하여 미수금을 떼이면 팔지 않은 것보다도 못한 결과를 초래한다. 따라서 사고, 불량화 징후를 조기에 판단하여 사고를 예방하고 영업을 활성화시키는 노력이 병행되지 않으면 안 된다. 불량화 징후들은 다음의 어느 것 중 하나일 것이다.

① 주문량의 급격한 증감이 있다.
② 경영주가 만나기를 기피한다.
③ 경영주가 자리를 자주 뜨거나 행방이 불확실하다.
④ 사내 기강이 문란하다.
⑤ 상품의 진열 상태가 불량하다.
⑥ 빚 독촉이 심하다.
⑦ 어음 연장 요구가(기 발행분의 개서 요구)있다.
⑧ 적립금, 보증금 등의 인출 독촉이 있다.
⑨ 유통 어음을 많이 발행한다.
⑩ 부동산 등기부 열람 – 가등기, 가압류 등이 확인된다.
⑪ 여자관계는 복잡하다.
⑫ 도박에 깊이 빠져있다.
⑬ 해외여행을 자주한다.
⑭ 영업부서의 대책회의가 자주 있다.

2. 수금관리

1) 수금 관리의 중요성

「판매란 상품의 자금화」라는 말이 있다. 수금하지 않으면 판매가 완료한 것이 되지 않는다. 수금하기 힘들 것 같으면 처음부터 판매하지 않는 것만 못하다.

영업은 파는 것도 중요하지만 그 외상매출금을 100% 수금하는 것이 더 중요하다. 수금 없이 기업의 안정 없다.

사고 미수금은 영업의 무서운 병이요 부도 채권 1건이 몇 백 만원의 손실을 초래하고 자금 압박의 원인이 된다. 장부상 미수금을 회수하지 못하고 도산될 때 흑자 도산된다.

수금이란 빚을 받는 것과는 다르다. 외상매출금의 수금은 꾸어준 돈을 받는 것같이 고압적인 것이 아니다. 이번에 수금하면 다시는 거래를 계속하지 않겠다거나, 상대와 거래하지 않겠다면 문제는 다르지만, 상대와 계속적으로 금후에도 우호적으로, 또한 유대 관계를 맺고 공존 공영하지 않으면 안 될 단골이라는 것을 잊어서는 안 된다.

수금은 돈을 빌리러 가는 것은 아니다. 외상매출금의 수금이라고 하면 망설이는 세일즈맨이 있다. 돈을 받으러 간다는 것은 쑥스럽고 멋쩍다는 것이 그 주된 이유이다. 이런 사람은 수금을 빚과 혼동하고 있는 것 같다. 따라서 수금이란 결코 비굴하게 생각해서는 안 될 일이다. 만일 세일즈맨이 수금을 싫어한다고 하면 그는 판매와 자선사업을 잘못 생각하고 있는 것이다.

수금으로써 판매는 촉진된다. 만일 당신이 누구한테 돈을 빌리고 갚지 못한다고 생각해 보자. 갚지 못하는 이유가 무엇이든, 당신은 돈을 빌린 상대에게 무엇인가 미안하다고 느낄 것이며 만나는 것을 피하려 할 것이다.

수금도 역시 그것과 같다고 말할 수가 있다. 세일즈맨이 거래처를 뺏기지 않으려고 수금을 다소 완화시킨다고 하면 거래처에서는 세일즈맨의 생각과는 반대로 어딘가 잘못된 것이 있으리라고 보고 도리어 거래처을 바꾸려 들려고 할 것이다. 수금을 원활하게 함으로써 거래처도 만족하고 장기간 거래를 지속할 수가 있다. 수금을 올바르게 하는 것은 세일즈맨의 판매 활동의 추진력이 되는 것이다.

2) 수금 관리에 대한 검토 사항

(가) 수금 독촉에 대한 연구

외상매출금의 지불이 늦어지면 서로가 불편한 생각을 갖게 된다. 그런 경우 일차적으로는「귀사의 번영을 기원합니다. 지난 ○월에도 매출에 협력하여 주셔서 심심한 사의를 표합니다. 다름이 아니 오라 번번이 외상매출금의 지불결제가 지연되어 폐사의 영업 관리에 막대한 지장이 초래되고 있으니 ○월 ○일까지 지불이 되도록 협력해 주시기 바랍니다.」라는 부드러운 내용의 독촉장을 우편이나 인편으로 상대편 대표자에게 송달하여 독촉한다. 내용증명우편으로 하는 것도 효과적이다.

(나) 어음결제일까지의 기간일 수를 따져본다.

업종별, 거래처 별로 어음 결제 기간은 보통 30에서 90일까지로 일반화되어 있다(단, 제약 업계는 더 장기화되어 있는 실정이다).

정해진 기간보다 현격하게 지불 기일이 먼 어음에 대해서는 이자 계산을 해보고 회사에 이익이 안 될 경우는 강력히 시정을 요구해야 한다. 또한 갑자기 어음결제 기간을 연장하려는 거래처는 일단 적신호로 보고 그 이유를 철저히 규명하여 거래처의 경영 상태에 문제가 있다면 시급히 대책을 강구하여 회사의 손해를 미연에 방지하도록 하여야 한다.

(다) 수금 담당자의 10가지 마음가짐

① 「고여 있는 물은 썩는다」 돈 잃고, 거래처도 잃는다.
② "미수금이 바로 나의 봉급이다"라고 생각해야 한다.
③ 미수금의 회수가 나의 능력 평가의 기준이라 생각한다.
④ 평소 나와의 인간관계 결과이다.
⑤ 빚 받는 것이 아니라 상대를 위하는 것이다.
⑥ 타사보다 내가 먼저 수금하겠다는 신념을 갖자.
⑦ 기분 나쁘지 않게 스스로 주게끔 만들자.
⑧ 내개인 재산 관리하는 자세로 하자.
⑨ 미수금 일자와 어음 날짜에 따라 회사 금리 발생한다는 것을 명심하자.
⑩ 상대의 심리를 이용하자.

(라) 수금출장시 검토, 확인 사항

① 신속 · 확실한 청구가 행해지고 있는가?

청구 사무에 대해서는 결리부서에서 전부하고 있는데, 실제적인 수금 활동은 판매원이 한다. 그러므로 스태프와 판매원은 협력하여 수금 활동을 전개해야 한다. 수금 활동은 실질적으로는 청구서를 발행했을 때부터 시작된다. 따라서 스태프(staff)도 판매원도 필요한 사항에 대한 커뮤니케이션을 효과적으로 할 필요가 있다.

② 판매할 때의 결제 조건은 엄밀하게 되어 있는가?

판매했을 때에 정한 단가가 아니라던가, 특별히 요구된 결제 조건을 지키지 않고 청구하고 있지 않은가 주의한다.

③ 청구 금액을 반드시 검토 · 확인해 둔다.

위에서 말한 ①의 사항에 관계가 되는 일인데, 거래처에서 청구 금액이 대조 되지 않아 수금이 되지 않거나, 조회(대조)시간을 허비하지 않도록 사전에 청구내용에 착오가 없는지 검토해 둘 필요가 있다.

- 기표에 누락이 없는가?
- 품목, 단가에 착오가 없는가?
- 계산 착오는 없는가?

이 경우 판매원이 주문서 부본에 없는 수주 수배서가 들어 있는 일이 있다. 이것을 전화 주문이나 내사(來社)했을 때의 매출 등이 주된 것이다. 이런 것에 만일 의문 나는 점이 있으면 관계 부서와 연락을 취하여 검토해 두어야 한다.

④ 관리부, 경리부서와 협력할 것

• 수표 및 어음으로서 기일이 된 것에 누락분은 없는가?

• 청구상의 일로 거래처의 의향 불만은 없었는가?

• 수금에 대해 특별히 관리부, 경리부서에서 요구하고 있는 일은 없는가?

등에 대해서 적시에 관리부, 경리부서와 협의를 할 필요가 있다.

⑤ 적절한 수금 방문일지를 검토하여 계획할 것

상대편의 지불일 및 시간이 정해져 있을 경우는 그에 맞게 방문 계획을 세워야 한다. 또 변경이 없는지를 조사해 둘 필요가 있다.

⑥ 대금 회수에 대한 마음의 준비와 수금 화법의 준비

대금 회수에 대한 마음의 준비는 이미 말한 대로인데, 확고한 태도로 수금에 임해야 한다. 또 수금을 할 때마다 잘되지 않는 거래처에 대해서는 수금방법을 준비하고 방문하도록 한다.

⑦ 영수 사무에 필요한 물건을 준비해 가져가야 한다.

(마) 수금 활동의 준비와 계획

수금 방문은 상품의 판매와 마찬가지로 효과적인 회수를 해야 한다. 회수는 장사의 사실상 끝맺음이다. 따라서 거래처에서 외상매입금을 지불하고 만족감을 느끼도록 순조로운 대금 회수를 해야 한다. 그러면 순조로운 수금을 하기위해서는 어디에 포인트를 두고 계획을 세우는 것이 좋을까

① 지불 일에 맞추어 방문한다.

정해져 있는 지불 일이나 약속을 한 지불 일에 방문하지 않으면 수금을 순조롭게 할 수 없다. 약속한 날을 지키지 않는 것은 상대방에 지불 의무를 해제시키고, 또한 구실을 만들어 주는 것일 뿐 아무런 의미도 없다.

② 가급적 일찍 방문한다.

지불 일에는 되도록 일찍 방문하도록 한다. 거래처의 심리는 이상한 것이어서 「기일이 되면 빨리 지불하자」 마음에 정하고 있다. 그러나 여러 군데 지불을 하고 있으면 잔액이 점점 적어져 어쩐지 불안해 진다. 또 특별한 사태가 일어났을 때를 생각하여 「약간 여분의 예금 잔액을 가지고 있고 싶다」고하는 마음도 잠재적으로 있는 법이다. 그러므로 지불 일에는 되도록 일찍 방문하여 수금을 해야 한다(수금의 골든 아

위에 방문하라).

③ 우선적인 지불 의식을 키우자.

거래처에서 지불할 때에 잠재하는 의식 가운데서 「중요한 매입처에는 무슨 일이 있어도 지불해야만 된다.」, 「항상 서비스를 잘 해주는 매입처에는 반드시 지불해야 된다.」는 심리가 있다. 이런 것으로 미루어 보아도 대금 회수는 판매가운데에 포함되어 있다는 것이 분명하다. 판매 활동 중에서 호의 및 서비스를 잘 하여 회수를 용이하게 하는 것이 필요하지만, 그것을 내내 계속하게 한다는 것이 더 중요한 일이다. 따라서 「수금 안내」를 보내 지불을 확보하는 것도 필요한 방법이다. 특히 은행 불입이 중심인 거래처에는 특별 배려를 해야 한다. 이상과 같은 포인트를 고려해서 수금방문 계획을 세우게 한다.

(바) 수금의 테크닉

① 수금 방문의 목적을 명시한다.

▶ 선수를 쓸 것.

인사를 하고 방문할 목적을 정확히 전달한다. 「오늘은 대금을 받으러 왔습니다」 하고, 우물쭈물하지 말고 정확히, 거래처에서는 무슨 용건으로 왔는지 이미 알고 있다. 날씨, 세상이야기 등을 하고 있는 동안에 가장 중요한 것을 이야기하는 찰라 상대편에서는 「요즈음은 손님들도 호주머니를 단단히 졸라매어 값비싼 상품은 잘 팔리지 않아요」라는 등 미리 방패막이를 해 버리기 쉽다.

▶ 태도를 성실하게, 또 강경한 태도로 임할 것.

무어라 해도 상대는 당사의 거래처이다. 어디까지나 성실한 태도로 임해야 된다. 강압적이거나 좋지 못한 태도는 안된다. 그렇다고해서 머뭇거리거나 소극적인 태도는 좋지 않다.

② 시각과 청각에 호소한다.

▶ 금액을 상대방에게 확인시킬 것.

거래장이나 거래처 카드 등을 이용하여 잔액을 상대에게 인식시키도록 한다. 거래장은 거래처에서 이번 지불액과 잔액을 확인하는 것이므로 앞서 제시한 청구용구로 활용해야 한다.

▶ 상대방이 「오늘은 형편이 안돼서…」라는 말을 하기 전에 「○○만원입니다. 부탁합니다.」고 시각에 호소한 후 곧 청각에 호소하여 지불의식을 높인다.

③ 지불을 촉진, 재촉한다.

▶ 자진해서 지불하려는 마음을 갖게 한다. 억지로 재촉하여 받아 내는 태도가 아니라 빨리 지불을 끝내는 것이 결국은 이익임을 잘 설득하고, 상대가 지불에 응하도록 한다.

▶ 지불 의무감을 키운다.

▶ 너무 강경하게 재촉한 나머지 「지불해 주지 않겠다.」는 마음이 생기게 해서는 안 된다. 회수도 판매할 때의 정신으로 「지불하지 않으면 안 된다.」는 의무감을 강하게 심어놓지 않으면 성공할 수 없다. 팔 때에는 회수하는 입장이 되고 회수할 때는 파는 입장이 된다. 수금은 항상 상대 거래처의 재정 상태에 주의를 기울여 임기응변의 처리를 해야 한다. 또 어디까지나 냉정하고 끈기 있게, 굳은 신념과 확고한 태도로 임한다.

④ 외상매출금을 회수한다.

▶ 정확하게 회수한다.

금액에 착오가 없는가, 날짜가 잘못 기입되지 않았는가 하는 등 수표, 어음의 기재 사항에 주의한다. 현금은 상대편이 보는 앞에서 세어 보고 착오 없이 회수한다.

▶ 거래장을 잊지 말고, 확인 도장을 받아 온다.

▶ 지불에 대해 감사의 뜻을 나타낸다.

▶ 회수했으면 오래 있을 필요가 없다. 우수한 세일즈맨은 떠날 때에 멋이 있는 솜씨를 보여준다. 그리고 지불에 대한 만족의 여운을 남긴다.

⑤ 자부심에 호소한다.

자부심은 자기 재능을 과시하려는 마음이자 인간의 감정 가운데서도 강한 것이다. 따라서 올바르게 자극만 한다면 지불 촉진에 크게 도움이 된다.

⑥ 공정심에 호소한다.

거래처의 공정·타당한 취급을 요구하여 지불을 촉진시킨다.

신용거래는 이 공정심을 신뢰하여 행해지는 것이다. 따라서 정확하게 지불을 해 주도록 설득한다.

⑦ 자제심에 호소한다.

거래는 서로 믿는 가운데서 이루어지는 것이므로, 거래처의 일방적인 욕구를 만족시킬 수는 없다. 거래처가 정확한 지불을 함으로써 신용을 유지하고 유형, 무형의 이익이 있음을 강조하여 어느 정도 타산적인 마음으로 지불을 촉진시킨다.

⑧ 습관에 호소한다.

규칙적인 수금은 규칙적인 지불을 습관화 시킬 수 있다. 따라서 매달 어느날이라고 정하고, 그 날짜에는 반드시 수금을 나가는 습관이 되게 한다.

⑨ 동정심에 호소한다.

「수금을 할 때에는 수금하지 못하면 상사로부터 개인적인 책임을 추궁당하고…」하는 식으로 거래처의 동정심에 호소한다. 거래처에서는 간부가 수금을 오면 판매원에게 지불하는 것보다 더 많은 액수를 지불해야만 된다. 아무튼 지불해야만 되는 것이므로 지금까지 서비스를 잘해준 판매원에게 지불하려고 하는 마음을 일으키기도 한다.

⑩ 모방심에 호소한다.

모방심은 자극에 의해서 자부심에 이어지고, 수금을 촉진하는 데 도움이 된다. 「어떤가요? 다른 체인의 판매실적은…」, 「덕택에… 이번 달의 판매실적은 아주 좋습니다. 그래서 인지 여러분들이 지불을 잘 해주셔서 예상했던 것 이상으로 아주 성적이 좋습니다」하는 식으로 청구를 하면 「다른 회사에서도 꼬박꼬박 지불을 하고 있으니까 우리도 제대로 지불해야지…」는 모방심, 자부심에 호소하는 일이 된다.

⑪ 공포심에 호소한다.

거래처가 악질인 경우에는 법률상의 조치를 취하게 될지도 모른다는 것을 암시하고, 거래처에 대해서 공포감을 주어 지불을 자극하는 방법이다. 어디까지나 최종적인 방법이므로, 그런 일이 없도록 미리 조치할 필요가 있다.

(사) 수금방법과 유의사항

- 수금 날짜에 반드시 방문할 것.
- 지불하기 쉬운 시기에 회수한다.
- 상대편에 대해서 호소하는 방법을 연구할 것.
- 예의 바른 태도를 취할 것.
- 계산 등 사무 처리는 신속히 할 것.
- 정확하게 영수할 것.
- 관계자에게도 감사 표시를 할 것.
- 말하기 거북한 이야기는 처음에 해 버린다.
- 감정 본위가 아니라 계산 본위로 할 것.
- 예의(이번에 한한다)를 남용하지 말 것.

- 양보를 할 때는 기분 좋게 할 것.
- 수금이 되지 않았을 경우에는 반드시 다음 약속 날짜를 확인할 것(시간도 포함하여).
- 단순히 수금뿐만이 아니라 친근해 질 수 있는 기회로 만들 것.
- 먼저 온 손님이 있으면 그 손님이 돌아갈 때까지 기다릴 것.
- 상대가 딱한 사정을 호소하면 같이 딱한 사정을 호소할 것.
- 상대가 아양을 떨든가하면 위험신호로 생각할 것.
- 어음의 지불기한에 주의할 것(너무 긴 경우는 상사와 상의를 할 것).

(아) 올바른 회수이념

올바른 회수에는 다음의 6개 항목이 중요하다.

① "위험하다"고 생각되는 고객(거래처)에 손을 대지 말라.
② 유리한 조건으로 판매하고 확실하게 회수하라.
③ 상대도 이익을 얻고 있다. 당당하게 회수하라.
④ 이쪽의 회수 능력 여하가 고객을 번영시킨다.
⑤ 친하니까 회수하는 것이다.
⑥ 금리로 이익을 상쇄하지 말라.

08 사후판매

8.1 불평고객의 중요성

8.2 소비자 측에서 본 사후판매

08 사후판매

8.1 불평고객의 중요성

서비스에 있어서 불평하는 고객이야 말로 우리에게 있어서는 귀한 고객이며 서비스란 바로 그런 고객을 위하여 필요한 것이다. 어떻게 해주든지 아무런 불평이 없는 고객이 있다면 서비스란 필요 없을 지도 모른다. 따지고 드는 고객, 꾸짖을 줄 아는 고객이야말로 우리에게 도움이 되는 사람이다.

'꾸짖는 말을 하는 사람을 보면 보석이 있는 곳을 가르쳐주는 사람으로 생각하라'고 했다. 아무리 사소한 것일지라도 소중히 받아들이고, 앞으로는 똑같은 불평이 절대로 일어나지 않도록 해야 한다.

고객의 불만을 불평으로 간주해서는 안 된다. 이것이야 말로 고객이 회사를 위해 시간과 돈을 들어가며 제공해 주는 귀중한 산정보로 받아들여야 한다.

고객의 불만은 서비스의 품질을 좋게 하는 영양소이며, 서비스 개선과 기업발전의 힌트를 제공한다. 그러므로 고객의 불평은 정말 소중한 것이다.

고객과의 작은 트러블이라고 해서 가볍게 생각하면 경영에 큰 타격을 주게 된다.

1. 고객불만에의 대응

1) 고객불만 대응은 소비자 심리 대응이다.

고객은 상품을 구입할 때 구입한 상품이 제공받는 정보와 다른 경우에 고객은 불만과 의혹을 갖게 되고, 그에 대한 상담을 신청해 온다. 그리고 상담을 청하는 과정에서 불만과 불신이 앞선 나머지 감정이 격화되기 쉬운 것이 일반적이다. 이러한 때 부적당한 말 한마디는 고객의 가슴속 불에 기름을 끼얹는 거나 마찬가지이다.

고객불만에 대응한다는 것은 단순히 고객의 심리적인 요구를 충족시키는데 불신을 제거하는 소비자 심리에의 대응임을 인식해야 한다.

2) 고객불만 대응은 기업존재활동의 일부이다.

기업은 고객에게 상품과 서비스를 제공하고, 거기에서 얻은 이익으로 종업원에게 급료를 지급하며 필요한 기업활동을 수행한다. 따라서 고객과의 대결관계인 불만처리에 있어서 우선 고객이 있고 나서 기업이 존재한다는 것을 항상 인식하고 대응한다.

앞으로 더욱 격렬해지는 시장환경 속에서 고객과의 신뢰관계 조성이야 말로 소비자 대응창구의 중요한 역할이다. 신속하고 성의있는 대응은 곧 판매활동의 일부이며, 향후 판매촉진에 연결되는 것이다.

3) 고객불만은 기업에 이익을 가져온다.

신속한 불만처리는 고객의 욕구를 충족시킬 뿐만 아니라, 기업에게 구체적인 이익을 가져다준다. 불만이 잘 해결된 고객은 높은 재 구매율을 나타내고, 타 고객에게 전파되어 선전광고 활동보다 적은 비용으로 동등 이상의 효과를 가져온다.

고객이 가져다주는 불만에 대한 정보가 신상품 아이디어 개발 및 상품정보의 창조로 연결되는가 하면, 법원에 대한 소송의 방지로 비용절감도 가능하다.

2. 고객 불만처리의 마음가짐

서비스란 만족을 제공하는 것이다. 따라서 고객의 불만을 그대로 방치하는 것은 이유를 불문하고 이미 서비스가 아니다. 서비스 개선의 첫 걸음은 고객의 불만을 파악하는 것에서부터 시작된다. 고객불만을 파악하면 바로 고객 불만 처리에 들어가는 데 이러한 불만처리 시 항상 유의해서 염두에 두어야 할 마음가짐과 자세가 있다.

현재와 같은 다양하고 복잡한 사회환경 속에서 기업과 소비자와의 접점이 되는 대응에 있어서 항상 마음을 쓰지 않으면 안 되는 5가지의 기본적인 마음가짐이 필요하다.

고객불만처리의 5원칙

① 겸 허
② 정 확
③ 신 속
④ 성 의
⑤ 적극성

3. 고객불평 · 불만의 해소법

고객의 불평 · 불만을 해소시킬 수 있는 방법에는 다음과 4단계별 대응을 시작으로 5가지 방법으로 대처하지 않으면 안 된다. 4단계란 우선 제1단계로서 불평, 불만의 사유를 듣는다. 제2단계로서 불평, 불만의 원인을 규명한다. 제3단계로서 불평, 불만의 해결책을 강구한다. 4단계로서 불평, 불만의 결과를 알려주고 효과를 검토한다.

① 고객이 불평하거든 겸허하게 감정을 누그러뜨리고 한발 양보하는 자세로 대처해야 한다.
- 고객이 까다롭다. 트집을 잡는다는 등의 선입관을 버려야 한다.
- 듣는 태도를 건성으로 하거나, 좌우를 살피는 불성실한 자세나 부주의한 자세는 버려야 하며 겸허하고 성의있는 태도로 고객을 맞아야 한다.
- 고객의 불평에 관심을 나타내도록 한다.

- 고객의 불평 불만의 전후사정 등 전반적인 사항을 이해해야 한다.
- 불평하는 사항을 메모하면 더욱 성의가 있다고 느낀다.

② 정확한 원인을 판단하고 분석한다.

- 불평 · 불만의 중심문제, 그 핵심이 어디에 있는가를 찾는다.

③ 불평불만의 해결은 즉시 신속하게 처리토록 한다.

- 그 일이 자기의 권한 내의 일이면 곧 해결해 줄 것을 원칙으로 한다.
- 동료나 자기의 상사의 권한이면 그 책임자에게 인계한다.
- 해결이 빠를수록 미래의 고객, 고정고객화(repeater)에 도움이 된다.

④ 성의 있게 해결책을 알려준다.

- 상대고객이 공격적이거나 예민하게 반응할 수 있도록 부드러운 말로 성의를 다해 설명한다.
- 권한 외의 일은 그 조치를 분명히 알려준다.

⑤ 적극적으로 고객불만 · 불평을 해결한 다음 그 결과를 검토하라.

- 불평 · 불만이 있는 고객의 반응을 읽어야 한다.
- 주위의 다른 고객의 반응도 아울러 살피도록 한다.

4. 고객불평 · 불만의 발생원인

고객의 불만이 발생하는 원인은 고객의 기대에 대한 고객 서비스 결과의 차이(갭)가 과다한 경우에 불평, 불만으로 나타난다. 이러한 불평불만은 표면화로서 나타나거나 잠재화 되어 불만이 있어도 모르고 지나치는 경우도 있다.

미국의 갤럽조사에 의하면 서비스에 불만족한 고객 중 그것을 말로 표현하는 사람은 4%에 불과하다고 한다. 그러므로 불평을 말하는 고객의 한 사람 뒤에는 24명의 불만자가 숨어 있음을 알아야 한다.

고객의 불만
- 4% : 표현한다(불평)
- 96% : 숨어있다(불만)

서비스에 불만족한 일반적인 고객의 불평불만은 다음의 발생원인의 예를 통해서 찾아볼 수 있다.

① 판매사원이 상품의 사용법, 특히, 가치, 보관법, 세탁방법을 비롯한 주의사항 등을 충분히 설명하지 못하였을 경우
② 설명은 나름대로 하였으나 고객의 오해나 오인의 소지가 있었을 경우
③ 상품 자체가 결함을 갖고 있는 경우
④ A/S의 문제가 필요했을 경우
⑤ 주문했을 때 납기일을 지키지 못했을 경우
⑥ 판매사원과 고객과의 인간관계가 잘 이루어지지 못했을 경우
⑦ 구입된 상품에 대해 가족 및 제3자의 의견이 일치하지 못했을 경우 등이다.

이러한 고객의 불평불만의 경우 그 원인을 분석해 보면 다음과 같이 업무적, 심리적인 면이 있고 이 두 가지가 복합적으로 되어있는 경우로 대별해 볼 수 있다.

5. 고객불평 · 불만 처리시의 유의사항

고객의 불평 · 불만의 경우 그 귀책사유가 자사의 잘못인 경우와, 고객의 오해로 인한 불만 사항으로 고객에게 문제가 있는 경우로 대별해 볼 수 있다.

이때 처리 시 유의해야 될 사항으로는 다음과 같다.

1) 자사의 잘못인 경우

고객이 불만을 제기해 올 때엔 최초의 응대가 매우 중요하다. 처음에 불만을 잘 받아서 처리하게 되면 별 문제없이 일단락되나 접수하는 방법이 졸렬할 것 같은 고객을 노엽게 만들 뿐만 아니라 작은 불만을 크게 확대시켜 해결을 어렵게 만드는 것이다.

그러므로 고객의 불만이 옳을 때는 솔직히 자사의 잘못을 시인하고 고객의 입장에서 서서 재빨리 성의 있는 태도를 보여야 한다. 체면에 구애받고 이 핑계, 저 핑계로 변명하다가는 상대방의 화를 돋우는 게 된다.

우선, 사과한다는 것은 그 자리를 피하기 위한 수단이 아니라 이쪽의 잘못을 즉각 시정하고 상대방의 손해를 보상해주는 일을 말한다.

그런데도 대부분의 사람들은 말로만 '미안합니다'하니까 '미안하다면 다야?'하는 말이 나오게 된다. 말만으로는 사과가 안 되며, 말에 앞서 미안하다는 마음이 있어야 하고, 말에 이어지는 즉각적인 행동이 있어야 한다.

이 때 유의해야 될 몇 가지 포인트를 열거해 본다.

보충

- 상대방에게 동조해 가면서 긍정적으로 듣는다.
- 변명은 피한다.
- 고객의 입장에서 성의 있는 태도로 대한다.
- 감정적 표현 및 감정의 노출을 피하고 일보후퇴 하여 냉정하게 검토한다.
- 솔직하게 사과한다.
- 설명은 사실중심으로 명확하게
- 신속하게 처리한다.
- 적극적인 자세로 임한다.

2) 고객에게 문제가 있는 경우

고객의 불만이 오해로 인해 사리에 맞지 않을 경우에도 이쪽의 잘못이 없다는 고자세로 나가지 말고, 세심한 주의를 기울여 오해를 풀도록 하는 진지한 태도가 필요하다.

고객의 오해가 홍보활동이 제대로 안 되어서 그런지 아니면 단순한 착각인지, 여하튼 상대의 입장에서 불만의 요소를 생각해 보고 그 대응책을 세우는 자세가 요구된다.

고객에게 문제가 있는 경우에도 우선 상대방의 얘기를 다음과 같이 잘 듣는 습관을 길러야 한다. 다음과 같은 태도가 3가지 태도가 필요하다.

① 상대로 하여금 뭐든지 전부 말하게 하는 태도
② 말하는 도중에는 절대로 변명하지 않는 태도
③ 덮어놓고 반격하지 않는 태도

처리사례

"지난 주에 말씀드린…..." "아, 그거요, 이미 통지가 갔을 텐데요!"
이런 식으로 상대가 말할 틈을 주지 않는 태도는 고객의 불평불만을 접수해서 대응해 나가는 데는 금물이다. 충분히 들어보면 나름대로 결론을 내릴 수도 있고, 상대에게 진지한 인상도 줄 수 있는 만큼 일석이조의 효과도 될 수 있다.
이때 유의해야 될 포인트는 다음과 같다.

포 인 트

- 상대방의 이야기를 가능한 한 다 듣는다.
- 잘못의 지적을 간접적으로 돌려서 한다.
- 고객이 빠져 나갈 길을 터놓고 자존심을 상하지 않게 한다.

고객으로부터 불만족스런 얘기를 들었을 때

고객의 이야기를 끝까지 들어본 다음 그 불만스러운 점에 대하여 정중하게 사과한다.

고객의 이야기 중에 오해나 편견이 있으면 즉석에서 정정 하여 오해를 풀도록 한다.

포 인 트

고객이 제기하는 불만족속에는 손님이 입은 정신적, 물질적인 손해에 대한 분노가 내포되어 있기 때문에 매우 준엄한 비난의 표현이 나오게 된다. 이러한 경우에 불만족의 해명이나 정정으로써 응수하려고 든다면 고객들은 자신의 주장이 받아들여지지 않는 관계상 분노를 터트릴 것이다. 그러므로 어디까지나 겸허한 태도로 불만의 내용을 귀담아 듣고 정중하게 사과를 드리는 것이 중요하다.
그러나 고객이 근본적인 문제에 대하여 착각을 하고 있거나 오해를 지니고 있다면 그러한 바탕에서는 도저히 불만이 해소될 수 없으므로 일단 사과를 드린 다음 조용히 설명을 해 주어 오해를 풀도록 노력해야 한다.

6. 고객불평 · 불만의 MTP처리법

1) 고객불평 · 불만의 MTP처리법

MAN : 누가 처리할 것인가?

예 – 창구 직원

– 책 임 자

TIME : 어느 시간에 처리할 것인가?

예 상황 – 냉각시간이 필요한가?

– 책임자에게 중간보고를 하고 처리할 것인가

PLACE : 어느 장소에서 처리할 것인가?

예 서서 이야기 → 앉아서 이야기

앉아서 이야기 → 응접실에서

2) 불평불만의 유형에 따른 상황을 고려하여 처리

고객의 노여움이 심하다고 해서 정색을 하고 고객이 같이 싸운다고 해도 문제는 더 악화만 될 뿐이다. 고객은 자신의 항의를 기업에서 중요시하고 높은 분을 내세워 주는가 보다 하는 생각으로 어느 정도 태도가 부드러워지는 것이다. 기업 측의 이와 같은 대타(代打)작전마저 먹혀 들어가지 않을 때에는 응접실에 안내하여 다과를 대접하고 잠시 혼자서 있도록 한 다음, 2~3분 정도의 냉각시간이 흐른 다음 책임자가 나와서 사과를 드린 다음 해결의 실마리를 찾아야 한다.

고객은 100인 100색, 10인 10색으로 각양각색의 유형이 있다. 이렇게 각양각색의 고객이 있지만 그 사람의 특성에 맞게 응대하는 것이 지혜로운 일이다. 마음이 내키지 않는다고 해서 사람을 차별한다거나 소홀히 대한다면 그와 똑같은 대접을 받게 된다는 사실을 명심할 필요가 있다.

(가) 『빨리빨리 형』의 성급한 고객

일처리가 조금만 늦어도 「빨리빨리」 해달라고 재촉이 심한 고객이다. 이런 고객들은 객장에 앉아 기다리지를 못하고 창구에 착 달라붙어 「언제 되느냐」 「이렇게 하라,

저렇게 하라」하고 독촉이 성화같다. 이런 종류의 손님에게는 가부를 분명히 해야 한다. "글쎄요? 아마 저…" 이렇듯 애매한 말을 쓰면 성급형의 고객은 신경을 더욱 날카롭게 곤두세우게 된다. 그러나 만사를 시원시원하게 응대한 모습만 보이면 이런 사람처럼 다루기 쉬운 고객도 없다.

따라서 이런 고객에게는 말은 「시원시원」, 행동은 「빨리빨리」대응하는 게 좋다. 그러나 늦어질 것 같은 때에는 늦어지는 사유에 대해서 분명히 말해주고 양해를 구해야 한다.

(나) 『이것저것 트집을 잡는 까다로운 형』의 고객

"5분만 기다리라고 하더니, 벌써 5분 30초가 됐잖소?" "도대체 사무실에 성냥 통 하나가 없다니…" 이와 같이 사사건건 트집을 잡아 불평을 하는 고객이다. 이러쿵저러쿵 말이 많고 꼬투리 잡기를 즐기는 고객에게는 『잘 경청하고, 맞장구치고, 추켜세우고, 설득해가는』방법이 효과적이다. 『옳습니다. 선생님은 확실히 예리하시군요.』그리고는 『저도 그렇게 생각은 하고 있습니다만…』하고 설득해가는 것이다.

이런 종류의 고객에게는 잠자코 상대방의 의견을 경청하고 미안하다는 뜻을 나타내는 것이 좋은 방법이라고 할 수 있다.

(다) 『뽐내는 거만형』의 고객

별로 잘난 것도 없는데 자기 자랑이 심하고 거만하며, 직원 따위는 거들떠보지도 않고 책임자에게만 접근하려 하고, 돈이 좀 있으면 있는 티를 내는 고객, 소위 뽐내는 형의 고객이다. 자기 과시욕이 채워지도록 뽐내게 내버려두는 것이다. 제멋에 사는 것을 좋아하는 사람이니 그대로 내버려두면 의외로 단순한 면이 있으므로 일단 그의 호감을 알게 되어 여러 면으로 득이 될 경우가 많다.

(라) 『싹싹하고 쾌활한 명랑형』의 고객

싹싹하고 쾌활해서 상대하기 쉬운 사람이지만 그렇다고 마음을 놓아서는 안 된다. 만만하게 여기면 '사람 우습게 보는데?' 하며 꽁하는 마음을 먹을지도 모른다. 이런 고객은 후에 인간적인 교류까지도 가능하게 되는 무난한 고객이다. 이런 고객에게는 일을 처리함에 있어서는 예스, 노를 분명히 하는 것이 좋다. 단, 상대방의 쾌활함에 말려들어 예의를 벗어나는 일이 없도록 유의하여야 한다.

(마) 『온순하고 얌전형』의 과묵한 고객

"미안합니다만…" 이렇게 저자세로 나오는 온순한 고객이다. 이런 얌전형의 과묵한 고객들은 속마음을 헤아리기 어렵다. 조금 불만스러운 것이 있어도 잘 내색을 하지 않는다. 그러나 말이 없다고 해서 흡족한 것으로 착각해서는 안 된다. 저자세지만 속으로는 날카롭게 관찰하고 있는 무서운 고개일 경우도 있으므로 예의 바르게 응대해야 한다. 이런 고객은 한번 마음에 들면 거래가 오래 계속되나 반면에 마음이 돌아서면 끝장이다. 말이 없는 대신 오해도 잘 한다. 정중하고 온화하게 대해 주고 일은 차근차근 빈틈없이 처리해 주어야 한다.

(바) 의심이 많은 고객

처음 거래시에 이것저것 캐묻고 이리 갸우뚱 저리 갸우뚱 의심이 많은 고객에게는 자신감 잇는 태도로 명확 간결한 응대를 하여야 한다. 이런 고객에게는 너무 자세한 설명이나 친절도 때로는 의심의 대상이 되기 때문이다. 분명한 증거나 근거를 제시하여 스스로 확신을 갖도록 유도하여야 하며 때로는 책임자로 하여금 응대케 하는 것도 좋다.

(사) 어린이 동반 고객

어린이에 대한 관심을 고객 자신에 대한 관심으로 여긴다. 어린아이의 특징을 재빨리 파악하여 적절한 찬사를 보내는 게 효과 100%다. 울거나 칭얼거린다 하여 「얘 여기서 울면 못써요」하고 못마땅해 할 것이 아니라 살짝 안아준다거나 다독거려야 된다. 어린이를 위하여 약간의 좋아하는 장난감이나 그림책 등을 준비할 수 있는 재치 있는 대응이 필요하다.

7. 고객불평 · 불만의 대응방법과 요령

갑자기 어떤 고객이 문을 꽝 열고 들어선다. 무척 흥분하고 있으며 불만이 있는가 보다. 이런 비정상적인 심리상태에 있는 고객에 대해서는 세심한 주의를 해서 응대를 해야 한다. 평상시는 냉정하고 온후한 고객들로 흥분하면 시비를 걸거나 따지고 들게 마련이다. 그러다가 무의식중에 거친 말이 나오게 되어있다. 이럴 때의 응대방법은 어떻게 해야 할까?

① 되도록 냉정하고 진지하게 응대해야 한다. 상대방이 페이스에 말려들어 같이 흥분하면 상대방의 감정을 돋우는 결과를 초래하게 된다.

② 겸손하게 응대해야 한다. 상대방은 어디까지나 고객이다. 고객은 왕이라는 말도 있듯이 어디까지나 왕을 모시듯 겸손을 앞세우며, 나지막한 목소리로 일관하면 고객도 제풀에 꺽이고 말게 된다.

③ 말과 함께 행동으로 응대해야 한다. "미안합니다. 잠시만 기다려 주십시오!" 이런 말만으로 상대방의 감정이 누그러지진 않는다. 고객의 요구사항이 무엇인지를 재빨리 파악하고 그에 따른 적절한 대책을 강구해야 된다.

고객은 불만이 있을 때 불만의 처리의뢰를 ① 문서로서, ② 회사에 방문해서, ③ 전화로 의뢰할 수 있을 것이다. 이와 같이 고객이 불만을 가지고 왔을 경우 어떻게 대응해야 할 지 그 요점을 정리한 것이다.

1) 서신대응

① 반드시 서신을 접수했다는 답신을 보낸다.(전화도 가능)
② 답신은 보통, 속달, 배달증명 등 상황에 따라 판단한다.
③ 서류를 보관한다.
④ 내용이 불명확할 때는 전화를 걸어 확인을 한다.
⑤ 불만 내용, 요구사항 등을 확실히 파악한다.
⑥ 타부서 의뢰시에는 일정기간 후에 반드시 처리결과를 확인한다.
⑦ 회답이나 처리시간이 길어질 때는 반드시 도중에 연락을 취한다.

2) 내사(來社)대응

① 불만고객은 두사람이 정중히 대응한다.
② 고객이 감정적으로 나오더라도 감정을 억제하고 냉정하게 듣는다.
③ 대화 도중에 적절한 수긍도 한다.
④ 필요한 질문도 하여 불만내용을 상세하게 듣는다.
⑤ 메모를 하면서, 고객불만의 요점을 파악하는 동시에 미심쩍은 사항은 고객에게 확인한다.
⑥ 고객의 불신을 살 수 있는 말(전문용어)은 사용하지 않는다.

⑦ 고객과 논의하는게 아니고, 해결하려 한다는 의지를 느끼도록 한다.
⑧ 고객의 말을 자르지 말고 반드시 경청한다.
⑨ 고객의 체면을 살려준다.
⑩ 순간적인 도피나 방어적인 답변은 거절한다. 불가능한 것은 확실하게 거절한다. 상담후에 조사하여 답변하는 등의 냉각기간을 갖는 것도 필요하다.

3) 전화대응

① 전화벨은 3회 이내에 받는다.
② 상대보다 먼저 회사명, 부서, 이름을 밝힌다.
③ 메모를 하면서 듣고, 복창하고 확인한다.
④ 부득이 전문용어를 사용할 때는 고객이 이해할 수 있도록 배려한다.
⑤ 말을 빨리 하는 것은 피하고, 명료하며 판단하기 쉬운 말을 사용한다.
⑥ 오해하지 않도록 하기 쉽게 설명한다.
⑦ 가능한 것, 불가능한 것을 확실히 하여 과대한 기대를 갖지 않도록 한다.
⑧ 전화를 돌리는 것을 절대하지 않도록 수신자가 책임진다.
⑨ 전화의 녹음이 항상 가능하도록 한다.
⑩ 즉시 답하지 말고, 불만을 산 현품의 확인 후에 회답할 것.
마지막에 다시 한 번 주소, 성명, 전화번호를 재확인 한다.

8.2 소비자 측에서 본 사후판매

1. 판매원은 회사의 얼굴

사용자가 상품의 생산자와 접하는 것은 그 상품을 판매한 사람과 사후판매원(after sales man)이다. 즉 사용자가 생산자와 사귀는 것은 상품과 사후판매원 사이를 소통하는 것이 된다. 서비스맨이 당신과 사귈 때, 당신과 사귀고 있는 것이 아니라, 그 회

사와 사용자가 사귀고 있는 것이다. 사용자에 있어서는 사장보다 서비스맨인 당신 쪽이 회사를 대표하는 것이다. 사장이 어떠한 노력을 하려고 해도 서비스맨이 나쁘면 사용자는 그 회사를 나쁘게 평가한다(日本能率協會アフター-セールス研究委員會, 1983).

이러한 것을 의외로 잊어버리고 있는 여행사나 서비스맨이 아직 많다. 서비스맨이 좋으면 상품에 다소 결점이 있다고 해도 좋게 봐주며, 다음에 추구하는 상품도 같은 것으로 하려고 생각하는 것이 고객의 일반심리라는 것을 잊어서는 안 된다.

2. 사용자의 고충은 회사의 자산

사후판매란 무엇인가? 고충이 나왔을 때만 대응하는 것은 아니다. 사용자로부터 적극적으로 고충이 나오지 않아도 잠재적으로 불만을 가지고 있는 경우가 적지 않다. 이것을 발견해내는 것도 서비스맨의 귀중한 역할이다.

냄새가 나면 덮어버리면 그만이라는 사고방식은 하수(下手)가 하는 일이다. 고충에 대응하는 일은 질색이라고 생각하고 있다면 당신은 20년은 시대에 뒤떨어지고 있다고 할 수 있다. 사용자의 고충은 회사의 귀중한 재산인 것이다.

그 귀중한 정보를 누구보다도 빨리 알아차릴 기회를 가져야만 한다. 그러한 정보를 모을 생각으로 사용자와 접촉하고 있다면 자연히 서비스가 좋은 서비스맨이 될 것이다.

3. 상대방 입장에서의 고충처리

사용자의 고충은 귀중한 정보라고 생각하고 접촉하고 있는 경우, 고충이 나왔을 때, 심리적인 거절반응이 나오지 않는다. 이것은 대단히 중요한 것으로, 상대의 이야기를 냉정하게 들을 수 있다.

다음으로 고충을 처리할 때 중요한 것은 상대방의 입장에서 고충을 생각하는 것이다. 상대의 입장에서 생각하고 있다고 당사자는 생각하고 있어도 제3자 측에서 보면 어딘지 흡족하지 않은 경우가 많다.

사용자가 무리한 요구를 하고 있는 것처럼 생산자측이 생각하고 있는 것도 사용자 입장에서 보면 당연한 주장을 하고 있는 경우가 많은 것이다. 상대의 입장에서 고충

내용을 지금 다시 한 번 생각할 필요가 있는 것이다.

4. 고충처리의 성과연결

고충은 단순히 처리만 하면 좋은 것은 아니다. 사용자가 불만을 얘기하지 않는다고 좋은 것만은 아니다. 고충이 나온 정확한 원인을 찾아, 이를 시정하기 위한 금후의 대책을 만드는 일까지 처리하지 않으면 고충처리는 끝났다고 할 수 없다. 사용자의 고충을 하나하나 공손하게 처리하여 개선책을 강구할 때 비로소 정보가 되며, 성과를 거두게 된다. 고생하여 처리한 고충을 성과로 연결시키지 않으면 큰 손해가 된다.

5. 고충원인의 철저추구

사용자의 고충처리에 즈음하여 그 때만 넘기는 태도를 취해서는 안 된다. 문제해결에만 너무 매달리기 때문에 사용자의 말에 적당히 반주를 하고 대충 끝내려고 하면 사용자로부터 불만이 생겨나와 더치는 경우가 있다. 그렇게 되면 자기 자신이나 회사도 얻는 것이 아무것도 없다.

고충이 일어난 원인이 어디에 있는지 정확하게 알아내는 것이 매우 중요할 뿐더러 사용자도 제일 먼저 그것을 알고 싶어 하는 것이다. 냉정하면서도 과학적으로 원인을 조사한다면 반드시 반성재료가 나올 것이다. 자기 자신에 대한 경우도 있다면 회사로써 생각하지 않으면 안 되는 경우도 있을 것이다. 하나의 사례에서 다른 곳으로 파급되는 것은 없는지를 생각하는 것도 서비스맨의 업무 중 하나라고 생각할 수 있다. 직접 사용자나 사용되고 있는 상품에 접하고 있는 현장이 사용자나 상품의 변화에 반응하지 않으면 안 된다.

6. 의견이 통하는 사내환경구축

고충의 원인을 조사하고 사내적(社內的)으로 이를 상급자에게 올리려고 해도 좀처럼 의견이 받아들여지지 않는 경우가 많다. 어딘가에서 차단하려고 한다는 불만을 많은 서비스맨이 가지고 있는 것도 사실이다. 고생해서 얻은 귀중한 정보를 사내적으로 이해하지 못하고 이를 살리지 못하는 것은 결실을 맺지 않는 것과 같다.

그러므로 사내에서 사후판매원의 입장과 역할을 명확히 하여 사내에서 이해받을 수 있는 환경조성에 노력하지 않으면 안 된다. 즉 사용자와 접촉하는 서비스맨은 사용자의 대변자이지 않으면 안 된다. 상품은 사용자의 평가에 좌우되기 때문에 서비스맨은 자신을 가지고 사용자의 대변자가 되어야 한다. 상품을 생산하고 판매하는 것은 타부서에 있어서나, 사용하는 측의 의견을 전달하는 것은 오로지 사후 판매원의 귀중한 업무인 것이다. 이것을 우선 서비스맨 자신이 강하게 인식하지 않으면 안 된다.

7. 의욕적인 정보수집

현대는 정보의 시대이다. 정보를 모으는 것은 서비스맨의 업무가 아니라고 다른 사람들이 생각하고 있지는 않은가? 그러나 서비스맨의 업무도 정보가 많을수록 정확한 판단을 할 수가 있다. 작년까지 허용되었던 것이 금년에는 인정되지 않는 것도 있다.

이러한 사회의 움직임은 정보를 집적하고 있지 않으면 안 된다. 정보를 회사에서만 의존하고 있어서는 이를 능가할 수 없다. 또한 같은 회사에서도 서비스맨이 소비자 문제를 알지 못하는 경우도 매우 많다. 다른 부서, 다른 회사, 다른 업종에서의 정보를 가능한 한 모두 모아두는 것이 좋다.

8. 전문적인 기술 · 지식의 습득

사후 판매원은 뭐니 뭐니 해도 자신이 가지고 있는 것에 대하여 전문가이지 않으면 안 된다. 전문적 지식이나 기술이 없는 서비스맨은 올바른 서비스맨이라고 할 수 없다.

상품은 일취월장으로 변화하고 있다. 새로운 기술을 자신의 것으로 하기 위해서는 회사에서 가르치는 것만을 기다리고 있어서는 안 된다. 현장에서도 배울 수 있는 것은 많이 있을 것이다. 회사, 서비스맨, 사용자 모두 납득할 수 있는 기술 · 지식의 습득은 매우 중요하다.

9. 일반상식의 습득

"전문가 바보"라는 말이 있다. 하나만 알고 둘은 모르는 사람을 일컫는 말이다. 그러나 적어도 사후 판매원이 전문 바보여서는 곤란하다. 즉 자신의 분야에서는 전문가가 되고 다른 것은 몰라도 좋다는 것은 아니다. 서비스맨에게 있어서는 사람과 접촉하는 기술도 중요한 기술이다. 그를 위해서는 어떤 사람과도 대화가 통하는 정도의 상식을 갖추지 않으면 안 된다. 최소한 매일 신문을 구석에서 구석까지 읽을 것, 자신이 담당하고 있는 사용자가 관련하고 있는 문제는 흥미를 가지고 주의 깊게 살피는 것이 필요하다.

10. 직장 · 가정 이외의 또 다른 세계구축

한국의 봉급생활자는 밤늦게까지 업무를 하고 집에 돌아가 잠만 잔다는 사람이 많다. 우수한 봉급 생활자일수록 그러한 형태가 되기 쉽다. 또한 마시는 것도 노는 것도 직장의 동료들 만이라는 사람이 많지만, 이런 사람들에게는 전혀 별세계의 사람들과 사귈 것을 권유한다. 낚시, 그림, 등산, 독서 등 취미생활, 차치회 활동, 어린이 야구팀의 뒷바라지 등도 좋다.

그렇게 되면 전혀 다른 종류의 직업을 가진 사람, 이성, 어린이, 노인 등과 사귈 기회가 생긴다. 따라서 이제까지 직장과 가정에 없었던 다른 세계에 살고 잇는 사람들과 사귀는 것만으로도 많은 새로운 발견이 생기게 될 것이고, 무엇보다도 여러 사람들의 사고방식, 생활방식을 접촉하는 가운데 자신의 순응성이나 상대를 이해할 능력이 몸에 배게 될 것이다. 이것은 다른 사람들에 대한 편견을 수정할 것이다.

사후 판매원은 세일즈맨 이상으로 인품에 영향 받는다. 인품이란 자기 자신이 만들어가는 것이다. 타인을 이해하는 것, 자신을 연마하는 것이 사후판매원에게 기대되는 근원이라고 할 수 있다.

참고자료

관광동향에 관한 연차보고서, 문화관광부, 2004.
김시종, 현대상품학, 형설출판사, 2000.
김영식, 인터넷 시대의 혁신적인 신상품 개발, 컴스페이스, 2002.
김은희, 인터넷 전자상거래에 관한 연구, 석사학위논문, 숙명여자대학교 대학원, 1998.
김정명, 상품개발력을 기른다. 지식공작소, 2002.
김찬호, 상품학, 무역경영사, 1994.
김천중 · 임화순, 현대관광상품론, 백산출판사, 2002.
남서울대학교 디지털경영학과, 경영전략과 상품계획, 2002.
다나카요우, 상품기획을 위한 시나리오 싱킹, 거름, 2003.
문화관광부, 기획여행 실시지침, 2001.
변정우, 인터넷시대 중소여행사 발전방안(4), 2001.
서석범 · 길명수 공저, "인터넷 창업과 비즈니스", 도서출판 연학사, 2000.
서울대학교 경영대학 경영연구소편, 경영학핸드북, 서울대학교 출판부, 1983.
성호제, 국내외 여행관련 인터넷시장 현황 분석, 2001.
여행신문, 재래시장투어로 재미 "쏠쏠하네", 2006.1.18.
이연실, 우수여행상품은 정말 우수할까, 세계여행신문, 2006.1.9.
신도길 · 노윤구, 관광상품론, 남두도서, 2004.
신동주, 인터넷시대의 여행업 전망(上), 2001.
양영철, 상품기획을 위한 시나리오씽킹, 기획출판거름, 2003.
______, 기획서 · 제안서 작성법, 삼양미디어, 2002.
오윤홍, "인터넷 여행사 마케팅 전략에 관한 연구", 전주대 국제 · 경영대학원 석사학위 논문, 2004.
오재연, "사이버 비즈니스 이야기", 편집회사 사람들, 1999.
유용재, 여행산업과 인터넷 비즈니스(Ⅰ), (Ⅱ), 2000. http://www.this.co.kr/
이수영, 인터넷시대-여행사의 길(1), 2001.

이승, 인터넷시대 중소여행사 발전방안(3), 2001.
이태희, 관광상품기획론, 백산출판사, 2000.
임호, 부산권 생태관광산업 육성방안에 관한 연구, 재단법인 부산발전연구원, 1999.
제이콥닐슨, "성공하는 웹사이트, 실패하는 웹사이트", 도서출판 길벗, 2003.
정찬종, 여행사경영론, 백산출판사, 2004.
______, 여행사경영실무, 백산출판사, 2003.
중소기업진흥공단, 10배로 성장시키는 세일즈 노하우, 중소기업연수원. 1997.
____________________________, 영업판매관리, 1997.
채수명, 고객의 마음을 사로잡는 히트상품개발, 창지사, 1999.
최재화 · 오익근, 광역자치단체의 홈페이지 관광정보 구성체계, 한국관광학회, 1999.
한국관광연구원, 여행 수배업의 제도권 편입에 대한 타당성 검토, 2000.
한국소비자보호원 생활경제국 상품거래팀, 국외여행의 문제점과 개선방안, 2003.
한희영, 상품학총론, 삼영사, 1984.
황경성, 대학생의 인터넷 관광정보 탐색에 관한 연구, 관광경영학연구, 제11호, 관광경영학회, 2001.
長谷政弘, 観光学辞典, 白山出版社, 2000.
清水滋, 小売業のマーケティング(東京ビジネス社), 1983.
浅井慶三郎, サ-ビス業のマケティング, 同文館, 1985.
勝岡只, 旅行業入門④, 中央書院, 1997.
小田毅, 旅行マケ-ティング入門, 1994.
香川昭彦,「添乗人間学」トラベル ジャナル, 1988.
堤猶二, 真実の瞬間, ダイヤモンド, 1987.
勝岡只, 旅行業入門④ 商品企画編, 中央書院, 1997
(株)交通公社教育開発通信教育事業部編, すぐに役に立つ海外旅行カウンター販売, 1998.
安田雅人, 新商品開発戦略策定マニュアル, 1990.
(株)交通公社教育開発教材出版事業部, 海外旅行実務, 1998.
妹尾晶夫, 目で見て進める新商品・新事業開拓, 日刊工業新聞社, 1992.
ジェティ-ビ能力開発, 旅行業プロのためのインターネット活用術, 2003.
長広仁蔵, 新製品開発の実際, 日刊工業新聞社, 1982.
茅野健, 創造性, 日本生産性本部, 1973.

宇野政雄, 総合マケティングハンドブック, ビジネス社, 1989.
田中央, 商品開発における経営者マインド, 2005.
宇津崎光代, 高齢者の視点からみる高齢者の姿を正確にとらえる. 2005.
谷内真之助, 商品開発をすすめる実際の手法とは, 2005.
宇野政雄, 総合マ-ケティング・ハンドブック, ビジネス社, 1985.
大野和雄, 現代観光マケティ一ング論, 函館大学・北海道産業開発研究所, 1986.
トラベルジャ-ナル,「海外旅行の業務知識」1991.
太田久雄, 売れる旅行商品の作り方, 同友館, 2004.
鈴木勝, 旅行企画戦略の一考察, 大阪明浄大学, 観光学研究所紀要, 第一号, 2002.
日本交通公社, 旅行年譜, 2001.
日本リサ-チセンタ-開発戦略研究所編, 入門マ-ケティングの知識, 日本実業出版社, 1993.
日本能率協会アフタ-セ-ルス研究委員会, アフタ-セ-ルス戦略, プレジデント社, 1983.
高橋秀雄, サ-ビス業の戦略的マケティ一ング, 中央経済社, 1992.
山上徹, 国際観光マケティ一ング, 白鳥書房, 1997.
Kotler Philip, Marketing Management, 5th Edition, 1985.
Mill, R.C. & Morrison, A.M, The Tourism System, Prentice-Hall, 1985.
Weber, K. & W. S. Roehl, "Profiling people searching for and Purchasing travel products on the world wide web", Journal of Travel Research, Vol. 37, No. 3, 1999.
http://100.empas.com/dicsearch/psearch.html
http://www.mtc.pref.kyoto.jp/manual/no__15/
ETNEWS 전자신문, 2001/05/09
http://www.eminnet.com
http://www.imr.co.kr
http:// www.tourlive.co.kr
http://www.drtravel.net
http://www.interpark.com
http://www.tourmall.com
http://www.yecatour.com
http://www.ganaclub.com
http://www.drtravel.net

http://www.virtualcard.co.kr
http://blog.naver.com/hgwang
http://www.this.co.kr/
http://koreaitour.com/
http://www.designhelp.co.kr/
http://www.gtn.co.kr/
http://www.camptank.com/
(http://www.drtravel.net).

찾아보기

ㄱ

ㄴ

ㄷ

ㄹ

ㅁ

ㅂ

ㅅ

저/자/약/력

■ **정찬종(鄭粲鍾)**

- 경기대학교 관광대학 관광경영학과 졸업(경영학사)
- 경희대학교 경영대학원 관광경영학과 졸업(경영학석사)
- 경기대학교 대학원 관광경영학과 졸업(경영학박사)
- (주)동서여행사 국제여행부 총괄이사
- 관광경영학회 및 대한관광경영학회 회장 역임
- 대구광역시 관광개발기획단 여행상품개발위원
- 경상북도 마케팅사업단 외래관광객 전담여행사 심사위원
- 국외여행인솔자교육기관협의회 초대(初代)회장
- 대구광역시교육청 현장체험학습지원단 위원
- 한국직업능력개발원 NCS학습모듈 여행분야 심사평가위원
- 현) 한나라관광(주) 경영자문위원
  계명문화대학교 호텔항공외식관광학부 명예교수

■ **신석호(申晳晧)**

- 계명대학교 경영대학원 관광경영학과 졸업 (경영학 박사)
- 영진전문대학 국제관광계열 교수
- 영진산업인력개발원 원장
- 경북농민사관학교 초대학장
- 경북농어업 FTA특별위원회 위원
- 코오롱여행사 이사
- 서울신라호텔 근무
- 현) 영남대학교 자연자원대학 외식산업학과 겸임교수
  미래경영교육원 원장
  경북 농어업 6차 산업 컨설턴트
  경북농업기술원 명예연구관
  경찰청 교육원 위촉강사
  창업지도사(1급)

여행상품 기획 · 판매실무

2006년 3월 10일 초판 1쇄 발행
2018년 8월 30일 초판 4쇄 발행

지은이 정찬종 · 신석호
펴낸이 진욱상
펴낸곳 백산출판사
교 정 편집부
본문디자인 편집부
표지디자인 편집부

등 록 1974년 1월 9일 제406-1974-000001호
주 소 경기도 파주시 회동길 370(백산빌딩 3층)
전 화 02-914-1621(代)
팩 스 031-955-9911
이메일 edit@ibaeksan.kr
홈페이지 www.ibaeksan.kr

ISBN 89-7739-823-1 92980
값 18,000원